코리안드림
한국사

KOREAN DREAM

코리안드림
한국사

| 한민족의 위대한 역사적 여정 |

코리안드림역사재단 창립준비위원회 지음

좋은땅

'모든 인간을 이롭게 한다'가 우리 정신의 본질이라면 코리안 드림이 갖는 의미는 명확하다. 그것은 한반도에 평화와 번영을 가져오고 통일 민족으로서 동북아지역을, 궁극적으로 세계를 이롭게 하는 일이어야 한다. 코리안드림은 한반도 통일에 도덕적 권위를 부여하고 세계를 이롭게 하려는 열망 속에 평화를 사랑하는 계몽된 나라를 만듦으로써 성취된다. 그것이 코리안드림이자 우리가 풀어야 할 역사적 과제다.

- 문현진, 『코리안드림』

새로운 나라를 세우는 데 가장 중요한 요소는 무엇인가? 보통 우리는 나라를 세우기 위해서는 주권과 영토, 국민이 있어야 한다고 생각한다. 그러나 이러한 요소는 근본적인 것보다는 결과적이다. 근본적인 요소는 따로 있다. 그것은 나라를 건국하기 위한 건국정신, 즉 이념과 가치이다.

역사 속에서 등장하는 수많은 건국신화 속에 나타난 이야기들은 나라를 세우기 위한 정신을 포함하고 있다. 단군신화 속에 나타난 홍익인간정신, 고구려 주몽, 신라의 박혁거세, 가야의 김수로왕 등의 탄생신화는 그런 이야기들의 결정체들이다. 동북아시아 지역 건국신화에 공통으로 나타나는 천손강림신화는 나라를 건국하는 데 가장 근본적인 요소가 사람들을 하나로 묶을 수 있는 이야기, 즉 정신인 것을 명확히 보여 주고 있다.

위대한 철학자 헤겔도 역사의 진보는 절대정신의 자기실현을 통해 이뤄진다고 보았다. 이것은 역사의 발전 동력이 바로 정신과 이념의 실현에 있다는 것을 의미한다. 역사학자 홈볼트 또한 모든 역사란 이념의 실현이며, 그 이념 가운데 또한 힘과 목적이 놓여 있다고 주장했다.

세계문명사의 발전을 살펴보면 이러한 주장이 합리적이라는 생각을 하게 된다. 지금까지 세계문명을 주도해 온 서구문명의 근본은 유대-기독교문명으로 종교를 바탕으로 하는 이념과 가치의 실현 과정으로 이해될 수 있다.

우리의 삶도 마찬가지다. 우리는 이념과 가치의 테두리 속에서 살고 있다. 보수와 진보, 자유와 평등 등 선호하는 이념에 따라 정치적 성향을 달리하면서 사회와 국가 속에서 그 이념을 실현하려고 노력하고 있다. 그만큼 이념과 가치는 우리 모두의 삶을 직접적으로 규정하고 영향을 주며, 우리 운명을 결정하는 본질을 이루고 있다. 이러한 이유로 개인은 물론 모든 국민이 올바른 가치와 비전을 가지는 것은 근본적으로 중요하다.

오랫동안 한민족의 꿈과 비전을 설파해 온 문현진 박사는 한반도 통일과 세계평화 실현을 위한 코리안드림 비전을 2011년 세계적인 석학과 전문가들이 참여한 글로벌리더십컨퍼런스에서 주창했다. 이후 문 박사는 저서『코리안드림: 통일한반도의 비전』에서 코리안드림 비전은 한민족의 건국정신인 홍익인간정신에서 근원했다고 강조하고 이 정신이 우리 민족의 이상과 꿈, 열망을 품고 있다고 주장했다.

문 박사는 홍익인간정신은 한민족 시원의 꿈, 코리안드림이 시작되는 바탕으로 5천 년 전, 인류문명의 여명기에 우리 민족이 품었던 이와 같은 위대한 정신은 이 시대에도 공명하는 인류 보편적 가치라고 강조했다.

문 박사의 코리안드림 비전의 근본적 의미를 해석해 보면 홍익인간 건국정신은 한민족 정체성의 근원이며, 삶의 모습이자 미래를 향한 지향점을 보여 준다고 할 것이다. 이는 한민족 역사를 짓는 씨줄과 날줄은 홍익인간 건국정신에서 연원된다고 할 수 있으며, 한민족 역사의 시작과 과정, 결말이 일관되게 하나의 정신, 홍익인간 이상 실현에 수렴된다는 것을 알 수 있다.

문 박사는 평화를 사랑하는 백의민족으로서 한민족의 특성은 홍익인간정신을 잘 표현하고 있다고 보면서 경천애인, 인내천, 민본주의, 효사상 또한 홍익인간정신의 확장이라고 보았다. 이렇듯 홍익인간정신은 우리 민족의 정신세계에 자리 잡고 민족적 DNA를 형성하는 근본이 되었다고 한다.

문 박사는 한민족의 역사는 홍익인간 이상을 실현하기 위한 역사였다고 보고 한민족은 역사 속에서 900여 회가 넘는 외침과 고통 속에서도 끈질긴 생명력을 통해 살아남아 승리한 힘의 바탕에는 바로 이러한 정신이 있었기 때문이라고 했다. 이렇듯 문 박사의 코리안드림 비전의 핵심 내용은 홍익인간정신에 의한 한민족의 정체성 형성과 민족적 DNA, 그리고 역사적 경로와 결과, 그리고 미래의 지향을 모두 포괄하는 종합적인 서사를 형성하고 있다. 이는 과거 역사뿐만 아니라 현재를 사는 우리 민족의 삶을 규정하고, 다가올 미래에 우리 민족이 지향해야 할 통일 국가의 이상을 제시함과 더불어, 세계인과 함께 코리안드림의 비전을 공유함으로써 평화로운 세계 건설의 초석이 된다고 할 수 있다. 이런 맥락에서 코리안드림의 비전은 단지 한민족에게 국한된 비전이 아니라 세계인이 함께 공유하는 인류 보편적 비전이 되는 것이다.

문 박사의 이러한 지혜와 통찰은 한반도 통일뿐만 아니라 세계평화 실현운동을 위한 세계적인 추진력을 형성하는 데 큰 영감을 주고 있다. 문 박사는 한국 사회 최대 규모의 통일운동연대 단체인 "통일을실천하는사람들"의 창설자이며, 세계적인 평화운동 단체인 "글로벌피스재단"의 세계 의장으로 정열적으로 활동하고 있다.

본 역사 교양서는 문 박사가 주창한 코리안드림 비전에 근거해 한국 역사를 새롭게 해석하고 그 바탕 위에 한민족의 미래를 위한 새로운 지평을 열어 가려는 의도로 기획되었다. 이 책의 중점은 역사적 사실에 대한 진위 논쟁에 두지 않았다. 그보다는 역사적 사실에 대한 코리안드림 맥락의 이해와 해석에 두었다.

독자분들은 이 교양서를 읽어 가면서 기존의 역사 교양서와는 매우 다른 관점을 접할 것이다. 강단 사학과 재야 사학은 물론 여타 부류의 역사학자들이 제시하지 못한 새로운 내용을 접하게 될 것이다. 부디 본 역사 교양서를 통해 한국사에 대한 새로운 지혜와 통찰을 얻을 수 있길 희망한다.

목차

제II부 한민족의 여정

제Ⅲ부 **한민족정신의 본질**

제 I 부

역사와 민족

제1장

역사란 무엇인가?

역사는 지난 일의 사실 기록

역사는 지날 력(歷), 사기 사(史) 자를 쓴다. 지날 력 자는 '역사' 이외에는 '역력하다' 정도에만 쓰인다. 달력의 력(曆)과 한자가 다르다. '사기'는 역사적 사실을 기록했다는 보통명사의 뜻도 있고 중국 한나라 때 사마천이 편찬한 고유명사를 뜻하기도 한다. 역사라는 말은 한자를 따져 보면 사실 상당히 어려운 뜻이다. 지나온 일에 대한 기록 정도로 요약할 수 있다.

영어로는 history다. 서양 언어는 대체로 라틴어에서 유래했는데 history도 마찬가지다. history는 라틴어 istoria에서 나온 말이다. istoria라는 말은 나중에 역사를 쓰거나 이야기하는 일이라는 뜻으로 굳어졌다. 헤로도투스 때문이다. 헤로도투스는 무려 기원전 5세기에 살았던 그리스의 역사가다. 서양 역사학계에서는 역사학의 아버지라고 부른다. 헤로도토스를 역사의 아버지라고 부른 사람은 키케로다.

역사 공부를 하면서 아마 선사시대라는 말을 들어봤을 것이다. 선사(先史)는 역사 이전이라는 말이다. 과거의 기록을 모두 역사로 이해하는 일반인의 시각에 따르면 역사 이전이라는 말은 어불성설이다. 그렇지만 역사학계에서 말하는 역사의 의미는 기록이 있는 시대로 한정된다. 역사는 문자로 무언가 과거의 일을 기록한 것이고, 그러한 기록이 없는 시대가 바로 역사 이전 시대가 된다. 영어로는 prehistory라고 한다.

오늘날까지도 헤로도토스를 역사학의 아버지로 인정하는 이유는 과거의 사실을 실증적 학문의 대상으로 삼았다고 보기 때문이다. 이전까지 과거의 사실은 시가, 곧 노래의 대상이었다. 서사시라고도 하는데, 과거의 사실을 전해 들은 사람이 하나의 시나 노래처럼 들려주었을 뿐이었다.

서사시가 무엇인지 이해하기는 쉽지 않다. 요즘 문학 장르로 서사시는 그리 많지 않기 때문이다. 가장 쉽게 이해하려면 『호머 이야기』라는 제목으로 소설이나 동화로 나온 책을 떠올려보면 된다. 오늘날은 소설이나 동화로 발간되지만, 아주 먼 옛날에는 노래 가사처럼 긴 시였다.

『호머 이야기』는 트로이 전쟁이나 오딧세우스의 여행기를 담고 있다. 역사적 사실에 바탕하긴 했지만, 많은 허구의 사실이 포함되어 있다. 사이렌이 오딧세우스를 유혹한다거나 눈이 하나만 달린 엄청난 거인이 나온다거나 사람이 돼지로 변한다거나 하는 내용은 오늘날 사실로 인정하기는 쉽지 않다.

서양뿐만이 아니다. 동양에서도 『삼국지』를 대표적으로 들 수 있다. 삼국지는 시는 아니고 '연의'라는 명칭의 장르로, 오늘날의 기준으로 하면 역사소설이다. 여기에도 제갈량이 동남풍을 부른다든지, 죽은 관우의 영혼이 오나라의 장수를 죽게 만든다든지 하는 사실로 믿기 어려운 에피소드가 등장한다.

그렇지만 헤로도토스는 현지에서 만난 사람들과 수많은 대화 내용을 책으로 정리했다. 오늘날의 기준으로 보면 완전한 사실로 인정하기 힘든 내용이 전혀 없지는 않겠지만, 그래도 오늘날 서양 역사학계에서는 역사학의 아버지로 인정한다. 사실 헤로도토스의 일생에 대해서는 별로 알려지지 않고 있다. 당시 중요한 역사적 사건이었던 페르시아 전쟁사를 다룬 기록을 남겼는데, 책 제목을 '역사'로 붙였다.

E. H. 카, 그리고 랑케와의 역사관 차이

『역사란 무엇인가?』라는 고유명사다. 영국의 옥스퍼드 대학 정치학 교수 E. H. 카(Carr)가 1961년 펴낸 역사 이론서다. 역사가 무엇인지 탐구하는 사람들에게 필독서의 하나이기도 하다. 카는 1948년 국제연합(UN)에서 세계 인권선언 기초위원회 위원장을 맡았다. 그만큼 세계적으로 저명한 인물이었기에 역사에 대한 견해는 큰 영향력을 끼쳤다. 카가 역사가로서의 업적을 무시할 수 없긴 하다. 카는 소련사의 권위자로 무려 14권으로 된 『소비에트 러시아의 역사』를 냈다. 1978년에 완간됐는데 1950년부터 시작했으니 거의 30년의 세월이 걸린 대작이다.

카가 『역사란 무엇인가?』에서 남긴 역사에 대한 정의는 한마디로 모아진다. 카를 몰라도 『역사란 무엇인가?』라는 저작을 모르면서도 카가 남긴 명제는 알고 있는 경우가 많다. 카는 역사를 한마디로 이렇게 정리했다.

"역사는 과거와 현재와의 끊임없는 대화이다."

역사는 역사가의 기록이라는 점은 분명하다. 과거와 현재의 대화라는 점은 역사가의 기록으로서 역사가 그저 과거의 재현 또는 과거에 있었던 일을 그대로 재현하는 것으로 끝나지 않는다는 뜻이다. 카의 명제는 역사가가 역사를 창조한다는 의미로까지 해석할 수 있다. 과거의 역사를 기록하는 역사가는 자기 시대의 가치관을 반영할 수밖에 없다는 점 때문에, 과거 사건에 대한 해석과 평가는 늘 시대적 조건과 사회적 배경에 따라 달라진다고 보게 되는 점이다.

역사에 대한 카의 명제는 역사를 하나의 객관적인 사실(事實)로 보는 견해에 대한 도전이었다. 카 이전의 유럽 역사학계에서 역사에 대한 견해를 대변하는 학자는 L. V. 랑케(Ranke)였다. 랑케는 자신의 역사 연구에 대해 '다만 실제로 무엇이 일어났는가를 보여 주고자 할 뿐'이라고 언급했다.

일반적으로 랑케의 역사관에 대해서는 실증주의 역사관으로 평가됐다. 이승환 고려대 명예교수는 랑케의 역사관에 대해 이렇게 평가한다.

"역사란 과거에 실재했던 인간들의 행위와 사건을 기록하는 일로서, 각각의 행위와 사건들은 자연계의 사건들처럼 서로 인과적으로 연결되어 있다고 그는 여겼다. 랑케는 이처럼 인간세계에서 일어나는 행위와 사건을 자연계에서 일어나는 물리적 사건과 동일한 방식으로 취급함으로써, 역사라는 지적 장르를 자연과학과 동등한 위상을 가진 객관 학문으로 승격시키고자 하였다. 과거에 일어났던 사실을 '본래 있었던 그대로' 보여 주는 일을 역사학의 임무라고 규정함으로써, 랑케는 절대적으로 올바른 하나의 역사 인식이 가능하다고 여겼던 것 같다."[1]

　실증주의 역사관으로서의 랑케의 견해는 객관적인 역사를 강조하는 관점으로 이해됐다. 물론 이에 대한 반대의 해석도 있다. 랑케가 개별적 사건들과 사실을 당시의 역사적 맥락에서 봐야 한다는 점을 강조했다는 점에서 그저 사실의 나열과 기술을 역사가의 임무로 보았다는 해석은 잘못이라고 주장한다.[2]

　만약 이렇게 후자의 주장대로 랑케의 역사관을 본다면 시대적 조건과 사회적 배경에 따라 역사 해석이 달라진다는 카의 견해와 일맥상통하게 될 가능성이 있다. 카의 견해는 워낙 세계적으로 유명해져서 그렇지 이미 이전에도 역사학계의 주요 논쟁이었다. 예컨대 크로체는 '모든 역사는 현재의 역사'라고 주장했다. 본래 그대로의 사실이란 있을 수 없으며 역사가의 노력으로 새롭게 태어난다고 보았다.

역사의 정의와 역사를 보는 눈

　그렇다면 도대체 역사란 무엇인가? 우리가 역사의 정의를 둘러싼 역사학계의 논쟁을 살펴볼 수밖에 없지만, 핵심적으로 생각해야 할 지점은 빠져 있다. 과연 역사는 그저 많은 사람이 모여서 이합집산하는 과정에서 나타난 많은 일들에 대해 사후적으로 그려지는 무엇일 뿐인가? 아니면,

---

1)　네이버 열린 연단. "하나의 올바른 역사 인식은 가능한가". (2015. 12. 9.) https://open-lectures. naver. com/contents?contentsId=105120&rid=253 검색일 2023. 6. 23.
2)　https://brunch. co. kr/@rio20/2

많은 사람이 상호 작용하는 그 과정에서 상호작용을 결정하는 무언가 필연적인 무언가가 있는가? 우리는 근본적인 의문을 던져야 한다.

예컨대 임진왜란에 대해서 생각해 보자. 임진왜란은 1592년에 일어났다고 역사는 기록하고 있다. 음력으로 따지면 각각의 사건은 연도와 날짜가 조금 달라질 수는 있지만, 특정 시점에 특정 사건이 일어났다는 점은 확정할 수 있다.

그런데 과연 임진왜'란'인가? 구한말 벌어진 청일전쟁, 노일전쟁처럼 조일전쟁은 아니었을까? 1492년에 임진왜란이 일어났다고 할 수는 없지만, 1592년에 과연 왜란이 일어났는지 전쟁이 일어났는지 침략이 일어났는지, 정확한 역사의 기록은 무엇일까?

이러한 논쟁은 역사에 대한 이해에서 바로 카와 랑케의 역사관으로 대변되는 큰 대립축이다. 현재까지 역사학계의 연구 성과에 따르면 랑케는 임진왜란, 카의 견해는 조일전쟁으로 연결될 소지가 다분하다. 아니, 좀 더 정확하게 따져본다면 선조 이후 조선왕조실록에서 임진왜란을 어떻게 규정했는지가 랑케의 견해와 가깝다. 수백 년이 지나 오늘날 임진왜란에 대해 이루어지는 재해석은 바로 카의 관점과 근접하게 된다. 카의 관점에 따르면 앞으로 또 새로운 규정이 가능하다. 당시 명나라까지 참전한 국제전으로 보는 해석도 예상할 수 있다.

랑케의 견해든 카의 견해든 역사를 그저 많은 사람이 모여서 이합집산하는 과정에서 나타난 많은 일들에 대해 사후적으로 그려지는 무엇으로 보게 되는 견해다. 그런데 여기에서 중요한 문제가 빠져 있다.

임진왜란이든 조일전쟁이든 당시 조선과 왜, 명을 비롯해 많은 곳의 사람들이 상호 작용하는 과정이었다. 사후적으로 그려내는 것은 당연히 역사가의 몫이다. 그런데, 이러한 역사적 상호작용을 결정하는 필연적인 요인은 무엇이었던가? 아니면, 역사적인 상호작용을 결정하는 필연적인 요인을 인정할 수 없는가?

랑케와 카의 역사관이 역사를 이해하는 중심적인 관점이 되면서 오늘 세계는 역사에 대해 가장 근본적인 물음을 놓치고 있다. 역사란 도대체 무엇인가를 고민하면서 우리는 역사학자는 아니지만 한국의 대표적인 정치학자 중 한 사람인 노태구 교수의 말에 귀 기울일 필요가 있다.

> "최근의 세기에 많은 정치사상가는 '삶의 의미'를 두고 정치적 문제를 제기하고 있다. 이를테면 어떤 객관적인 도덕적 질서의 존재가 자연적인가, 아니면 신에 의한 것인가 하는 것이다. 니체(Friedrich Nietzsche)는 인간이 도덕적 질서를 창조하였다고 선언했다. 그런데 모든 가치가 인간 의지의 인위적 창조물이라면, 도덕적 절대성이 전혀 존재하지 않는다면, 그러면 어떻게 정의의 절대적 원리로서 자유·평등을 우리가 합리적으로 신봉할 수가 있겠는가 하는 문제가 제기된다."[3]

'도덕적 절대성' 같은 어려운 개념이 나오지만, 우리가 역사란 무엇인가를 짚어 보는 데서 놓치고 있는 근본 문제를 잘 표현하고 있다. 절대적 진리 같은 말로 바꾸어도 무방하다. 역사는 그저 많은 사람이 모여서 이합집산하는 과정에서 나타난 많은 일들에 대해 사후적으로 그려지는 무

---

3) 노태구, 『통일과 인간중심의 정치학』 부코, 2020.

엇일 뿐으로 보게 되면, 도덕적 절대성이니 절대적 진리 같은 개념은 논리적으로 성립하기 어렵다. 역사를 많은 사람이 상호 작용하는 과정에서 상호작용을 결정하는 무언가 필연적인 무언가가 있다고 보는 견해에 따르게 되면 도덕적 절대성이나 절대적 진리 같은 것을 인정해야 한다.

카와 랑케 류의 역사학자들이 오늘날 역사학계의 대표적 견해가 되었지만, 과거 수천 년에 이르는 역사의 역사에서 역사에 대한 이해는 도덕적 절대성이나 절대적 진리 같은 개념을 인정하는 관점에서 전개되었다. 따라서 우리는 오늘 역사를 공부하는 데서 역사를 많은 사람이 상호 작용하는 과정에서 상호작용을 결정하는 무언가 필연적인 무언가가 있다고 보는 관점에서 출발할 필요가 있다. 이러한 출발점 위에서 과연 역사를 결정하는 필연적인 무언가의 내용이 무엇인지를 따져 봐야 한다.

랑케의 고민

랑케가 역사학자로서 자신의 작업이 과거에 실제로 무엇이 일어났는가를 보여 주고자 할 뿐이라고 했던 취지는 이전의 역사학에 대한 비판에서 나온 것이다. 카도 랑케의 역사관에 대해 비판적으로 접근하면서 과거와 역사의 대화라는 관점을 정립한 것과 마찬가지이다. 랑케는 과거 역사학이 미래의 이익을 위해 과거를 판단하고 현재에 가르침을 주는 일을 맡아 왔다고 보았다.[4] 랑케는 자신은 그러한 원대한 임무를 바라지 않는다고 했다.

4) https://brunch.co.kr/@rio20/2

랑케가 학자로 활동했던 18세기 말, 19세기 초 역사는 종교, 곧 기독교의 시각을 담은 것이었다. 기독교는 로마의 국교가 된 이후 중세를 거쳐 근대사회로 이행하고서도 유럽의 정치, 경제, 사회, 문화 모든 영역에 대한 관점과 견해를 결정하는 잣대였다. 그러나 랑케가 활동하던 시기, 성경의 지식에 대한 도전이 광범위하게 이루어졌다.

대표적인 지식이 다윈의 진화론이다. 지질학의 연구는 성경에 묘사된 이 세상의 역사가 수천 년 정도에 불과하다는 견해를 완벽하게 부인했다. 지구가 과학적 지식은 수백 만 년, 수천 만 년, 수억 년의 역사를 가졌다고 확실하게 보여 주는데, 종교적 지식은 그렇지 않았기 때문이다.

시대는 민주주의가 진전되어 과학적 근거가 뒷받침된 학계의 견해를 더 이상 탄압하기도 어려웠다. 갈릴레이가 지구가 돌고 있다는 자신의 과학적 주장을 종교재판에서 철회했다는 에피소드를 우리는 알고 있다. 갈릴레이 이전에 자신의 소신을 굽히지 않아 화형되거나 감옥에 갇히거나 활동이 제약된 사람의 이야기는 세계사 책에 다 나오지 않지만, 너무 많았다.

종교에서는 역사도 신의 섭리 같은 개념으로 목적론적으로 설명하려고 하는 견해가 일반적이었다. 목적론은 인간의 활동이나 자연 현상이 무언가 목적이 있다고 보는 사상을 의미한다. 철학적 논의나 종교적 견해나 어려운 내용이 많지만, 아주 단순하게 이해하면 이런 예를 들 수 있다. 기독교의 경우 세상일은 하나님 나라를 건설하는 과정이라고 설명하는 식이다. 세계에서 일어나는 모든 사건이 이미 정해진 목적을 향해 나아가고 있다고 보는 견해라고 보면 된다.

랑케가 보았을 때 이런 목적론적 관점은 역사를 보는 적절한 견해가 아니라고 보았다. 최소한 자신의 작업은 그런 거창한 의미를 갖지 않는다고 보았다. 그래서 과거의 사실을 최대한 과거에 일어났던 사실을 본래 있었던 그대로 보여 주려고 하였다.

역사학의 임무를 이렇게 과거의 재현처럼 설명하는 견해는 당시 유럽에 일반적으로 널리 받아들여지기 시작한 과학적 관점과 잘 들어맞았다. 19세기 후반에는 콩트가 사회학이라는 학문을 새롭게 주창하면서 사회과학도 이제 자연과학의 방법론을 따라 연구하고 이해해야 한다는 인식이 받아들여지게 된다. 역사학의 실증주의와 사회학의 실증주의가 완전히 같지는 않지만 비슷한 개념을 쓰게 된 데는 이전까지의 학문 경향과는 완전히 다른 길을 제시한 것이었다. 사실에 바탕으로 하되 역사를 제대로 봐야 한다.

역사학에서 일반화된 역사를 보는 시각으로서 랑케의 고민과 카의 견해는 존중되어야 한다. 과거의 사실을 정확히 집대성한 바탕 위(랑케)에서 현대적 해석이 있어야 한다(카)는 점은 역사를 고민하는 데서 부인할 수 없다. 그렇지만 한 가지가 더 필요하다. 무언가 역사를 관통하는 무언가 절대적인 힘의 존재를 인정해야 한다.

랑케 이전의 역사가 객관적인 사실에 바탕으로 하지 않은 데서 종교적 요구에 따라 목적론적으로 역사를 이해하는 우를 범했다고 해서 역사가 무언가 근본적인 힘이 없이 마구잡이로 움직인다고 보면 곤란하다. 역사를 많은 사람이 상호 작용하는 과정에서 상호작용을 결정하는 무언가 필연적인 무언가가 있다고 볼 필요가 있다. 물론 역사를 많은 사람이 상호 작용하는 과정에서 상호작용을 결정하는 무언가 필연적인 무언가가 있다고 해서 과거 랑케 이전의 역사를 보는 시각으로 돌아가서는 안 된다.

다시 임진왜란을 예로 들어 이해해 보면 이렇게 된다. 일본은 과거부터 오늘날까지 한반도를 비롯해 외국을 침략하는 일이 다반사였다. 자신들의 어려움을 외부에 대한 침략으로 해결하려는 경향을 보여 왔다. 그렇다고 해서 임진왜란이 1592년이 아니라고 해서는 안 된다. 임진왜란 이전 왜구의 난동을 임진왜란과 동급의 침략으로 볼 수도 없다.

역사를 통해 일본을 경계하고 외국을 침략하는 일본의 위험성을 교육하는 데는 같은 결론이 날 수도 있을 것이다. 그렇지만 1592년이 아닌 임진왜란, 왜구의 난동의 의미에 대한 과장된 해석은 랑케 이전의 서양의 목적론적 역사관과 맞아떨어지게 된다.

그래서 우리는 랑케의 주장처럼 과거의 사실을 충실하게 수집, 정확하게 과거를 보여 줄 필요가 있다. 그리고 카의 주장처럼 당대의 의미와는 다를 수 있는 오늘날의 새로운 해석에도 귀를 기울여야 한다.

그렇지만 역사서술이 그저 1592년 임진왜란이 있었다. 왜구들의 난동이 언제 언제 있었다 정도로 끝나서도 안 된다. 과거 사실의 정확한 집대성 위에서 과거 조선과 왜의 관계에 대한 적절한 분석이 필요한 것이다.

헤겔의 절대정신론

역사를 많은 사람이 상호 작용하는 과정에서 상호작용을 결정하는 무언가 필연적인 무언가가 있다고 볼 필요가 있다는 관점에서 이해할 때 먼저 살펴야 할 사람은 바로 헤겔이다. 헤겔은 서양 철학사에서 관념론 철학을 집대성 또는 최고봉으로 이해되는 학자이다. 역사와 관련된 헤겔의 견해는 '절대정신'이라는 개념으로 대표된다.

헤겔의 견해에 따르면 절대정신은 세계사의 모든 사건에 숨어 있는 것이다. 역사는 절대정신의 발현이라고 이해한 것이다. 절대정신의 발현으로서의 역사는 자유의 확대를 의미한다. 절대정신은 자유를 확대하는 방향으로 발현된다는 의미이다. 헤겔의 철학을 관념론이라고 하는 이유도 바로 여기에 있다. 물질세계는 절대정신이라는 관념이 발현되어 나타나는 것으로 보기 때문이다.

헤겔이 주창한 역사의 배후에 존재하는 절대정신의 실체에 대해서는 아직도 논란이 정리되지 않았다. 일각에서는 기독교에서 얘기하는 신과 같은 것이라고 주장하기도 한다. 헤겔이 활동한 18세기 말, 19세기 초는 역사가 랑케가 활동하던 시기와 비슷한 시기였다. 그래서 과거 종교적 관점에서 정립된 이론을 그대로 되내기는 곤란했기 때문에 철학자로서 헤겔이 다른 개념을 내놓았지만 결국은 기독교의 논리를 되풀이했다고 보는 견해이다.

본격적인 기독교 정립 이전의 고대 그리스 철학에서 나타나는 플라톤의 이데아 철학과 연결된다고 보는 시각도 있다. 플라톤은 이데아라는 개념을 내놓으면서 참된 존재와 참된 지식이라고 주장했다. 시각과 청각으로 보고 들을 수 있는 것은 실재하는 존재가 아니라고 주장했다. 플라톤의 동굴의 비유는 유명하다. 동굴에서 안쪽 벽만 바라보고 있는 사람들은 바깥에서 들어오는 햇빛에 비친 그림자만 볼 수 있다. 실재는 동굴 밖에 있지만(이데아), 실재의 그림자를 진정한 존재로 착각한다는 것이다.

헤겔은 역사를 단순히 개별적인 국가나 민족의 발전으로 보지 않았다. 역사가 특정 국가나 민족의 발전사로서 볼 수 없는 것은 아니다. 헤겔은 이를 인정하되 전체로서의 역사를 세계정신의 발전으로 이해했다. 역사는 인류의 정신적인 발전을 의미하며, 이는 곧 세계정신의 구현 과정이다.

헤겔은 역사 이론을 전개하면서 변증법을 주창했다. 원래 변증법은 그리스어에서 '대화한다' 정도의 의미이다. 이미 그리스 시대의 철학자 제논이 변증법에 대해 논구한 바 있다. 플라톤도 자신의 철학적 방법으로 변증법을 언급하기도 했다. 헤겔에게 와서 변증법은 정-반-합으로 체계화됐다. 정은 정립(Thesis, 테제)이며 반은 반정립(Antithesis, 안티테제)이며, 합은 종합(synthesis, 진테제)이다. 젊은 시절 헤겔주의자였던 마르크스가 헤겔의 역사철학에 등장하는 변증법을 유물변증법으로 뒤바꾼 것은 유명한 일화다.

헤겔에 따르면 역사는 일정한 목적성이 있다. 역사는 어떠한 무작위적인 일련의 사건들이 아니라, 인류의 정신적인 발전을 위한 논리적인 진행을 따른다. 헤겔에게 역사는 이성과 자유로운 의지의 발전을 향해 전진하는 과정으로서 목적성을 갖는다.

이데아의 존재 여부는 어쩌면 믿음의 영역일 수 있다. 헤겔의 절대정신에 대한 견해도 마찬가지다. 근대 과학으로는 사실 이데아든 절대정신이든 실증적인 과학 방법론으로는 입증되기 어렵다. 그러므로 종교와도 비슷한 이러한 믿음을 깡그리 부정하는 견해도 있다.

랑케와 카와 같이 역사를 과거 사실의 재현 또는 해석으로 보는 견해는 이런 물음에 대한 결론을 유보했다고 볼 수도 있다. 그렇지만 오랜 세월 인류의 선지자들은 역사와 관련해서 비슷한 견해를 내놓았다.

따라서 오늘날 근대 과학의 방법론을 충분히 존중해야겠지만, 역사를 많은 사람이 상호 작용하는 과정에서 상호작용을 결정하는 무언가 필연적인 무언가가 있다는 관점을 고려할 필요가 있는 것이다. 과연 역사란 무엇인가를 제대로 살피는 데서 헤겔의 역사 이론을 먼저 살피는 이유도 바로 여기에 있다.

콩트의 실증주의와 마르크스의 사적유물론

오늘날 사회과학에서 일반적인 방법론은 19세기 후반 사회학을 주창한 콩트에서 유래했다. 수천 년 전 소크라테스, 플라톤, 아리스토텔레스를 비롯한 고대 그리스 철학자들도 사회에 대한 견해를 다양하게 내놓았다. 중국이나 인도 같은 고대 사회도 마찬가지였다. 특히 중국은 춘추전국시대를 거치며 수많은 사상가가 나왔다. 오늘날까지도 제자백가사상이라고 하여 지속적으로 연구되고 있다.

콩트는 19세기에 유럽의 몇백 년에 걸친 자연과학의 발전에 고무되었다. 이전까지 사회에 대한 견해를 내놓는 방법과는 달리 과학적 실험과 관찰을 기본으로 사회현상을 이해하려고 하였다. 이러한 관점에서 자신의 학문을 이전에 없던 사회학이라 명명했고, 학문 방법론을 실증주의라고 차별화했다.

사회에 대한 실증적 분석을 시도했던 콩트도 역사에 대한 견해를 내놓았다. 콩트는 역사를 크게 세 단계로 나누었다. 신학적 단계, 형이상학적 단계, 실증적 단계로 크게 구분했다. 콩트는 역사에 대해서도 실증적 방법으로 획득한 자명한 지식을 객관적인 것으로 보는 관점을 견지했다. 실증적인 것은 사실이며 확실하며 정확하며 유용하다. 반면 형이상학적인 것은 상상이며 비결정이며 정확하지 않고 공허하다. 콩트는 신학적 단계, 곧 종교의 시대와 실증적 단계, 곧 과학의 시대 사이에 형이상학적 단계를 설정했다. 이는 고대 그리스부터 내려온 철학의 발전에 대해 그 의의를 인정했기 때문이다. 그렇지만 근대 자연과학의 방법론보다는 후진적인 방법론으로 보았다.

　오늘날 콩트의 역사 구분에 대해서도 그대로 진리성을 인정하는 학자는 찾아보기 어렵다. 그렇지만 헤겔과 유사하게 역사를 사람들이 상호작용하는 과정에서 상호작용을 결정하는 무언가 필연적인 무언가가 있다고 보는 관점을 취하고 있음은 주목해야 한다. 근대적인 자연과학의 방법론을 사회과학의 연구에 적용하여 사회학을 주창하고 실증주의를 제창한 사람으로서 이러한 관점은 어쩌면 모순일 수도 있다. 그렇지만 역사가 과연 무엇인가를 확인하는 데서 주요한 참고가 된다고 하겠다.

　사적유물론은 역사적 유물론이라는 말이다. 마르크스의 철학은 20세기 소련이 성립한 이후 변증법적 유물론과 역사적 유물론으로 정식화되었다. 사적유물론은 사회의 역사적 발전을 경제적인 요인과 관계시켜 분석하고 설명하는 데 초점을 맞춘다.

　사적유물론은 사회 구조와 사회의 발전을 결정하는 핵심적인 요인으로서 경제적 생산 수단과 생산관계를 강조한다. 사회가 경제적 기반 곧, 생산 수단과 생산력의 관계로 결정되며, 이 기반 위에서 정치, 법률, 문화 등의 사회적 상층 구조가 형성된다고 주장한다.

　경제적인 요인이 사회의 발전을 주도한다는 관점에서, 사적유물론은 사회 변화의 주요한 동력으로서 경제적인 모순과 충돌을 강조한다. 이러한 모순과 충돌은 계급 간의 대립과 노동과 자본의 상호작용으로 나타난다. 따라서, 사적유물론은 사회 변화를 경제적인 계급 간의 투쟁 과정으로 이해한다.

사적유물론은 역사를 모두 5단계로 나누었다. 계급 간의 대립을 기준으로 현시대는 자본주의다. 자본가 계급과 노동자 계급의 투쟁이 사회의 기본적인 모순이다. 이전 시대는 봉건제다. 봉건제는 봉건 영주와 농노의 대립이 기본이다. 근대 국가체제가 성립되기 이전 중세 유럽의 현실을 설명한다. 봉건제 이전은 노예제다. 노예 소유주와 노예의 대립을 근간으로 한다. 노예는 법적으로 물건이었지만 농노는 일정 정도 신분적 예속에서 벗어났지만, 땅에 매여 있는 신분이다. 노동자는 법적으로는 완전히 자유롭지만, 자본에 자기 노동력을 팔 수밖에 없다.

인류 역사를 크게 셋으로 정리하면서 노예제 이전과 자본주의 이후는 평등한 인류의 체제를 상정한다. 자본주의 이후는 노동자 계급의 혁명운동을 통한 사회주의 또는 공산주의로 나아간다. 노예제 이전에는 인류는 평등했다고 본다. 원시공산제라는 이름으로 노예제 이전 역사를 개념화한다.

사적유물론은 사회주의와 공산주의의 철학적 기반으로 사용되었다. 19세기 중반 이후 본격적으로 대두된 노동운동의 이론적 뒷받침이었으며, 사회주의 혁명을 합리화하는 논리로 활용되었다.

20세기 후반 현실 사회주의 국가 대부분의 체제 전환으로 마르크스의 사적유물론을 비롯한 이론은 거의 부인되기에 이르렀다. 진리성 면에서 부족하다고 볼 수 있지만, 역사를 사람들이 상호 작용하는 과정에서 상호 작용을 결정하는 무언가 필연적인 무언가가 있다고 보는 관점을 취하고 있다는 점에서 참고가 된다.

올바른 역사관의 구성 요소

몇 사람밖에 되지 않는 역사에 대한 주요 학자들의 견해를 살펴봤지만, 역사를 사람들이 상호 작용하는 과정에서 상호작용을 결정하는 무언가 필연적인 무언가가 있다고 보는 관점을 견지해야 한다는 점은 확인할 수 있었다. 더 깊이 짚어보자면 많은 역사철학자의 견해를 우리는 참고할 수 있다. 딜타이, 니체, 크로체, 베른하임, 콜링우드, 비코 등 이루 헤아릴 수 없는 수많은 학자가 그 내용은 다르지만 올바른 역사관에 대한 견해를 내놓았다.

학자마다 차이는 있지만, 여러 견해를 종합해 보면 올바른 역사관이 어떤 내용으로 이루어져야 하는지 정리해 볼 수 있다. 사람들이 상호 작용하는 과정에서 상호작용을 결정하는 무언가 필연적인 무언가가 있다는 말은 조금 어렵게 표현하면 과연 역사 발전의 동인 또는 원동력이 무엇인가 하는 말이 된다. '역사의 목적과 방향은 무엇인가'와 같은 표현으로 바꾸어도 된다. 한마디로 명사화돼서 요약하면 역사의 법칙 정도로 개념화할 수 있다.

역사철학과 관련해 주요한 견해를 제시한 학자들의 견해를 종합해 보면 역사는 인간의 삶을 더욱 낫게 만드는 과정이라고 쉽게 말할 수 있다. 아와 비아의 투쟁, 도전과 응전 같은 어려운 개념을 동원하는 이론을 굳이 언급하지 않더라도 더 나은 삶을 실현하려는 노력과 이를 가로막으려는 노력의 대립 또는 투쟁으로 역사를 언급할 수 있다. 이는 역사는 발전한다는 관점으로 연결된다.

이렇게 보면 역사는 그저 같은 현상이 반복되는 순환과정이라고 보는 견해는 자리 잡기 어렵다. 랑케와 카와 같은 오늘날 역사학의 주류적 견해는 자칫하면 역사는 그저 반복되는 일에 불과하다는 잘못된 결론으로 연결될 수도 있다.

경험적으로 쉽게 돌아보더라도 역사가 발전한다는 점은 쉽게 확인할 수 있다. 오늘날 우리 사회에서는 '헬조선' 같은 부정적인 단어가 난무하고 있지만, 긴 역사적 안목에서 살펴보면 역사의 발전은 뚜렷하다. 경제적으로 부가 늘어났고 자유와 인권이 증진되었다. 세계평화를 위한 인류의 노력은 국제법의 발전을 낳았다.

역사가 나아가는 방향이 발전이라는 점을 인정할 수 있다면, 과연 그 원동력은 무엇인지 생각해 봐야 한다. 이에 대해서는 아직 확정적으로 결론을 내리기는 어렵다. 신의 의도라는 설명, 절대정신의 구현이라는 설명, 물질세계의 작동이라는 설명 등 모두 일리가 있다. 이런 결론도 가능하다. 지구라는 하나의 큰 행성에 함께 살아가고 있는 인류라는 생물적 종의 집단적 노력을 통해 역사가 발전한다. 아직 이런 견해를 주장하는 학자는 없지만, 이런 설명도 틀렸다고 할 수는 없다.

여기에서 우리는 역사의 원동력과 관련한 코리안 드림의 역사관이 말하는 견해를 참조할 필요가 있다. 코리안 드림은 문현진이라는 평화사상가가 내놓은 견해다. 코리안 드림의 역사관에서는 역사 발전의 궁극적 목표를 신의 창조 목적과 인간 본성의 실현이라고 본다. 앞에서 두루 살폈듯이 신의 존재를 인정하기 어려운 비종교인들이나 타 종교인들에게는 받아들이기 어려운 견해일 수 있다. 그렇지만 이러한 견해에 대해서도 열린 자세로 표현은 다를 수 있더라도 역사를 사람들이 상호 작용하는 과정에서 상호작용을 결정하는 무언가 필연적인 무언가가 있다고 보는 관점을 잘 표현하고 있다는 점은 인정할 필요가 있다.

제2장

역사의 주체로서의 민족

민족은 역사의 주체

역사를 사람들이 상호 작용하는 과정에서 상호작용을 결정하는 무언가 필연적인 무언가가 있다고 보는 관점에서 빠뜨리지 말아야 할 점이 있다. 그것은 바로 역사의 주체가 누구인가 하는 점이다.

기록으로서 역사를 이해할 때 누구의 기록인가 하는 점이 역사의 주체와 관련된 문제이다. 앞에서 살펴본 역사철학을 전개한 대부분의 학자는 사실 이 문제에 대해서는 깊은 고민 없이 이론을 내놓았다. 굳이 표현하자면 전체 인류 또는 종으로서의 인간이라고 보아야 할 것이다. 그렇지만 우리는 오늘 올바른 역사관의 정립을 고민하는 데서 역사의 주체가 과연 누구인지 깊은 성찰이 필요하다.

현재 우리는 지구라는 행성 위에 살고 있다. 더 넓게 보면 태양계 또는 은하계 또는 우주에 살고 있긴 하다. 그렇지만 지구라는 천체를 벗어나 인간의 삶의 반경 범위가 넓어지는 것은 훨씬 먼 미래의 일이다. 현재 우리는 지구에 살고 있고, 인류 대부분에게 기본적인 삶의 단위는 국가이다.

한 민족이 하나의 국가를 구성하는가 여럿의 국가를 구성하는가, 여러 민족이 하나의 국가를 구성하는가 하는 차이점은 있지만, 이제 지구상 어느 대륙에서도 국가를 기본 단위로 하지 않는 곳은 없다. EU 같은 대륙 차원의 더 넓은 공동체를 지향하는 곳에서도 국가라는 기본 단위는 그대로 존재한다. 몇 년 전 브렉시트에서 보듯이 더 큰 범위의 공동체는 언제든 특정 국가의 탈퇴라는 결과도 낳을 수 있다.

오늘날과 같은 민족 국가체제는 유럽에서 본격적으로 정립됐다. 국제정치학계도 국제법학계도 근대 민족 국가체제는 1648년 베스트팔렌조약을 계기로 성립되었다고 본다. 유럽 중심의 견해이기에 사실 전 세계에 적용하기에는 무리가 있긴 하다. 한민족의 경우 신라의 삼국통일 이후에는 거의 단일한 민족 국가로서 존재해 왔기 때문이다. 통일신라 시기를 역사학계 일각의 견해처럼 남북국 시대로 본다고 해도 최소한 고려 이후로는 거의 단일한 민족 국가로 존재했다.

베스트팔렌조약은 독일의 30년 전쟁을 종식하면서 채택된 국제법이다. 때로 유명무실하기도 하였지만 그래도 명목은 유지되던 신성로마제국이라는 단일한 가톨릭 제국으로서 유럽은 완전히 붕괴하였다. 유럽의 각 지역은 각 민족이 차지하여 단일한 국가로 거듭났다. 이러한 체제는 20세기 중반 전 세계 모든 대륙의 식민지들이 독립하면서 전 지구상으로 확산하기에 이르렀다.

하나의 민족 또는 민족이 구성한 국가를 역사의 주체로 봐야 하는 점은 오늘날 세계가 민족 국가체제로 이루어져 있다는 현실 때문만은 아니다. 인류의 역사를 살펴보면 주요한 역사적 단계마다 특정 민족의 거대한 역할이 역사 발전을 좌우했다. 역사를 발전시키려는 민족 또는 국가, 가로

막으려는 민족 또는 국가의 대립은 늘 반복됐다.

역사의 동인이라고 하든 역사 발전 법칙이라고 하든 역사를 사람들이 상호 작용하는 과정에서 상호작용을 결정하는 무언가 필연적인 무언가가 있다고 보는 관점에 근거해야 한다는 점은 이미 반복적으로 확인했다. 신의 뜻이든 절대정신이든 물질세계든 종으로서 인류든 역사 발전의 과정이 특정 민족 또는 국가를 기본 단위로 했다는 점은 분명하다.

역사와 관련된 다양한 이론을 내놓은 선지적 학자들의 견해도 구체적으로 더 살펴보면 인류 또는 사람 일반을 언급했더라도 결국은 특정 민족 또는 국가를 단위로 사고했다. 헤겔의 경우 절대정신의 담지자는 바로 독일이었다. 콩트에게 실증적 단계는 발전된 프랑스를 의미했다. 마르크스는 프랑스의 사회주의, 독일의 철학, 영국의 경제를 종합했다고 평가된다.

이렇게 볼 때 근대 민족 국가체제는 인류가 드디어 최근 몇백 년 동안 전 지구적 범위에서 역사 발전의 주체와 현실적인 국가 단위가 일치한 첫 시기라고 할 만하다. 4~5세기 전 베스트팔렌조약이 유럽이라는 대륙의 우연한 현상이 아니라는 말이다. 코리안 드림의 역사관에서는 이에 대해 선택된 민족이 세계문명사를 이끌어 간다고 표현한다.

문명과 관련하여 서양 역사학계에서 주요한 이론을 내놓은 사람으로 슈펭글러와 토인비를 들 수 있다. 슈펭글러는 이미 지금으로부터 약 100년 전인 20세기 초에 『서양의 몰락』이라는 책을 내놓았다. 문화권이라는 개념을 문명이라는 말과 함께 쓰기도 하는데, 슈펭글러는 모든 문화권은 결국 반드시 몰락한다고 주장했다.

당시 유럽은 제국주의로서 전 세계 다른 대륙을 모조리 식민지로 나눠 갖고 서로 싸우던 시기였다. 다른 대륙의 사람들을 같은 인류로 보지 않는 시각도 일반적이었고 서구문명의 절대적 우위를 당연하게 받아들이던 때였다. 그렇지만 슈펭글러는 인류는 여러 문화권이 존재하며 모든 문화권은 결국 몰락한다는 파격적인 주장을 전개했다. 이는 서양문명도 곧 언젠가는 몰락한다는 결론으로 갈 수밖에 없으므로 충격을 주었다.

토인비는 슈펭글러의 견해에 대해 문화권이 몰락하지 않을 수 있는 근거를 찾아 반박하는 데 몰두했다. 토인비는 견해를 단순화하면서 고등 종교가 있다면 문명은 몰락하지 않는다는 것이다. 곧, 개신교와 가톨릭의 고등 종교가 있는 유럽 서구문명은 몰락하지 않는다는 결론으로 연결되게 된다.

오늘날 역사학계에서 슈펭글러와 토인비의 견해 또한 참고적인 이론일 뿐이다. 이미 시간적 한계성도 있고 모든 대륙의 식민지가 해방되고 모든 인류는 동등하다는 관점이 널리 확산된 오늘 특정 문명의 우월성을 합리화하는 견해가 받아들여지기는 어려운 것이다.

그렇지만 인류를 위해 더 큰 노력을 기울이는 노력이 인류사의 전개에서 역사 발전을 이룩하는 가장 중요한 동력이라는 점은 달라지지 않는다. 18~19세기 정점에 달했고 20세기 초중반까지 유럽의 세계 지배는 과학의 발전, 자본주의의 발전, 새로운 사상의 발전 등 여러 요인으로 돌릴 수 있을 것이다. 다른 대륙에 대한 침략과 착취로 귀결될 정도로 과도하게 나아가지 않았더라면 당시 유럽 민족의 전 인류적 견지에서 역사 발미친 공적을 충분히 인정할 수 있을 것이다.

20세기에는 제국주의의 지배를 받던 많은 민족이 독립을 위해 떨쳐나섰다. 중국과 인도가 대표적이고 동북아시아의 조선도 예외가 아니었다. 제국주의 식민 지배의 시대, 특정 인종과 문명이 우월하다는 잘못된 인식은 투쟁하는 식민지 민족의 힘으로 세계사의 흐름을 바로 잡았다. 모든 면을 종합해 볼 때 주요한 역사적 단계마다 특정 민족의 거대한 역할이 역사 발전을 좌우한다는 점을 놓쳐서는 안 된다.

민족은 허구인가?

역사의 주체로서 민족을 상정해야 한다는 관점에 대해 서양 학계에서는 반론이 많다. 대표적으로 베네딕트 앤더슨을 들 수 있다. 20세기 후반 코넬 대학의 교수로 재직한 앤더슨은 1983년 『상상의 공동체: 민족주의의 기원과 전파에 대한 성찰』이라는 책을 펴냈다. 제목에서 보듯이 민족은 상상의 공동체에 불과하다는 것이다. 실체가 있는 것이 아니라 사람이, 특히 근대 민족 국가체제의 형성 과정에서 고안된 존재라고 주장한다.

이러한 견해는 서구 학계에서는 일반적이다. 에릭 홉스봄은 민족주의를 18세기 후반 이후 만들어진 신화로 본다. 원래부터 존재하거나 변하지 않는 실체가 아니라 만들어진 허구라는 견해이다. 홉스봄은 『혁명의 시대』, 『자본의 시대』, 『제국의 시대』라는 유럽사 시리즈로 세계적인 역사가 중 한 명으로 인정받는 사람이다.

독일의 역사학자인 한스 울리히벨러는 민족주의가 유대기독교 전통에 사상적 기원을 두고 있다고 주장한다. 서구 세계의 성공으로 인해 민족주의가 현대적이자 모든 곳에서 받아들여졌을 뿐이라는 주장을 전개한다.

이러한 관점에 따라 서양 역사학계에서는 민족이나 국가가 아니라 개별 인간을 역사의 주체로 보기도 한다. 헨리 키신저로부터 격찬을 받기도 한 미국 역사가 폴 존슨은 미국사를 다루면서 '미국인의 역사(A

History of the American People)'라는 제목을 붙였다.

『사피엔스』의 저자 유발 하라리는 비슷한 맥락에서 '상상의 질서(imagined order)'라는 개념을 만들어 냈다. 직접적으로 민족을 언급하지는 않지만 호모 사피엔스라는 종은 상상하는 주체라는 것이다. 논리적 연장선에서 하라리에게 민족 또한 상상의 질서일 수밖에 없다.

> "사람들은 대부분 자신의 삶을 규율하는 질서가 상상 속에만 존재한다는 사실을 받아들이고 싶어 하지 않는다. 하지만 실상 모든 사람은 기존의 상상의 질서 속에서 태어났으며, 태어날 때부터 지배적인 신화에 의해 욕망의 형태가 결정되었다."[5]

민족이 허구라는 관념에 대해서는 많은 반론이 있다. 가장 큰 반론은 유럽 중심의 좁은 역사 전개 범위를 상정하고 있다는 것이다. 특히 아시아의 중국과 한국을 비롯한 곳은 수천 년 동안 일관된 민족의 역사 전개를 보여 주기 때문이다.

유럽 학계의 민족 개념에 대한 반감이 2차 대전 나치의 만행 때문이라는 것도 큰 이유다. 히틀러를 비롯한 독일의 나치당은 극심한 자민족 우월주의에 기반했다. 유대인에 대해서는 인종 말살에 해당하는 대학살을 저지를 정도였다. 나치의 만행에 대한 반성은 필요하지만, 민족 개념 자체에 대한 회의는 지나치다고 보아야 할 것이다.

유럽의 민족 회의적인 견해에 대한 반론으로 체계적인 철학적 논의는

---

5) 『사피엔스』 p. 172. https://blog.naver.com/avocadolee_business/223127787784에서 재인용

송두율의 견해를 찾아볼 수 있다. 송두율은 우리 사회에서는 일각의 빨갱이 시비로 그 견해가 널리 알려지지 않았지만, 유럽 학계에서는 상당한 영향력을 행사하고 있다. 『민족은 사라지지 않는다』는 제목으로 출간된 저서는 지구화 시대에 대한 의미론적 검증을 거쳐 민족의 존재를 긍정한다. 송두율은 민족 회의론의 정점에 있다고 할 수 있는 독일에서 공부한 학자로서 민족 허구론을 부정하는 데서는 적임이다.

동서양 민족관의 차이

서양사에서는 일반적으로 베스트팔렌조약 이후 본격적으로 민족이 하나의 국가를 형성하는 국민국가의 시대로 들어섰다고 본다. 프랑스 대혁명 이후 나폴레옹의 유럽 정복은 유럽 전역으로 민족주의 관념을 확산시켰다고 본다.

그런데 유럽은 2차 대전 이후 나치의 만행으로 인해 민족주의에 대한 회의적인 인식이 크게 확산되었다. 당시 나치 독일의 지배층은 독일 민족을 제외한 다른 민족에 대한 극단적인 배타적인 인식을 가진 것을 넘어 아예 제거하는 정책을 폈다. 그로 인해 특히 유대인 수백만 명에 대한 대학살이 자행됐다.

나치의 만행은 민족주의뿐만 아니라 인간의 이성 자체에 대한 회의로도 이어졌다. 나치의 만행이 민족주의 때문이고 인간의 이성 때문이라는 논의는 이후 철학과 사회학에서 상당한 정도로 퍼졌다. 민족이 허구적인 관념에 불과하다는 논의는 이러한 반성적 성찰과도 연결된다.

그런데 이러한 서양의 민족관은 유럽 대륙의 역사적 상황만을 반영했을 때는 일리가 있다고 할 수 있지만, 전 세계 다른 대륙까지 살펴보면 타당하지 않다는 점을 유념해야 한다. 특히 동아시아의 경우 민족의 형성은 수천 년 전으로 거슬러 올라간다.

중국의 경우 진시황 이후 한족과 다른 민족이 엎치락덮치락 하면서 왕조를 담당해 왔다. 한국의 경우 최소한 통일신라 이후로는 단일민족의 역사를 이어 왔다. 한국사학계의 연구 성과를 살펴보면, 가장 늦게 잡더라도 고려시대에는 삼국유사 등이 발간되면서 단군을 민족의 시조로 하는 하나의 민족이라는 인식이 형성됐다.

또한 민족주의는 2차 대전을 전후하여서는 본격적으로 아시아와 아프리카 등지에서 제국주의에 맞서는 저항의 이데올로기가 되었다는 점도 중요하다. 이미 1차 대전을 전후한 시기에도 미국의 윌슨 대통령이 민족자결주의를 천명하면서 당시 식민지 상태에 있던 민족들은 제국주의의 지배에서 벗어나겠다는 희망을 민족주의에서 찾았다는 점도 고려해야 한다.

민족의 관념에 대한 회의적인 서양의 인식과는 달리 동양의 인식은 큰 차이가 있음을 확인할 수 있다. 역사의 주체로서의 민족에 대한 인식을 제대로 정립한 바탕에서 오늘의 역사를 형성해 가는 우리들의 위상을 잘 설정할 수 있을 것이다.

민족정신으로서의 역사

특정한 민족 또는 그 민족이 건설한 국가를 역사의 주체로 보게 되면 역사의 의미는 재정립할 수 있다. 역사를 사람들이 상호 작용하는 과정에서 상호작용을 결정하는 무언가 필연적인 무언가가 있다고 보는 관점에서 그 필연적인 무언가는 바로 민족이 된다. 특정 민족이 어떤 집합적 존재로서 어떤 생각을 갖고 어떻게 역사 발전의 방향을 끌고 갈 것인지 하는 것이 바로 그 필연적인 무엇이다.

한국의 대표적인 역사가 박은식은 일찍이 역사는 곧 민족의 정신이라고 표현했다. 박은식은 우리나라가 식민지로 전락할 수 있는 위기의 시대에 황성신문의 주필로 활약했다. 독립협회 활동에도 열심이었다. 일제의 식민지로 전락한 이후에는 상해임시정부의 대통령을 지내기도 했던 독립운동이기도 했다.

박은식이 일제강점기에 독립운동의 일환으로 중요하게 생각한 것은 역사교육이었다. 『한국통사』는 박은식이 지은 한민족의 역사서다. 안중근의 거사를 널리 알리기 위해 '안중근전'을 지었고, 죽기 전까지 한민족의 독립운동 노력을 집대성해서 『한국독립운동지혈사』를 펴냈다.

역사가 민족의 정신이라는 박은식과 같은 견해는 한국과 같은 식민지를 겪은 곳의 특별한 예외적 현상이라는 반론이 있을 수 있다. 그렇지만 민족이 허구라는 견해가 일반적인 미국 같은 곳에서도 정신을 역사로 보는 견해는 찾아볼 수 있다.

물론 미국은 다민족 국가이기 때문에 분명 한민족이나 유럽과 같은 민족 견해와는 다르기는 하다. 그렇지만 미국도 이른바 건국 아버지들의 철학이나 명백한 운명 같은 정신은 오늘날까지도 미국 사회의 주류를 움직이는 근본적인 원동력이다. 미국 건국 아버지들의 철학은 독립전쟁 당시 남긴 다양한 사상적 견해를 의미한다.

명백한 운명은 1845년 뉴욕의 언론인 존 오설리번이 내놓은 말이다.

당시 미국은 서부 개척에 매진할 때였는데, 이러한 팽창이 미국민의 자유로운 발전을 위해 신이 만들어 준 명백한 운명이라고 주장하였다. 명백한 운명은 아메리카 대륙 내 서부 개척으로 끝나지 않고 19세기 말, 20세기로 넘어와서는 전 세계적인 판도에서 전 인류의 자유 확대를 위한 미국의 노력에 대한 합리화 논리로 작동하고 있다.

한민족의 정신과 인류 역사 견인

오늘 21세기를 사는 한민족에게 민족의 정신은 무엇인가? 올바른 역사관을 성찰해 온 지난 시간은 바로 이러한 물음에 대한 답을 내놓기 위한 과정이었다고 해도 과언이 아니다. 대한민국은 20세기 중반 독립하고 비록 분단되었지만, 산업화와 민주화에서 세계사적인 모범을 일구었다.

오늘날 가장 발전한 선진국의 징표로 G7을 흔히 꼽지만, 캐나다의 경우 인구가 겨우 3천만 정도에 불과해서 3050클럽처럼 기준을 바꾸어야 한다는 견해가 있다. 인구는 5천만이 넘고 1인당 국민 소득이 3만 달러가 넘는 국가를 기준으로 하면 캐나다 대신 대한민국이 들어간다. 20세기 중반 아시아, 아프리카, 남미의 수많은 나라들이 독립했지만 가장 성공적인 발전을 한 곳이 바로 대한민국이다.

대한민국은 한민족이 구성한 국가이다. 한민족이 이룩한 20세기, 21세기 대한민국의 성취는 과연 오늘 우리가 올바른 역사관을 고민하는 것과 어떤 관련이 있는 것일까? BTS로 상징되는 전 세계적인 판도의 문화의 확대도 마찬가지로 묶어서 생각해야 한다.

그렇다면 우선 한민족의 정신이 과연 무엇인지를 규명해야 한다. 혹자는 말한다. 한국은 세계 모든 종교가 공존하는 곳이다. 고려, 조선을 거치면서 유교와 불교는 오늘날까지도 한민족의 근간이 되고 있다. 불교는 고려시대에는 통치 이데올로기였고 유교는 조선시대의 그것이었다. 식민지에서 벗어나기 위한 독립운동을 시작하면서부터는 민주주의 공화정을 미래 국가상으로 일관되게 내세웠고 20세기 후반 세계사적 모범을 성취하기에 이르렀다. 민주주의는 종교의 자유를 중요한 법원칙의 하나로 표방하기에 한반도에는 기존의 유교, 불교에 이어 기독교도 널리 퍼졌다. 최근에는 이슬람도 점차 확산되는 움직임이 있기도 하다.

이미 신라시대에도 이러한 논리는 있었다. 최치원은 유불선을 통합한 대사상가로 오늘날까지도 그 영향력이 줄어들지 않고 있다. 최치원은 우리 민족 고유의 사상으로 풍류가 있다고 주장했고 유불선사상이 풍류사상과 크게 다르지 않다고 보았다. 유불선에서 선은 도교를 의미한다. 유불선의 통합은 조선 말기에는 동학의 대두로 이어진다.

최치원이 활약하던 당대에는 서양의 사상은 아직 전해지지 않고 동학이 대두하던 때에는 서학과 동학을 대립적으로 보긴 했다. 아직은 동양과 서양의 교류가 오늘날처럼 일반적이지 않았고 더구나 동학이 대두된 19세기에는 유럽의 제국주의는 다른 대륙을 침략했기에 그 사상에 대한 반발은 당연했다.

그러나 지금은 유럽의 제국주의도 사라졌고 전 세계는 민주주의로 가고 있다. 그렇기에 오늘 이 땅에서는 이제는 기독교까지 포함한 사상의 공존, 사상의 융합이 시도되고 있다고 해도 과언이 아니다. 대한민국이 자고 나면 또 새로운 사상이 대두되기도 하는 영적인 충만함이 가득한 곳이기도 하다는 표현이 그리 지나친 말도 아니다.

인류가 지금까지 내놓은 모든 사상이 공존하는 한반도에서 과연 한마디로 역사로서의 한민족의 정신은 무엇이겠는가? 이에 대해서는 수많은 학자가 다양한 견해를 내놓았지만 가장 모이는 지점은 바로 홍익인간사상이다. 홍익인간사상에 대해서는 고조선 단군의 일화와 관련하여 더 이상 언급이 필요 없는 내용이다.

　역사를 사람들이 상호 작용하는 과정에서 상호작용을 결정하는 무언가 필연적인 무언가가 있다고 보는 관점에서 그 필연적인 무언가는 바로 민족의 의지가 된다. 지금까지 다양한 측면에서 올바른 역사관에 대한 모색의 결론이다. 한민족의 정신은 홍익인간으로 집약된다.

　홍익인간은 널리 인간세계를 이롭게 한다는 뜻이다. 한민족은 이미 반만년 전에 민족의 의지로서 널리 인간세계를 이롭게 한다는 뜻을 표방했다. 한민족의 역사를 상세히 살펴볼 때 우리 민족 성원들이 상호작용하는 과정에서 상호작용을 결정하는 무언가 필연적인 무언가는 바로 홍익인간사상이다.

　홍익인간사상이 한민족의 역사 각 국면에서 어떻게 발현되었는가? 이 점을 살피는 것이 바로 우리 역사를 살펴보는 제대로 된 관점이다. 홍익인간사상은 반만년의 민족사를 통해 점차 실현의 정도가 강해졌다. 헤겔의 절대정신 개념은 사실 도출 근거가 없다. 탁월한 천재 헤겔의 머릿속에서 나온 개념이다. 그렇지만 한민족의 홍익인간사상은 헤겔의 절대정신의 내용이라고 할 수 있는데, 이미 오래전에 역사적 문헌에서 그 근거를 확인할 수 있다.

　역사로서 한민족의 정신이 홍익인간이라는 점은 오늘날 한민족이 세계사의 무대에서 인류를 위해 어떤 공헌을 할 것인지를 보여 주는 방향타가 된다. 홍익인간에서 말하는 인간세계가 한민족의 기본 터전인 한반도만으로 봐서는 곤란하다. 반만년 전에 표출된 홍익인간이라는 뜻은 이제 21세기 한민족이 그야말로 선진국의 단계에 들어섬으로써 제대로 실현할 수 있는 명실상부한 시기가 되었다고 볼 수 있다.

홍익인간사상의 확장으로서의 한민족사는 향후 인류사에서 한민족의 더 큰 역할을 예정한다. 18~19세기 과학과 자본주의와 새로운 사상이 발전한 유럽은 아쉽게도 제국주의로 다른 대륙을 침략하는 잘못을 저질렀다. 20세기 중반 이후 다행히 인류의 흐름은 바뀌었다고 할 수 있지만, 과거 제국적 관행을 완전히 벗어나진 못했다. 2차 대전 이후 세계 경찰이된 미국은 민주와 인권을 전파하는 측면과 함께 제국과 패권의 답습이 병행되고 있다.

홍익인간사상은 향후 더 커진 대한민국이 지금까지 서구 민족들과는 달리 오로지 민주와 인권 같은 가치의 확산을 통한 세계사적 발전을 선도할 것을 예고한다. 우리가 홍익인간사상의 확장 과정으로서 한민족사를 제대로 되돌아보는 중요성도 바로 여기에 있다.

제II부

한민족의 여정

제1장

한민족 시원의 꿈

홍익인간의 건국정신

■ 널리 인류를 이롭게 하라는 보편적 가치를 제시한 한민족

홍익인간사상은 단군신화에 나오는 고조선의 건국이념이자 대한민국의 교육법이 정한 교육의 기본 이념이다.『삼국유사』와『제왕운기』등 옛 문헌에 의하면 하늘의 신인 환인의 아들 환웅이 천하에 뜻을 가지고 있어 특히 인간 세상에 욕심을 가지고 있었다.

단군신화에 의하면 "환인이 환웅의 뜻을 알아차리고 널리 인간에게 이롭게 할(홍익인간) 땅인 삼위태백(三危太伯)을 살펴보니, 홍익인간 할 만한 곳이라 판단하고 성스러움을 상징하는 천부인(天符印) 세 개를 환웅에게 주고 내려가 이곳을 다스리도록 하였다. 환웅이 삼천에 이르는 무리를 데리고 태백산 꼭대기 신단수로 내려가니, 이를 신시(神市)라 하였다"는 것이다.

환웅은 바람을 다스리는 풍백(風伯)과 비를 다스리는 우사(雨師), 그리고 구름을 다스리는 운사(雲師)를 거느리고 곡식과 생명, 형벌과 선악 등 인간에게 꼭 필요한 360여 가지의 일을 다스렸다. 이렇게 환웅이 인간을 다스려 사람들이 점차 도리를 알게 되어 질서가 유지되고 갖가지 농사를 지어 풍요롭게 평화로운 삶을 살아가게 되었다.

이 무렵 곰과 호랑이가 동굴에 살면서 신시에서 풍요롭고 안락한 생활을 하는 인간 세상을 부러워하여 환웅에게 인간이 되기를 원했다. 이에 환웅은 곰과 호랑이에게 쑥과 마늘을 주고 이를 먹고살면서 100일 동안 햇빛을 보지 않는다면 인간의 모습으로 될 수 있다고 했다. 그러나 호랑이는 금기(禁忌)를 지키지 못하고 동굴을 뛰쳐나왔고, 곰은 21일 만에 여자의 몸으로 바뀌어 웅녀가 되었다. 이에 환웅은 인간으로 화하여 웅녀와 결혼하여 자식이 태어나니 곧 단군왕검이다. 단군왕검이 세운 나라가 우리나라 최초의 국가인 고조선이며 1500년 동안 이어졌다.

고조선의 건국이념은 환인-환웅-단군으로 이어지는 관계로 환인이 널리 인간을 이롭게 할 것이라는 판단으로 환웅을 지상으로 보냈기 때문에 단군왕검에 의해 세워진 고조선의 건국이념은 당연히 홍익인간사상이라고 말할 수 있다. 단군은 천신 환웅의 아들이며 우리 민족이 조상을 숭배하는 것은 궁극적으로 하늘을 믿고 숭배하는 것과 같다. 환웅은 천계(天界)가 일치하는 곳에 신시를 베풀고 인간을 사랑했다. 이렇듯 홍익인간의 사상은 경천(敬天)과 숭조(崇祖) 그리고 애인(愛人)사상으로 나타났으며, 하늘과 인간이 동참하여 구현하려는 사상이라 할 수 있다.

홍익인간사상은 널리 인류를 이롭게 하는 대동 홍익인간 이념으로 세계 보편적 가치라고 할 수 있다. 따라서 세계의 각 민족과 종교 그리고 문화를 초월하여 인류가 공존 번영하는 사회를 실현하는 이념적 토대가 될 수 있다. 더불어 홍익인간 이념 속에는 자유와 평등, 공생과 공영의 가치 또한 내포되어 있다. 홍익인간사상은 단군 국조(國祖)가 고조선을 창건할 때 선포한 통치이념으로 조물주인 신과 피조물인 인간의 협조와 조화를 담고 있다. 한인-환웅-단군으로 이어지는 건국신화는 천지인 즉 하늘과 땅, 신과 인간이 같은 근원에서 시작된 존재이며, 궁극적으로는 합일을 지향한다고 볼 수 있다. 그리하여 이 사상은 신본주의와 인본주의를 아무런 모순 없이 내포하고 있다는 데 큰 의미가 있다.

■ 홍익인간사상의 구체적인 내용

홍익인간사상을 좀 더 구체적으로 살펴보고자 한다. 첫째, 신인합일(神人合一)이다. 홍익인간사상의 가장 핵심 사상으로서 본성적인 차원에서 인간에게 부여된 하늘의 성품, 곧 신성을 발견하고 이를 실현한 인간이 홍익인간이다. 결국 민족통일의 차원을 넘어 문명사적 측면에서 인류사회의 발전에 이바지할 수 있는 큰 사상이다.

우리 민족 건국이념의 요지는 '도덕과 진리'로 세상을 다스리고(以道與治), 진리로 세상을 계몽하며(光明理世), 세상에서 진리가 구현되기(在世理化)를 염원했다. '자신 안에 내재하는 하늘을 온전하게 깨달은 존재가 이 세상에 살면서 우주의 이치로 정치와 교화를 베풀어 널리 인간을 이롭게 한다'는 의미로 해석될 수 있다. 그래서 신의 세계와 인간의 세계가 둘이 아닌 하나임을 알려 주는 것이다. 홍익의 원리로 인간세상을 다스려 여여불변하는 우주적 질서와 조화가 보편적으로 실현된 이화세계(理化世界), 즉 평화를 실현하겠다는 원대한 세계관과 목표를 읽을 수 있다.

둘째, 보편적 평화사상이다. 홍익인간사상은 인간만이 아니라 하늘, 땅, 사람이라는 모든 존재 간에 유익한 것을 상호 제공하는 것을 기본 정신으로 하고 있다. 다시 말해 홍익인간사상은 개인과 개인, 국가와 국가, 민족과 민족, 종교와 종교, 인간과 자연 간의 화해와 공존을 지향하는 보편적 평화사상이라고 말할 수 있다. 왜냐하면 건국 기록에서 특정 국가나 종족, 민족, 후손 등과 같은 특수한 용어나 표현이 사용되지 않고 보편적 용어인 사람(人)이나 인간(人間)이라는 용어가 사용되고 있는 사실에서 잘 나타나고 있다. 결국 홍익인간사상은 좁게는 나와 민족과 이웃 나라와 인류, 그리고 보다 적극적으로는 우주 내 모든 존재 간의 상생, 곧 공존공영의 평화사상이며, 우주에서 모든 존재 간의 공존공영은 세계의 모든 사상과 철학 및 종교가 지향하는 최고의 목표이다.

셋째, 성통공완(性通功完)이다. 자신 안에 있는 하늘의 품성을 깨달음으로써 세상과 구별되고 일방적으로 높임을 받는 것이 아니라 하심(下心)을 갖고 깨달음이 없는 세상으로 나아가 교화하고 치유하는 것이 진정한 깨달음이라는 것이다. 홍익인간은 하느님이 지향하는 목적을 이 땅에 실현하기 위한 참인간을 만드는 데 있다. 따라서 성통공완은 하느님의 본성을 깨달아 완성하는 것을 의미한다. 또한 홍익인간의 완성으로 사람이 인간 세상에서 유익함을 주면 하늘에 올라 영원한 행복과 생명을 얻는다는 것이다. 단군신화에 "환웅은 풍백과 우사와 운사를 거느리고 곡식, 수명, 질병, 형벌과 선악 등 인간의 360여 가지 일을 주관하였으며, 인간 세상에 머물며 이치와 원리를 구현되도록 하였다"고 되어 있다. 이것은 자신 안에 내재하는 하늘의 품성을 깨달은 존재가 인간살이의 360여 가지 일들을 두루 맡아보며 인간사회를 우주적 원리와 이치가 통하는 것으로 발전시켰다.

넷째, 자유과 평등의 조화이다. 환웅은 자진해서 지상에 내려오고 웅녀는 자의로 고행을 겪는 등 우리 민족은 기본적으로 자유를 지극히 소중하게 여길 뿐만 아니라 하늘나라와 지상 그리고 신과 인간 및 자연을 거의 동등하게 사랑하는 등 평등을 존중하는 민족으로 상징되고 있다. 환인은 환웅의 자유의지를 존중하여 이 땅에 내려보내지면서도 나라를 세울 곳을 손수 살펴주었으며, 하늘의 표식인 삼부인을 주고 나랏일을 돌봐줄 풍백·우사·운사의 삼사와 곡(穀)·명(命)·병(病)·형(刑)·선(善)·악(惡) 등 무릇 3000의 무리를 보내는 등 인간에 대한 지극한 사랑을 보여 주었다. 그리고 환웅은 곰과 호랑이가 사람이 되어달라는 간청에 이들에게 신령스러운 쑥과 마늘을 주면서 이것을 먹고 100일 동안 햇빛을 보지 않으면 사람이 된다고 했다.

그러나 곰은 이를 먹고 근신하여 21일 만에 여자의 몸이 되고 호랑이는 이를 지키지 못하여 인간으로 화하지 못했다. 환웅은 순종하지 않은 호랑이에게 어떠한 형벌도 가하지 않고 자유를 부여하였으며, 신이면서도 인간으로 화하여 웅녀와 결혼하는 등 인간과의 조화와 평등을 중요시하는 존재임을 보여 주었다.

그리고 인간을 널리 이롭게 한다는 이상은 논리적으로 개인 및 민족이 자율성과 독립성을 확보할 것을 전제하고 있으며, 자기 자신이 자율적이고 독립적인 존재로 바로 서지 않고서는 상호 대등한 관계를 유지할 수 없고, 그러한 상태에서 홍익인간사상이 결코 실현될 수 없을 것이다.

■ 홍익인간사상의 지향점

홍익인간사상은 "인간 세상을 널리 이롭게 하라"는 자의에 담겨있는 의미와 단군신화 내용을 미루어 볼 때 홍익인간사상이 지향하는 바에 대해 다음과 같이 몇 가지로 유추해 볼 수 있다.

첫째, 홍익인간사상은 우리 사회를 도덕적으로 정화하고 통합해야 하는 과제와 관련하여 중요한 시사점을 주고 있다. 오늘날 우리 사회에는 산업화·다원화·세속화의 진전과 함께 자기중심적이고 분열적이며 상호 적대적인 약육강식의 가치관이 팽배해 있다. 극단적 이기주의로까지 지칭되는 그 같은 취약점은 우리 사회를 인정이 메마른 사막으로 만들고 있고 부정부패가 끊이지 않는 불신 사회로 만들고 있다. 오늘의 한국 사회는 윤리를 회복하고 도덕을 재무장하며 동포애·인간애에 토대하여 공동체를 결속시키기 위한 시민적 각성이 필요한 시점인 것 같다.

둘째, 홍익인간사상은 민족화합과 남북통일이라는 과업과 관련한 중요한 이념적 역할을 해 줄 것이다. 우리 민족의 원형을 함유한 '한사상'(韓思想)에서 찾을 수 있을 것이다. '한사상'은 사상이나 계급, 인종 등 그 어떠한 것에도 편벽(偏僻)해 구애됨이 없는 에큐메니컬(ecumenical)한 정신을 끌어냄으로써 모든 정치사회를 관통하는 회통의 정치이념과 만날 수 있게 된다. 진정한 자유는 통일과 평등의 기초 위에서만 가능하다는 점에서 천·지·인 삼재(三才)의 융화, 즉 천시(天時), 지리(地理), 인사(人事)의 조응관계(照應關係)에 기초한 '한사상'은 진정한 자유와 함께 통일의 이념적 토대라 할 수 있다.

오늘날 남북통일이 되어야 하는 당위성은 여러 가지 차원에서 진술되고 있지만, 그러나 통일이 되어야 하는 가장 중요한 이유는 남북은 하나의 민족이기에 하나의 민족으로 살아가야 한다는 데에서 찾을 수밖에 없다. 한민족에게 공유된 전통적 민족의식은 스스로를 단군의 자손·단일민족·공동운명체로 인식하고 특히 홍익인간사상을 가지고 반만년 역사를 이어온 민족으로 생각하는 것이 기본이었다 할 수 있다. 특히 민족의식은 북한에서도 단군 실존설과 단군 민족단결론을 주창하고 있는 점을 고려할 때 남북이 동질적으로 공유할 수 있을 것으로 생각된다. 일찍이 조소앙(趙素昂)이나 안재홍(安在鴻) 같은 신민족주의자들이 좌우합작·통일민족 국가의 사상적 방향을 모색하면서 홍익인간 이념을 강조한 것도 이 문제와 관련하여 시사하는 바가 크다.

셋째, 홍익인간사상은 또 '세계화' 시대에 한민족에게 건강한 민족 정체성을 정립시키는 과제와 관련하여 매우 유용할 것으로 보인다. 1980년대 이후 세계화가 학계 일반에 주요 담론으로 자리 잡고 있지만, 그러나 바람직한 세계화는 민족적 정체성이나 국적 의식으로부터의 탈피를 주장하지는 않는다. 민족적 주체성을 수반하지 않는 세계화는 자칫하면, 한반도와 민족에게 자기 정체성이 모자란 채 방황하는 정신적 미아이자 선진 자본주의의 경제적·문화적 식민지로 전락시킬지 모른다. 이 같은 시기에 민족성원들에게 요구되는 것은 세계인을 향해 개방적·포용적이면서도 민족적 정체성·자주 의식은 또한 분명히 견지하는 건강한 민족의식일 것이다. 홍익인간 이념은 민족 성원들을 그 같은 방향으로 유도하는 유용한 교육 자료일 수 있다. 홍익인간은 민족성 원들에게 지구촌 시대를 살아가는 데 필요한 세계시민으로의 윤리를 견지하면서 동시에 민족적 정체성도 분명히 가지는 건강한 자아를 형성하게 될 것이다.

넷째, 홍익인간은 또한 세계화가 불가피하게 수반할지 모르는 부작용을 견제하고 최소화해야 하는 과제와 관련해서도 의미 있는 지혜를 주고 있다. 세계화는 자율성과 능률성·경쟁력을 강조하는 과정에서 불가피하게 냉혹한 개인주의와 경쟁 논리만을 정당화시켜서 세상을 약육강식의 전쟁터로 만들고, 경쟁에서 패배한 다수의 소외된 약자들을 양산하게 될 것이다. 또 세계화는 경제주체들에서 이익을 위해서는 국적과 국경을 이탈할 수도 있다는 논리를 제공하기도 한다. 그런데 그와 같은 부작용은 한편으로는 소외계층에 대한 배려를 요청하고 다른 한편으로는 경제적 행동에서 국적과 동포애를 고려하도록 촉구함으로써 완화될 수 있을 것이다. 홍익인간사상은 그 같은 방향으로 세계화의 추이를 감시하는 논리가 될 수 있을 것이며, 아울러 그 부작용을 극복하는 사회적 조건을 형성하는 데 이바지하게 될 것이다.

다섯째, 홍익인간사상은 또 21세기 현대문명의 진로와 관련하여 한민족이 세계인에게 제시할 수 있는 이상이기도 하다. 오늘날 20세기 문명을 반성하고 21세기의 방향을 찾는 작업이 세계 지성계에 주요 담론으로 대두되고 있지만, 그러나 어느 경우이든 현실을 비판하고 대안을 평가하는 가장 중요한 기준은 인간이라는 가치이다. 그것이 진정으로 인간의 자유와 존엄성과 행복을 보장하는가 하는 것이다. 인간성 상실에 대한 우려가 확산하면서 그 회복에 대한 갈망은 21세기 지성계의 주요 화두가 되고 있다. 그런데 우리 민족은 신화시대부터 그 같은 기준을 제기했었다. 홍익인간사상이 바로 그것이다. 역사를 가진 어떤 민족이나 국가는 건국신화와 창세신화를 가지고 있지만, 홍익인간과 같은 숭고한 휴머니즘이 구체적 언어로 표현된 사례는 없을 것이다.

'8조 금법(禁法)'과 법치의 태동

■ 고조선 사회의 이해

단군에 의해 건국한 고조선의 건국이념은 홍익인간사상으로 우리 민족이 어려움을 당할 때마다 자긍심을 일깨워 주는 원동력이 되었다.

단군왕검에 의해 기원전 2333년에 건설된 단군조선은 청동기문화를 바탕으로 하나의 정치체로 발전했다. 당시 고조선의 왕은 주변에 산재한 지역 집단의 연맹장이라는 직책을 수행하면서 박사(博士), 상(相), 대부(大夫), 장군(將軍), 비왕(裨王) 등과 같은 관료 체계를 마련하였다. 왕이 일정한 통제력과 관료 체계를 갖춘 것으로 보아 당시 고조선은 이미 국가로서의 특성을 갖추고 있었음을 알 수 있다. 기원전 3~2세기 이래 고조선은 연(燕)나라와 대립 관계를 형성하면서 점차 국왕을 정점으로 전 지역을 포괄하는 지배체제를 정비하고 중앙정부의 통제력을 강화해 나갔다.

기원전 2세기 초 연나라 장수 위만(衛滿)은 혼란한 중원을 피해 사람들을 이끌고 고조선으로 도망가 단군조선 마지막 왕인 준왕(準王)의 신임을 얻어 규(圭)에 임명되고 100리의 땅까지 하사받았다. 그러나 위만은 이에 만족하지 않고 유이민(流移民)을 모아 세력을 기른 뒤 오히려 준왕을 쫓아내고, 정권을 차지했다. 세력을 확장한 위만은 고조선의 새로운 임금이 되어 나라를 최고의 전성기로 이끌었다. 그러나 기원전 194년 위만의 찬탈로 인해 왕조의 마지막 왕인 준왕이 마한으로 도피하면서 단군조선은 몰락하고 위만조선이 수립되었다. 그리고 왕이 된 뒤에도 나라 이름을 그대로 조선이라고 하였고 수도도 그대로 왕검성을 유지하였으며, 그의 정권에는 토착민 출신으로 높은 지위에 오른 자가 많았다. 따라서 위만의 고조선은 단군조선을 계승하였다고 볼 수 있다.

한편 위만에 왕위를 빼앗긴 준왕은 자신을 따르는 신하들과 일부 백성을 데리고 한강 이남 마한 지역으로 내려와 그곳에 정착하여 '韓王'이라 칭했으며 '한(韓)'이라는 종족 이름과 나라 이름으로 사용했다.

준왕을 쫓아낸 위만은 한(漢)나라를 통해 철기문화를 적극적으로 받아들였다. 청동기는 지배층의 권위를 뒷받침했다면 철기는 생산도구로 사용되어 피지배층의 삶에 직접적인 영향을 미쳤다. 이에 농업의 능률이 올라 생산이 증대되었다.

위만이 지배하면서 고조선은 더 발전하였으며, 정치 조직도 상당히 정비되어 갔다. 왕권은 부자가 세습할 수 있을 정도로 안정되어 갔고, 왕 밑에는 나랏일을 나누어 맡은 여러 관직을 두었다. 이를 미루어 보아, 위만이 다스리던 고조선은 높은 수준에 이른 국가였다는 것을 알 수 있다.

한편 고조선의 사회는 사유 재산의 발달로 빈부의 차이가 생겼고, 지배하는 사람과 지배받는 사람으로 나뉘었다. 따라서 강력한 통치를 하기 위하여 왕을 중심으로 하는 정치 조직이 생겨났는데, 왕 밑에는 상, 대부, 장군과 같은 관직이 마련되었다.

당시 고조선 사회는 이미 상당한 정도로 계급 분화가 진행되고 있었다. 지역공동체에 기반을 둔 위만조선의 통치체제의 모습은 고조선의 법률인 '8조의 법'의 사유 재산 침해에 대한 엄격한 추궁과 응보주의적 요소 등에서도 확인될 수 있다. 현재 전해지는 3개 조항만 보아도 당시 사회에 권력과 경제력의 차이가 생겨나고 재산의 사유가 이루어지면서 형벌과 노비도 발생하였음을 알 수 있다. 그리고 당시 사회에서는 화폐 개념과 노비의 존재, 그리고 사유 재산을 중요하게 여기고 보호했다는 것도 알 수 있다. 그리고 이 시기 지배층의 무덤에서 출토되는 화려한 부장품들은 계급 분화의 모습을 여실히 보여 준다. 그러나 촌락에선 공동체적 관계가 여전히 작용하고 있었다.

이 시기의 사회 계층은 귀족, 촌락의 일반민, 노비로 크게 나눌 수 있다. 귀족은 노예와 토지·재화 등 자신의 경제적 기반을 따로 가지면서 촌락 공동체를 대표하는 수장(首長)의 면모도 함께 지니고 있었다. 노비는 상당수 존재하였으나, 많은 수의 노비를 사역하는 대규모 노예경영은 발달하지 않았다. 노예제 경영이 발달한 사회에서 일반적으로 보이는 화폐 경제의 발달, 도시의 번창과 같은 사실은 확인되지 않았다.

당시 사회에서 기본적인 생산 활동을 담당한 이들은 촌락의 일반민이었다. 이들은 당시 농업이 지닌 낮은 생산력과, 가뭄이나 홍수 등에 따른 생산의 불안정성 및 철제 농기구의 부족 등으로 인해 소농(小農) 단위의 자립성을 유지할 수 없었으며, 촌락 단위로 상호 의존하여 생산과 소비생활을 하는 공동체적 관계를 맺고 있었다.

철기문화를 바탕으로 강력한 군사력까지 가지게 되었고, 위만과 그 자손은 평양을 중심으로 하는 서부지역뿐만 아니라 남방으로 세력을 확장하여 고조선 주변의 소국인 진번(眞番)과 임둔(臨屯)도 지배하에 두었다. 특히 고조선의 왕이 된 위만의 손자 우거왕(右渠王)은 한반도 일대의 예, 맥, 진 등과 한나라와의 중계 무역을 통해 고조선을 강성한 나라로 키워가고 있었다. 우거왕 때에 이르러 위만조선은 더욱 강력한 나라로 성장 발전하게 되었다. 중국의 한나라는 이들의 성장이 흉노와 결합해 자신들에게 위협이 될까 걱정하였다. 이에 한(漢)은 위만조선이 자신들을 대국으로 섬기고, 조공을 바칠 것을 요구했다.

　기원전 109년부터 108년까지 고조선과 중국 한나라는 두 차례에 걸친 전쟁(王儉城戰鬪)이 있었다. 한나라는 당시 한반도 남부에 있던 진국의 한나라에 대한 왕래와 조공을 고조선의 마지막 왕인 우거왕(右渠王)이 방해하고 있다는 명분과 한나라의 사신 섭하(涉河)가 살해당하자 한나라가 전쟁을 일으켰다. 이에 한나라 무제(武帝)는 수륙 양면으로 대규모의 침략으로 고조선은 1차 접전(패수)에서는 대승을 거두었으나 1년간의 장기간 전쟁으로 지배층의 내분이 일어나 이 전쟁에서 위만조선은 패하고 기원전 108년 고조선의 수도 왕검성이 함락되면서 3대 80여 년 만에 역사 속으로 사라졌다.

　그러나 위만조선을 멸망시킨 한나라는 낙랑군 · 임둔군 · 진번군 · 현도군 등 네 곳에 군현을 설치하고 억압과 수탈을 자행하자 토착민들은 이를 피하여 이주하거나 단결하여 한의 군현에 대항했다. 이에 한의 군현은 엄한 율령을 선포하여 자신들의 생명과 재산을 보호하려 했다. 낙랑군이 들어선 이후에는 국가가 성장 발전하는 과정에서 인구도 증가하고 계급 분화에 따른 각종 사회적인 문제가 야기되었으며, 또한 범죄가 증가하면서 자연적으로 법이 늘어났다고 볼 수 있다. 그에 따라 법 조항도 60여 조로 증가하였고 사회적인 풍속도 각박해졌다.

■ 8조 법금의 의의

　인류 역사상 최초의 성문법은 고대 바빌로니아 제1왕조의 제6대 왕인 함무라비왕(재위 B.C 1792~1750)이 그의 만년인 B.C 1750년경에 만든 함무라비법전이다. 1901년 말 프랑스 탐험대가 페르시아의 고도(古都)에서 높이가 무려 225m나 되는 커다란 검은색의 현무암 기둥으로 된 법전을 발견하였다. 282개의 조항으로 이루어진 이 법전은 크고 둥근 기둥에 쐐기문자로 쓰였으며, 현재는 프랑스의 루브르박물관에 소장되어 있으며, 이스탄불 고고학박물관(Istanbul Archaeological Museums)에는 카피본이 전시되어 있다. 그러나 고조선 시대의 8조 금법은 우리나라 최초의 성문법으로서 함무라비법전보다 먼저 제정되었으나 중국 역사서인 한서에 기록만 남아 있을 뿐 법전이 실제로 존재하지 않기 때문에 인정을 못 받고 있다.

고조선에는 사회 질서의 유지를 위하여 모든 사람이 지켜야 할 8개 조의 법이 전문은 전해지지 않고 3개의 조항만이 중국의 역사서인 『한서(漢書)』「지리지(地理志)」에 전해지고 있다. 전해오는 내용은 다음과 같다 ① 사람을 죽인 자는 즉시 사형에 처한다(相殺以當時償殺). ② 남에게 상처를 입힌 자는 곡물로써 배상한다(相傷以穀償). ③ 남의 물건을 훔친 자는 노비로 남자는 가두어 가노(家奴), 여자는 비(婢)로 삼되, 용서를 받으려면 돈 50만 전을 내야 한다(相盜者男沒入爲其家奴女子爲婢, 欲自贖者人五十萬) 등 오늘날에는 3개 조항만이 전해지고 있다. 그리고 한서 지리지의 8조 법금 뒤에 "백성들은 도둑질하지 않게 되어 문을 닫지 않았다. 부인은 정조를 지키고 음란하지 않았다"는 말이 나온다. 이를 볼 때 간음과 같은 것을 금하는 내용이 있었을 것으로 판단된다.

이렇게 전해 내려오는 세 개의 법에서 ①은 생명이 중시되던 사회였다는 것을 알 수 있다. 당시 고조선은 '살인'을 매우 엄격하게 다루고 있었다. 함무라비법전에도 눈에는 눈 이에는 이라는 '공평의 원칙'으로 사람을 죽인 자는 사형에 처하고 팔을 부러뜨린 자는 팔을 부러뜨리고 눈을 멀게 한 자는 눈을 멀게 하는 고대 탈리오법칙을 적용하고 있다는 점이다. ②는 고조선이 사유 재산이 인정되는 사회였음을 알 수 있다. 일을 하고 돈을 벌고 또 재산을 늘릴 수 있다는 점에서 사유 재산을 인정하는 현대사회와 유사했다. 그리고 ③은 고조선이 신분 사회였으며 화폐도 사용되었다는 것을 알 수 있다. 이 법의 내용으로 보아, 고조선 사회는 개인의 생명과 재산을 소중하게 여기는 사회였음을 알 수 있다. 역사에서 위서(僞書)로 지칭되는 환단고기(桓檀古記)의 태백일사(太白逸史)에는 전문을 싣고 있는데 한서에 전하는 3개 조항 외에 5개 조항을 기록하고 있다. ④ 소도(蘇塗)를 훼손(毁損)한 자는 금고(禁錮)형에 처한다(毁蘇塗者禁錮) ⑤ 예의를 잃은 자는 군(軍)에 복역시킨다(失禮義者服軍) ⑥ 게으른 자는 부역에 동원시킨다(不勤勞者徵公) ⑦ 음란한 자는 태형(笞刑)으로 다스린다(作邪淫者笞刑) ⑧ 남을 속인 자는 잘 타일러 방면(放免)한다(行詐欺者訓放) 등이다.

고조선의 8조 금법은 당시의 사회상뿐만 아니라 단군왕검의 고조선이 고대국가체제를 갖춘 문명국가라는 사실을 여실히 증명해 주고 있다.

중국 사서들에 따르면 기자가 고조선의 왕이 되면서 이 8조법을 만들었다고 한다. 하지만 기자가 고조선의 왕이 되었다는 내용은 허구이기 때문에 기자가 8조법을 만든 것은 아니다. 8조 법금을 기자가 만들었다고 전해지는 점에 대해서는 기자에게 훌륭한 일을 했다는 포장을 씌우고자 했던 것에 불과하다. 8조법은 고조선의 전통적인 법률이자 규약이라고 이해해야 할 것이다. 그리고 낙랑군에서 법조문이 늘어난 것은 단순히 풍속이 나빠졌기 때문이 아니라, 사회가 점차 다양해지고 복잡해지면서 법과 규정이 늘어났다고 보는 것이 타당하다. 이러한 8조법은 고조선

사회의 발전 단계를 말해 주는 중요한 지표라 할 수 있다.

〈단군신화〉가 갖는 의미

■ 신화는 고대인의 집단 무의식

〈단군신화〉가 실려 있는 『삼국유사(三國遺事)』는 『삼국사기(三國史記)』보다 1백여 년 늦게 편찬되었다. 『삼국유사』에는, 『삼국사기』에 실려 있지만 다른 관점에서 재구성한 내용도 있고, 『삼국사기』에 실리지 않은 새로운 내용도 있다. 『삼국유사』라는 책 이름에서 유(遺) 자는 '끼치다', '남기다', '후세에 전하다', '잃다', '버리다' 등의 의미가 있고, 사(事)는 역사 책에서 흔히 쓰이는 사(史)와 달리 '일', '사실', '사건'을 뜻한다. 그러므로 유사(遺事)란 '예로부터 전해 오는 사적(事蹟)', '남겨진 사실', '잃어버린 사실' 등으로 해석할 수 있다.

『삼국유사』는 일연(一然)이 개인적으로 지었기 때문에 왕명을 받아 지은 『삼국사기』처럼 다양한 자료를 이용할 수 없었다. 따라서 삼국시대 국가적 상황에 관해 『삼국유사』는 『삼국사기』보다 자세히 기록할 수 없었다. 다만, 『삼국사기』는 고려 정부에서 편찬한 공식 역사서인 만큼 자료를 지나치게 엄선한 반면, 『삼국유사』는 자유롭게 각종 설화 등을 그대로 소개하려 애썼다는 점이 돋보인다.

일반적으로 신화(神話)라고 하면 '진실이 아닌 이야기', '거짓된 이야기'라는 선입관이 있다. 그러므로 〈단군신화〉라고 부르기를 거부하는 것도 '신화 = 허구'라는 입장에서 비롯된 것이라 생각된다. 그러나 신화에 대한 과학적 연구가 진행되고, 특히 고대인들의 신화를 그들의 사회적·문화적 맥락과 관련지어 이해해 보려는 인류학적 연구가 본격화되면서, 신화에 대한 이해는 많이 바뀌게 되었다.

문자를 발명하기 이전의 옛사람들은 그들의 체험이나 생각을 기록으로 남겨 놓을 수가 없었기 때문에 자신들의 체험이나 생각을 입과 귀를 통하여 전달할 수밖에 없었다. 그렇게 하여 전달해 내려온 것이 신화인 것이다. 신화는 전달되는 과정에서 그 내용이 매우 압축된 반면 주인공을 드높이기 위해 본래 사실에서 어느 정도 첨삭이 되고 각색되었다는 것을 부인할 수 없다.

그러나 넓은 의미에서 신화는 민담이나 전설과 같은 설화의 한 형태이지만, 단순히 재미를 위해 만들어진 민담이나, 사회적인 요구에 부합하기 위해 꾸며진 전설과는 다르다. 신화는 고대인들이 현실을 설명했던 구전의 역사요, 그들이 세상을 바라보았던 의식구조이고, 사고방식이며, 신앙이고, 삶 자체이기도 했다. 그러므로 신화라는 것은 상고시대에 여러 종족들이 자연이나 인간에 대한 사유가 오랜 시간에 걸쳐 전승된 정신의 역사라 할 수 있다.

정신분석학자인 융(C. G. Jung)은, 신성성이 확보된 신화에는 그 민족이 가지는 집단 무의식의 원형(archetype)이 녹아 있다고 보았다. 엘리아데(Mircea Eliade)는 신화를 '신성한 역사'라고 했고, 조셉 캠벨(Joseph Campbell)은 '신화는 삶의 경험담이며 인간에게 내면으로 돌아가는 길을 가르쳐 준다'고 했다. 비얼레인(J. F. Bierlein)은 신화를 '과학의 시초이며, 종교와 철학의 본체이자 역사 이전의 역사'라고 규정하고 있다. 그리고 김열규는 신화를 '고대인들이 현실을 설명했던 구전의 역사요, 그들이 세상

을 바라보았던 의식구조이고, 사고방식이며, 신앙이고, 삶 자체'라고 말한
다. 표현의 다양성에도 불구하고 이들은 신화에 대한 하나의 관점을 공유
한다. 신화가 태고의 사건이나 자연·사회현상의 기원과 질서를 설명하
고 인간의 이야기를 신의 차원으로 승화시켜 이야기한다고 보는 점이다.

옛사람들은 인간 만사는 물론 자연 현상을 신이 관장하고 있다고 믿었
다. 각 씨족이나 종족은 그들의 운명을 그들의 수호신의 뜻에 달려 있다
고 믿었다. 그래서 그들은 사람들 사이에서 일어났던 일들을, 사람을 주
체로 하지 않고 신들을 주체로 한 내용으로 후세에 남겨 놓았다. 그러므
로 신화는 허황한 것이 아니라 사람들의 이야기가 신들의 이야기로 변형
된 것이다.

■ 단군신화에 대한 기존의 시각

〈단군신화〉도 마찬가지이다. 세계 여러 나라의 건국신화보다는 시조
의 이름이나 재위 기간·도읍·나라 이름 등에 있어서 오히려 역사적 관
점에서 기록되어 있지만, 내용 속에서 현실적으로 그대로 받아들이기 어
려운 부분이 있는 것도 사실이다. 그러나 비현실적인 내용도 그 속에 담
겨 있는 의미를 유추하면서 그것을 인간들의 이야기로 바꾸면 우리 민족
의 성장 과정을 말해 주는 문학이자 역사가 될 수 있다.

우리의 상고사에 대해 아주 적극적인 태도를 보이는 측도, 반대로 소
극적으로 보이는 측도 대체로 〈단군신화〉에 대해 호의적이지는 않다. 적
극적인 태도를 보이는 측은 〈단군신화〉가 오히려 우리의 상고사를 추상
화·신비화해 역사적 사실성을 감소시켰다고 보고 있다. 이에 반해 소극

적인 태도를 보이는 측은 〈단군신화〉의 신비적 요소를 들며 그 내용의 전체를 부정하고 있다.

그러한 가운데서도 지금까지 〈단군신화〉에 대한 연구는 다양한 각도에서 다루어져 왔다. 최남선은 「불함문화론(不咸文化論)」에서 '붉사상'을 중심으로 중앙아시아에서 동북아시아에 이르는 공통적인 문화를 논하면서 문헌 고증과 어원의 풀이를 통하여 〈단군신화〉를 결국 천(天)과 무(巫)의 관계로 해석한 바 있다.

이병도는 아사달의 위치나 그 명칭을 고증하는 데 큰 비중을 두고 있기는 하지만, 〈단군신화〉를 사회사적인 측면으로 규명하려는 노력을 보여주었다. 즉 그는 천신족인 환웅과 지신족인 웅족과의 결합으로 인한 지배씨족의 성립을 단군조선으로 파악한 것이다.

김정학은 인류학적 관점에서 출발하여 곰 토템을 가졌던 한 부족의 시조 전설이 몽고 침입 같은 국난 뒤에 민족적 신화로 승화되어 나타났다고 보았고, 천관우는 환웅족의 사실과 연결해 농경 단계에 들어온 이후 무문토기 단계의 역사로 본다는 가설을 제기하였으며, 이기백은 고대 샤머니즘의 토대 위에 선 제정일치 시대의 산물로서 고조선 시대의 역사를 반영하는 것으로 해석하였다. 이외에도 현재까지 〈단군신화〉에 대한 다양한 해석들이 있다.

■ 단군신화 창작설에 대한 반론

〈단군신화〉에 관해서는 고려시대 일연이 1282~1283년간에 편찬한 것으로 추정되는 『삼국유사(三國遺事)』가 현존하는 최고의 문헌이다. 그리고 이것과 거의 동시대인 1287년에 편찬된 이승휴의 『제왕운기(帝王韻記)』가 있고, 그 후 160여 년 후인 1454년의 『세종실록(世宗實錄)』 「지리지(地理志)」와 1461년에 권근의 『응제시(應製詩)』에 붙인 권람의 주석에도 〈단군신화〉가 전해지고 있다.

그중 〈단군신화〉의 원형을 가장 잘 유지하고 있다고 볼 수 있는 『삼국유사』에는 다음과 같이 기록하고 있다.

『위서(魏書)』에서 말하였다. 지금부터 2천 년 전에 단군왕검(檀君王儉)이 있어 아사달(阿斯達)에 도읍을 정하고 나라를 열어 조선(朝鮮)이라고 불렀으니, 바로 요(堯) 임금과 같은 시기이다.

『고기(古記)』에서 말하였다. 옛날 환인(桓因)의 서자 환웅(桓雄)이 있어 자주 천하에 뜻을 두고 인간 세상을 탐내어 구하였다. 아버지가 아들의 뜻을 알고는 삼위태백(三危太伯)을 내려다보니 널리 인간사회를 유익하게 할 만하였다. 이에 천부인(天符印) 세 개를 주어 내려보내 다스리게 하였다. 환웅이 무리 3천 명을 거느리고 태백산(太白山) 꼭대기 신단수(神檀樹) 아래로 내려왔다. 이곳을 신시(神市)라 하고 이분을 환웅천왕(桓雄天王)이라 하였다. 풍백(風伯) · 우사(雨師) · 운사(雲師)를 거느리고 곡식 · 생명 · 질병 · 형벌 · 선악 등 인간사회의 360여 가지 일을 주관하여 세상에 있으면서 다스려 교화하였다. 그때 곰 한 마리와 호랑이 한 마리가 있어 같은 굴속에 살고 있었는데, 항상 환웅에게 변하여 사람이 되기를 기원하였다. 이때 환웅이 신령스러운 쑥 한 다발과 마늘 스무 개를 주면서 말하였다. '너희가 이것을 먹되, 백 일 동안 햇빛을 보지 않으면 곧 사람의 형상을 얻으리라.' 곰과 호랑이는 그것을 받아먹으면서 삼·칠일(三七日) 동안 금기(禁忌)했는데, 곰은 여자의 몸이 되었지만, 호랑이는 금기를 지키지 못하여 사람의 몸이 되지 못하였다. 웅녀(熊女)는 더불어 혼인할 상대가 없었으므로 매일 신단수 아래에서 아이를 잉태하게 해 달라고 빌었다. 환웅이 잠시 사람으로 변해 그녀와 혼인하여 잉태해 아들을 낳으니 단군왕검(壇君王儉)이라고 불렀다. 단군왕검은 당요(唐堯)가 즉위한 지 50년이 되는 경인년(庚寅年)에 평양성(平壤城)에 도읍을 정하고 비로소 조선(朝鮮)이라고 불렀다. 다시 도읍을 백악산(白岳山) 아사달(阿斯達)에 옮기니, 그곳을 궁홀산(弓忽山) 또는 금미달(今彌達)이라고 한다. 그는 1,500년 동안 나라를 다스렸다. 주(周)나라의 무왕(武王)이 즉위하던 기묘년(己卯年)에 기자(箕子)를 조선에 봉하였다. 이에 단군은 장당경(藏唐京)으로 옮겼다가, 그 후 아사달로 돌아와 숨어 살면서 산신(山神)이 되었는데, 이때 나이는 1,908세였다."

일연은 〈단군신화〉를 기록할 때 민간에서 전해오는 내용을 기록한 것이 아니라, 중국 사서로 추측되는 『위서』와 한국 사서로 추측되는 『고기』를 인용한 것이다. 그 내용에 있어서 차이를 보이는 것을 알면서도 두 사서를 인용한 것은 〈단군신화〉의 사실성을 부각하려는 의도라고 할 수 있다. 그러나 이 두 사서는 『삼국유사』를 편찬하던 당시까지는 전해 왔겠지만 애석하게도 지금은 전해지고 있지 않다.

인용문에서 보는 것처럼 〈단군신화〉에는 환인[제석(帝釋)]과 같은 불교 용어와 풍백·우사·운사와 같은 도교 용어가 나타난다. 우리나라에 불교가 들어온 것은 4세기 정도이고 도교는 이보다도 늦은 시기였는데, 단군이 조선을 세웠을 때가 기원전 2333년이니 그 당시에 불교와 도교가 있었을 리가 없다. 이러한 사실 때문에 〈단군신화〉가 후대에 만들어진 것이라는 주장이 일제강점기 때 식민사학자들에 의해 제기되었다. 즉, 몽골과 항쟁을 벌이던 시기에 민족의식을 고취하기 위하여 승려인 일연이 만들어 냈다는 것이다.

이는 신화의 기본성격을 모르고 나온 주장이다. 대부분 신화는 만들어진 이후 구전되다가 어느 시기에 문자로 정착된 것이다. '환인'이라는 말은 하늘님, 천신이라는 의미의 한국 고유의 말이었을 것이나, 〈단군신화〉가 문자로 정착되는 과정에서 당시 널리 사용되고 있던 천신이라는 뜻을 가진 '제석'이라는 불교 용어를 빌려 주석을 단 것이다. 또한 바람·비·구름 신은 어느 농경사회에서나 중요한 존재였는데, 이것이 후대에 도교적 용어를 빌려 풍백·우사·운사로 기록된 것으로 보아야 할 것이다.

■ 한민족 고대사에 대한 단군신화의 포괄성

또한 〈단군신화〉를 비판하는 자들이 그 내용에 있어서 고구려 계통의 역사에만 한정시키려고 하는 태도도 잘못된 것이다. 이승휴의 『제왕운기』에는 고구려뿐만 아니라 부여, 옥저, 신라, 예, 맥 등이 모두 단군의 후손이라고 기록하기 때문이다. 물론 백제는 고구려의 한 갈래로 건국되었기 때문에 당연히 이에 포함할 수 있다. 참고로 『제왕운기』에 실려 있는 〈단군신화〉의 내용은 다음과 같다.

"상제(上帝) 환인(桓因)이 서자(庶子) 웅(雄)에게 삼위태백(三危太白)으로 내려가 널리 인간사회를 유익하게 할 수 있겠는가를 물었다. 이에 웅은 천부인(天符印) 3개를 받고 귀신 3천을 거느리고 태백산(太白山) 꼭대기 신단수(神檀樹) 아래로 내려오니 이를 단웅천왕(檀雄天王)이라고 하였다. 손녀로 하여금 약을 마시고 사람의 몸이 되게 하여 단수신(檀樹神)과 더불어 혼인하여 아들을 낳으니 이름이 단군(檀君)이다. 조선의 강역을 차지하여 왕이 되었으므로 시라(尸羅) · 고례(高禮) · 남북옥저(南北沃沮) · 동북부여(東北夫餘) · 예(穢)와 맥(貊)은 모두 단군의 후손이다. 다스린 연수가 1,038년이고 아사달산(阿斯達山)에 들어가 신이 되었으니 죽지 않은 때문이다."

이처럼 『제왕운기』에는 '환인'을 '상제 환인'으로 '환웅'을 '단웅'으로 표기하고 있는데, 하느님의 유교적 표현이 상제이고 환웅은 단군의 아버지이므로 같은 성씨의 단웅으로 표기한 것이다. 또한 『삼국유사』와 달리 웅녀는 곰이 변한 여자가 아니라 환웅의 손녀로서 단수신과 혼인한 것으로 기록한다. 『삼국유사』를 편찬한 일연이 불교 승려인 데 반해, 『제왕운기』를 기록한 이승휴는 유교 학자이다. 이에 따라 『삼국유사』에 비해 『제왕운기』는 합리적 사관이 반영되어 있지만 두 저서에 거의 같은 내용의 〈단군신화〉가 실려 있는 것으로 보아, 〈단군신화〉는 오래전부터 전해 왔으며 고려시대에는 지식인들 사이에 널리 퍼져 있었던 것으로 생각된다.

〈단군신화〉는 크게 세 단계로 구성되어 있다. 첫째는 환인과 환웅 시대의 단계이며, 둘째는 환웅과 웅녀가 결합 한 단계이며, 셋째는 단군왕검이 고조선을 세워 다스린 단계이다.

환인은 본래 하늘나라에 거하는 하느님이었으므로 〈단군신화〉 속에서 상세히 묘사되어 있지 않다. 그런데 환인의 아들인 환웅이 하늘로부터 지상에 내려왔다고 하는 것은 환웅이 원래 문명이 발달한 신성한 곳에 있었던 특별하고 신성한 존재라는 것을 상징하고 있다. 또한 환웅이 무리 3천을 거느리고 신단수 아래에 신시를 열고 인간사회의 360여 가지 일을 주관했다는 것은 정치적 지배자의 모습을 보여 주고 있다. 이는 환웅이 정신적, 종교적 지배자인 제사장과 정치적 군장의 권위를 함께 지녔던 존재였음을 암시하고 있다.

그리고 환웅이 하늘에서 내려올 때 바람을 관장하는 신, 구름을 관장하는 신, 비를 관장하는 신을 거느리고 지상에 내려왔는데, 바람과 구름과 비는 농업과 관계가 깊은 것으로 본격적인 농업 생활에 들어갔을 것임을 알 수 있다. 그럴 뿐만 아니라 곡식·생명·질병·형벌·선악 등 인간사회의 360여 가지 일을 주관하였다는 것은 이미 사회가 어느 정도 체계를 갖추고 분화되었다는 것을 말해 주고 있다.

환웅과 웅녀가 결혼해서 생활한 단계는, 하느님을 숭배한 선진적인 문화의 이주 세력인 환웅씨족과 곰을 숭배한 후진적인 문화를 가진 토착 세력인 웅녀씨족이 결합했음을 의미한다. 당시에 곰 토템족과 호랑이 토템족 이외에도 여러 씨족이 존재했다고 볼 수 있다. 그중 대표적인 곰 토템족과 호랑이 토템족 중에서 곰 토템족이 환웅족과의 연맹에 중심이 되었다고 볼 수 있다. 이는 환웅족과 곰 토템족 및 호랑이 토템족과의 문화적 차별성을 바탕으로 집단 간의 계급이 출현했음을 짐작할 수 있다.

■ 신화를 바라보는 올바른 관점

이와 같은 토대 위에 단군은,『위서』를 인용한 글에서는 중국 요(堯) 임금과 같은 시기에 조선을 건국했다고 기록하고 있고,『고기』를 인용한 글에서는 요임금보다 50년이 지난 시기에 건국했다고 기록하면서 일연은 주석을 통하여 틀린 부분을 지적하고 있다. 두 인용 사서에 차이가 있음을 알면서도 그대로 기록한 것은 오히려『삼국유사』 편찬 당시 인용 사서의 존재성에 대한 신뢰를 나타낸다고 할 수 있다. 이처럼 약간의 시기적 차이는 있지만, 단군의 건국 시기를 중국 요임금에 비교하여 조선 건국의 자주성을 나타내고 있다.

그리고 단군이 1,500년 동안 나라를 다스렸고 1,908세에 산신이 되었다는 기록에 대해서는, 이미 조선 초기에『응제시』를 편찬한 권근(權近)은 단군의 자손이 왕위를 이어간 기간을 통산한 것으로 이해하였다. 즉 단군왕검 한 분이 1,500년 동안 나라를 다스린 것이 아니라, 단군의 자손이 왕위를 이어가며 나라를 다스린 총 기간이라는 것이다.

이에 대해 최근에 서영대는 고조선의 역대 군장을 신성한 시조신의 육화(肉化)로 여겼던 관념을 반영한 것이라고 주장한다. 즉 군장의 즉위 의례는 시조 왕의 혼령을 받아들이는 절차였고, 군장의 교체가 되풀이되더라도 통치의 주체는 어디까지나 시조 왕이기 때문에 시조 왕의 재위 기간이 인간의 수명을 넘어 장기간에 걸친 것으로 인식되었을 수 있다는 것이다.

환인은 하느님을 뜻한다. 바로 하늘신인 것이다. 하늘신은 많은 종교에서 최고의 신으로 숭배된다. 이러한 환인으로부터 지상의 통치권을 위임받아 지상을 통치한 신이 환웅이다. 그리고 웅녀는 곰이 변했다고 묘사하고 있는데, 곰은 유라시아 북방이나 북아메리카 여러 민족 사이에서 산신, 신의 사자, 샤먼의 수호령, 토템 등으로 숭배되고 있다. 그러므로 웅녀 또한 신성한 존재이다. 이렇듯 단군은 부모 양쪽으로부터 신성한 피를 이어받았으므로 그 자신도 신성한 존재로서 1,908세의 수명을 누리다가 아사달에 들어가 산신이 되었다고 묘사하고 있는 것이다. 결론적으로 〈단군신화〉는 고조선의 시조가 신의 혈통을 이어받은 신성한 존재라는 것을 말하고 있다고 할 수 있다.

대부분의 나라들이 자신들의 건국 시조를 높이기 위해 주인공을 신격화한다. 그래서 민족의 시원에 관해서는 신화의 형태로 전해 온다. 그러면서도 건국신화 속에는 민족에 대한 상징을 담고 있다고 보는 것이 세계 모든 민족의 통례이다. 한국 민족이 건국신화를 부정해 버린다면 우리의 정신적 뿌리를 찾을 곳이 없다. 그러므로 건국 시조의 실재와 역사에 대한 과학적이고 합리적인 증거를 문제 삼을 필요는 없다. 다만 선철들이 건국신화의 형태를 통해 우리 민족의 이상을 제시하여 놓고 사상의 방향을 가리켰으므로, 우리는 건국신화에 대해 글자 그대로의 해석보다 그 속에 담긴 내용을 음미하면 되는 것이다.

우리 역사의 시원은?

■ 단군신화에 대한 고고학적 성과

우리 역사학계에서는 한때 단군조선에 대해 부정적인 시각이 있었지만, 지금은 초·중·고 교과서에서도 싣고 있을 정도로 인정하고 있다.

『삼국유사』, 『제왕운기』 등에 비록 신화의 형태로 기록되어 있지만 일반적인 신화와 달리 사실적인 내용을 많이 포함하고 있고, 또한 중국 고대 문헌 속에도 단군조선에 대해 단편적이기는 하지만 여러 곳에 기록되어 있다. 그럴 뿐만 아니라 최근까지 발굴되고 있는 유물·유적 등을 통해서도 단군조선의 사실성을 입증할 수 있는 여러 자료가 있다.

현재 중국의 영토에 속해 있지만 고대 우리 역사의 중심 지역이라 할 수 있는 만주 지역에는 상고시대 문화유적들이 내몽고·하북성·요령성·길림성 일대에 분포되어 있는데 일반적으로 요하문명이라고 부르고 있다. 중국사회과학원의 유국상(劉國祥)이 2006년에 발표한 「서요하 유역 신석기 시대에서 초기 청동기 시대까지의 고고학 문화 개론」이라는 논문에서 정리한 각 시대의 문화 연대는 다음과 같다.

첫째, 신석기 시대 소하서(小河西)문화(기원전 7,000~기원전 6,500년)

둘째, 신석기 시대 흥륭와(興隆洼)문화(기원전 6,200~기원전 5,200년)

셋째, 신석기 시대 부하(富河)문화(기원전 5,200~기원전 5,000년)

넷째, 신석기 시대 조보구(趙寶溝)문화(기원전 5,000~기원전 4,400년)

다섯째, 동석병용(銅石並用) 시대 홍산(紅山)문화(기원전 4,500~기원전 3,000년)

여섯째, 동석병용 시대 소하연(小河沿)문화(기원전 3,000~기원전 2,000년)

일곱째, 초기청동기 시대 하가점하층(夏家店下層)문화(기원전 2,000~기원전 1,500년)

이를 크게 분류하면 홍륭와문화류, 홍산문화류, 하가점하층문화류로 분류할 수 있는데, 〈단군신화〉와 연결하면 홍륭와문화를 환웅 시대, 홍산문화를 환웅과 웅녀의 연맹 시대, 하가점하층문화를 단군 시대로 연결해서 분석해 볼 수 있다.

■ 환웅신화

『삼국유사』「고조선」조의 내용을 우리는 흔히 〈단군신화〉라고 하고 있지만, 단군에 관한 내용보다는 오히려 환웅에 관한 내용이 더 상세하고 분량이 많다. 그러므로 〈단군신화〉라고 하기보다는 〈환웅신화〉라고 하는 것이 바람직하며(본 책에서는 편의상 그동안 불려 왔던 〈단군신화〉라는 표현을 그대로 사용하였다.) 우리 역사의 시원을 단군 시대부터로 보기보다는 환웅 시대부터로 보는 것이 바람직하다. 환웅 시대 이전은 선사시대로 보면 될 것이다.

환웅은 무리 3천과 함께 태백산 정상 신단수 아래 내려와 신시를 건설하여 집단을 형성하였다고 하는데, 이는 부족 국가 시대 초기모습이라 할 수 있다. 〈단군신화〉 속에는 환웅 시대를 고대 초기 국가로 볼 수 있는 근거들이 여러 가지가 있다. 고대에는 도읍 이름이 곧 나라 이름이기도 했는데 환웅의 나라 이름은 '신시'라 할 수 있다. 그리고 '홍익인간'은 신시의 건국이념으로 볼 수 있고, '환웅천왕, 풍백·우사·운사, 무리 삼천'은 계급 분화를 나타내고 있다. '천부인 세 개'는 구체적으로 무엇인지는 알 수 없지만 천왕의 권위를 나타내는 상징으로 볼 수 있으며, '곡식·생명·질병·형벌·선악 등 인간사회의 360여 가지 일을 주관하였다'라는 것은 나라를 다스리는 구체적인 내용을 말하고 있어야 한다. 특히

'풍백·우사·운사', '곡식 주관' 등은 당시가 농경사회라는 것을 의미하며, '형벌·선악 주관'은 나라를 다스리는 법과 윤리를 의미한다. 이처럼 환웅 시대는 이미 사회생활과 질서를 위한 기본 틀을 갖춘 부족 국가로 볼 수 있어 우리 역사의 시원을 말하고 있다.

환웅 시대와 연결해서 이해할 수 있는 홍륭와문화류는 요하 상류 지역인 요령성(遼寧省) 서부 및 내몽고 적봉시(赤峰市) 지역에 있다. 이 지역에서 발굴된 유물은, 소하서문화가 발견되기 전까지는 탄소 측정(C-14) 연대로 볼 때 세계에서 가장 앞선 문화유적으로 알려져 왔다.

홍륭와문화에서는 대단히 중요한 유물들이 많이 발견되었는데, 그 가운데 첫 번째 것은 '세계 최고의 옥 귀걸이'가 발굴되었다는 점이다. 그 외에도 옥도끼 등 현재까지 100여 점의 옥기가 발굴되었다. 놀라운 것은, 홍륭와 유적에서 발굴된 '세계 최고의 옥 귀걸이'에 사용된 옥은 홍륭와문화가 발견된 적봉시에서 동쪽으로 450km나 떨어져 있는 압록강에 인접한 요령성 수암(岫岩)에서 나온 '수암옥'과 같은 것으로 추정된다는 사실이다. 더욱 중요한 것은 이와 비슷한 시기에 거의 같은 모양의 옥 귀걸이가 한반도에서도 발견되었다는 것이다. '국내 최초의 신석기 시대의 옥 귀걸이'로 판명된, 강원도 고성군 죽왕면 문암리 선사유적지(사적 426호)에서 발견된 옥 귀걸이가 바로 이것이다.

그리고 홍륭와 유적에서는 중원 지역에서는 발견되지 않는 빗살무늬 토기가 발견되었다. 홍륭와문화를 포함한 대부분의 요하 일대 신석기 유적에서도 이 빗살무늬 토기가 발견되고 있다. 그런데 중요한 점은 이런 빗살무늬 토기는 '시베리아 남단 → 만주 지역 → 한반도 → 일본'으로 이어지는 북방문화 계통이라는 점이다. 홍륭와문화와 비슷하거나 앞서는 강원도 고성군 죽왕면 문암리 유적에서도 거의 비슷한 빗살무늬 토기가 나온다. 중국학자들은 황하 지역과 전혀 다른 요서 지방 토기의 가장 큰 특징이 이 빗살무늬의 '평저통형(平底筒形) 토기'와 '지자문(之字紋) 토기'라고 밝히고 있다. 결국 기원전 6,000년 당시부터 이미 한반도와 중국 동북 지역 일대를 엮는 발해만 연안은 중원과는 다른 독자적 문화권을 형성하고 있었다는 것을 보여 주는 것이다.

그리고 흥륭와 유적에서는 사람들이 집단으로 거주하던 촌락이 강기슭과 평지의 높은 지대에서 발견되었다. 촌락의 주위에는 너비 1.5m, 깊이 0.55m~1m의 호구(壕溝) 즉 해자(垓字)가 파여 있으며, 해자의 안쪽에는 10기씩의 주거지가 모두 같은 방향을 향하여 배열되어 있는데 모두 12줄로 120기로 되어 있다. 이를 통해 볼 때 이미 강한 공동체 의식을 바탕으로 외적의 침입에 대한 자체 방어시설을 하고 있었음을 알 수 있다. 이와 같은 집단 거주지는 한반도의 오산리, 암사동, 서포항, 지탑리, 궁산에서도 발견되었다.

■ 환웅과 웅녀의 연맹 시대

『삼국유사』의 「고조선」조에서는 곰이 웅녀가 되는 과정과 환웅과 결혼하여 단군왕검을 낳는 과정만 기록하고 있어서 환웅과 웅녀의 연맹 시대를 제대로 알 수는 없다. 단지, 하늘나라에서 내려와 신시를 건설한 환웅 부족과 이미 살고 있었던 토착 집단인 웅녀 부족의 결합에 기록의 초점이 있다. 그래서 환웅 시대와 환웅과 웅녀 연맹 시대를 구분하여 보는 것은 무리가 있지만, 〈단군신화〉의 단락 구분상 둘로 나누어 살펴본다.

곰과 호랑이가 사람이 되기를 환웅에게 기원했다는 것은, 기존의 토착 부족들이 선진 문명을 가지고 이주해 온 환웅족과 연합하기를 기원했다는 의미로 볼 수 있다. 이에 환웅이 마늘과 쑥을 주면서 동굴 속에서 금기하라고 한 것은, 환웅족이 토착 부족을 일정한 규율로써 교화했다는 의미로 볼 수 있다. 곰이 3·7일(21일) 만에 사람으로 변했다는 것은 고대건국 신화에 자주 나타나는 난생설화와 연결되는 부분이라 할 수 있다. 여기서 '3·7일'이라는 의미는 달걀이 부화하여 병아리로 태어나는 기간과 일치하며, 동굴 속에서 일광을 보지 않고 금기의 수행을 하는 모습은 알 속에서 부화를 기다리는 모습과 연결해서 이해할 수 있다. 알이 부화하는 것은 무지의 어둠을 깨고 진정한 광명을 찾는 것을 의미하므로 교화가 이루어짐을 의미한다. 결국 호랑이 토템족은 교화에 순응하지 못했고, 곰 토템족은 교화에 순응하여 환웅족과 연합을 이루었다는 것이다.

환웅과 웅녀 연맹 시대와 연결해서 이해할 수 있는 요하문명은 홍산문화이다. 홍산문화는 내몽고와 요령성의 접경 지역인 적봉(赤峰), 조양(朝陽), 능원(陵源), 객좌(喀左), 건평(建坪) 등을 중심으로 분포하고 있는 유적지이다. 특히 우하량(牛河梁) 유적지에서는 만주 지역에서 가장 연대가 올라가는 적석총(積石塚, 돌무지무덤) 유적이 발굴되었다. 이 적석총들은 돌로 성채와 담장을 쌓고, 돌로 묘를 쌓았으며, 돌로 정상을 북돋웠다. 이곳의 묘장은 규모와 부장품의 수량 등에 따라 대, 중, 소 3종류로 나뉘어, 당시 사회조직 내에 이미 계층의 차별이 출현했음을 알 수 있다.

적석총 유적은 대릉한 유역뿐만 아니라 요동반도에서도 많이 발견되며, 한반도에서는 경기도 연천리, 부산시 동삼동, 강원도 천전리, 충청남도 조치원, 대구시 대봉동, 평안북도의 등공리·건하리·용연리·향산읍 등에서도 발견되었다. 적석총 형태는 요서 지역에서 한반도·일본으로 이어지는 것이고, 중원 지역에서는 발견되지 않는다는 것을 주목해야 한다. 적석총은 예맥과 고구려, 백제, 일본으로 이어지는 북방계통의 묘제라는 것이다. 묘제문화는 오랜 세월 동안 쉽게 변하지 않는 그 민족의 고유한 전통으로 고고학계에서 가장 중요하게 여기는 분야의 하나이다.

우하량 일대의 유적지에서는 적석총뿐만 아니라 제단·여신사당·피라미드와 같은 대형 건축물 등의 대규모 유적군과 고도로 정교하게 만들어진 수많은 옥기·토기·석기 등이 출토되었다. 홍산문화는 지자문 토기와 옥을 함께 매장하는 풍습 등으로 보아 홍륭와문화를 계승한 것으로 이해되고 있다. 이 홍산문화는 탄소 측정(C-14)연대로 볼 때 황하문명 중의 하나인 하(夏) 나라의 문화유적보다 2,500여 년에서 700여 년 이전의 것으로 밝혀졌다.

이곳에 관해 연구하고 있는 중국학자들은 홍산문화 말기 우하량 유적이 이미 '초기 국가 단계' 혹은 '초기 문명 단계'에 진입했다고 보는 사람들이 대부분이다. 또한 홍산문화는 일반적으로 신석기 시대로 알려졌지만, 최근에는 청동기는 아니지만 동을 주조한 흔적들도 발견되고 있어서 동석병용시대(銅石竝用時代)로 보고 있다. 우리 역사학계에서는 청동기 시기를 고대국가 형성의 시작으로 보지만, 세계 역사학계에서는 그 이전에 이미 초기 국가가 형성되었다고 보는 것이 일반적이다. 그러므로 우리 역사에서도 최초의 국가 형성을 청동기 시대인 단군조선 때가 아니라 동석병용 시대인 환웅과 웅녀 연맹 시기로 보아야 한다.

■ 고조선의 건국

『삼국유사』「고조선」조에는 단군이 건국한 조선에 대해 비교적 구체적인 시기와 장소를 기록하고 있다. 『위서(魏書)』를 인용한 글에서는 신화적 요소 없이 비교적 짧게 단군의 조선 건국에 대해 사실적 내용으로 기록하고 있고, 『고기(古記)』를 인용한 글에서는 단군이 탄생하기까지의 과정을 신화적 요소까지 가미하여 비교적 길게 서술한 후 건국 시기, 도읍, 국호 등을 기록하고 있다.

『삼국유사』를 편찬한 일연이 이렇게 두 문헌을 인용하여 단군조선에 대해 기록하고 있고, 심지어는 주석을 통하여 잘못이라고 지적하는 부분도 그대로 인용한 것은 단군조선의 사실성을 강조하기 위해서라 할 수 있다. 즉 단군조선에 관한 내용은 일연이 쓴 것이 아니라 전해 내려오는 것을 그대로 인용하여 실었다는 것이다.

그런데도 일제 강점기 때의 일본인 학자들은 단군조선에 관한 기록이 고려 때 몽골의 침입으로 나라가 위태로울 때 민족정신을 부흥시키기 위해 조작한 것이라고 했다. 해방 후 단기 연호를 사용하고 초·중·고교에서부터 단군조선에 관해 교육해 오다가 어느 때부터인가 단기 연호가 사라지면서 학교에서 단군조선에 대한 교육마저 사라졌었다. 최근 들어 다시 초·중·고 교과서의 단군조선에 관한 내용이 포함되었지만, 아직도 학계에서는 내용에 대해 논란이 많은 실정이다.

먼저 '조선(朝鮮)'이라는 명칭의 어원에 대해서는 크게 두 가지 측면에서 해석되어 왔다. 일정 지역의 자연·지리적 특징을 반영하여 지역 이름으로 불렸다는 주장과 한편으로는 숙신(肅愼)이나 아사달(阿斯達)과 같은 뜻으로 불리는 과정에서 생겼다는 주장이다. 『신증동국여지승람(新增東國輿地勝覽)』에서는 조선이라는 명칭의 유래에 대해서 "동쪽의 끝 해가 뜨는 땅에 위치하였으므로 조선이라 불렀다."라고 하고 있는데, 이것은 조선이라는 명칭의 한자가 가지고 있는 뜻을 옮긴 것이다. 신채호는 『만주원류고(滿洲源流考)』에 따라 조선이라는 명칭을 숙신에서 기원하였으며 만주어의 주신(珠申)과 동의어일 것으로 보았다. 이병도는 조선이라는 이름은 아사달에서 유래했을 것으로 보았다. 즉, 고조선의 명칭은 원래 조선어로 아침의 땅이라는 뜻의 아사달이었을 것인데, 후에 그것을 한자화하여 조선이라 하였을 것으로 본 것이다.

그리고 고조선의 건국 연대는 일반적으로 기원전 2,333년으로 통용되고 있다. 그런데 이 연대는 고조선 당시의 기록에서 얻어진 것이 아니라 고조선이 붕괴하고 오랜 세월이 지난 후의 기록에 나타난 것이므로 그것이 얼마나 정확한 것인지는 알 수가 없다. 『삼국유사』와 『제왕운기』에 기록된 고조선의 건국 연대는 중국의 요(堯)가 즉위한 지 50년인 경인년(庚寅年) 또는 정사년(丁巳年), 요와 같은 해인 무진년(戊辰年) 등으로 그 내용에 약간의 차이는 있으나 중국의 요시대에 해당한다고 전하고 있다는 점에서는 같다.

『삼국유사』와 『제왕운기』가 모두 단군이 요와 같은 시기에 즉위하였다는 기록은 실제로 당시까지 그러한 사실이 전해오고 있었다고도 볼 수 있고, 한편으로는 우리나라가 중국과 대등한 시기에 건국된 유구한 역사를 지닌 나라임을 나타내는 것으로 볼 수 있다. 그런데 단군 시대와 연결할 수 있는 만주 지역의 하가점하층문화 유적지에서 수많은 청동기 유물이 발굴되었는데 방사성 탄소 측정연대 결과 가장 빠른 것은 기원전 2,500

년경이다. 따라서 청동기문화 개시 연대보다 1~2세기 정도 늦은『삼국유사』와『제왕운기』의 고조선 건국 연대는 가능성이 있는 것이라고 볼 수 있다.

『삼국유사』「고조선」조에는 도읍지가 네 곳으로 나타난다. 첫 도읍지에 대해『위서(魏書)』에서는 아사달(阿斯達)이라고 했고,『고기(古記)』에서는 평양성(平壤城)에 도읍했다가 백악산아사달(白岳山阿斯達), 장당경(藏唐京)으로 옮겼다가 후에 아사달(阿斯達)로 돌아왔다고 하고 있다. 여기서『위서』가 말한 아사달과『고기』가 말한 평양성은 같은 곳에 대한 다른 명칭인가, 아니면 전혀 다른 곳을 말하는가 하는 점이 문제로 등장한다.

그런데 일연은『위서』의 인용문에서 아사달에 대해 주석하기를 "경(經)에는 무엽산(無葉山), 또는 백악(白岳)이라고도 하는데 백주(白州)에 있었다. 혹은 개성(開城) 동쪽에 있다고도 한다. 이는 바로 지금의 백악궁(白岳宮)이다."라고 하였고,『고기』의 인용문에서 평양에 대해서 주석하기를 "지금의 서경(西京)이다."라고 하였다. 이로 보아 일연은 아사달과 평양성은 서로 다른 곳이었을 것으로 인식하고 있었음을 알 수 있다. 이와 같은 일연의 주석으로 볼 때 고조선의 아사달의 위치를 고려시대에도 정확하게 알고 있지 못했음을 알 수 있다.

그리고 고조선의 강역에 대해서 학계에서는 여러 주장으로 나뉘어 있다. 더군다나 고조선 초기에 관한 자료는 아직 충분하지 않아 강역의 정확한 범위를 고찰하기 어렵다. 그러나 고조선 중기인 서기전 16~14세기 이후의 강역은 난하 유역을 넘어섰거나 난하 유역까지였음은 고고학 자료에 의해서도 뒷받침된다. 고조선의 대표적인 청동기인 비파형 동검에 대해 요동형과 요서형을 구분하기도 하지만 중국식 동검과는 뚜렷이 구분된다. 요동형과 요서형의 차이는 고조선이 여러 부족이 연합한 형태의 국가라는 점과 시대에 따른 변화과정으로 보는 것이 합리적일 것이다. 그리고 비파형 동검을 비롯한 청동기 유물이 대동강 유역 등 한반도 여러 곳에서도 발굴되는 점 등을 고려할 때, 고조선의 도읍은 요령에서 시작하여 대동강 유역으로 옮겼다고 보는 것이 바람직할 것이다.

그런데 청동기 시대부터 국가가 형성되었다고 주장하는 학자들은 청동제 무기를 바탕으로 무력 정복이 가능했기 때문이라고 본다. 강력한 왕권과 청동제 무기를 바탕으로 주변의 여러 부족을 정복하여 중앙 집권 국가 또는 부족 연합 국가를 세웠다는 것이다. 그러나 이는 후세의 일부 학자들의 추론일 뿐이다. 국가 형성에 관한 학설은 무력뿐만 아니라 지리, 환경, 문화 등 여러 요건에 의해 성립되었다고 보는 것이 통설이다. 단군의 조선 건국에서 무력이 사용되었다는 기록은 어디에도 찾아볼 수 없다.

환웅의 신시도 마찬가지이다. 하느님의 뜻에 따라 홍익인간을 실천하기 위해 환웅이 신시를 건설했고, 그의 아들이 그 뜻을 이어받아 조선을 건국한 것이다. 그리고 원시 상태에서 하루아침에 문명국가가 형성되지 않고 여러 단계를 거쳐 점진적으로 이루어진다. 이러한 점을 고려할 때 환웅의 신시부터 초기 국가 형태가 시작되어 환웅족과 웅녀족의 연맹을 거쳐 단군에 이르러 보편적인 국가 형태가 이루어졌다고 보는 것이 바람직할 것이다.

제2장

한민족사의 본격 전개

고대 동북아시아의 강자 고구려

■ 주몽의 난생설화

고구려는 고대 동북아시아의 대국이었다. 백제·신라와 함께 삼국의 하나이며, 삼국 중에서도 가장 넓은 영토를 지배했던 나라이다. 압록강의 중류 유역 및 그 지류인 혼강(渾江) 유역 등의 골짜기와 산지를 본거지로 기원전 1세기 초에 일어나, 5세기에 이르러 말갈·거란·실위 등을 휘하에 두었고 요동군을 정벌하였으며 북연을 속방으로 만들기도 했다. 668년에 내분을 계기로 신라와 당나라 연합군의 공격을 받고 멸망하였다.

『삼국사기』와『삼국유사』에는 고구려를 건국한 주몽(朱蒙)의 탄생과 건국 과정을 전하고 있다. 그중『삼국유사』「북부여」조에는 다음과 같이 기록되어 있다.

『고기(古記)』에 이르기를,『전한서(前漢書)』에 선제(宣帝, 전한10대)

신작(神爵) 3년 임술(壬戌, 기원전 59년) 4월 8일에 천제(天帝)가 오룡거(五龍車)를 타고 흘승골성(訖升骨城)에 내려와 도읍을 정하여 왕이라 일컫고 국호를 북부여(北扶餘)라 하였다. 자칭 해모수(解慕漱)라 이름하였으며 아들을 낳아 부루(扶婁)라 하고 해(解)로 성씨를 삼았다. 왕이 뒤에 상제(上帝)의 명으로 도읍을 동부여(東扶餘)로 옮겨갔다. 동명제(東明帝)가 북부여(北扶餘)를 이어 일어나 도읍을 졸본주(卒本州)에 정하여 졸본부여(卒本扶餘)가 되었으니, 곧 고구려(高句麗)의 시조이다."

혹자는 해모수를 '해 머슴애'의 한자 표기로 보는데, 태양의 아들이라는 의미이다. 앞에서 해모수를 천제라고 하였고 다섯 마리의 용이 끄는 수레를 타고 내려왔다고 했으니 일리가 있는 말이다. 성을 해씨로 했다는 것 또한 한자로 표기되어 있지만 원래는 우리말이었을 것이다. 이는 고구려가 고조선이나 부여와 마찬가지로 하늘 내지 광명을 숭상하였고 그들의 왕실을 하늘의 자손이라 여겼다는 것을 알 수 있다. 즉 고구려는 하늘의 자손이 세운 나라라는 것이다.

계속해서 『삼국유사』에는 주몽(朱蒙)의 고구려 건국 과정에 대해 비교적 길게 전하고 있다. 이를 간략하게 요약하면, 부여왕 해부루의 아들 금와(金蛙)가 왕위에 오른 후 유화(柳花)를 만났다. 그녀는 해모수와의 관계로 인해 알을 낳게 되었고, 금와왕은 상서롭지 못하다 하여 그 알을 버리려고 하였으나 알은 무사하여 마침내 한 사내아이가 깨고 나왔는데 이 아이가 주몽이라는 것이다. 주몽은 어릴 때부터 능력이 탁월하여 다른 왕자들과 신하들이 모함하고 해치려 하자, 오이(烏伊) 등 세 사람과 무리가 되어 부여를 떠나 졸본주 비류수(沸流水) 근처에 도읍하고 고구려를 건국했다는 것이다.

이와 비슷한 내용은 『삼국유사』 외에도 『삼국사기』와 「광개토대왕비」, 「모두루묘지명」, 이규보의 『동명왕편』, 그리고 중국의 『위서(魏書)』 등에 실려 있다. 시조의 이름에 대해 『삼국사기』와 『삼국유사』 그리고 『동명왕편』에서는 주몽이라고 하고 있지만, 「광개토대왕비」와 「모두루묘지명」에서는 추모(鄒牟)라고 하고 있는데, 이는 고대 우리말을 한자로 옮기는 과정에서 변한 것으로 볼 수 있다.

알에서 태어나 나라를 세운다는 난생설화는 신라의 박혁거세, 가야의 김수로 등에도 보인다. 이와 같은 난생설화는 하늘에서 내려왔다는 천강설화와 연결되어 있는데, 건국 시조가 신성하고 특별한 존재임을 강조하는 것이다. 그리고 난생설화에 나오는 알은 일반적으로 알려진 '태양'이나 '빛'을 상징한다기보다는 '무지', '어둠', '한계'를 의미한다고 할 수 있고, 알을 깨고 나온다는 것은 곧 무지, 어둠, 한계를 극복하고 밝음을 찾는다는 의미를 가지고 있다. 이는 건국 시조들이 부족함과 고난을 극복하고 하늘이 내려 준 큰 지혜와 덕을 얻어 모든 사람의 존경을 받는 가운데 나라를 세웠다는 의미로 볼 수 있어 〈단군신화〉의 웅녀 설화와도 연결된다.

고구려는 역사서에 고구려(高句麗), 고구려(高句驪), 구려(句麗), 하구려(下句驪), 고려(高麗) 등 여러 가지 이름으로 적혀있다. 그중 고구려(高句驪)는 중국에서 고구려를 일부러 낮추어 부르기 위해 '곱다'라는 뜻을 가진 '려(麗)' 대신 미개하다는 뜻을 담아 짐승[馬]이 덧붙여진 '려(驪)'를 쓴 것이므로 정식 나라 이름이라고 할 수 없다. 하구려 역시 한나라 왕위를 찬탈하고 신(新)나라를 세웠던 왕망(王莽)이 고구려를 낮춰 부르게 했던 이름이다. 고구려가 한자 뜻이 거의 없는 '구(句)' 자를 빼고 나라 이름을 고려로 바꾼 것은 제20대 장수왕 때인 427년 평양으로 천도한 무렵으로 알려져 있다. 5세기 후반에 편찬된 중국의 『송서(宋書)』와 6세기 중엽에 편찬된 『위서(魏書)』 등에서는 고려라고 기록한다. 따라서 5세기 중엽부터는 고구려를 고려라는 이름으로 불러야 하지만, 오늘날 10~14세기 왕건이 세운 고려 왕조와 구별하려고 일부러 고구려라는 이름을 계속 사용하고 있다.

■ 고구려의 성장

고구려는 흔히 제1대 동명성왕부터 제14대 봉상왕까지 기원전 1세기 후엽~3세기를 초기, 제15대 미천왕부터 제21대 문자명왕까지 4세기~6세기 중엽을 중기, 제22대 안장왕부터 제28대 보장왕까지 6세기 중엽~7세기 중엽을 후기로 구분한다. 고구려는 북쪽의 동부여, 동쪽의 옥저·읍루, 서쪽의 현도군·요동군, 남쪽의 낙랑군 등에 둘러싸인 지역에서 성장하였으므로 일찍부터 전쟁을 피할 수 없었다. 고구려의 역사는 끊임없는 전쟁의 역사라고 해도 과언이 아니다.

제2대 유리왕(琉璃王) 때까지도 동부여로부터 약소국으로 취급받았으나, 꾸준히 국력을 키워 주위의 소국들을 병합하고 동부여를 견제하면서 영토를 확장하였다. 서기전 75년에는 주변의 토착 세력들과 연합하여 한사군의 현도군을 요하(遼河) 서부 유역으로부터 난하(灤河) 상류 유역으로 축출했고, 서기 12년에는 현도군의 고구려현 지역을 차지하였으며, 서기 30년에는 낙랑군의 동부 7현을 차지하였다. 서기 49년에는 동한(東漢)의 여러 지역을 차지하였는데, 지금의 베이징을 지나 중국 북부 깊숙이 환허 유역까지 진출하기도 했다.

　이와 같은 기초 위에 제6대 태조왕(太祖王, 재위 53~146)은 연맹왕국에서 벗어나 중앙 집권력을 강화한 고대국가체제를 확립하였다. 동해안의 옥저와 동예를 복속시키고 현도군을 요동군 지역으로 축출하는 등 대외적인 성과를 거둔 것으로 알려진 인물이다. 일반적으로 건국 시조를 태조라고 하는데, 고구려의 경우는 제6대에 와서 태조라는 묘호(廟號)를 붙였다. 태조왕은 『삼국사기』에 특별히 태조대왕(太祖大王)으로 적혀있고, 『삼국유사』에는 국조왕(國祖王)으로 적혀 있어 고구려의 실질적인 건국자처럼 숭앙되는 존재였음을 알 수 있다. 『삼국사기』와 『삼국유사』의 기록에 의하면 태조대왕은 93년간 재위하였으며 118세에 사망하였는데, 이 기록이 사실이라면 한국사의 역대 국왕 가운데 가장 장수하였으며 가장 오랜 기간 재위한 셈이다.

　제17대 소수림왕(小獸林王, 재위 371~384) 때에는 각종 체제를 정비하여, 부왕인 고국원왕 시절의 국난을 타개하고 단기간에 고구려 사회가 크게 발전한 시기였다. 이때 중국은 전진(前秦)이 전연(前燕)을 멸망시키고 남쪽의 동진(東晋)으로 진격하기 위해 배후인 고구려에 유화적인 태도를 보였다. 그래서 전진은 고구려에 승려 순도(順道)와 불상을 보내 주자, 소수림왕이 이를 받아들여 불교를 공인했다. 그리고 유학을 주요 이념으로 삼는 태학(太學)을 설립하였으며, 국가체제 정비를 위해 율령(律令)을 반포하여 고구려 전성기의 기틀을 마련하였다. 불교를 공인했다는 것은 체계화된 종교가 나라에 들어옴으로써 문화적 차원에서 새로운 전기를 마련했다는 의미이다. 태학의 설립은 유학을 바탕으로 한 교육을 확대하면서 인재를 양성하고 유학적 정치이념이 국가통치에 반영되었다는 의미이다. 그리고 율령을 반포하였다는 것은 강력한 중앙집권적 국가통치와 사회질서 유지를 위한 규범을 갖추었다는 의미이다. 백제는 근초고왕이 건재하고 있어 소수림왕의 처지에서는 내치의 안정이 우선이었다. 이러한 소수림왕의 체제 정비를 통한 내치의 안정은 광개토왕과 장수왕 대에 펼쳐진 고구려 전성시대의 바탕이 되었다.

제19대 광개토왕(廣開土王, 재위 391~412), 제20대 장수왕(長壽王, 재위 413~491) 때에는 영토를 크게 넓히는 등 국가의 최대 정성기를 맞이하였다. 광개토왕은 조선 세종과 함께 우리 역사에서 항상 '대왕'으로 불린다. 세종이 문(文)을 대표하는 대왕이라면 광개토는 무(武)를 대표하는 대왕이라고 할 수 있을 것이다. 광개토대왕은 소수림왕의 동생인 고국양왕의 아들로 태어났다. 여러 번의 무력 전쟁에서 승리를 거두고 영토를 확장한 왕으로 알려져 있다. 백제와 여러 번 전투에서 승리하였고, 백제와 왜가 신라를 공격하자 파병하여 물리친 후 오랫동안 신라에 영향력을 행사하였으며, 거란과 후연과의 여러 번 전쟁에서도 승리하여 베이징 일대까지 정복했다는 주장이 있다.

뿐만 아니라 영락(永樂)이라는 독자적인 연호를 사용하였고 내치에도 성공하여, 광개토대왕릉비에는 "나라가 부강하고 백성이 편안하였으며 오곡이 풍성하게 익었다"라 칭송하는 기록과 함께 국강상광개토경평안호태왕(國岡上廣開土境平安好太王)이란 시호(諡號)로 기록되어 있다. '국강상'은 광개토왕이 묻힌 곳을 가리키고, '광개토경'은 영토를 많이 넓혔다는 뜻이며, '평안'은 세상을 편안하게 만들었다는 뜻이고, '호태왕'은 호왕과 태왕을 합친 말로서 위대한 왕이라는 뜻이다. 그러니까 그를 가리키는 이름은 '영토를 많이 넓히고 세상을 편안하게 만들어 나라언덕(國

岡)에 묻힌 위대한 임금'이라는 의미가 있다.

제20대 장수왕은 97세까지 살아 태조왕 다음으로 장수하였고, 광개토
대왕릉비를 건립하여 부왕인 광개토왕의 업적을 기렸으며, 충주 고구려
비를 세워 고구려의 위상을 널리 선포하였다. 내부적으로 왕권의 위상을
높여서 국내성의 귀족 세력을 약화시키고 남진 정책을 효율적으로 운영
하기 위하여 427년에 평양으로 천도하였다. 또한 대외적으로는 남조(南
朝)의 여러 왕조와 북조(北朝)의 북위에 모두 화친을 맺는 등 등거리 외
교를 통해 정세를 안정시켰다. 중국과의 외교 관계가 안정된 가운데 장
수왕은 백제를 정벌하는 남진 정책을 추진하였으나 백제와 신라가 동맹
을 맺어 대항하였기 때문에 454년부터 신라와 적대 관계가 되었다. 475
년에 백제를 공격하여 수도 위례성을 함락시키고 개로왕을 사로잡아 죽
이는 큰 승리를 거두었다. 489년에는 신라를 공격하여 호명성 등 7개 성
을 함락시키고 미질부까지 진격하였다. 이러한 정복 전쟁을 통해 고구려
는 한반도 중부 일대를 확고하게 장악하였다.

■ 천손의 자손, 고구려

고대부터 우리 민족은 중국과 차별성을 둔 독자적 문화를 바탕으로 중
국과의 경쟁 속에서 발전해 왔다. 그중에서도 고구려는 광활한 영토와
강력한 군사력 및 우수한 문화를 바탕으로 중국과 끊임없는 경쟁을 하는
가운데 성장한 나라이다. 고구려의 문화에 대한 기록은 많이 남아 있지
않지만, 중국 문헌 등에서 단편적으로 남아 있는 기록을 보면 단군조선의
문화를 계승한 것으로 보인다. 특히 단군조선 시대부터 내려오던 제천행

사(祭天行事)가 부여에서는 '영고(迎鼓)', 예와 맥에서는 '무천(舞天)', 고구려에서는 '동맹(東盟)'이라는 이름으로 계승되었다. 하늘에 제사 지내는 제천행사는 하늘의 후손, 즉 천손(天孫)의 의무이자 권리였다. 제천행사는 중국에도 있었지만, 하늘에 대한 관념이 달라 우리의 제천행사와는 차이가 있었다.

중국은 주나라 이래 건국 시조가 하늘과 직접적인 연결고리를 갖는 경우가 없었는 데 반해, 우리 고대국가들은 대부분 건국 시조가 하늘에서 내려왔다거나 하늘에서 내려온 천신의 아들이었다. 그러므로 제천행사는 하늘에 대한 제사이자 건국 시조에 대한 제사이기도 했다. 한 해 중 특정한 날을 잡아 온 나라 백성이 모여 하늘에 제사를 지내고 며칠을 연이어 술 마시고 노래하고 춤을 추는 우리 민족의 고대 종합 문화행사였다.

『삼국지』「위지」〈동이전〉(고구려)조에는 다음과 같이 기록하고 있다.

> "고구려 백성은 노래 부르기와 춤추기 좋아하며, 나라 안의 모든 읍(邑)과 촌락에서는 밤이 되면 많은 남녀가 모여서 서로 노래하며 즐겨 논다. 10월에는 하늘에 제사를 지내는데, 온 나라 사람들이 크게 모여서 '동맹'이라 부르고 있다."

이와 같은 우리 고대사회 제천행사의 의미를 다음과 같이 정리할 수 있다. 첫째, 천자의 나라라는 의미가 있다. 제천행사는 천자만이 할 수 있다. 제천행사는 천자의 나라라는 정통성을 온 천하에 드러내는 정치적·종교적인 의미를 지니고 있었다. 둘째, 백성들이 천손이라는 의미가 있다. 모든 백성이 천손임을 상기시켜 자부심을 품게 하고 마땅한 도리와 이치를 스스로 깨닫게 하는 교화의 의미를 지니고 있었다. 셋째, 소통과 통합의 의미가 있다. 온 백성들이 크게 모여 노래와 춤을 즐기며 하나가 되어 갈등을 해소하는 역할을 하는 장이었다.

외교를 통해 주변국과 경쟁한 백제

■ 하늘이 세운 부여를 계승한 백제

백제의 시조는 부여·고구려에서 남하한 온조왕으로 전해지며, 기원전 18년 한강 하류의 하남위례성에 도읍을 정해 건국되었다. 1세기에서 3세기에 걸쳐서 한반도 남부의 소국들 및 한사군과 대립하면서 성장한 것으로 추측되며 4세기부터 마한 지역으로 세력을 확장했다. 그러나 5세기 초부터 고구려의 공격을 받아 개로왕이 전사하는 등의 수난을 당하다가 수도를 웅진으로 옮겼다. 성왕 시절에 다시 수도를 웅진에서 사비성으로 옮기고 국호를 일시적으로 남부여로 변경하였으며, 신라와 동맹을 맺고 고구려를 공격하기도 했다. 그 후 국력이 계속 약화하여 영토가 수축하였다가 신라와 당나라의 연합 공격을 받아 멸망했다.

『삼국사기』에는 백제의 건국 시조를 고구려 주몽의 아들이라고 하고 있다. 즉, 주몽이 두 아들을 낳았는데, 첫째는 비류이고, 둘째는 온조라 하였다. 주몽이 북부여에 있을 때 낳은 아들이 와서 태자가 되자, 비류와 온조는 오간·마려 등 10명의 신하와 남쪽으로 가니 백성 가운데 따르는 자가 많았다. 백성을 나누어 비류는 미추홀로 가서 살았고, 온조는 위례성에 도읍하고 나라 이름을 십제(十濟)라 하였다. 비류는 미추의 땅이 습하고 물이 짜서 편히 살 수 없었는데, 위례에 와서 보니 도읍이 안정되고 백성들이 편안한 모습을 보고 부끄러워하고 후회하다 죽으니 그 신하와 백성들이 모두 위례로 돌아왔다. 나중에 백성들이 올 때 즐거이 따라왔다고 하여 나라 이름을 백제(百濟)로 바꾸었다는 것이다.

그러나 『삼국사기』는 백제 시조의 부모에 대해 다른 설도 소개하고 있는데, 온조의 아버지는 주몽이 아니라 우태(優台)로 북부여왕 해부루의 서자 아들이고, 어머니 소서노는 졸본 사람이라는 것이다. 소서노는 남편 우태가 죽은 뒤 홀로 두 아들을 데리고 살았는데, 주몽이 부여에서 망명하여 졸본에 도읍을 정하고 나라를 세울 때 얻은 여자가 바로 과부 소서노였다는 것이다.

건국의 주체가 어떤 사람인가에 따라 백제는 고구려에서 갈라져 나왔는지, 부여에서 갈라져 나왔는지 달라진다. 온조가 주몽의 아들이라면 백제는 고구려에서 갈라져 나온 것이 되지만, 우태의 아들이라면 백제는 부여에서 갈라져 나온 것이 된다.

그런데 중국의 『위서(魏書)』「백제」조에는 "백제국은 그 선조가 부여로부터 나왔다."라고 기록하고 있고, 『수서(隋書)』에는 "그 시조인 구태(仇台, 우태를 말하는 듯)의 사당을 나라의 성안에 세웠는데, 네 차례 그곳에 제사를 지낸다."라는 기록이 있다. 그리고 538년 사비로 도읍을 옮기면서 나라 이름을 남부여로 바꾸어 백제가 부여에서 갈라져 나왔다는 것을 천명하고 있으며, 백제 왕실의 성이 고구려와 같은 고씨가 아니라 부여씨인 점 등으로 볼 때 백제는 고구려와 같이 부여에서 갈라져 나왔다고 볼 수 있다. 백제와 고구려가 오랜 세월 경쟁 관계로 대립한 것도 이와 무관하지 않을 것이다.

백제의 건국 과정에는 고구려, 가야, 신라 등과 달리 신비적 요소가 보이지 않는다. 건국 시조가 하늘에서 내려왔다거나 하늘이 점지해 준 알에서 나왔다는 등의 내용이 없다. 그렇다고 백제 건국이 다른 나라와 달리 하늘과의 연결성이 없다거나 대단하지 않다는 것은 아니다. 단지 백제로서는 부여를 계승했다는 정통성을 더욱 나타내고 싶었다. 부여가 하늘에서 내려온 해모수가 건립했으므로 그를 계승한 백제 역시 하늘의 후손이 세운 나라라는 것이다.

■ 백제의 융성

『삼국사기』에 따르면 백제는 시조 온조왕부터 제31대 의자왕까지 31명이 즉위하였고 678년간 존속하였다. 백제 역사를 흔히 한성 도읍기, 웅진 도읍기, 사비 도읍기로 구분한다. 한성 시기는 온조왕부터 제21대 개로왕까지 기원전 1세기 말~5세기 후반, 웅진 시기는 제22대 문주왕부터 제25대 무령왕까지 5세기 후반~6세기 초엽, 사비 시기는 제26대 상왕부터 제31대 의자왕까지 6세기 초엽~7세기 중엽에 해당한다.

백제의 기반은 제8대 고이왕(古爾王, 재위 234년~286년) 시절에 갖춰지게 되었다. 고이왕은 율령을 반포하는 등 국가체제를 정비하여 고대국가로서 백제의 기반을 다졌는데, 여섯 개의 좌평을 두어 왕명 출납과 창고 관리, 의례 제정, 형벌 제도, 군사 업무를 각각 분담시켜 맡아 보게 했다. 그리고 16품의 관등 체계를 정비했으며, 관직에 따라 자주색, 다홍색, 푸른색 옷을 입게 하는 등 공복에 관한 제도도 정했다. 또한 왕권 강화를 위해 좌장을 설치하여 내외 병권을 관장하게 함으로써 족장들의 독자적인 군사력을 약화시켰다. 이러한 체제 정비를 바탕으로 성장하여 낙랑과 신라 그리고 말갈 등과 군사적으로 충돌하였으나, 중국 대륙의 서진(西晉)과 외교 관계를 맺고 산둥반도에 대륙 백제를 개척했으며, 한사군의 후신인 대방과 혼인을 통한 동맹관계를 형성하며 세력을 키워 나갔다.

제13대 근초고왕(近肖古王, 재위 346년~375년)은 백제의 전성기를 이끌었는데, 마한 54개 연맹체 대부분을 통일하였고, 동진(東晉)에 사신을 보내 백제 역사상 최초로 중국 사서에 이름이 기록되었으며, 신라에도 사신을 보내 동맹을 맺었다. 아직기와 왕인 두 학자를 왜에 파견하여 왜의 왕이 그들을 태자의 스승으로 삼았으며, 왜왕에게 칠지도와 칠자경을 선물하여 격려하였다.

또한 박사 고흥에게 명하여 백제 왕실의 역사를 정리하게 함으로써『서기(書記)』가 저술되었으나 지금은 전해지지 않는다. 369년 백제가 마한을 정복하러 간 틈을 이용하여 고구려의 고국원왕이 보병과 기병 2만 명을 거느리고 침략해오자 이를 물리쳤으며, 371년 고국원왕이 재침공하였으나 대승을 거두고 평양성까지 밀고가 고국원왕을 전사시키기도 했다. 이에 따라 고구려는 요동 공략에서 남진 정책으로 눈을 돌리게 되었고, 이에 백제는 고구려를 대비하기 위해 수도를 위례성(慰禮城)에서 한성(漢城)으로 옮기게 되었다. 이를 바탕으로 백제는 마한 54개 부족 국가 연맹체제를 통일하면서 더욱 강력한 고대국가의 기반을 마련하였다.

제24대 동성왕(東城王, 재위 479년~501년)은 제22대 문주왕 때 천도한 웅진(熊津)을 기반으로 많은 업적을 남겼다.『삼국사기』에는 동성왕에 대해 "담력이 뛰어나고 활을 잘 쏘아서 백발백중이었다."라고 평가하고 있다. 481년에 신라의 북쪽 변경을 침공한 고구려와 말갈의 연합군을 신라 및 가야와 연합하여 격퇴했으며, 484년에는 중국 남조의 남제에 사신을 보내고자 시도하고, 이듬해인 485년에는 신라에도 사신을 보내는 등 외교에도 힘썼다. 488년에는 "위(魏)가 군사를 보내 쳐들어왔으나 물리쳤다."라는 기록이 있다.

그런데 위나라가 육로로 백제를 공격하려면 고구려 땅을 거쳐야 하고 해로로 백제를 공격하려면 서해를 건너야 하는데 당시 위나라의 상황으로는 불가능하여 어디에서 전투를 벌여 백제가 위나라를 물리쳤느냐는 의문이 남는다. 이에 따라 동성왕 때 백제가 바다를 건너 요서·산둥지역을 경략해 소유했다는 설이 있다. 그 후 495년에는 "고구려가 치양성을 포위해오자 신라의 도움을 얻어 물리쳤다."라는 기록이 있다. 이처럼 고구려가 신라를 침공할 때 백제가 도와주고, 고구려가 백제를 침공할 때 신라가 도와주기도 했다. 그러나 동성왕은 말기에 이르러서는 점차 사치와 향락에 빠져 정사를 돌보지 않아 신하들의 반발을 사던 중 사냥하러 나갔다가 쿠데타 병사들에게 시해당했다.

501년 동성왕이 암살되자 그의 이복형 사마가 40세에 즉위하니 제25대 무령왕(武寧王, 재위 501년~523년)이다. 무령왕은 즉위한 뒤 동성왕을 시해한 귀족들의 세력을 누르고 왕권을 강화하였으며, 고구려를 적극적으로 공격하여 한강 유역을 수복하였고, 내륙으로 동진하여 가야 지역으로 진출하기도 했다. 503년 고목성에 쳐들어온 말갈족의 침입을 막아냈고, 고구려의 수곡성을 습격하였다. 512년 고구려가 가불성과 원산성을 함락시키자 군사 3,000명을 이끌고 나가 무찔렀다. 고구려와의 전쟁을 통해 세력의 균형을 이룬 무령왕은 가야를 공략하여 임실, 남원을 거쳐 섬진강 일대와 경남 서해안까지 진출하였다. 제방을 손질하여 나라 안팎의 떠도는 사람들을 정착시켜 농사짓게 하고, 가야 지역으로 도망가 살고 있던 백제인들을 데려와 백제 호적에 복구시키는 등 무령왕은 인구 증가 및 농업 생산성 증가도에 힘썼다. 또한 중국의 양나라에 사신을 보내 외교 관계를 강화했고, 일본에 단양이, 고안무를 보내 백제문화를 일본에 전해 주기도 했다. 1971년에 공주 송산리 고분군의 무령왕릉에서 귀중한 유물들이 발굴되어 당시 백제문화의 화려함을 짐작할 수 있다.

무령왕의 뒤를 이은 제26대 성왕(聖王, 재위 523년~554년)은 고구려와는 대적 관계를 계속하였으나 중국 양(梁) 나라와 신라와는 외교 관계를 강화하였고, 불교를 진흥하여 남조와 활발하게 교류하였으며, 왜에 금동불상과 경전 등과 함께 노리사치계를 파송하여 일본에 불교를 전파하였다. 538년에 왕권과 국력 강화 정책의 하나로 왕도를 웅진에서 넓고 교통이 편리한 사비(泗沘)로 옮기고 나라 이름을 일시적으로 '남부여'라고 하여 백제가 부여에서 갈라져 나온 국가임을 천명하였다. 천도는 성왕 16년에 이루어졌지만, 계획은 동성왕 때부터 세웠다는 것이 통설이다.

성왕은 사비 천도를 통해 나성(羅城)을 쌓고 사찰을 창건하고 5부 5항제를 시행하는 등 왕권 강화 및 예제 기반의 계획도시를 추구했다. 548년에 고구려가 공격해오자 신라 구원군과 함께 싸워 크게 이겼고, 550년에는 고구려의 도살성을 빼앗기도 했으며, 551년 고구려의 내정이 불안한 틈을 타 백제와 신라 연합군이 한강 유역의 고구려군을 공격하여, 백제는 한강 중·하류 지역 6군을 빼앗고 신라는 한강 상류 지역 10군을 차지하였다. 그러나 553년 신라가 백제를 공격해 한강 하류 지역까지 손에 넣자 백제와 신라의 동맹관계는 끝난다. 554년 성왕과 태자가 가야·왜 군사까지 동원해 신라를 공격하지만, 관산성 전투에서 성왕이 죽고 군사

29,600명이 몰살하는 큰 패배를 당하였다.

■ 백제의 외교

　백제의 역사에서 눈여겨볼 점은 외교이다. 북쪽으로는 고구려, 동쪽으로는 가야와 신라, 바다 건너 서쪽으로는 중국, 바다 건너 남쪽으로는 왜국을 주변에 둔 입장에서 백제의 외교는 국력과 직결되는 문제였다. 백제 건국의 주체가 고구려에서 남하한 이주민이었던 만큼 건국 초기부터 백제는 고구려와 깊은 관계를 맺었다. 백제의 전성기 때는 고구려와 전쟁을 하던 원수지간이었지만, 신라의 중흥 이후는 고구려와 손을 잡고 멸망 때까지 유지하였다. 가야와의 관계는 지리적으로 접해 있었던 만큼 지속적인 교류를 유지했다. 다만 백제의 국력이 가야에 비해 더 크다 보니 영향력은 백제가 더 우위였다. 신라와는 혈맹과 숙적 관계를 넘나들던 관계였다. 고구려가 중흥할 때는 고구려의 남하를 저지하기 위해 신라와 손을 잡았다.

　그러나 나제동맹으로 고구려를 격파하고 한강 유역까지 북진한 후 신라가 한강 유역을 독차지하자 적대 관계로 돌아선다. 이때부터 신라와 치열한 접전을 치르기 시작하여 백제가 멸망할 때까지 계속되었다. 한편 백제는 중국의 각 왕조와 매우 빈번한 교류 관계를 맺어 왔다. 백제와 중국의 교류는 우수한 조선술, 항해술을 바탕으로 주로 해상을 통해 이루어졌다. 백제와 중국과의 교류는 시기에 따라 성격을 달리하였지만, 조공과 봉책이 대부분이었다. 조공은 백제가 고대국가로 발전한 후 고구려·신라와의 역학 관계를 중국과 연결함으로써 유지하려 했던 외교적 행위였다. 봉책은 중국 내 남북조의 대혼란을 맞이하여 남조에서 북조에 대한 연합세력을 형성하려는 의도에서 이루어진 외교적 행위였다. 이 시기의 백제와 중국의 관계는 동북아시아의 혼란기에 서로 필요 때문에 이루어진 상호적 외교 형태로 파악할 수 있다.

특히 백제와 왜국과의 관계는 각별했다. 4세기 이후까지 일본 열도는 아직 통일왕국을 이루지 못한 채 야마토 정권을 주축으로 하여 호족 연합을 이루고 있었다. 이 시기에 백제가 왜국에 전해 준 문물은 건축, 토목, 제철, 양초, 직조, 의약, 음악 등 매우 다양했는데, 대부분 생활에 필요한 분야였다. 또한 국가 운영에 필요한 이념으로 기능하는 유교, 불교, 도교 등을 전했다. 이렇게 문화 교류가 왕성했기 때문에 야마토 정권에서 백제계 도래인 출신들도 많이 활동할 수밖에 없었고, 이후 황실과도 혈족적 연계를 갖는 수준까지 올라가게 된다. 이는 나중에 백제계 2세가 천황이 되는 경우까지도 나올 만큼 백제와 왜국의 관계는 매우 돈독했다. 전성기를 맞은 고구려의 공세에 밀리기 시작한 백제에는 군사 동맹이 절실히 필요했기에 왜국과 우호를 최대한 다질 필요가 있었다. 백제는 왜의 군사 지원이 필요하고, 왜는 백제의 선진 문물이 필요해서 서로 윈-윈이 되는 관계였을 가능성이 높다.

철기문화가 발달한 소국 연합체 가야

■ 가야는 미지의 왕국인가?

가야에 대한 문헌 기록이 많지 않아 일반적으로 가야를 '미지의 왕국'으로 치부하며 과연 고구려, 백제, 신라와 같은 나라로 볼 수 있을까에 대해

의심한다. 그러나 신라도 6세기 초반까지는 가야와 크게 다를 바 없는 소국 연합체였다는 것을 상기할 필요가 있다. 물론 다른 삼국에 비해 강력한 왕권 국가로 성장하기 전에 멸망한 것은 사실이지만 발굴된 유물 등을 볼 때 우리 역사에서 쉽게 간과할 수 없는 부분도 많이 있다.

　가야 연맹 중 전기 가야를 이끌었던 대표 국가는 김해 가락국이다. 『삼국유사』「가락국기」는 가락국에 대한 한국의 문헌 중에서 가장 오래된 기록이다. 가야의 시작을 알려 주는 역사 기록은 고조선, 고구려, 신라처럼 신화의 형태를 띠고 있다. 이러한 건국신화는 대개 국가의 시조를 특별하고 신성한 존재로 받들기 위한 수단이었다. 따라서 신화의 주인공은 역사상 실존했던 인물일 가능성이 크므로 신화 속에 담겨 있는 역사적 사실을 찾아볼 필요가 있다. 그렇다면 가야의 건국신화는 어떤 내용으로 전해 오는지 『삼국유사』「가락국기」를 살펴보자.

> "천지가 개벽한 후 아직 나라 이름이 없고, 또 군신의 칭호도 없었다. 이때 아도간(我刀干), 여도간(汝刀干), 피도간(彼刀干), 오도간(五刀干), 유수간(留水干), 유천간(留天干), 신천간(神天干), 오천간(五天干), 신귀간(神鬼干) 등 9간(九干)이 있었다. … 그들이 살고 있는 북쪽 구지(龜旨)에서 무엇을 부르는 이상한 소리가 나 백성 2백, 3백 명이 모였는데, 모양은 보이지 않고 소리만 들렸다. '여기에 사람이 있느냐?' 하여 구간 등이 말했다. '우리들이 있습니다.' 그러자 또 말했습니다. '내가 있는 곳이 어디냐?' 구간들이 다시 대답했다. '구지입니다.' 또 소리가 들려왔다. '하늘에서 나에게 명하기를, 이곳에 나라를 세우고 임금이 되라고 하여 내려온 것이다. 너희들은 모름지

기 산봉우리의 흙을 파면서 노래하기를, '거북아 거북아 머리를 내어라. 내지 않으면 구워서 먹을래'라고 하면서 뛰고 춤을 추어라. 그러면, 곧 대왕을 맞이하여 기뻐 뛰놀게 될 것이다.' 구간들은 그 말을 좇아 모두 기뻐하면서 노래하고 춤을 추었다. 얼마 안 되어 하늘을 우러러 쳐다보니, 자주색 줄이 하늘로부터 내려와 땅에 닿았는데, 그 줄 끝을 찾아보니, 붉은 보자기에 금빛 상자가 싸여 있었다. 그 상자를 열어 보니, 거기에는 해와 같이 둥근 황금알 여섯 개가 있어, 사람들은 모두 놀라고 기뻐하여 함께 절하였다. 조금 있다가 그것을 다시 싸가지고 아도간의 집으로 돌아와 상 위에 올려놓고, 여러 사람들은 각기 흩어졌다. 이로부터 열두 시간(하루)이 지난 그 이튿날 아침에 여러 사람이 다시 모여 그 상자를 여니, 여섯 알은 변하여 어린아이가 되어 있었는데, 그 용모가 아주 환했다. 사람들은 이들을 평상 위에 앉히고, 함께 절하면서 하례하여 공경하기를 극진히 하였다."

이 아이가 자라서 왕위에 올랐는데, 여섯 알 중에서 처음으로 세상에 나타났다고 하여 이름을 수로(首露), 또는 수릉(首陵, 죽은 후의 시호)이라고 하였다. 그리고 나라 이름을 대가락, 또는 가야국이라고 했으니, 이것은 6가야 중의 하나이다('금관가야'라는 이름은 고려시대에 만들어짐). 나머지 다섯 사람도 다섯 가야(대가야, 아라가야, 성산가야, 소가야, 고령가야)의 임금이 되었다.

건국신화에는 주인공이 하늘에서 내려왔다는 내용이 종종 보이는데, 이는 자신들의 나라가 하느님이 세운 신성한 나라라는 것을 강조하기 위해서라고 볼 수 있다. 부여와 고구려뿐만 아니라 한반도의 남쪽 끝에 자리 잡은 가야까지도 기원을 하늘에 두고 있다. 물론 오늘날의 관점에서 해석하면, 건국 시조가 실제로 하늘에서 내려왔다기보다는 먼 곳에서 이주해 왔거나 특별한 존재로 거듭나서 지도자가 되었다는 의미를 담고 있다고 볼 수 있다. 즉 토착 주민들에 비해 보다 발달한 문화를 소유한 수로 집단이 이주해 왔거나, 9간보다 특별한 존재로 거듭난 수로가 지도자가 되었다는 사실을 신화적으로 표현한 것이다. 고대 제정일치 시대의 지도자는 정치적 능력과 함께 신비한 권능도 가지고 있어야 하므로 그의 탄생 이야기 역시 신비한 내용을 포함하고 있다.

한편 『삼국유사』에는 가락국의 성립에 또 다른 집단이 참여하였음을 짐작하게 하는 신화가 있다. 즉, 허황옥(許黃玉)에 대한 기록이다. 수로왕은 왕후가 먼 곳에서 올 줄을 미리 알고 맞이하기 위해, 9간 중 유천간에게 명하여 망산도로 가서 기다리게 하고, 신귀간에게 명하여 승점으로 가도록 했다. 그때 갑자기 바다 서남쪽 모퉁이에서 붉은 돛을 단 배 한 척이 붉은 깃발을 나부끼며 다가왔다. 아유타국의 공주인 허황옥은 가락국 왕을 찾아가 배필이 되라는 상제의 명을 꿈속에서 받은 부모의 분부를 받들어 20여 명의 시종과 함께 먼 길을 항해해 온 것이다. 허황옥은 별포 나루터에 도착하여 육지로 올라와 자기가 입었던 비단 바지를 벗어서 산신에게 폐백으로 바쳤다. 허황옥의 도착 소식을 접한 수로왕은 왕궁에서 나와 행궁을 마련하고 허황옥을 맞이하여 혼인하고 2박 3일을 보낸 후 왕궁으로 돌아왔다. 이 신화 속에 나오는 아유타국이 인도인지 아닌지는 정확히 알 수 없지만, 새로운 문물을 소유한 허황옥 집단과 기존의 수로왕 집단이 결혼이라는 형식을 빌려 연합했다고 볼 수 있다.

■ 가야의 성장과 멸망

가야에 대한 기록은 김해와 고령 중심으로 남아 있다. 시조신화가 남아 있는 것도 이 두 지역이고, 멸망에 관한 기록도 이 두 지역만 비교적 상세하게 남아 있다. 그중에서도 김해는 가장 많은 역사 기록이 있는데, 이는 대가락의 왕실이 신라로 귀부하여 진골로 편입되었으며, 마지막 왕인 구형왕의 증손자 김유신이 삼국통일에 혁혁한 공을 세웠기 때문이다. 그리고 『삼국유사』의 기록으로 인해 가야는 6개의 나라로 성립되었다고 알려졌지만, 『일본서기』에는 10개의 나라가, 『삼국지』 「위지 동이전」에는 24개의 나라가 거론되는데, 적어도 20개 이상의 나라들로 이루어졌다는 것이 오늘날 학계의 통설이다.

결국 여타 가야제국은 그들의 기록을 남기지 못했으므로 『삼국유사』 「가락국기」와 같은 역사 기록에 전하는 김해지역 관련 자료가 가야 역사 전체인 듯 치부되어 온 것이다. 그러나 1970년대 이후 영남지역과 호남지역에서 진행된 가야 관련 발굴조사 결과 고령, 함안, 합천 등 경남내륙뿐만 아니라 광양만, 순천만, 금강 하류 유역까지 가야 관련 유적, 유물이 쏟아져 나왔다.

가야는 개별국으로 존재하였다기보다는 소국들의 연맹체 형태로 존재하였다고 보는 견해가 지배적이다. 그런 가운데 가야의 역사를 크게 전기와 후기로 나누어 보면, 전기는 대체로 김해 가락국(금관가야)이 중심이 되는 연맹, 후기는 고령 가라국(대가야)이 중심이 되는 연맹으로 구분해 볼 수 있다. 가락국은 풍부한 철과 활발한 교역을 통하여 경제적 부를 축적하였다. 김해 대성동고분군과 양동리 고분군의 2~3세기대 덧널

무덤에 묻힌 이의 권력과 재력을 상징하는 철제 무기류나 덩이쇠가 많이 출토되어 그 추정을 뒷받침한다. 중국의 『삼국지』에 "철을 생산하여서 한·예·왜가 모두 와서 가져가며, 물건을 사고, 팔 때 모두 철을 쓰는데 마치 중국에서 돈을 쓰는 것과 같다."라고 한 기록은 가락국을 근거로 한 것으로 볼 수 있다.

그런데 4세기에 이르러 낙랑군과 대방군이 멸망하자 철을 매개로 한 가락국의 중국 방면 대외교역·교류가 타격을 입었고, 400년에는 고구려가 신라를 도와 가야 지역까지 침공하게 되어 가락국의 세력이 크게 위축되었다. 가락국이 백제·왜와 연합하여 신라를 대대적으로 침공하여 한때 서라벌까지 함락하였으나 고구려 광개토왕의 원군이 동원되어 신라가 구원되었다. 이때 연합군이 궤멸당하고 가락국은 남쪽으로 후퇴하면서 세력이 급속도로 위축되었다. 『삼국사기』에는 신라 나해이사금 14년에 "바닷가 8국이 가라를 침공하려 하자 가라 왕자가 와서 도와달라고 요청하여 왕이 태자 우로와 이벌찬 이음에게 명령하여 6부의 군사를 이끌고 가서 돕게 했다."는 기록이 있고, 17년에는 "가야가 왕자를 보내 볼모로 삼았다."는 기록이 있다. 이로 볼 때 주변국의 공격을 받아 가락국의 위상이 크게 추락하였고, 마침내 신라의 통제를 받는 약소국으로 전락했음을 알 수 있다. 『삼국사기』에 따르면 가락국은 532년 제10대 구형왕이 신라에 나라를 바침으로써 멸망하였다.

후기 가야 연맹의 중심국인 가라국은 『삼국유사』「오가야」조에는 나라 이름이 '대가야'로 기록되어 있다. 그러나 이는 금관가야와 마찬가지로 후대에 쓰인 국명이다. 그런데 당시의 기록인 중국 『남제서(南齊書)』에는 '가라'라는 국명으로 나타나 있고, 그보다 다소 늦은 기록이지만 『일본서기』에도 '가라'로 기록되어 있어 당시 주변국에게 '가라국'으로 알려졌던 것 같다.

『동국여지승람』「고령」조에는 가라국의 시조 이진아시왕으로부터 도설지왕에 이르기까지 16대 520년 동안 존속하였다고 기록되어 있다. 그리고 『신증동국여지승람』에는 최치원이 편찬한 「석이정전(釋利貞傳)」과 「석순응전(釋順應傳)」이라는 문헌을 인용하여 가라국의 설화를 싣고 있다. 즉, "가야산신 정견모주가 천신 이비가에 감응하여 대가야왕 뇌질주일과 금관국왕 뇌질청예를 낳았는데, 뇌질주일은 이진아시왕의 별칭이고 뇌질청예는 수로왕의 별칭"이라고 적혀 있는 것이다. 가야산신이 하늘신과 결합해 대가야왕과 금관국왕을 낳았다는 내용은 천신 환웅과 지신 웅녀가 결합해 단군을 낳았다는 단군신화, 선도산 성모가 혁거세를 낳았다는 신라지역 설화의 내용 구성과 비슷하다. 그리고 대가야왕(가라국왕)과 금관국왕(가락국왕)이 형제로 묘사되어 두 나라의 연결성을 강조하고 있다.

4세기 말부터 고구려가 백제를 압도하고 백제와 연계되어 있던 가락국을 비롯한 해안지역의 가야 소국들에까지 큰 타격을 입히자, 내륙에서 착실히 성장해 온 가라국이 5세기에 급속히 성장하였다. 5세기 말에서 6세기 전반경에는 합천, 진주, 고성, 함안, 남원지역까지 가라국의 고령양식 토기가 사용된 것으로 볼 때 가라국의 권역과 무관해 보이지 않는다. 6세기에 이르러 백제가 가야 지역으로 적극 진출해 오자 가라국은 이에 대항하기 위해 신라와 결혼동맹까지 맺으며 우호 관계를 도모하지만, 신라의 배신으로 파기된다.

백제와 신라의 세력 확장으로 가야연맹체에 대한 가라국의 통제력이 약화하고 일부 세력들이 떨어져 나가게 되자 가라국은 점차 백제에 의존하게 된다. 551년 백제가 신라와 함께 고구려를 공격해 한강 유역을 빼앗을 때 백제를 도와 전쟁에 참여하기도 했다. 그러나 553년 신라가 군대를 일으켜 백제가 차지한 한강 하류 지역을 점령하자, 554년 백제가 신라를 응징하기 위해 관산성을 공격할 때 백제를 도와 참여하였다가 3만 명에 가까운 연합군이 몰살되면서 가라국도 큰 타격을 입었다. 그리고 562년 신라에 멸망되었다.

가야는 비록 소국 연합체였지만 질 좋은 철을 바탕으로 국력을 키웠으며 주변 소국들과 중국, 왜 등지와 교역을 하기도 했다. 가야 초기에는 당시 중국, 왜의 소국들, 마한, 동예, 진한의 소국들에까지 영향력을 행사해 사실상 4세기 중반까지는 신라가 가야에 밀릴 정도였다. 이처럼 풍부한 자원을 바탕으로 발전한 가야문화는 뒤에 신라문화에 영향을 주었고, 가야의 일부 세력이 왜에 진출하여 일본의 고대문화 발전에 이바지하였다. 그러나 소국 연합체에서 고대국가로 성장하지 못하여 주체적인 외교력이나 강력한 군사력으로 주변국에 영향을 주지 못한 채 백제와 신라의 중간에 위치하여 두 나라의 세력다툼을 위한 전장이 되었다. 결국 전기 가야 연맹과 후기 가야 연맹 모두 백제와 연합하여 신라를 공격하였다가 쇠퇴의 길을 걷게 되었다.

■ 임나일본부설

가야사를 돌아보며 간과할 수 없는 문제가 '임나일본부(任那日本府)'일 것이다. 임나일본부에 관한 견해 가운데 가장 먼저 나온 것은 일본이 천

황주권국가를 표방하던 20세기 초의 출선기관설(出先機關說)이다. 출선기관이라는 말은 출장소라는 뜻으로 통치기관을 말한다. 이 학설에 따르면 일본이 4세기부터 6세기까지 약 200년간 한반도의 남부지방을 점령하고 임나일본부라는 통치기관을 두어 식민지로 경영하였다는 것이다. 그러나 이에 대한 근거로 삼았던 『일본서기』에 나오는 왜의 신라 정복 기록이나 가라 7국 평정 기록은 3세기 초나 중반의 내용임에 비하여, 임나일본부에 관한 내용은 5세기의 역사를 기록한 「유랴쿠기」, 6세기 역사를 적은 「긴메이기」 등에 실려 있어 설득력이 없다.

1963년에는 북한의 김석형이 기존의 발상을 완전히 뒤엎는 '분국설'을 주장했다. 즉, 선사시대 이래 삼한 및 삼국의 주민들이 일본 열도로 이주하여 각기 자신들의 출신지와 같은 나라를 건국하여 한반도에 있는 모국에 대하여 분국을 건설한 것이 임나국이 있었다는 것이다. 이는 그동안의 발상을 완전히 뒤집는 혁명적인 견해였지만 문헌상의 증거가 없다는 점이 치명적인 약점이었다. 그 외에도 가야 지역에 왜인들이 집단으로 거주하면서 세운 자치 기구라는 설, 백제의 군사령부라는 설 등이 있으나 설득력이 부족했다.

그러한 가운데 1970년대에 접어들면서 일본의 몇몇 학자들에 의해, 『일본서기』에 보이는 임나일본부 관련 자료에 일본부가 통치기구나 군사적 기관의 역할을 한 내용이 전혀 없다는 점에 착안하여 새롭게 '외교 사절설'이 제기되었다. 이 설은 '부(府)'라는 말이 가관이나 관청이 아니라 '사신'이며, 임나일본부는 왜의 야마토 정권이 임나에 파견한 사신들이라는 것이다. 이들의 세부적인 견해에는 다소 차이가 있으나 임나일본부를 관청이나 기관으로 보지 않고 외교활동을 담당한 사신으로서, 백제와 신

라의 압력에서 벗어나려는 가야제국의 자주적 의지에서 비롯되었다고
보는 것이다.

그렇다면 과연 '임나일본부'의 정체는 무엇이었을까? 우선 '임나'라는
용어는 『일본서기』에도 나타나지만, 「광개토왕릉비문」, 『삼국사기』 열전
「강수」조와 함께 중국의 『한원』, 『통전』 등에서도 확인이 되는데, 대체로
가야 지역을 가리키는 용어로 본다. '일본'이라는 국명은 7세기 이후에 제
정된 용어이므로 『일본서기』를 편찬했던 이들이 왜를 일본으로 고쳐 쓴
것으로 볼 수 있다. 그리고 '부'라는 명칭은 『일본서기』의 주석서를 보면
'미코토모치'라고 훈독되어 있다. 즉, 부는 원래 미코토모치라는 말을 한
자로 표기한 것이다. 당시는 왜의 야마토 정권의 전기로 보는데 미코토
모치는 왕의 명령을 전달하기 위하여 지방에 파견되어 일이 끝나면 왕에
게 되돌아가는 '일회성 사신'이었다. 결국 '임나일본부'의 정체는 왜에서
임나로 파견된 사신이라 할 수 있다.

삼국통일의 기반을 다진 신라

■ 신라의 건국

신라는 기원전 57년쯤에 건국되어 고구려, 백제와 함께 고대 한반도의
삼국시대를 이끌고 발해와 함께 남북국 시대를 구성하였던 국가이다. 삼
국 중 가장 늦게 국가 형태를 갖춘 나라이지만, 불교와 화랑도정신을 바
탕으로 결국에는 삼국을 통일한 국가가 되었다. 약 1천 년간 56명의 군주
를 거치며 한국사를 통틀어 가장 오랫동안 존속하여 천년왕국이라는 별

명이 있다. 676년 삼국통일 이후의 신라는 통일신라라고 불린다.

신라는 박·석·김 세 성씨의 왕을 중심으로 나라를 다스렸다. 먼저, 건국 시조 박혁거세(朴赫居世)에 대해 『삼국사기』와 『삼국유사』에 유사한 내용으로 실려 있다. 즉, 기원전 69년 3월 초하루에, 여섯 마을의 촌장들이 각기 자기 자녀들과 함께 알천 언덕에 모여 "우리가 위에 백성을 다스릴 군주가 없어 백성들이 모두 방자하여 자기 하고 싶은 대로 하니, 덕 있는 사람을 찾아 군주로 삼아 나라를 세우고 도읍을 정하는 것이 어떻겠는가?"라고 의논하였다. 그러고는 높은 곳으로 올라가 남쪽을 바라보니 양산 기슭 나정 옆 숲에 백마 한 마리가 무릎을 꿇고 울고 있는 모습을 보고 가서 보니 큰 알이 하나 있었다. 말은 사람을 보고 하늘로 올라가고, 사람들이 그것을 쪼개니 모습과 거동이 단정하고 아름다운 어린아이가 나왔으므로 거두어 길렀다. 여섯 마을의 촌장들이 받들어 높이고 왕으로 세웠는데, 성이 박씨이고 이름은 혁거세이다. 『삼국유사』를 편찬한 일연은 혁거세에 대해 주석하기를, "이 말은 향언이다. 혹은 '불구내'라고 하니, 밝은 빛으로 세상을 다스린다(光明理世)는 뜻이다."라고 적고 있다. 건국 시조가 알을 깨고 나오는 난생신화 속에 광명숭배사상이 담겨 있는데, 혁거세라는 한자식 이름 속에도 광명숭배의 사상이 포함되어 있고, 이두문자인 불구내를 '불그레하다'라는 의미로 볼 수 있어 역시 광명숭배사상이 포함되어 있다.

다음으로 제4대 임금인 석탈해(昔脫解)는 왜국 동북쪽 1천 리 바깥에 있는 용성국의 왕자 출신이라 한다. 계림 동쪽 아진포구에 사는 노파가 까치들이 모여 있는 배를 발견하고 배 안의 궤짝을 열어 보니 단정한 남자아이가 있었다고 한다. 아이가 7일 만에 말하였다.

"우리 부왕 함달파(含達婆)가 적여국왕(積女國王)의 딸을 맞아서 비를 삼았는데, 오래도록 아들이 없으므로 기도하여 아들을 구하여 7년 뒤에 큰 알 하나를 낳았습니다. 이에 대왕이 여러 신하에게 묻되 '사람으로서 알을 낳음은 고금에 없는 일이네 이것이 불길할 징조라' 하고, 궤를 만들어 나를 그 속에 넣고 또 칠보와 노비를 배 안에 가득 실어 바다에 띄우면서 축원하되 '아무 곳이나 인연 있는 곳에 가서 나라를 세우고 집을 이루라'고 하였습니다."

처음 궤짝이 떠내려올 때 까치가 울며 따랐으므로 한자인 까치 작(鵲) 자의 한 편을 떼어 석(昔)으로 성을 삼고, 궤짝 안에서 풀려나왔으니 이름을 탈해(脫解)라 하였다. 아이가 자라 영특하여 왕이 사위로 삼았고, 나중에 왕위에 올랐다는 것이다. 하늘에 기도하여 알을 얻었다고 했으니 난생신화의 일종이며, 그 알에서 나온 새로운 지도자가 배를 타고 왔다고 하였으니 해양신화와 연결되어 있음을 볼 수 있다.

그리고 김알지(金閼智) 역시 신화 형태로 기록되어 전해온다. 탈해왕 때 신하 호공(瓠公)이 밤에 월성 서리라는 곳을 지나다가, 큰 광명이 시림 속에서 나타나고 닭이 우는 소리가 들려 찾아가 보니 금빛 궤짝이 나뭇가지에 걸려 있었다. 그 궤짝을 열어 보니 사내아이가 있었는데 모습이 뛰어나고 아름다웠으며 자라서 총명하고 슬기와 계략이 많아 알지(閼智)라고 이름을 짓고 금빛 궤짝에서 나왔다 하여 성을 김(金)이라 하였다. 왕은 알지를 태자로 책봉하였으나, 후에 파사(婆娑)에게 사양하고 왕위에 나아가지 않았다. 알지는 왕이 되지 못했지만, 그의 7대손 미추에 가서 왕이 되기 시작하여 신라에서 가장 많은 왕을 배출한 가문의 시조가 되었다. 김알지는 다른 탄생신화와 달리 알에서 나오지 않고 궤짝 속에 어린 아이로 있었다고 기록한 것으로 보아 난생신화는 왕이 된 사람에게만 연결하는 것을 알 수 있다.

신라의 건국은 대체로 고구려와 백제보다 늦다는 것이 정설이다. 중국의 3세기 후반에 편찬된 『삼국지』 「동이전」에는 〈부여전〉과 〈고구려전〉은 있으나 '백제전'과 '신라전'은 없다. 그리고 488년경 편찬된 『송서(宋書)』 「이만열전」에는 〈고구려전〉과 〈백제전〉은 있으나 '신라전'은 없다. 554년경에 편찬된 『위서(魏書)』 「열전」에도 〈고구려전〉과 〈백제전〉만 들어 있다. 율령 반포, 역사 편찬, 불교 전래, 군사력 및 영토 등 다양한 분야에서 같은 시기 백제와 신라 두 나라의 수준과 규모를 비교해 보면 백제보다 신라가 늦다는 사실을 알 수 있다. 초보적 국가 단계로 있던 신라가 대체로 3~4세기에 동해안 방면, 북쪽 죽령 방면, 북서쪽 계립령 방면 등으로 영토를 넓히고 세력을 펼쳤다는 데에는 학계 의견이 일치한다.

■ 신라의 발전

1천 년의 신라 역사의 시대구분을, 『삼국사기』는 왕실 계보의 혈통에 따라 상대·중대·하대로 구분하였는데, 상대는 시조 혁거세 거서간부터 제28대 진덕여왕까지 28왕 711년, 중대는 제29대 태종무열왕부터 제36대 혜공왕까지 무열왕 직계 8왕 126년, 하대는 제37대 선덕왕부터 제56대 경순왕까지 20왕 155년이다. 이에 비해 『삼국유사』는 불교를 기준으로 상고·중고·하고로 구분하였는데, 상고는 시조 혁거세부터 제22대 지증마립간까지 22왕 571년, 중고는 불교를 공인하고 받든 제23대 법흥왕부터 제28대 진덕여왕까지 6왕 140년, 하고는 제29대 태종무열왕부터 제56대 경순왕까지 281년이다.

제17대 내물마립간(奈勿麻立干, 재위 356년~402년)은 재위 시 활발한 정복 활동으로 낙동강 동쪽의 진한 지역 대부분을 차지하는 등 지배세력이 강화되어 중앙집권국가로서의 면모를 보이기 시작했다. 364년에 왜의 지방 세력이 군사를 크게 일으켜 쳐들어오자 매복 작전으로 격퇴하기도 했다. 백제의 근초고왕이 백제 중심의 국제질서를 한반도 남부에 정립하려 하고 왜국과 가야가 여기에 적극적으로 참여하자, 신라는 별수 없이 백제의 우위를 인정하고 여기에 참여하였다.

이후 신라는 백제를 견제하기 위해 고구려와 제휴하였는데, 399년 백제는 가야를 부추겨 그들의 영향력 아래 있었던 왜의 소국들을 동원해 신라를 대대적으로 공격하게 하였다. 다급해진 신라는 고구려 광개토왕에게 구원을 요청하였고, 그가 보내 준 5만 명의 군사로 가야와 왜군을 물리칠 수 있었지만, 한동안 신라는 고구려의 속국으로 전락하고 말았다. 신라는 고구려의 간섭을 받는 한편, 더 앞선 고구려의 문화와 고구려를 통한 중국 북조(北朝)의 문화를 도입하며 차차 발전하게 되었다.

제22대 지증왕(智證王, 재위 500년~514년)은 502년에 순장을 금지하고, 농사를 권장하였으며 처음으로 소를 길러 땅을 갈게 하였다. 503년에 나라 이름을 신라로 확정하고 마립간 대신에 국왕이라는 한자식 호칭을 쓰기 시작했다.

시조 박혁거세는 거서간이란 칭호를 쓰고, 제2대 남해왕은 차차웅이란 칭호를 쓰다가, 제3대 유리왕부터 제16대 흘해왕까지 이사금이란 칭호를 사용했는데, 내물왕부터 제22대 지증왕까지는 마립간이란 호칭을 사용했다. 그리고 504년에 상복법을 제정하고, 파리·미실·진덕·골화 등 12성을 쌓는 등 고대국가로서의 기반을 다졌다. 505년에 주·군·현을 정하고 각 주에 군주를 두었으며, 509년에 시전을 관리 감독하는 관청인 동시전을 설치하여 무역과 사인들의 거래를 단속·통제하였다. 512년에는 이사부가 우산국(지금의 울릉도)을 복속시켰고, 514년에 아시촌에 소경(小京)을 설치했는데 이것이 신라 5소경제의 시작이다.

혁거세신화에서는 나라 이름을 서나벌, 알지신화에서는 계림으로 쓰였는데, 옛 문헌에서 신라를 가리키는 이름은 매우 다양했다. 『삼국사기』에는 지증왕 4년(503)에 다음과 같이 신하들의 건의에 따라 나라 이름을 신라로 정했다는 기록이 있다.

> "시조께서 나라를 세운 이래 나라 이름이 정해지지 않아 사라(斯羅)라고 부르기도 하고, 사로(斯盧)라고 부르기도 하고 신라(新羅)라고 부르기도 하는데, 신하들이 생각하기에 신(新)은 '덕업이 날마다 새로워진다.'는 것이고, 라(羅)는 '사방을 망라한다.'는 뜻이므로 그것을 나라 이름으로 삼는 것이 좋겠습니다."

제23대 법흥왕(法興王, 재위 514년~540년)은 517년에 처음으로 병부를 설치하여 군제를 개혁하였고, 520년에 국법을 문서로 성문화한 율령을 반포하고, 관리의 공복 색깔 질서를 정하는 등 지증왕을 이어 드디어 신라의 국가체제를 완성하였다. 그리고 이차돈의 순교를 거쳐 528년에 처음으로 불교를 공인하여 불교정신에 의한 통치를 하여 삼국통일의 사상적 기반을 마련하였다. 왕의 시호가 법흥인 것은 '불법(佛法)'을 일으켰다(興).'라는 뜻을 담은 것이다.

529년에 살생을 금지하는 칙령을 내렸으며, 531년에 상대등 관직을 두어 나라의 일을 총괄하게 했다. 532년에 가락국(금관가야)을 병합하였으며, 536년에 신라 문헌상으로는 처음으로 건원(建元)이라는 연호를 사용하였다. 540년에 왕위에서 물러나 스스로 승려가 되어 이름을 법공(法空)이라 고치고 흥륜사에 머물렀는데, 흥륜사는 신라에서 창건된 첫 사찰이었다고 한다.

■ 삼국통일의 예비

제24대 진흥왕(眞興王, 재위 540년~576년)은 545년 대아찬 거칠부 등에 『국사(國史)』를 편찬케 하였고, 551년에 연호를 개국(開國)으로 바꾸었다. 553년에는 황룡사를 세웠고, 576년에는 원화를 고쳐 화랑을 국가적인 조직으로 육성했다. 활발한 정복 활동을 전개하면서 삼국 간의 항쟁을 주도하기 시작하였다. 548년에 고구려가 독산성을 공격하자 백제의 요청으로 군사 3천 명을 보내 고구려군을 격퇴하였으며, 550년에 백제가 고구려 도살성을 빼앗고 고구려가 백제의 금현성을 빼앗았는데, 두 나라 군사가 피로한 틈을 타서 신라가 두 성을 모두 빼앗아 군사 1천 명을 머물게 하였다.

551년에는 백제-가야-신라 연합군이 한강 유역의 고구려군을 일제히 공격해 격파하였다. 그리하여 한강 하류 지역의 6군은 백제가 차지하고 상류 지역의 10군은 신라가 차지하였는데, 2년 뒤인 553년에 신라가 하류 지역마저 차지하였다. 이에 백제가 반발하여 554년에 백제-가야-왜

연합군으로 신라 관산성을 공격했으나 도리어 성왕을 비롯한 백제 측 군사 29,600명이 몰살하였다.

이로써 신라는 백제에 대한 군사적 우위를 확립하였다. 555년에 북한산을 방문해 순수비를 세운 데 이어, 568년에는 함경남도 함흥지역의 황초령과 그 동북쪽 이원군 운시산의 마운령에 각각 순수비를 세웠다. 562년에는 사다함이 대가야를 복속시켰다. 이처럼 신라는 5세기 중엽~6세기 중엽에 중앙과 지방의 행정체제 정비, 율령 반포, 공복 제정, 불교 공인, 역사서 편찬, 영토 확장 등 국가의 통치 기반을 튼튼히 하였는데, 이는 앞서 고구려에 종속되었던 시기의 체제에서 완전히 벗어나 마침내 강력한 국가권력을 세웠다는 뜻이기도 하다.

제27대 선덕여왕(善德女王, 재위 632년~647년)은 최초로 여자로서 왕위에 올랐다. 혈통에 따라 신분에 제한을 두었던 신라였기에 진평왕이 아들 없이 죽자 성골인 딸이 왕위에 오른 것이다. 즉위하자마자 각지에 관리를 파견하여 홀아비, 홀어미, 고아, 독거노인 등 어려운 처지인 사람들을 돕게 하였다. 또한 동아시아에 현존하는 가장 오래된 천문대인 첨성대를 건립하고, 황룡사에 9층 목탑을 건립하였다. 당나라와의 외교에도 신경을 쓰면서 634년부터 인평(仁平)이란 연호를 사용하였다. 636년에 백제군이 쳐들어와 여근곡에 머물 때 이를 무찔렀고, 638년 고구려가 칠중성을 공격해 오자 알천을 파견해 격퇴했다. 642년 7월에 백제 의자왕이 대군을 이끌고 신라 서쪽 40여 개 성을 함락시키고, 11월에 대야성을 함락시켜 김춘추의 사위 품석을 죽였다. 이에 김춘추를 고구려에 보내 동맹을 요청하였으나, 고구려는 신라가 차지한 죽령 이북 땅을 반환할 것을 선제 조건으로 요구해 협상이 결렬되자 당나라에 구원을 청하기도

하였다. 그 후로도 백제와의 전쟁은 계속되었다. 647년 비담과 염종이 반란을 일으켜 김유신이 격퇴하였으나 와중에 승하하였다.

신라는 고구려, 백제에 비해 국가체제를 가장 늦게 갖춘 나라이다. 영토 확장이나 국력 신장이 고구려나 백제에 비하여 2세기 이상 뒤처져 있었다. 3세기 초까지는 신라 건국 공로 씨족인 6부의 세력이 막강하였고, 왕위도 4세기 중엽까지는 박·석·김 세 성이 교대로 맡음으로써 왕권이 강하지 못하였다. 또한 신라 초기 유적에서는 강철 제품이 출토되지 않은 것으로 보아 생산력도 고구려나 백제에 비하여 낙후되어 있었던 것으로 보인다. 그러했기 때문에 신라는 주변의 가야·백제·왜·고구려 등의 국가들로부터 잦은 침략을 받아야 했다.

399년에 왜의 침략을 받자 고구려에 원병을 요청해 격퇴했는데, 이에 따라 신라는 60여 년간 고구려의 영향력 아래 있었다. 450년 신라가 고구려의 변방 장수를 습격하여 살해함으로써 두 나라의 관계가 악화하고, 대신 신라는 백제와 화친을 맺고 고구려의 남진을 막기 위하여 연합하는 관계가 되었다. 지증왕 때 이르러 왕호를 고치고 각종 제도를 정비하는 등 자주적으로 발전할 수 있는 기틀을 마련하였고, 법흥왕 때 일련의 개혁을 통하여 지배체제의 정비와 함께 불교를 공인하고 포교함으로써 왕권 강화의 사상적 배경으로 삼았다. 그 후 진흥왕이 화랑제도를 개혁하고 발전시켜 신라의 정신적 토대를 굳건히 하고 활발한 정복 활동을 통해 삼국 간 항쟁의 중심 역할로 성장하였다. 이렇듯이 후발 국가 신라가 주변 여러 나라의 침략을 막아내면서 쌓아 온 독특한 역사 경험과 불교·화랑도의 사상적 기반으로 다져진 정신적 축적은 삼국통일의 기반이 되었다.

고구려와 수나라의 전쟁

■ 수문제의 침입

후한 삼국시대 이후 남북조 시대를 거쳐 오랫동안 분열되었던 중국을 통일하여 기세등등해진 수(隋)의 문제(文帝)는 돌궐과 토곡혼은 물론 베트남, 백제, 신라 등 주변국들로부터 왕과 신하의 관계로써 조공을 받는 위치를 차지하게 된다. 하지만 수문제는 만족하지 못했다. 바로 동북아시아 북방의 맹주 고구려가 있었기 때문이었다. 590년 문제는 고구려 정벌을 위해 수륙군 30만 명을 은밀히 준비하는 한편 고구려에 사신과 함께 친서를 보냈다. 그 내용에는 고구려를 수나라의 제후국으로 인정함은 물론 조공을 하라는 것으로서, 만약 조공을 거역할 시에 자신이 군사를 동원하여 황족 중 한 명을 고구려의 왕으로 앉히겠다는 내용이 있었다.

이에 대해 신채호는 지금은 전해지지 않은 『서곽잡록(西郭雜錄)』, 『대동운해(大東韻海)』를 인용하여 다음과 같은 내용을 전하고 있다.

> "수문제의 친서를 받은 당시 고구려의 왕인 영양왕(嬰陽王)은 이 무례한 내용에 대해 신하들과 의논하고 있었는데, 당시 고구려 대장군이었던 강이식(姜以式)은 칼을 뽑으며 말하되 이 오만불손한 글은 글이 아닌 칼로 회답해야 한다며 적을 치자고 주장했다. 이에 영양왕은 기뻐하며 강이식에게 군사를 주어 임유관(臨楡關)으로 향하게 했다."

영양왕은 강이식에게 정예병 5만 명을 거느리고 임유관을 향해 진격하게 하고, 먼저 말갈 병사 1만 명으로써 요서를 침범하게 했으며, 거란병 수천 명으로 산동을 치게 했다. 그러나 이는 정황상 대규모 침공이 아니라 치고 빠지는 형태의 싸움이었을 뿐이며 수문제의 친서에 대한 대답이자, 고구려 귀족들의 단합을 위한 영양왕의 계산된 전략으로 보인다. 고구려는 단합만 하면 그 누구도 꺾을 수 없는 나라이지만, 당시 고구려는 귀족들의 권력 다툼으로 편할 날이 없었다. 귀족들이 소유한 사병은 나라보다는 주인인 귀족의 이익을 앞세웠다. 때로는 사병들끼리 서로 싸울 때도 있었다. 사병들이 귀족들의 세력다툼에 동원되다 보니 정작 외적이 쳐들어왔을 때는 이들의 동원이 쉽지 않았다. 영양왕은 수문제의 친서에 대해 당당하게 요서 공격으로 답하면서 고구려의 국론을 하나로 묶으려고 한 것이다. 이러한 고구려의 도발에 수문제는 무척 진노하였고 598년, 30만 대군을 동원하여 고구려를 치기로 결심한다.

수문제는 다섯째 아들 한왕 양량(楊諒)을 원수로 삼고, 장군 왕세적(王世積)에게 30만 대군을 통솔하게 하고, 그들이 육지와 바다 양면으로 진격하여 요동을 공격하도록 하였다. 하지만 문제는 그 당시가 음력 6월. 이제 슬슬 한여름에 접어들게 되는 시점이었다는 것이다. 수나라 육군은 장마 때문에 군량의 수송에 어려움을 느꼈고, 설상가상으로 전염병까지 발생했다. 또 바다를 통해 양량의 군대에 군량을 대주기 위해 주라후(周羅睺)가 수군을 이끌고 출발했지만, 때마침 태풍이 불어 큰 피해를 입은 끝에 겨우 요수(遼水)에 도착했다. 그러나 수나라의 수군은 이미 기진맥진해 있었다. 이때 강이식은 고구려 수군이 바다로 나가서 적을 맞아 쳐서 주라후의 군량 운반선을 크게 깨뜨렸다.

결국 수나라의 군사들은 양식이 떨어진 데다 장마까지 만나서 기아와 전염병으로 수많은 군사가 죽어가자 음력 9월이 될 무렵 양량과 왕세적은 견디지 못하고 불가피하게 군사를 물릴 수밖에 없었다. 강이식은 물러가는 저들을 유수(渝水)에서 추격하여 수의 전군을 거의 섬멸하고 무수한 군수 물자를 얻어 개선하였다.

중국의 『수서(隋書)』에는 "양량(楊諒)의 군대는 장마 중에 전염병을 만나고, 주라후(周羅候)의 군대는 풍랑을 만나서 수나라 군사들이 퇴각할 때 죽은 자가 열 명 중 아홉 명이나 되었다."라고만 기록하고, 고구려군의 공격으로 큰 피해를 입은 사실은 기록하지 않고 있다. 이에 대해 신채호는 『조선상고사(朝鮮上古史)』에서 중국의 체면을 위하여 치욕을 감추는 중국 전통의 역사 기술법의 한 면이라고 비판한다. 수문제가 출전 장수들을 모두 잡아들인 후 죽이거나 감옥에 가둔 것으로 볼 때 전염병이나 풍랑으로만 전쟁에 크게 실패했다고 볼 수 없기 때문이다. 임유관 전쟁 이후 수문제는 고구려를 두려워하여 다시는 출병을 못 하였다. 고려의 처지에서도 자국의 안정과 평화를 해치지 않는다면 수나라와의 적대 관계를 계속할 이유가 없었기 때문에 휴전 약속을 맺고 상품교역을 재개함으로써 양국은 10여 년 동안 싸우는 일 없이 지냈다.

■ 수양제의 침입

604년, 수문제가 사망하고 양광이 새로운 수나라의 군주로 등극하였는데, 그가 바로 수(隋)의 양제(煬帝)다. 양광이 아버지와 형을 살해하고 황위를 찬탈하는 패륜을 저질렀다는 기록이 『수서』에 있다. 수양제는 황제 등극 후 만리장성을 보수하고 대운하를 다시 건설하였으며, 서방의 토욕혼과 북방의 돌궐을 토벌하고 남쪽으로는 베트남까지 진출하는 등 그 위세를 떨쳤다. 612년 수양제는 고구려를 치기 위해 백성들을 징발하고 수백 척의 선박을 건조하였으며 군수물품을 모아, 전투병만 무려 113만에 보급부대는 배가 되는 전무후무의 대군을 만들어 내었다. (수나라 군대 총 숫자 350만 명은 당시 고구려 전체 남자 인구와 맞먹는 인원이다.) 이때 고구려로 쳐들어온 수나라 군대의 규모는 1차 세계대전이 일어나기 전까지 세계 최대 규모였다. 『삼국사기』 「고구려본기」 영양왕 23년 1월 기사에는 다음과 같이 기록하고 있다.

> "모두 1백 13만 3천 8백 명인데 2백만 명이라 하였으며, 군량을 수송하는 자는 그 배였다. 매일 1군씩을 보내어 서로 거리가 40리가 되게 하고 진영이 연이어 점차 나아가니, 40일 만에야 출발이 완료되었다. 머리와 꼬리가 서로 이어지고 북과 나팔소리가 서로 들리고 깃발이 960리에 걸쳤다."

고구려군의 방어로 인해 2달 만에 요하 도하에 성공한 수양제는 100만 명의 대군으로 요동성을 겹겹이 포위했고 함락은 시간문제라고 판단했지만, 요동성의 병력은 상당히 강한 저항을 했고 전쟁 내내 3개월간 버텨 냈다. 수양제는 장수들에게 "일체 전쟁은 진격하고 정지함을 모두 반드시 아뢰어 회답을 기다릴 것이며 제멋대로 하지 말라."고 명령을 내렸고, 덕분에 수나라 장수들은 급하게 싸워야 할 때 감히 멋대로 나서지 못하고 황제의 명을 받느라 기회를 놓쳐 버렸다. 급기야 요동성이 함락될 수도 있는 급박한 순간에 성내에서 항복하겠다는 의사 표시를 하면 장수들은 감히 싸우지 못하고 항복한다는 요동성의 의견을 황제에게 알렸고, 황제의 말을 듣고 다시 나서려 할 때면 이미 요동성은 다시 수비할 수 있는 여건을 마련해 두고 있었다. 수서의 기록에 따르면, 이런 일을 세 번 연속으로 했다. 6월 무렵이 되어도 여전히 수나라 100만 대군은 요동성 앞에 모여 있기만 할 뿐이었고, 단 한 명의 군사도 넘어가지 못했다.

수양제는 요동 일대의 고구려 요새들의 격렬한 저항으로 본래의 작전에 큰 차질이 생겼음을 알고, 육군은 좌·우익위대장군인 우문술(宇文述)·우중문(于仲文), 수군은 좌익위대장군 내호아(來護兒)를 사령관으로 삼아 별동대를 편성했다. 육군은 9개 군 35만 병력을 차출해 평양 직공을 명령한다. 각지의 방어선을 우회하고 평양 일대에서 수군과 합류해 평양성을 공략하여 일격에 전쟁을 끝내고자 하는 시도였다. 별동대에게는 창과 방패, 의류와 갑옷, 화막(火幕, 개인용 텐트) 등과 함께 100일 치의 식량을 병사 개개인이 짊어지게 함으로써 병사들의 피로가 더하게 된다. 결국 이러한 휴대품의 무게를 견디지 못해 길을 가다가 이를 버리는 병사들이 계속 발생했다.

이때 고구려의 재상인 을지문덕이 수나라 군대와 맞서게 되었다. 을지문덕은 일부러 성 중의 곡식을 감추고 우물을 메워서 수나라 군대의 기갈과 굶주림을 부추겨 사기를 떨어뜨리는 청야 전술(淸野戰術 → 주변에 적이 사용할 만한 모든 군수물자와 식량 등을 없애 적군을 지치게 만드는 전술)을 구사했다. 그리고 영양왕은 을지문덕을 보내 거짓으로 항복하게 하고, 을지문덕은 적중에 들어가 직접 염탐하고 돌아왔다. 을지문덕이 항복 의사를 밝히고 돌아간 후에 전혀 소식을 전해오지 않자 수나라군은 그제야 속은 것을 눈치채고 평양을 향해 진격하기 시작했다. 배고프고 지친 수나라 군대는 정처 없이 을지문덕을 추격하였고, 적군의 지친 기색을 눈치챈 을지문덕은 이들을 피곤하게 만들려고 싸울 때마다 거짓 패하여 달아났다. 하루에 일곱 번을 싸워 일곱 번을 모두 지는 일도 있었다.

문제는 이 지연전술의 효과다. 수나라의 육군이 지연전술로 늦어지자 먼저 평양 인근에 도착한 수군이 조급해진 것이다. 35만의 육군이 도착하지 않자 5만의 전투 병력을 가진 수군이 독자적으로 평양성 공략에 나섰다. 평양성은 외성-중성-내성-북성의 4중 구조인데, 영양왕의 동생인 고건무(高建武, 훗날 영류왕)는 일부러 패하는 척하며 적을 외성 안으로 유인했다. 수나라 수군대장 내호아는 공성전도 치르지 않고 성으로 들어서자 자만심에 찬 나머지 병사들에게 약탈을 허용했고, 당연히 병사들은 이리저리 흩어졌다. 이 타이밍을 노려 절에 매복했던 고구려군이 500기의 결사대로 적진을 휩쓸었다. 중국 측의 표현에 따르면 "그의 효용이 절륜하여 500명의 결사대로 내호아군을 패퇴시켰다."고 한다. 수군의 패퇴는 2차 고구려-수 전쟁의 결정적인 전환점이었다. 우중문, 우문술의 35만 육군은 이제 수군이 가진 보급물자와 병력 보충을 기대할 수 없게 된 것이다.

한편 우중문의 별동대는 평양성까지는 어떻게든 도착했다. 우중문은 곧 적국의 도읍까지 손에 넣게 된다며 기고만장했지만, 막상 평양성 근교에 도착하자 만나기로 했던 수군은 코빼기도 안 비치고 이미 지친 병사들로는 무엇을 할 도리가 없었다. 진퇴양난의 처지에 놓여 있던 우문술에게 을지문덕이 편지를 보내왔는데, 그 유명한 여수장우중문시(與隋將于仲文詩, 수나라 장수 우중문에게 보내는 시)이다.

"신기한 전략은 하늘의 이치를 꿰뚫었고, 기묘한 책략은 땅의 이치를 통달했네. 싸움에 이겨 공이 이미 높으니, 그만 만족하고 돌아간들 어떠리."

결국 7월에 수나라 별동대는 퇴각하며 살수(薩水)에 이르렀는데, 군대가 강을 반쯤 건넜을 무렵 갑자기 고구려 군대가 뒤에서 공격해오자 후위를 맡은 부대가 순식간에 무너지기 시작하면서 수나라 군대는 하루에 450여 리를 달아났다. 35만의 별동대 9군 가운데 살아남은 자는 겨우 2천 7백 명이었고, 수만을 헤아렸던 군수와 무기는 모두 잃어버렸다. 이것이 바로 '살수대첩'이다. 살수대첩의 참변을 접하여 크게 진노한 수양제는 패전하여 돌아온 우문술, 우중문, 내호아 등에 패전의 책임을 물어 이들을 모조리 삭탈관직한 후에 우문술을 쇠사슬로 묶어 죄수 취급을 하며 수나라로 압송하였다.

수양제는 최후의 요행수를 바라고 모든 군사를 요동성 밑으로 집결시켰는데 을지문덕이 이를 갑자기 대파하였다. 수의 24개 군 수백만 명이 전멸당하고 오직 호분랑장(→ 황제 경호부대의 장수) 위문승(衛文昇)이 거느리고 있던 군사 수천 명이 남아 양제를 호위하여 도주하였다. 신채호는 『조선상고사』에서 "『수서』에 살수에서의 우문술의 패전은 기록해 놓고 오열홀(烏列忽, 요동성)에서의 양제의 패전은 기록해 놓지 않은 것은, 이른바 '위존자휘(爲尊者諱, 존귀한 자의 잘못된 일은 숨긴다.)'의 춘추필법에 따른 것이다."라고 말하고 있다.

■ 수의 멸망과 고구려의 노선 전환

수나라는 고구려와의 전쟁에서 대패한 뒤여서 나라의 창고가 텅 비었고, 군자금도 전혀 없었으며, 백성들의 힘도 고갈되었고, 인심은 불만으로 가득하여 반란을 기도하는 자들이 지은 노래 「무향요동랑사가(無向遼東浪死歌, 요동으로 가지 마라, 개죽음당하리라)」가 널리 퍼져 돌았다. 이런 상황임에도 수양제는 백성들의 재물을 강탈하여 군량으로 삼고 장정들을 강제로 징집하여 병사를 삼아 613년 3월, 2차 전쟁 4개월 만에 다시 한번 30만의 대군을 동원하여 고구려 원정을 감행하였으나, 군수품 보급 책임자인 예부상서 양현감(楊玄感)의 반란으로 철군한다. 이때 고구려는 수나라 군대의 후미를 가격하여 수천여 명을 사살하는 전공을 올렸다. 614년 수양제는 여전히 정신을 못 차리고 고구려에 대한 깊은 원한과 집착으로 인하여 수군 대장 내호아가 비사성을 공격하게 하여 함락시켰지만, 양현감의 반란을 계기로 수나라 각지의 세력가들과 농민들이 반기를 들고 일어나 고구려와 화친을 맺고 물러났다.

수나라는 문제, 양제의 2대에 걸쳐 고구려와 싸웠으나 결국 패하였다. 특히 수양제가 고구려와 벌였던 2차 전쟁의 경우에는 피해가 막심하여 엄청난 군량미와 군수 물자가 소진되었으며, 또한 대운하 건설과 대규모 황궁 건설 등의 잦은 토목공사로 인하여 민심을 잃었다. 결국 수나라는 내분에 휩싸이게 되었고, 당국공 이연(李淵, 당고조)이 당을 세움으로써 수왕조는 완전히 멸망하였다.

수나라를 이어 일어난 당나라에서 626년 '현무문의 변란'이 일어났다. 당고조의 차남 이세민(李世民)이 형과 동생을 죽이고, 아버지를 핍박해 스스로 2대 태종(太宗)이 된 궁중 쿠데타가 일어난 것이다. 그 후 당나라는 638년 토번, 서돌궐과의 전쟁에서 승리하고, 639년에는 고창국을 멸망시키는 등 나날이 강성해져 갔다.

고구려 역시 4차례에 걸친 전쟁으로 인하여 국력을 크게 소진하였고 무엇보다 통일된 중국 왕조의 엄청난 국력을 몸소 실감하게 되었다. 고구려는 강대국과 직접 부딪치는 것보다 국내의 안정이 우선이라는 것을 절감한다. 따라서 영양왕이 사망한 후에 그의 뒤를 이어 영류왕(榮留王)이 된 고건무는 그 자신이 평양성에서 수나라 군대를 크게 무찔렀음에도 불구하고, 수나라의 뒤를 이어 중원을 제패한 당나라와 화친을 맺는 등 중국과의 전쟁을 피하기 위한 평화 정책에 힘을 기울였다.

640년 고구려 영류왕은 태자를 당나라에 사신으로 보내며, 평화를 위한 제스처를 취했다. 영류왕은 지난번 수나라의 침공을 물리친 영웅의 한 사람이었지만 강대국과의 전쟁으로 인한 고구려의 피해 또한 심각함을 몸소 체험했다. 주변국의 침략에는 싸울 수밖에 없지만 전쟁 자체가 없도록 하기 위해서는 평화적 교류가 필요하다고 생각했다.

백제의 멸망과 부흥운동

■ 의자왕의 타락

백제 마지막 왕은 제31대 의자왕(義慈王)이다. 의자왕은 왕자 시절에 부모를 효로 섬기고 형제들과 우애가 있어 해동증자(海東曾子)라는 칭송을 받았다. 의롭고 자애롭다는 의미의 '의자(義慈)'라는 칭호 또한 이와 관련이 있으리라 추측된다. 『삼국사기』에는 의자왕을 "용감하고 담대하며 결단력이 있었다."고 기록하고 있고, 중국 낙양의 북망산에서 출토된 의자왕의 아들인 부여융의 묘지석에서도 의자왕을 일컬어 "과단성이 있고 침착하고 사려 깊어서 그 명성이 홀로 높았다."라고 하고 있다.

의자왕은 즉위 초에 왕족·호족과 죄수 석방으로 왕권을 강화한 직후 신라에 대한 대대적인 공격에 나섰다. 『삼국사기』「백제본기」의자왕 2년 (642) 조는 "7월에 의자왕이 친히 군사를 이끌고 신라를 쳐서 미후성 등 40여 성을 함락시켰다."고 기록하고 있다. 이어서 윤충을 보내 신라의 옛 가야 지역에 두었던 최대 거점인 대야성을 함락시켰다. 성이 함락되자 대야성 성주 김품석과 그 아내 고타소는 목숨을 끊었는데, 이들은 김춘추의 사위와 딸이었다. 의자왕은 다음 달 숨 돌릴 사이도 없이 다시 당항성을 공격했다. 당항성은 당성(唐城)이라고도 불리는 데서 알 수 있듯이 신라와 당나라를 연결하는 주요 통로였다. 이에 신라의 선덕여왕은 급히 사신을 당나라에 보내 구원을 요청한다. 그 후로도 의자왕은 신라를 공격하면서 크고 작은 성들을 함락시킨다.

신라가 당나라와 외교 관계를 긴밀히 하자 651년에 백제도 당나라에 사신을 보내며 관계 개선을 시도했지만, 당 고종으로부터 백제가 빼앗은 신라 땅을 돌려주라는 압력을 받고 당과의 교섭을 중단했다. 당과의 관계가 악화하자 누대에 걸쳐 원한 관계였던 고구려와 화친하였으며, 왜와의 관계도 더욱 밀접히 하면서 신라에 대한 공세를 계속했다. 이는 가까운 주변국으로부터 나라가 안정을 찾아야 백성들의 생활이 평화로울 수 있다고 여겼기 때문이다. 655년에는 당태종이 고구려를 치면서 신라로부터 군사를 징발했다는 정보를 입수하자, 고구려·말갈과 연합하여 신라의 북쪽 변경 지대 33성을 빼앗았다. 659년에는 다시 신라의 독산성과 동잠성을 쳐들어가는 등 맹렬하게 신라를 밀어붙였다.

그러나 재위 15년에 대대적인 숙청으로 귀족 세력을 와해시켜 독주체제를 형성한 후 매너리즘에 빠지기 시작하여 음란과 향락에 빠졌다. 태자궁을 화려하게 지은 것을 시작으로 궁인들과 더불어 밤낮으로 사치스러운 잔치를 열었다. 이에 대해 간하는 좌평 성충을 옥에 가둬 버리기까지 하였다. 『삼국사기』에 의하면 "왕이 궁인과 더불어 음란과 향락에 빠져 술 마시기를 그치지 않았다."라고 하고 있고, 『삼국유사』에는 "백제왕이 매번 놀면서 잔치하고 노래와 춤을 추었다."고 기록하고 있다. 그리고 『삼국사기』에는 자신의 "서자 41명을 좌평으로 임명하고 각각 식읍까지 내렸다."고 기록하고 있는데, 낙화암의 전설처럼 실제 삼천 궁녀가 있었는지는 의심스럽지만, 왕비 외에 수많은 여인을 거느렸음은 분명해 보인다.

■ 백제의 멸망

660년 여름, 신라와 당나라 연합군이 백제 공격에 나섰다. 그동안 고구려 공격을 먼저 추진하였던 당나라는 종래 전략을 바꿔 먼저 백제를 공격하고 나선 것이다. 당나라 장군 소정방(蘇定方)이 이끄는 13만 대군과 신라 장군 김유신이 이끄는 5만의 병력이 백제에 대한 공격에 나섰다. 의자왕은 계백이 출전하게 하였다. 비장한 각오로 결사대 5천 명을 이끌고 출정하기 직전 계백은 "한 나라의 사람으로서 당나라와 신라의 대병을 감당하게 되었으니 나라의 존망을 알 수 없도다. 나의 처자가 사로잡혀 노비가 될까 염려되니 살아서 치욕을 당하는 것이 차라리 통쾌하게 죽는 것만 못하다!"라고 하며 자기의 처자를 모두 죽여 버렸다.

계백은 지금의 논산시 부적면 일대를 끼고 있는 황산벌에 이르러 3개의 군영을 설치하였다. 신라군과 싸우기 직전 그는 군사들에게 다음과 같이 맹세하였다. "고구려의 안시성주는 5천의 군사로 당나라 군사 70만을 깨뜨렸는데, 우리 5천의 군사들이 한 사람당 10명을 당해낸다면 신라의 5만 명을 어찌 겁내겠는가?" 그러고는 적을 맞아 싸우니 신라군이 네 번 쳐들어왔다가 네 번 패하여 사상자가 1만여 명이나 되었다. 『삼국사기』에는 "드디어 악전고투하여 한 사람이 천 사람을 당하지 못하는 자가 없었으므로, 신라 군대가 그만 퇴각하였다."고 기록하고 있다.

이에 신라 장군 김품일은 20배나 되는 군사로서 백제를 이기지 못함을 부끄러워하며 아들 관창을 불러 말했다. "신하가 되어서는 충성을 다해야 하고, 자식이 되어서는 효도를 다 해야 하는데, 위기를 당하여 목숨을 바쳐야 충성과 효도를 다 했다고 할 것이다."고 하니, 관창이 말에 올라 창을 비껴들고 백제군 진영에 홀로 뛰어들어 여러 명을 죽인 후 사로잡혔다. 계백이 소년이면서 용감한 관창을 죽이지 않고 살려 보냈으나, 관창은 다시 백제군 진영에 뛰어들었다가 사로잡힌 후 머리가 베어 말안장에 실려 신라 군영으로 돌아갔다. 이 장면을 신라군이 보고는 모두 격분하여 마음을 가다듬고 북을 치고 고함을 지르며 쳐들어오니 백제 군대가 크게 패하고 계백도 전사했다고 전하고 있다.

결국 백제는 황산벌 전투에서 신라군의 공격을 끝내 막아 내지 못하였고, 당나라군은 백강 하구에 상륙한 후 신라군과 합세하여 사비성으로 진군하였다. 의자왕은 태자 효와 함께 웅진성으로 피하고, 둘째 왕자 태가 사비성을 굳게 지켰으나 결국 항복하면서 사비성은 함락되었다. 의자왕과 태자 효를 비롯하여 여러 성도 모두 항복하였고, 두 달 후 의자왕을 비롯하여 왕자와 귀족 및 백성 만여 명이 함께 당나라로 압송되었다.

■ 실패로 끝난 백제 부흥운동

사비성을 점령한 나당 연합군은 횡포와 약탈을 자행하였다. 점령군의 이러한 횡포는 백제 유민들을 크게 자극하여, 곧바로 각 지역에서 부흥운동이 일어났다. 31세 청년 장군인 흑치상지는 무왕의 조카이며 의자왕의 사촌인 복신과 함께 신라와 당나라군을 거세게 몰아붙여 위세를 떨쳤다. 소정방이 당나라 주력군을 이끌고 귀국해버리자, 사비성에는 유인원(劉仁願)이 이끄는 당군 1만 명과 김인태(金仁泰)가 지휘하는 신라군 7천 명이 주둔하였을 따름이다. 이에 백제 부흥군의 공격이 한층 거세어져 사비도성은 여러 차례 함락의 기로에 처하기도 하였다.

그 밖의 지역에서도 많은 부흥군이 일어났다. 부여 자진은 중부 구마노리성, 즉 웅진성을 근거로 하여 궐기하였고, 승려인 도침은 주류성에서 일어났다. 이 같은 부흥운동은 초기에는 구심도 없이 산발적으로 일어났으나, 가장 정비가 잘되고 많은 병력을 장악하고 있던 복신과 도침을 중심으로 점차 통합되어갔다. 특히 복신은 백제 유민들로부터 열렬한 환영과 존경을 받았다. 복신은 백제 지역 가운데 지리적으로 신라군의 침공을 비교적 많이 받지 않은 관계로 세력이 온존하였던 서방과 북방 지역 주민들의 호응을 얻었다.

그런데 신라 무열왕이 태자 김법민(문무왕)과 함께 몸소 군대를 이끌고 이례성을 공격하여 아흐레 만에 함락시키자, 주변의 20여 개 성이 두려워 항복하고 말았다. 이에 따라 후미가 차단된 부흥군은 신라군의 거센 공격을 감당하지 못하고 퇴각하였다. 전열을 정비한 부흥군은 당군이 주둔하고 있던 사비도성을 다시 집요하게 공격하였다. 함락의 기로에 선 사비도성을 구원하기 위해 당나라 본국에서는 유인궤(劉仁軌)를 파견하였다. 도침이 사비도성을 포위하고, 복신은 금강으로 들어오는 유인궤를 막아 싸웠으나 역부족으로 퇴각하여 다시 임존성으로 들어갔다.

임존성에서 전열을 가다듬은 부흥군의 군세는 매우 강성하였고 위협적이어서 당군 1천 명이 부흥군을 공격하다가 대패하여 단 한 사람도 살아 돌아가지 못할 정도였다. 또 부흥군은 두량윤성 남쪽에서 진영을 마련할 곳을 살피던 신라군을 급습하여 궤멸시켰고, 주류성을 공격해오는 신라군을 습격하여 패퇴시켰다. 그 결과 남방의 여러 성이 일시에 복신 편에 귀속하였다. 나아가 부흥군은 신라군을 경상남도 거창 동북쪽의 가소천까지 밀어붙였다. 이 무렵 부흥군은 200여 개 성을 회복하였다고 할 정도로 그 기세가 하늘을 찔렀고, 당군이 주둔하고 있는 웅진도독부성에 대한 진격을 늦추지 않았다.

그런데 661년 후반부터 부흥운동은 신라군의 거센 공격을 받아 현저하게 쇠퇴하였다. 661년 9월에 부흥군이 점령하고 있던 전략적 요충지인 웅산성은 문무왕과 김유신이 이끄는 신라군 주력부대의 공격을 받아 불과 이틀 만에 수천 명의 희생자를 내고 함락되었다. 곧이어 신라군이 우술성을 공격하자 1천여 명의 희생자를 내고 성을 빼앗겼다. 이후 신라 측에서 승기를 잡으며 부흥운동은 완전히 수세로 몰리게 되었다.

이러한 와중에 복신은 왜에 있던 의자왕의 왕자 부여풍을 맞아들인다. 부흥운동을 성공적으로 전개하기 위해서는 무엇보다 구심점 역할을 할 수 있는 국왕의 옹립이 필요했다. 부흥운동에 희망을 건 풍은 662년 국가 재건의 부푼 꿈을 안고 왜국의 원군과 함께 30여 년 만에 조국 땅으로 돌아왔다. 얼마 후 부흥군의 중심 거점을 방어에 유리한 주류성에서 토지가 비옥한 피성으로 옮겼다. 복신은 김유신의 동생 김흠순이 이끄는 신라군을 고사 혹은 고사비성으로 기록된 전라북도 고부에서 요격하여 격퇴하였다. 이에 기세가 오른 복신은 부흥군의 주도권 장악 과정에서 도침을 당나라와 밀통한 혐의로 살해하고 그 예하 병력까지 흡수하였다.

663년에 접어들자 신라군이 지금의 경상남도 서부 방면으로 대규모 공세를 시도하자 부흥군은 다시 주류성으로 돌아오게 되었고, 부흥운동이 크게 위축되면서 내홍의 싹이 트기 시작했다. 『삼국사기』에는 "이때 복신이 이미 권력을 홀로 차지하여 부여풍과 더불어 서로 질투하고 시기하였다."고 기록하고 있다. 풍왕은 복신의 전횡을 매우 못마땅하게 여겨 제거하고 싶었지만, 부흥군의 주도권을 잡고 있어 함부로 대할 수가 없었다. 이러한 풍왕의 의도를 눈치챈 복신은 풍왕을 살해할 계획을 몰래 세워 병을 칭하고 누워서 풍왕이 문병 오기를 기다렸다. 풍왕 또한 이 같은 눈치를 채고는 몸소 심복들을 거느리고 문병한다는 구실로 침소로 들어가 복신을 덮쳐서 결박 지었다. 결국 부흥운동을 주도해 왔던 복신은 그가 옹립한 풍왕에 의해 목 베임을 당하였다.

부흥군 지도부의 내분 속에서 당나라 군대의 공격은 면밀하게 준비되고 있었다. 당군은 손인사(孫仁師)가 이끌고 온 군대와 유인원의 군대가 합세하니 군세가 매우 강해졌다. 손인사와 유인원이 이끄는 당군과 문무왕이 거느린 신라군은 육로로 주류성을 향해 진격했다. 반면 유인궤와 부여융이 인솔한 당군은 백강으로 진격한 후 육군과 합세하였다. 이러한 낌새를 포착한 풍왕은 왜에 급히 군사적 지원을 요청하였고, 왜는 선단 1천 척을 지원하여 백강 어귀에서 풍왕과 함께 나당 연합군을 요격할 준비를 하고 있었다. 여기서 부흥군은 신라와 당의 군대를 맞아 싸웠는데, 날쌘 신라 기병들이 당군의 선봉이 되어 사면에서 집요한 공격을 가하자 감당하지 못하고 네 번 싸워 모두 패하였다. 이와 동시에 백강 어귀에서는 풍왕과 왜의 선단이 당나라 수군과 대해전을 벌였는데 크게 패하여 4백여 척의 선박이 불타고 말았다. 이 전투에서 왕자인 부여충승과 부여충지는 항복하고 풍왕은 고구려로 도망하였다. 결국 풍왕이 없는 주류성은 함락되었고, 3년간을 끌었던 부흥운동이 막을 내리면서 부흥군의 잔여세력은 왜국으로 망명길에 올랐다.

■ 백제 멸망의 교훈

백제 멸망의 가장 큰 원인은 의자왕의 실정을 들 수 있겠지만 모든 원인을 군주 한 사람의 탓으로 돌릴 수는 없다. 백제의 역사가 제대로 남아 있지 않은 것은 삼국 중 상대적으로 일찍 멸망하였기 때문이겠지만, 많지 않은 유물을 통해 백제문화의 우수성을 짐작할 수 있는 것이다. 이러한 문화를 바탕으로 기원전 18년부터 660년까지 약 700년간 이어 왔던 나라가 어떻게 멸망했을까?

백제 멸망의 첫 번째 원인으로 오랫동안 계속된 신라와의 전쟁을 들 수 있다. 전쟁은 국가 재정에 엄청난 부담을 준다. 의자왕의 빈번한 전쟁은 국력의 소모가 컸고, 필연적으로 귀족층과 백성들의 많은 반발을 불러왔다. 이에 조바심을 느낀 의자왕은 계속해서 전쟁을 일으켰고, 그 후 공포

정치와 향락의 결과 귀족층을 비롯한 내부 반발이 가속화되었다. 두 번째로 들 수 있는 원인으로 지배층의 분열과 권력 암투로 볼 수 있다. 백제 역사를 돌이켜 보면 외척 세력 등 귀족 세력들이 권력을 장악하여 전횡을 일삼았고, 그들끼리 피비린내 나는 정쟁을 치른 일이 다반사였다. 이에 따라 수많은 왕이 암살당했고, 외척 세력에 눌려 왕권을 제대로 행사하지 못한 허수아비 왕들도 많았다. 세 번째로 들 수 있는 원인은 그동안 고구려와 신라와의 전쟁에 비교할 수 없는 큰 규모의 나당 연합군을 막기에는 불가항력이었다고 볼 수 있다.

백제는 자국의 안정과 평화를 위해 때로는 고구려와 손을 잡았고, 때로는 당나라에도 손을 내밀었으며, 왜와는 지속적으로 교류를 해 왔다. 그러나 신라가 당나라와 연합하여 침략해 왔을 때 고구려는 자국의 사정으로 백제를 도울 형편이 못 되었고, 왜의 협력을 받았지만 역부족이었다. 삼국 중 가장 다방면으로 대외관계를 활용해 왔던 백제이지만 멸망 당시의 상황은 결코 백제에 유리하게 작용하지 않았다.

고-당 전쟁과 고구려의 멸망

■ 당 태종의 침입

642년 소극적인 대외정책을 추구하던 영류왕을 몰아내고 연개소문이 보장왕을 옹립한 사건이 벌어졌다. 권력을 잡은 고구려의 연개소문은 당나라에 대해 강경한 자세를 취했다.

이때 신라는 백제와의 경쟁이 버거워 고구려에게 도움을 요청했다가 거절당하자 당나라에 사신을 보내 도움을 요청했다. 당 태종은 태자 교체의 후유증으로 인해 통치력이 감소해 있었던 차에 이를 기회로 삼아, 당나라에 강경한 고구려에 신라를 공격하지 말 것을 요구하면서 644년 2월 고구려와의 전쟁을 선언했다.

645년 4월 1일 당나라 요동도행군은 요하를 건넜다. 당나라의 고구려 침입은 수나라의 침입에 비해 규모는 작아졌으나 침착하고 유연하게 고구려를 공략하였다. 견고한 고구려의 성을 공략할 신무기도 철저하게 준비했다. 현토성, 개모성을 함락시킨 당나라군은 5월 17일에는 수나라가 함락시키지 못했던 요동성을 함락시켰다. 이어 6월 1일에는 백암성도 함락시켰다. 하지만 당나라군은 백암성을 점령한 후, 더 이상 진격하지 못하고 다시 군량이 있는 요동성으로 돌아갔다. 고구려의 성들은 각각 독립된 듯이 보이지만 하나의 네트워크를 형성하여 한 성이 함락되더라도 주변의 성에서 협력하면 적이 쉽게 진격하기 어려웠다.

결국 당나라군은 진격로를 남쪽으로 돌려 6월 20일 요동성에서 안시성 방면으로 군대를 이동시켰다. 당시 당군의 규모는 행군총관의 숫자가 40명 이상이 등장한 것으로 볼 때, 40만~50만에 이르는 대군이었다. 연개소문은 안시성을 구원하기 위해 북부욕살 고연수와 남부 욕실 고혜진에게 고구려군과 말갈군을 합쳐 15만의 대군을 보냈다. 당군과 정면 대결하기보다는 안시성과 연결해 당군의 보급로를 차단하며 시일을 끌면서 장기전으로 가는 것이 유리했다. 그런데 당 태종은 먼저 고연수를 교란하는 것이 효과적이라 생각하고 친서를 보냈다. "나는 그대 나라의 연개소문이 왕을 시해한 죄를 물으려 하는 것이지 교전이 목적이 아니다." 친서를 받은 고연수는 태종이 자신을 두려워하여 철군할 명분을 찾는 것으로 보고 약간 방심했다. 이 틈에 당 태종은 기습전을 전개하여 대승을 거두고 고연수와 고혜진은 남은 병력을 거느리고 항복하였다.

그 후 당나라군은 안시성 공략에 매달렸다. 하지만 안시성 공격은 요동성, 백암성과 달랐다. 산성이기 때문에, 포차가 다가가 공격하기가 어려웠고, 고구려군의 공격에 당나라 포차의 숫자가 줄어들기도 했다. 3개월이 지나도록 성벽을 무너뜨릴 수가 없게 되자, 당군은 50만 명을 동원하여 60일간 토산을 성벽 높이만큼 쌓아 성을 공격하려고 하였다. 그런데 토산을 거의 다 쌓았을 때 갑자기 비가 내려 무너지자, 고구려군은 기다렸다는 듯이 즉시 토산을 점령해 버렸다. 이제 당나라군은 안시성과 토산 둘을 한꺼번에 공략해야 했다.

어느덧 9월이 되어 찬 바람이 불기 시작했고, 요동성을 함락시키지 못한 데다, 연개소문의 주력부대에 의해 무려 3개월이나 당나라 대군은 주필산 일대에서 포위된 상태였다. 9월 18일 당 태종은 더 이상 고구려의 막강한 방어망을 뚫을 수 없음을 인식하고, 비통한 마음으로 철군을 명했다. 이틀 후, 요동성에 도착해 남은 10만 석의 식량을 먹고, 다음 날 요하를 건넜다. 처음 요하를 건널 때는 도하 장비를 갖추고 있었지만, 퇴각 시에는 그마저도 없었다. 편하게 요하를 건너기 위해서는 더 상류로 올라가야 했지만, 고구려군이 당군의 퇴각로를 막고 있었다. 당군은 요하를 건너기 시작했지만, 10월 11일 영주에 도착할 때까지 20일 동안 요하 하류의 거대한 늪지대인 요택에서 생사의 갈림길에 서야 했다. 추격해 온 고구려군의 공세를 막으며, 늪을 건너느라 살아 있는 말의 10분의 9가 죽었고, 엄청난 수의 군사들이 죽었으며, 당 태종도 병을 얻었다. 몇몇 성을 함락시켰지만, 당나라로서는 아무 성과를 얻지 못한 참패였다.

■ 당 고종의 침입

당 태종의 뒤를 이은 당 고종(高宗)은 661년 8월 소정방(蘇定方)과 계필하력(契苾何力)을 앞세워 6개 행군 35군으로 약 30만~44만 정도의 대군을 동원해 고구려를 재차 공격하게 했다. 과거 여러 번 요동 지역 전투에서 실패했던 경험을 바탕으로 이번엔 수군을 주력부대로 하여 압록강 하구와 대동강 하구로 상륙해 평양성을 순식간에 함락시킨다는 작전이었다. 당시 고구려는 백제가 나당 연합군에 의해 멸망한 직후라 외교적으로 완전히 고립된 상태였다. 당군은 고구려군이 요동 지역 방어로 분산된 틈을 노리고 곧장 바다를 건너 고구려 수도인 장안성을 향해 진격했다. 소정방(蘇定方)이 이끄는 평양도행군은 특히 당군의 선봉 부대 임무를 맡아서 대동강 하구로 추정되는 위도에서 고구려 해군을 격파하고, 이어서 패강에서 고구려군과 전투를 해 승리를 거두고 무사히 상륙해 평양 일대의 마읍산을 점령하는 데 성공하여 장안성을 포위하기에 이르렀다. 반면 고구려군은 여전히 요동에 대군이 주둔하고 있었기 때문에 해로를 통해 공격해 온 당군을 막아내는 데 병력 면에서 크게 부족했다.

이때 연개소문은 평양 지역에서 당군을 막아내는 임무는 자신이 맡고, 장남인 남생에게는 압록강을 건너오는 요동도행군을 막는 임무를 주었다. 남생이 정예병 수만으로 압록강을 지키어 당군이 강을 건너지 못하게 막았다. 그런데 마침 계필하력이 이곳에 당도하자 얼음이 크게 얼어붙었다. 계필하력이 군사를 거느리고 얼음을 타고 강을 건너 북과 소리를 치며 공격해오자 고구려군이 크게 패하고 남생은 간신히 자기 몸만 피하여 달아났다. 대동강 역시 당의 주력군에게 뚫리면서 장안성을 포위하게 된다. 그러나 장안성은 수 개월간 당나라군에게 포위당했지만 쉽게 함락되지 않았다.

그러던 중 661년 10월 서북 지역에서 돌궐계 철륵(鐵勒)이 반란을 일으키자 당나라 조정은 당황한다. 이를 막으려던 당의 철륵도 행군이 전멸당하자 돌궐 출신인 계필하력을 소환하여 막게 한다. 이에 따라 해상을 통해 대거 고구려로 침입했던 당군은 후방이 차단되면서 식량 보급마저 어렵게 되자 신라로부터 식량을 지원받은 후 황급히 퇴각한다. 662년 2월 연개소문은 직접 군사를 이끌고 퇴각하는 당나라군을 괴멸시키는 큰 승리를 거두었다.

■ **연개소문의 사망과 고구려 국력의 쇠퇴**

665년 5월 강력한 카리스마로 고구려 사람들을 일치단결하여 적과 싸우도록 만들었던 연개소문이 사망하였다. 남생은 연개소문의 장례가 끝난 후 대막리지에 오르면서 명실상부한 최고 권력자임을 과시하고, 또 그간 소홀했던 지방의 지지기반을 강화하기 위해 직접 전국을 순회하기 시작했다. 이때 남생은 자신이 수도를 비운 사이에 국정의 운영을 당시 2인자라고 할 수 있는 남건과 남생에게 맡겼다. 이 일은 그간 잠복했던 형제들 간의 갈등에 불을 댕겼다. 주변 인물들이 남생과 남건·남산을 서로 제거하려 한다고 이간질했다. 처음 삼 형제는 이들의 말을 믿지 않다가 마침내 서로를 의심하게 되었다. 먼저 남생은 첩자를 보내 남건과 남산 형제를 살피게 했는데, 남건이 남생의 첩자를 잡아 버리고 말았다. 이 일로 형제간의 불신은 급격히 커졌다. 그러나 남건은 왕의 명령이라고 거짓으로 꾸며서 남생을 장안성(평양성)으로 불렀다. 남생은 동생들이 자신을 죽일 것이라고 두려워 장안성으로 돌아가지 않자, 남건은 남생의 아들이자 자기 조카인 헌충을 죽이고 말았다. 이에 남생은 결전을 다짐하고 국내성으로 가서 그곳을 장악했다. 다시 그는 오골성을 점령하고 그곳에 머물면서 남건 형제와 전투를 했다. 그러나 상황이 불리해지자 남생은 서북쪽으로 퇴각해 요하 주변에 있는 현도성을 장악하고 이곳에서 방어에 치중하면서 당에 도움을 요청했다. 이때 남생은 당에게 파격적인 제안을 한 것으로 보인다. 그러자 당은 남생에게 '평양도행군대총관 겸사지절안무대사'라는 벼슬을 주었는데, 이는 고구려를 공격하는 총대장이자 당나라의 명을 받아서 고구려 지역의 민심을 다스리는 직책을 말한다. 장기간에 걸친 내란이 국내성, 오골성, 현도성에 이르는 광범위한 지역에서 벌어졌고, 남생이 투항하면서 여러 성이 당나라에 넘어간 것은 고구려 국력이 극도로 쇠약하게 되는 결정적 계기가 되었다.

남생과의 전쟁에서 승리한 남건과 남산 형제는 형을 대신해서 권력을 잡고 세습 정권을 이어 갔다. 하지만 남건 형제의 권력이 취약했다고 보는 것은 남생이 국내성 지역을 기반으로 그들과 싸웠고, 싸움에 패하자 국내성 지역의 백성들이 당에 투항했다는 점으로 알 수 있다. 국내성 지역은 오랫동안 고구려의 수도로서 전통 귀족의 본거지였다. 그런데 5세기 이후 평양으로 수도가 옮겨 가면서 국내성은 소외되기 시작했다. 이러한 과정에서 전통 귀족 중심의 국내성 귀족 세력과 새롭게 성장한 신흥 평양 귀족들과 대립하는 모습을 보인 것이다. 남생과 남건 형제의 대립은 단순히 형제간의 갈등을 넘어 고구려 내부의 중요 세력 간의 권력 다툼이라고 볼 수 있다. 어떻든 남생을 중심으로 한 국내성 세력의 이탈은 곧 고구려 국력의 약화, 정권의 약체화를 불러왔다.

■ 고구려의 멸망

666년 4월 신라 문무왕은 이미 백제를 평정했으므로 다시 고구려를 멸망시키려고 당나라에 군대 동원을 요구하는 사신을 보낸다. 당나라는 신라의 제안을 받고, 다시 남생의 망명 제안을 받자 666년 6월 계필하력과 군사들을 보내 남생을 구하는 한편 고구려 공격을 시작했다. 당의 주력군이 공략에 열중한 고구려성은 신성이었다. 신성은 1차 고-당 전쟁에서 당군에게 패배를 안긴 곳이었다. 당군을 성 가까이 토산을 쌓고 신성을 공격했지만 쉽게 함락하지 못했다. 그런데, 신성 안에는 사부구란 자가 있어 시세가 불리하다고 판단해 몇몇 사람들과 함께 성주를 결박하고 문을 열어 당나라에 항복했다. 그러자 주변의 16개 성이 모두 함락되었다. 남건은 신성을 회복하기 위해 대군을 파견했지만 크게 패해 5만 명이나 죽임을 당했다.

고구려는 비록 당군에게 신성 등을 빼앗겼지만 요동성, 안시성 등 요동의 주요한 성들이 끝까지 버티고 있었다. 당나라는 기존에 투입된 병력만으로는 고구려를 굴복시킬 수 없다고 판단하고 추가로 병력을 파견했다. 668년 2월에 당나라는 총사령관, 이세적, 선봉장 설인귀 등을 내세워 고구려 요동 방어망의 배후 기지였던 부여성을 집중적으로 공격하였다. 갑작스러운 공격을 받은 부여성의 고구려군은 견디지 못하고 1만여 명이 죽는 참패를 당하며 성을 내주고 말았다. 이에 부여성 부근의 40여 성도 모두 당나라에 항복하고 말았다. 남건은 부여성을 다시 찾기 위해 4만의 군대를 보냈지만 이세적의 당군과 설가수에서 싸워 3만이 죽는 큰 패배를 당했다.

당군은 신성과 부여성, 현도성 등을 점령해 고구려의 수도 장안성으로 들어가는 길목을 완전히 장악했다. 668년 8월 이후 평양성은 당군에게 완전히 포위되었다. 당시 당군의 규모는 모두 100만 명에 육박했다. 그리고 이번에는 신라군도 참전해 당군과 합류하고 있었다. 신라는 668년 6월 고구려 공격 부대 편성을 마치고 7월에 고구려군과 사천원에서 첫 싸움을 하고, 평양성 포위 작전에 가담했다. 『삼국사기』「김인문열전」에는 당시 신라군을 20만이라고 했다. 백제를 멸망시킬 때 신라가 5만을 동원했던 것에 비해 엄청난 병력이다. 한 달 이상 포위가 지속되자 고구려도 더 이상 버틸 수가 없었다. 668년 9월 21일 마침내 보장왕은 남산을 보내 98명의 수령과 함께 백기를 들고 이세적에게 항복을 청했다.

■ 고구려 멸망의 교훈

보장왕이 당나라에 항복했지만 고구려를 지키려는 움직임은 필사적으로 이어졌다. 남건은 항복하지 않았다. 남건은 오히려 성문을 닫고 굳게 장안성을 지켰다. 이때 남생은 은밀히 계략을 꾸며 남건에게 군사 지휘권을 위임받은 승려 출신 신성 등과 내통하는 데 성공했고, 신성이 당나라와 내통해 성문을 열어주는 바람에 9월 26일 마침내 장안성은 함락되고 말았다. 남건은 자살을 시도했으나 실패하고 보장왕과 함께 당에 끌려가고 말았다. 그러나 검모잠, 안승, 고연무 등 고구려 부흥군과 요동성, 안시성 등 당나라에 항복하지 않은 성들에서는 여전히 당나라와 전투를

별렀다. 668년 이후 673년까지 계속 고구려 유민들은 당나라와 싸웠다.

670년에 검모잠과 안승의 부흥군이 당군에게 패배하고, 671년에는 안시성이 함락되는 등 고구려 부흥은 거듭 좌절을 맛봐야 했고, 672년과 673년에 고구려 유민들은 신라와 연합해 당군에게 대항했지만 이마저도 패배하고 말았다. 이에 667년 당나라는 보장왕을 옛 고구려 땅에 보내 유민들을 달래게 했지만, 보장왕이 오히려 말갈 등을 이끌고 고구려 부흥을 준비하다가 당나라에 발각되어 끌려가면서 고구려 부흥운동은 종말을 고하고 말았다. 중국의 『자치통감』은 이때 이르러서야 고구려가 멸망했다고 기록하고 있다.

고구려는 수나라의 4차례에 걸친 공격을 거뜬히 막아내고, 이어지는 당나라의 2차례 공격도 막아냈다. 고구려가 승리할 수 있었던 원인은 고구려인의 자부심과 단결력이 주원인이었다. 그러나 당나라와의 3차 전쟁 때는 연이은 전쟁으로 국력이 크게 약화되어 있었다. 대외 환경 또한 백제가 무너지고 신라가 당과 손을 잡아 고구려는 고립무원의 상태였다. 그러한 와중에 고구려를 집권하던 연씨 가문의 분열은 고구려 멸망을 앞당기는 원인이 되었다.

물론 고구려 멸망의 가장 직접적인 원인은 연이은 전쟁으로 인한 국력 약화와 남생·남건 형제의 내분으로 나타난 고구려 귀족 사회의 내부 갈등이다. 한편으로는 고구려가 5~6세기 같은 위상을 지속시키기 위해서는 더 적극적인 정책으로 동아시아에서 세력 균형이 이루어질 수 있도록 만들었어야 했다는 아쉬움이 있다. 훗날 만주와 중국 북방 지역에서 시작했던 여진과 몽골이 중원을 제패했지만, 고구려는 국력이 강성했을 때도 중원을 정복하고 지배할 생각은 하지 않았다. 당시 상황으론 이미 광활한 영토를 차지하고 있던 고구려가 초거대 국가를 이룬다는 것은 무리라고 여겨졌겠지만, 무엇보다 자국의 안정과 평화를 가장 먼저 추구한 오랜 전통이 있었기 때문이다. 주변국과의 전쟁도 자국의 안정과 평화를 위한 것이었지 주변국을 정복하고 지배하려는 목적은 처음부터 없었다.

신라의 삼국통일과 발해의 건국

■ 신라 신흥세력의 집권

고구려, 백제, 신라 삼국 중 가장 건국이 늦은 신라는 진흥왕 이후 고구려·백제와의 삼국 간 항쟁을 주도하기 시작했고, 고구려가 당나라의 침략을 막아내던 기간에는 진골 왕족인 김춘추가 가야계 세력인 김유신과 제휴하여 권력을 장악한 후에 집권체제를 강화하였다. 진평왕이 죽자 여자이지만 성골이란 이유로 덕만 공주가 최초의 여왕으로 즉위하여 김춘추와 김유신 등 신흥 세력의 보필을 받아 국정을 안정되게 이끌어 나갔다. 선덕여왕 13년(644)에 김유신은 대장군이 되어 가혜성, 성열성, 동화성 등 백제가 점령한 7개 성을 되찾아왔다. 백제 의자왕 즉위 후 일방적으로 수세에 몰리던 신라가 드디어 김유신이라는 신장(神將)을 앞세워 본격적인 반격에 나선 것이다.

그러자 백제는 즉시 매리포성을 공격하며 응수했다. 이에 백제군과 맞선 김유신은 그들의 머리 2천 급을 베면서 요격해 쫓아낸다. 이러한 가운데 선덕여왕 재위 마지막 해인 647년 여왕이 병에 걸려 눕게 되자, 뒤를 이어 승만 공주가 왕위에 오르려 하자 비담과 염종이 "여자 군주는 나라를 잘 다스릴 수 없다."라는 기치를 내걸고 반란을 일으켰다. 반란 와중에 선덕여왕은 사망하고 진덕여왕이 즉위한 지 9일 만에 김유신의 뛰어난 전술로 이들의 반란을 진압한다. 이에 따라 서라벌 구세력은 몰락하고 김유신으로 대표되는 신세력이 장악하게 된다.

비담의 난을 진압한 그해 10월 백제군이 갑자기 침공해 무산, 감물, 동잠 등 세 성을 포위했다. 이에 진덕여왕은 김유신에게 보병과 기병 1만 명을 주어 출전을 명령했다. 김유신은 밤낮을 가리지 않고 가능한 모든 전술을 다 동원해 보았으나 백제군을 공략하지 못하고 오히려 전세는 점점 불리해지고 있었다. 김유신은 무사 비령자를 불러 술을 한 잔 따라주며 말했다. "겨울이 온 후에야 소나무와 잣나무의 절개를 아는 법이다. 그대도 알다시피 오늘의 사태가 위급하게 되었다. 그대가 아니면 누가 용감히 나가 싸워 남다른 일을 이룩함으로써 여러 군사의 마음을 격려하겠는가?" 김유신의 뜻을 알아차린 비령자는 조금도 망설임 없이 창을 비껴들고 백제 군중을 향해 말을 달려 여러 명의 목을 베고는 전사한다. 그 모습을 본 아들 거진은 "아버지가 죽는 것을 보고 구차스럽게 사는 것을 어찌 효도라 할 수 있겠는가?"라고 하며 역시 백제 군중으로 뛰어들어 싸우다 전사한다. 그때 종인 합절이 "주인이 무너졌는데 내가 살아 무엇 하겠는가?" 하고 백제 군중을 향해 돌진해 싸우다가 죽었다. 아버지와 아들과 종이 연달아 싸우다 죽는 것을 본 신라군의 눈에 핏발이 섰다. 신라군은 합절처럼 울부짖으며 백제 군중을 향해 달려들자 삽시간에 전세가 역전되면서 백제군을 물리쳤다. 진덕여왕 2년(648) 백제의 의자왕은 다시 장군 의직을 보내 요차성을 공격해 함락시켰다. 요차성이 함락되자 진덕여왕은 다시 김유신을 보내 격파시켰다.

이처럼 백제로부터 계속되는 공격을 받자 위기를 타개하기 위해 김춘추는 당나라에 도움을 요청하러 떠난다. 백제군은 틈만 나면 신라를 공격했고, 그때마다 김유신이 근근이 막아내고 있었으나 이 위기를 타개하기 위해서는 당나라의 도움이 필요했다. 또한 김춘추에게는 사랑하는 딸 고타소랑을 죽게 만든 백제에 대한 사적 원한이 사무쳐 있었다. 서기 648년 김춘추와 당태종 이세민은 드디어 얼굴을 마주하게 된다. 이 자리에서 신라와 당나라 사이에 나당 군사 동맹이 체결되었다. 백제와 고구려를 멸망시키면 백제 영토 전부와 고구려 영토 중 평양 이남은 신라가 갖고, 평양 이북의 고구려 영토는 당나라가 갖는 것이 동맹의 조건이었다. 김춘추는 당태종이 신라를 완전한 속국으로 삼고 싶어 한다는 사실을 알고, 앞으로 신라는 당나라의 연호를 사용하고 당나라의 복식을 착용하겠다고 약속한다. 고구려 원정의 실패로 위신에 큰 타격을 입은 당태종에게 김춘추의 이런 제안은 실추된 위신을 세울 수 있는 호재였다.

김춘추가 장안에서 당의 구원군을 불러오기 위해 노력하는 동안 김유신은 김춘추의 귀국 선물을 마련해야겠다고 생각했다. 그는 곧바로 진덕여왕에게 장계를 올렸다. "앞서 대량주 싸움을 보복하려 하오니 허락해 주십시오." 대량주 싸움은 김춘추의 사위와 딸 고타소랑이 죽은 싸움이다. 진덕여왕의 허락을 받은 김유신은 백제가 차지한 대량주를 향해 진군하여 백제군 1천여 명의 목을 베고 무려 8명의 백제 장수를 사로잡는 전과를 올렸다. 그러고는 백제 땅에 묻혀 있던 김춘추 사위와 딸의 유골을 백제 장수 8명과 맞바꾸었다. 김유신은 승세를 몰아 백제 경내로 진군을 계속하여 악성 등 12성을 함락시키고 2만 명의 목을 베고 9천 명을 사로잡았다. 다시 군사를 거느리고 백제로 쳐들어가 진례 등 9성을 쳐서 빼앗고 9천 명의 목을 베고 6백여 명을 사로잡았다. 그런 후 김유신은 김춘추와 재회했다.

■ 신라의 삼국통일과 당의 격퇴

654년에 마지막 성골이던 진덕여왕이 죽자 구세력을 대표하는 재상 알천과 신세력이 지지하는 김춘추 간의 알력이 있었으나, 김유신의 지지를 업은 김춘추가 신라의 제29대 임금으로 즉위하였으니 태종무열왕(太宗武烈王)이다. 즉위 직후 무열왕은 5월에 이방부격 60여 조를 제정하고, 2년(655)에는 김유신의 누이동생 문희 소생의 맏아들 법민을 태자로 삼고, 7년(660)에는 김유신을 상대등으로 임명함으로써 왕권을 보다 전제화할 수 있는 계기를 만들었다. 이러한 왕권을 바탕으로 무열왕은 백제 및 고구려와의 본격적인 전쟁에 참여하였다.

무열왕 7년 3월에 백제를 공격하자는 신라의 요청을 받아들인 당 고종은 나당 연합군의 대총관 소정방 등이 인솔한 수륙 13만 군사를 파병하였다. 무열왕은 5월 26일에 바다를 건너온 당군을 맞이하기 위해 대장군 김유신 등과 함께 5만의 군사를 거느리고 서라벌에서 출발하였다. 7월 10일에 김유신 등이 이끄는 신라군은 황산벌에서 백제군을 격파하였고, 당군도 백제군의 저지를 뚫고 기벌포로 상륙하여 7월 13일에 사비성이 함락되고, 7월 18일에는 웅진성으로 도망쳤던 의자왕도 항복하여 백제는 멸망하였다.

무열왕의 뒤를 이은 신라 제30대 문무왕(文武王)은 고구려 멸망 후 새로운 과제를 갖게 되었다. 그것은 어제의 동맹국인 당나라를 몰아내는 일이었다. 신라의 김춘추와 당나라의 이세민이 협상할 당시에는 양국이 함께 고구려를 멸망시킨 후에 평양 이남의 땅을 신라가 갖기로 약조했었다. 그러나 당나라는 처음부터 신라에 영토를 내줄 생각이 없었다. 당은 백제를 무너뜨린 뒤 백제 전토를 5등분해 도독부를 설치하였고, 신라를 계림주대도독부로 명하고 문무왕을 계림주대도독으로 임명하는 어처구니없는 행태를 보였다.

그러나 신라는 곧장 당과 싸울 수는 없었고 기회를 엿보고 있었는데, 마침 당나라가 토번에게 패하고 고구려 부흥군에게 거듭 고전을 하자 당군을 몰아내기 위한 전쟁을 시작하였다. 670년 3월에 신라는 백제 유민과 고구려 유민들을 포섭해 압록강을 건너 요동을 선제공격하였다. 바로 나·당 전쟁의 본격적인 신호탄을 쏘아 올린 것이다. 이 공격으로 신라는 나·당 전쟁 초기의 주도권을 쥐었고, 671년에는 백제 고지를 대부분 영토화하였다.

이에 당나라는 671년에 설인귀(薛仁貴)에게 수군을 끌고 옛 백제 땅으로 향하게 하고, 육지로는 당군과 말갈족으로 편성된 군대를 통원해 압록강으로 남침하였다. 육군은 나름대로 성과를 거두어 672년 7월에 평양을 점령하고, 8월에는 한시성과 마읍성을 점령했다. 그런데 673년 7월에 신라의 최고 명장 김유신이 79세를 일기로 세상을 떠났다. 그러나 김유신이 죽었다고 문무왕은 손 놓고 있을 수 없었다. 당나라는 다시 말갈뿐만 아니라 거란군까지 거느리고 신라 북쪽 변경을 쳐들어왔다. 신라는 배수진을 치고 사력을 다해 당·말갈·거란 연합군과 싸워 아홉 번 모두 이겼다. 이 전투로 신라는 위기에서 벗어나게 되었다. 675년 9월에 설인귀가 다시 쳐들어왔으나 천성 전투에서 패하고 철수했다.

당 고종은 이근행(李謹行)에게 20만 대군을 주어 신라를 공격하게 했다. 이근행은 매초성에 주둔하면서 초반 신라군과 세 번 싸워 모두 이겨 기세가 드높았다. 신라군은 매초성을 격전지로 삼기로 하고 대군을 결성하여 진군했다. 이때 지난번 당·말갈 연합군과의 전투에서 패했던 김유신의 아들 원술도 참가하여 목숨을 내던지고 선봉에 나서 열심히 싸웠다. 원술이 선봉에서 온 힘을 다해 싸우자 신라군은 죽은 김유신이 살아 돌아온 듯 앞다투어 달려들어 매초성을 함락시켰다. 신라는 이 전투에서 말 3만 380필을 얻는 대승을 거두었다. 이 전투로 신라는 전쟁의 주도권을 장악했다. 676년 11월 금강 하구인 기벌포 앞바다에서 신라 수군과 설인귀가 이끈 당의 수군 사이에 마지막 격전이 벌어졌지만, 이 전투에서도 신라군이 승리를 거두었고, 당나라는 더 이상 전쟁 수행의 의지를 상실하였다. 당나라는 676년 평양에 있던 안동도호부를 요동성으로 옮기고, 웅진도독부는 건안성으로 옮기면서 대동강 북쪽으로 완전히 철수하였다. 신라는 대동강부터 원산만까지를 경계로 그 이남의 지역을 영토로 확정하였다.

■ 삼국통일의 의의

신라는 고구려의 옛 영토 전부를 차지하겠다는 의지는 없었다. 신라는 당군과 싸우면서도 한편으론 지속적으로 당에게 사신을 보냈다. 신라는 단지 당의 양보를 얻어내기 위해 투쟁했을 뿐, 당나라를 배척하지 않았다. 신라는 적극적인 대국의 길을 선택하지 않고 자국의 안정과 평화를 지키기만 하면 되는 소극적인 소국의 길을 선택했다. 신라는 고구려의 패망을 지켜보면서 자기 생존을 위한 유일한 대안을 선택했다. 신라와 당 사이에는 평화가 찾아왔다. 하지만 신라는 당의 요구와 간섭에서 벗어날 수 없었다. 천하의 중심은 신라가 아닌 당나라임을 인정해야 했고, 신라는 해동의 변방임을 자처해야 했다. 신라의 이 같은 선택에 대해 이성무 국사편찬위원장은 이후 우리 역사가 천 년 이상을 중화 중심의 길을 걷게 되는 시발점이 되었다고 평한다.

삼국 중 가장 강력했던 고구려가 통일의 중심이 되지 못한 이유는 삼국 간의 관계에만 주력한 신라·백제와는 달리, 고구려는 중국 왕조들을 비롯하여 만주의 여러 민족을 상대해야만 했기 때문이다. 특히 수나라와 당나라와의 대규모 전쟁은 고구려를 물질적, 정신적으로 크게 지치게 했다.

그에 비해 신라는 비록 고구려·백제와 지속적인 전쟁을 치렀지만, 중국의 거대 왕조 당나라와 손을 잡고 백제·고구려를 차례로 멸망시킬 수 있었다. 또한 내정에 있어서도 백제·고구려에 비해 비교적 안정을 이루고 있었다. 삼국통일 당시 백제는 의자왕으로 인해 국정 문란이 있었고, 고구려는 연씨 형제들로 인한 내분이 있었다. 그러나 신라는 김춘추와 김유신이라는 걸출한 영웅들이 나라의 중심 역할을 수행해 흔들림이 없었다. 그리고 불교와 화랑도정신으로 백성들의 사상적 통일을 이룰 수 있었다. 특히 화랑도는 신라를 강하게 만든 원동력이자 신라의 젊은이들을 하나로 용해시키는 용광로 같은 역할을 했다.

신라의 삼국통일에 대해, 외세의 힘을 빌려 동족 국가인 백제와 고구려를 멸망시킨 반민족적 통일이라거나, 고구려의 영토를 거의 다 잃어버린 반쪽 통일이라는 견해도 있다. 그러나 당시의 관점에서 보면, 신라에는 백제·고구려와 더불어 동족 개념이나 민족 개념은 그다지 없었다고 봐야 한다. 또한 신라에게 고구려 옛 땅인 만주 지역은 애초부터 관심이 없었다고 볼 수 있다. 고대인들에게 나라란 곧 왕조를 의미했다. 오직 왕실의 안정을 통한 국가의 안녕이 백성들에게 평화로운 삶을 보장해 준다고 여겼다. 그래서 백제를 멸망시켰고, 그래서 고구려를 멸망시켰다. 그 뒤 한반도의 중·서부 지역에서 국운을 걸고 당의 군대를 몰아냈다. 그것으로 신라는 안정을 되찾고 평화를 얻었다고 생각했다.

■ 남북국시대

백제와 고구려를 멸망시키고 신라까지 집어삼키려던 당나라는 연이은 전쟁으로 내상을 오랜 기간 회복하지 못하고 오히려 나당전쟁에서 패한다. 이에 더해 당나라는 외세에 대한 지배력을 잃어 수많은 이민족이 발호하게 된다. 이러한 와중에 고구려 유민들은 요동 지방을 중심으로 당에 대한 저항을 계속하였다.

이에 당나라는 고구려 유민 2만 8천여 가호를 중국 땅으로 강제 이주시켰는데, 이때 걸걸중상(대중상)과 대조영 부자도 고구려 유력층으로 분류되어 영주(營州)로 끌려가게 되었다. 당시 영주는 당나라가 북동방의 이민족을 제어하기 위해 전진기지로 운영한 전략 도시였다. 이곳에는 고구려 유민을 비롯하여 말갈인, 거란인 등 다수 민족이 집결되어 있었다. 이들은 당나라의 힘이 약화되면 언제든지 반란을 일으킬 수 있는 상태였다.

696년 5월 마침내 거란인 이진충(李盡忠)과 손만영(孫萬榮)이 영주도독 조홰(趙翽)의 통치에 불만을 품고 반란을 일으켰다. 이 틈을 타서 고구려 장군 출신 걸걸중상과 그의 아들 대조영은 고구려 유민·말갈인과 함께 영주를 빠져나와 전쟁의 피해를 거의 입지 않았던 만주 동부 지역으로 이동하였다. 이동 도중 걸걸중상이 죽자 그가 이끌던 무리를 대조영이 인수하였다. 대조영은 이해고(李楷固)가 이끄는 당나라 추격군을 천문령 전투에서 크게 무찌른 뒤, 만주 동부 지방에 남아 있던 고구려 유민과 말갈인을 규합하여 당나라의 안동도호부를 정복한 후 고구려가 멸망한 지 약 30년 만인 698년 길림성 돈화시 부근의 동모산(東牟山) 기슭에 진국(振國, 또는 震國. 713년에 국호를 발해(渤海)로 변경)을 세웠다.

705년에 이르러 당이 사신을 진국에 보내와 평화적인 국교를 맺었다. 이는 새롭게 흥기하는 북방 민족의 세력을 진국을 통하여 견제하고자 하는 당의 정치적 포석이 깔린 것이긴 하였으나 발해의 눈부신 문화적 성장 없이는 기대할 수 없는 것이었다. 그만큼 발해는 빠른 기간에 성장하였다. 발해는 당과 평화적인 외교 관계를 수립한 후 당의 선진 문화를 받아들이는 데 주력하였다. 당에 많은 유학생을 파견기도 하였고 발해관을 세우기도 하였다. 정치체제도 당의 3성 6부제를 모방하여 중앙에 정당성·선조성·중대성과 충·인·의·지·예·신부를 두었다.

그러나 발해는 고구려를 계승한 나라로서 고구려적인 요소가 강하였다. 고구려의 풍습을 대부분 이어받았고 무덤 양식, 불상의 양식 등에서도 고구려의 전통을 상당 부분 계승하고 있다는 것이 유적을 통해 확인된다. 727년 발해는 왜국에 보낸 국서에서 "고구려의 옛 땅을 수복하고 부여의 전통을 이어받았다."고 밝히고 있다. 명실공히 우리 역사에서 대동강 이남은 신라가, 대동강 이북은 당나라가 아닌 고구려의 후예 발해가 건국되어 남북국 시대가 열린 것이다.

후삼국의 성립과 통일

■ 통일신라의 쇠퇴와 견훤의 등장

신라는 통일 후 백 년 동안 평화로운 시기를 보냈지만, 그다음 백 년 동안은 왕실부터 시작하여 지배층이 곪을 대로 곪았다. 제51대 진성여왕(眞聖女王)은 정사를 제대로 돌보지 않은 채 미소년들을 징집하여 처소에서 향락을 즐기는 데에만 주력하였다. 이에 따라 여왕 주변에는 아첨하는 간신들의 무리가 권력을 장악하고, 뇌물과 매관매직이 난무하는 등 조정의 기강이 무너지고 있었다. 왕실과 조정의 권위는 땅에 떨어졌고 국고는 텅텅 비게 되자, 지방에 대한 통제력이 상실되어 가는 마당에 세금 징수를 위해 지방 호족들을 닦달하였다. 지독한 가뭄까지 계속되어 민심은 점차 흉흉해져 여기저기서 도적과 민란이 속출하게 되었고, 기회를 놓치지 않고 지방의 호족들은 각자 독자적 세력을 키우는 데 전념하였다. 조정에서는 그들을 도적이라 부르며 군대를 파견해 진압하려 했으나 번번이 실패하고 말았다.

이러한 가운데 진성여왕은 894년 최치원을 아찬에 임명하는 등 조정을 일신하고자 안간힘을 쓰기 시작했다. 최치원은 12세의 나이로 당나라에 유학하여 6년 만에 당의 빈공과에 장원으로 급제하여 관료로 생활하다가 돌아와 진성여왕에게 시무 10여 조를 올려 조정의 일신을 상소하였다. 그러나 귀족들의 거센 반발에 부딪힌 끝에 관직을 내놓고 각지를 유랑하다가 가야산에서 여생을 마쳤다. 그 후 신라는 연이은 모반 사건으로 왕실이 붕괴되면서 날로 조정의 통치력이 약화되고 농민들의 반란이 계속되었다. 그러한 가운데 세력을 키운 신라 변방의 장수 견훤(甄萱)과 신라 왕실 출신의 궁예(弓裔)가 각기 백제와 고구려의 부흥을 부르짖으며 나라를 세우자 후삼국 시대가 열리게 된 것이다.

견훤은 상주 가은현(지금의 문경시 가은읍) 출신으로 신라 말기의 혼란을 틈타 일어난 호족 아자개의 장남으로 태어났다. 견훤을 지렁이의 아들로 묘사한 탄생 설화가 있고, 그의 일화에 지렁이와 관련된 내용들도 많이 전해 오고 있다. 이는 지렁이가 토룡으로도 불리는 만큼 농경사회에서 중요한 이미지도 있지만, 한편 왕건을 용에 비유한 설화들이 많이 전해지고 있는 것으로 보아 후삼국통일 이후 견훤을 비하하면서 만들어진 설화로 볼 수 있다.

경주에서 병졸이었던 견훤은 서남 해안에 해군 병사로 파견 나갔다가 많은 공을 세워 해군 비장이 되었고, 나라의 기강이 문란해지고 기근까지 더해 백성들이 떠돌이가 되고 도적들이 벌떼처럼 일어나자 반란의 깃발을 들었다. 견훤은 백제를 재건한다는 기치 아래 889년을 전후하여 완산(지금의 전북 전주시)에서 봉기하였다. 892년에 무진주(지금의 광주광역시)를 점령하자 동남쪽의 군과 현이 항복하여 소속하게 되었다. 이어 견훤은 서라벌 서남쪽의 주현(州縣)으로 진격하면서, 자신을 '신라 서면도통지휘병마제치지절도독 전무공등주군사 행전주자사 겸 어사중승상주국 한남군개국공'이라 칭하며 의자왕의 원수를 갚겠다고 하니, 가는 곳마다 호응하며 그 무리가 달포 사이에 5천여 명에 달했다. 900년 견훤은 완산주를 도읍지로 삼아 후백제를 건국하고 스스로 왕이라 칭하였고 연호를 정개(正開)라 하였으며, 나라의 제도와 관직을 정비한 후 중국의 오월(吳越)에 사신을 보내 외교 관계를 맺기도 했다.

■ 궁예의 활약

궁예는 신라 헌안왕(憲安王) 혹은 경문왕(景文王)의 아들이라 한다. 궁예는 음력 5월 5일에 외가에서 태어났으며, 태어날 때부터 무지개를 닮은 흰 빛이 지붕 위에 있었고 날 때부터 이빨이 있었다고 한다. 당시 단오에 태어난 아이를 불길하게 여기던 문화와 궁예의 신체적 특성을 두고 불길하게 여긴 일관이 아버지인 왕에게 궁예를 죽일 것을 청했는데, 왕명으로 궁예를 죽이러 온 중사(中使)는 궁예를 포대기에 싸서 높은 누대에서 던졌다. 이때 떨어지는 궁예를 받던 유모의 손가락이 눈을 찌르는 바람에 한쪽 눈을 실명했고, 유모는 궁예와 함께 멀리 도망가 살았다. 시골에 숨어 살던 궁예는 10세쯤 되던 해, 자신의 출생 과정을 듣고 충격을 받아 강원도 영월의 세달사로 출가해 선종이라는 승려가 된다. 세달사에서 승려로 지내던 궁예가 어느 날 불교 의식인 재(齋)에 나아가 행렬에 들었는데, 까마귀가 그의 바리때에 왕(王)자가 새겨진 상앗대를 떨어뜨리고 간 것을 보게 되었고, 이때부터 궁예는 자신이 장차 크게 떨쳐 일어날 것이라 굳게 믿었다고 한다.

891년 궁예는 승려 신분을 벗어던지고 죽주(지금의 경기도 안성)의 기훤을 찾아가 그의 부하가 되었지만, 기훤의 오만하고 예의가 없음에 불만을 품고 북원(지금의 강원도 원주)의 양길을 찾아간다. 양길의 신임을 얻은 궁예는 군사를 이끌고 지금의 강원도 남부 일대를 공격해 성공하고, 명주(지금의 강릉)를 점령했다. 이때 명주 주민은 궁예를 크게 환영하고 자발적으로 입대해 병력이 3,500명으로 늘었다고 한다. 나아가 지금의 강원도 북부의 여러 성을 공격해 빼앗아 군대의 형세가 크게 성하자 양길과 결별한다.

그러던 중 896년 송악(지금의 개성) 출신 호족 왕륭(왕건의 아버지)이 투항해 왔다. 궁예는 왕륭을 철원과 가까운 금성의 태수로 삼고, 왕륭의 건의를 받아들여 20세인 그의 아들 왕건에게는 송악에 성을 쌓게 한 후 성주로 삼는다. 궁예는 옛 고구려 영토를 회복하려는 전략적 필요 때문에 송악의 유력한 호족 왕륭 부자를 받아들였고, 왕건 가문 또한 좀 더 큰 꿈을 이루기 위해 궁예와 손을 잡은 것이었다. 궁예는 왕륭과 왕건 부자의 도움을 얻어 손쉽게 경기 북부지역과 서해안 일대를 손아귀에 넣었다. 그리고 경기 지역 호족들의 경제적 지원에 힘입어 충주 지역 일대까지 무력으로 병합하였다. 898년에 송악을 후고구려의 사실상 수도로 삼고 왕건이 양주와 청주(지금의 온양) 등 30여 성을 정벌하도록 하였다. 899년에는 소백산맥 이북의 한강 유역 전역을 수중에 넣었으며, 양길의 세력과 싸워 물리치면서 양길의 모든 세력을 흡수하게 되었고, 주변의 여러 무리도 궁예에게 항복하였다. 이에 궁예는 901년 7월에 후고구려를 건국하고 스스로 왕으로 칭한다.

904년 궁예는 신라의 제도에 따라 여러 관직을 설치하고 나라 이름을 마진(摩震)으로 고치고 연호를 무태(武泰)라 하였다. '마진'은 산스크리트어 '마하진단(摩訶震旦)'의 약칭으로 마하는 '크다'는 뜻이고, 진단은 '동방'이란 뜻으로 마진은 '대동방국'을 뜻한다. 905년에 도읍을 송악에서 철원으로 옮긴다. 나아가 궁예는 911년 국호를 다시 '태봉'으로 바꾸었는데, 태는 『주역』의 태괘(泰卦, ䷊)의 의미인 "하늘과 땅이 서로 어울려 만물이 통하고, 위와 아래가 서로 어울려 뜻을 같이한다."는 의미이며, 봉은 '봉토' 즉 영토를 뜻한다. 즉 태봉은 고구려·신라·백제뿐만 아니라 하늘과 땅과 사람이 모두 어울려 뜻을 같이하는 세상을 의미한 것으로 미륵세상인 이상국가를 건설하고자 한 궁예의 뜻이 담겨있다. 그 후 궁예는 스스로 미륵불이라 칭하기 시작했다. 그러나 궁예는 고구려계 호족들을 견제하기 위해 청주 호족들을 이용하는 등 여러 왕권 강화정책을 폈으나 신하들의 반발이 심했고, 관심법을 이유로 많은 신하를 처단하자 918년 복지겸·홍유·신숭겸·배현경 등의 지지를 업고 왕건은 군사를 일으켰고 궁예는 왕위에서 쫓겨나 비운의 주인공이 되었다.

■ 왕건의 고려 건국

왕건은 877년 1월 31일 송악의 남쪽 자택에서 송도의 신흥 호족 왕륭과 그의 부인 한씨의 장남으로 태어났다. 그와 관련된 사실이 설화 형태로 『고려사(高麗史)』에 전한다. 왕건의 5대조 강충은, '만약 집을 부소산(송악산) 남쪽으로 옮기고 소나무를 심어 바위가 드러나지 않도록 하면 삼한을 통일할 인물이 태어날 것'이라는 신라 출신 풍수가 팔원의 충고에 따라, 부소산에 소나무를 심고 군 이름을 송악(松嶽)으로 고쳤다고 한다. 도선은 876년 송악에 와서 왕륭의 집터를 보고, 삼한을 통합할 군주의 탄생을 예언했다고 한다.

왕건이 17살이 되자, 도선은 다시 송악으로 그를 찾아와 군사학과 천문학, 제례법 등을 가르쳤다. 또한 『동사보감(東史寶鑑)』에는 최치원이 고려가 장차 흥할 줄 알고 '계림(鷄林)은 황엽(黃葉)이요 곡령(鵠嶺)은 청송(靑松)'이란 예언했다고 한다. 즉, '신라는 곧 떨어질 낙엽과 같고, 고구려는 푸른 소나무와 같다'라는 것이다.

왕건이 궁예의 명을 받아 출전하여 승전을 거듭하였는데, 그중 가장 큰 성공은 금성 공략이었다. 902년 말 궁예는 왕건에게 금성을 공략하라고 명령했다. 강원도와 황해도를 거점으로 하고 있던 궁예에게 금성 지역은 곡창 지대를 확보할 수 있는 중요한 전략 지역이었다. 왕건은 조상 대대로 해상 교역을 해온 집안에서 자랐다. 그런 만큼 해상 전투라면 자신이 있었다. 이에 맞선 견훤 역시 해군 장수 출신으로 해상 전투에는 삼한에서 자신을 따라올 자가 없다고 여겼다. 그때 금성의 호족들은 신라 말기 대중국 무역을 하며 독립적인 세력으로 성장했으나 서남 해안을 장악한 견훤에게 투항한 상태였다. 그러나 견훤이 전쟁 비용과 병사까지 차출하자 내심 불만이 많았다. 이러한 사실을 간파한 왕건이 금성 지역의 호족들과 은밀히 내통하기 시작했다. 903년 왕건이 수군 3천 명을 거느리고 서해안을 따라 내려와 영산강을 통해 금성을 급습했다. 금성 연안 호족 세력을 왕건이 이미 포섭한 덕분에 왕건군은 별다른 저항을 받지 않고 금성 공략에 성공하고 고을 이름을 나주로 바꾸었다.

왕건과 견훤이 두 번째 크게 충돌한 곳은 상주였다. 906년 궁예는 왕건에게 군사 3천을 주며 상주의 사화진을 치게 했다. 궁예에게 상주는 신라를 공략하는 데 최적인 전진기지였고, 견훤에게 상주는 아버지 아자개가 지배하던 땅이었다. 왕건과 견훤은 여러 차례 격돌한 끝에 결국 왕건이 이겨 소백산 이남으로 진출할 통로를 확보하게 되었다. 상주를 공략하자 주위의 30여 주·현에서 항복해 오는 자들이 많았다.

910년 견훤은 나주 수복전에 나섰다. 수군으로 나주 앞 해상을 봉쇄하고 기병 3천으로 나주를 포위했다. 이 소식을 듣고 당시 철원에 있던 왕건이 급하게 달려와 질풍노도처럼 견훤을 공격하자 견훤의 선단이 퇴각하기 시작했다. 이때 바람이 견훤의 선단을 향해 불자 왕건의 군사들이 불화살을 쏘아 견훤군 5백여 명이 물에 빠져 죽었고, 이에 놀란 견훤은 전선을 버린 채 쪽배를 타고 급히 후퇴했다. 이 전투를 기점으로 궁예가 영토와 병력 면에서 견훤을 앞서기 시작했다.

918년 6월 왕건이 궁예를 몰아내고 즉위하면서 국호를 고구려의 뒤를 잇는다는 뜻에서 고려(高麗)라 하고, 연호를 천수(天授)라 하였다. 919년에 왕건은 철원에서 자신의 고향이자 세력 근거지인 송악으로 천도하였다.

■ 고려의 한반도 재통일

왕건은 통일의 역량을 기르기 위해 먼저 빈민 구제 기구인 흑창을 설치하고 세금을 낮추어 민심을 안정시키는 한편, 정략결혼을 통한 호족 세력과의 융합에도 주력하여 정권의 토대를 단단히 구축해 나갔다. 왕건이 고려를 세운 직후만 해도 후백제는 고려에 우호적인 태도를 보냈고 평화로운 편이었다. 그러나 견훤이 신라의 대야성 전역에서 승리하자 왕건은 견훤의 진격을 막기 위해 신라에 구원군을 보냈다. 이에 견훤은 일단 군대를 물렸지만 이후 고려와 후백제는 전쟁에 들어가게 되었다. 이후 924년~925년의 조물성 전투에서 양군이 맞서다가 역병이 돌고 고려군이 계속 증강되자 견훤은 일시 고려와 화친하기도 했다.

926년 고려는 거란족의 요나라에게 무너져 망명해 온 발해의 왕자 대광현을 포함한 발해 유민들을 흡수하여 병사들의 수를 더 늘리게 된다. 927년 견훤은 지금의 문경 지역의 근품성을 공격하고, 경주와 가까운 거리에 있는 지금의 영천 지역인 고울부까지 진출하여 신라를 압박했다.

이에 다급해진 신라는 고려 왕건에게 도움을 청한다. 그동안 신라는, 신라 장군 출신으로 반란을 일으킨 견훤보다는 호족 출신인 왕건을 더 믿을 만한 인물로 보고 왕건의 즉위 초부터 유화적인 태도를 보여 왔다. 하지만 왕건이 거느린 군사가 도착하기도 전에 견훤은 경주를 점령했다.

『삼국사기』에 따르면 이때 견훤은 왕비를 겁탈하고 경애왕(景哀王)을 사로잡아 협박하여 자살하게 했으며, 부하들에게 궁녀들의 간음을 허락하고 병사를 풀어 약탈을 마음대로 하게 하는 등의 충격적인 조처하여 민심을 얻지 못했다. 견훤은 경순왕(敬順王)을 새 왕으로 임명했는데, 이에 따라 신라를 사실상 속국으로 만들었다고 생각했다. 신라를 완전히 멸망시키지 않았던 것은 신라라는 전통과 권위를 모두 없애기에는 왕건의 고려가 있었기 때문이라 볼 수 있다.

견훤은 신라를 구출하기 위해 5,000명의 군사를 이끌고 온 왕건을 지금의 대구 팔공산인 공산 전투에서 격파해 대승을 거둔다. 이 전투에서 왕건은 신숭겸 등의 개국공신들이 죽음으로 방어하는 동안 간신히 몸만 빠져나와 도망쳤다. 이 대승을 통해 고려와 후백제의 전세는 완전히 역전이 된다. 견훤은 왕건에게 "내 활을 평양성의 문루에 걸고, 내 말에게는 대동강의 물을 마시게 할 것이다."라는 조롱의 편지를 보낸다. 그러나 견훤은 경주 점령 후 무리한 조치로 인해 점차 신라 호족들의 지지를 잃게 된다.

견훤의 후백제군이 왕건의 고려군을 계속 압박하는 가운데, 견훤이 고창(지금의 안동)을 포위했다. 929년 말경에 고창을 중심으로 왕건은 병산에, 견훤은 석산에 주둔하여 대치하였다. 처음에는 견훤군의 군세가 워낙 기세등등하여 한창 수세에 몰려 있던 고려군의 장수들이 후퇴를 건의할 때, 고려군 최대의 명장 유금필(庾黔弼)이 싸우기도 전에 패할 걱정부터 하는 것은 말이 안 된다고 완강히 주장해 왕건이 받아들인다. 그리고 고창전투의 서막인 '저수봉전투'에서 유금필의 활약으로 대승리를 거둔다. 이 고창전투는 929년 12월 저수봉전투부터 시작해 930년 1월의 병산전투까지의 1개월여간의 대회전 끝에 견훤은 8천여 명의 전사자를 내는 심대한 피해를 입는다. 이때 그동안 관망하고 있던 고창 지역의 호족들까지 고려에 가담하여 공을 세운다. 이에 견훤은 안산주로 퇴각한다. 이 패배로 견훤은 경상도 일대에서 패권은 물론이고, 더 나아가 삼한 전체의 패권도 급속히 상실하게 된다.

934년 9월 왕건이 운주(지금의 홍성) 일대를 빼앗으려고 진공하고 있다는 소식을 들은 견훤은 고려군의 기세가 강성해 승산이 없다는 생각이 들었는지, 왕건에게 화의를 청한다. 평소 패기 있고 자신만만해하던 견훤이 자신의 영토를 빼앗으려고 고려군이 진군해 왔는데도 화의를 청하자, 견훤의 약해진 모습을 간파한 유금필이 왕건에게 공격할 것을 요청한다. 유금필은 강력한 경기병 수천 명을 이끌고 돌격해 미처 진을 치지 못한 후백제군을 쳐서 대패시킨다. 이 전투의 패배로 웅진 이북의 후백제 30여 개 성들이 고려에 항복한다.

운주 전투 이후 견훤은 자신의 나이가 고희에 이르러 판단력이 흐려졌다고 생각해 양위(讓位)하고자 한다. 견훤에게는 여러 명의 아들이 있었는데, 넷째 아들 금강(金剛)을 자신의 후계자로 정했다. 이에 불만을 품은 첫째 아들 신검(神劍)이 아버지를 금산사에 유폐하고 스스로 왕위에 올랐다. 이때가 935년 3월로 견훤의 나이 69세였다. 이해 4월에 유폐된 견훤은 탈출해 나주로 도주했고, 6월에 고려로 망명한다. 견훤이 송악에 도착하자 왕건은 자신보다 10살이 많다며 상부(尙父)로 부르며 태자보다 위에 두었고, 별궁과 함께 양주를 식읍으로 주었다. 이를 본 신라의 경순왕이 935년 11월에 나라를 들어 귀순하였다.

936년 6월에 견훤이 직접 후백제 정벌을 왕건에게 요청하였다. 왕건은 태자 무와 박술희로 하여금 천안부로 1만 명을 거느리고 나아가게 하고, 자신은 3군을 이끌고 9월에 천안부로 나아가 군을 합쳐 일리천(지금의 선산 근처 낙동강의 지류)으로 나아가 신검과 대치하였다. 이때 견훤도 기병 1만을 친히 이끌고 참가한다. 고려군의 군세가 엄정한 것과 견훤이 함께 출정한 것을 본 후백제의 장군 효봉, 덕술, 애술, 명길이 병기를 던지고 항복하였고, 이에 따라 후백제군의 사기는 크게 저하되었다.

왕건은 투항한 후백제 장군들로부터 신검이 있다고 말한 중군으로 전군을 돌격하게 하여 크게 무찌른다. 이에 후백제군은 황산과 탄현을 거쳐 마성으로 퇴각하였으나 더 이상 승산이 없다고 판단한 신검은 항복한다. 결국 936년 후백제는 나라를 세운 지 45년 만에 부자간의 갈등으로 망하면서 역사에서 사라진 것이다. 후백제의 멸망을 지켜본 견훤은 극도의 고뇌와 우울함에 휩싸여 등창이 생겨 며칠 만에 황산(지금의 논산)의 절에서 사망했다고 한다.

이로써 고려는 후삼국뿐만 아니라 발해의 유민까지 포함한 민족의 재통일을 이룩하였다. 후삼국으로 분열된 이유가 통일신라 사회의 모순점 때문이라는 점을 고려하면, 왕건의 한반도 재통일은 이러한 문제점들을 어느 정도 극복함으로써 이루어진 것으로 볼 수 있다. 조선의 실학자 이익은 『성호사설(星湖僿說)』에서, 후삼국 통합의 원동력을 왕건의 민생정책에서 찾았다. 즉, 왕건이 즉위한 직후 전쟁이 급해 재정이 절대 필요했는데도 불구하고 백성 구제를 우선적으로 생각해 대폭적인 조세 감면 정책을 펼쳐 민심의 절대적 지지를 얻었다. 궁예와 견훤이 걸출한 영웅이었음에도 모두 패망하고 왕건이 통일 대업을 이룩할 수 있었던 것은, 백성들의 삶의 안정이 국력의 바탕이 되고 나아가 천하를 평화롭게 한다는 고금의 진리가 변치 않고 살아 있었기 때문으로 볼 수 있다.

제3장

안정과 평화를 중시한 대외관계

거란의 침입과 격퇴

■ 거란의 1차 침입

고려 건국 당시 지금의 몽골과 만주 지방에는 거란족과 여진족이 유목 생활을 하고 있었다. 이 중 거란족은 당나라가 붕괴되고 5대 10국으로 분립되면서 힘의 공백이 생긴 틈을 타, 916년에 야율아보기(耶律阿保機)가 여러 부족을 통합하고 거란을 건국하였다. 태조 초기에 고려는 거란과 수교를 맺었으나, 926년 거란이 발해를 멸망시켜 버리자 '금수의 나라'라 부르고 적대적 태도를 보이며 국교를 끊어 버렸다. 942년에 거란의 태종이 우호의 뜻으로 사신과 더불어 낙타 50필을 보냈는데, 태조는 사신을 유배하고 낙타를 만부교 아래 매어놓아 굶겨 죽이도록 명령하였다. 이 '만부교 사건'은 당시 보편적으로 행해지던 '멀리 있는 나라는 사귀고 가까이 있는 나라는 공격한다'라는 정책에 따라 거란을 멀리하고 중국의 후진(後秦)을 가까이하여, 후진으로부터 더 많은 후대를 받아내려는 외교적 목적이 있었다. 그리고 거란을 피해 고려에 망명해 살던 발해 유민을 위로하고, 거란에 대한 강경 조치로 군사적 긴장을 고조시켜 호족들의 왕권에 대한 도전을 약화시키려는 목적도 있었다.

그러한 가운데 거란은 발해를 멸망시키고 화북의 연운(燕雲) 16주를 획득했으며, 947년에 국호를 요(遼)로 개칭하였다(서술의 편의상 이하 '거란'으로 통일). 연운 16주란 오늘날의 베이징(燕)과 다퉁(雲)을 중심으로 만리장성 이남에 있던 16개 주를 말하는데, 전략적으로 중요성이 큰 중원과 거란 간 접경 지역이었다. 거란은 원래 후당(後唐)의 영토이던 이 지역을 936년에 후진(後晉) 건국에 도움을 준 대가로 할양받았다.

송나라는 연운 16주 지역을 회복하기 위해 고려가 거란의 배후에서 군사적 역할을 해 주기를 바라며 여러 차례 사신을 보내 고려 국왕의 책봉 호칭을 추가해 주었다. 보통 책봉은 새로운 왕이 즉위한 이후에 한 번 행해지는 것인데, 송나라가 고려 성종에게 특별한 호의와 혜택을 자주 베푼 것은, 그만큼 고려의 도움이 절실하였음을 알려 준다.

고려는 그러한 점을 이용하여 송과의 외교를 통해 많은 회사품을 받았을 뿐 아니라 유교화에 필요한 귀중한 서적과 자료들을 받아냈다. 이에 거란은 고려와 송이 연합하여 자국을 위협하는 것을 방지하고자 980년대부터 남진을 개시하여, 986년 정안국을 멸망시키고 988년에는 여진을 정벌한 다음 991년에 압록강 유역에 성을 쌓고 고려를 침공할 준비를 하였다.

드디어 993년 10월 거란의 소손녕(蕭遜寧)이 6만 대군을 이끌고 고려를 침공하였다. 고려 조정에서는 박양유와 서희 등을 보내 막는 한편, 성종(成宗)이 친히 안북부(지금의 평남 안주)까지 나가 전선을 지휘하였다. 하지만 봉산군을 빼앗기고 선봉장 윤서안이 사로잡히자 성종은 서경으로 돌아왔으며, 조정에서는 청화사를 보내 화친을 청했다. 거란이 이를 받아들이지 않자 고려 조정에서는, 임금이 군사를 거느리고 항복을 청해야 한다는 항복론과 서경 이북 땅을 떼어서 거란에게 주자는 할지론으로 의견이 갈렸다. 그러한 가운데 할지론이 대세로 굳어갈 때 서희와 이지백 등이 항전을 강력히 주장하여 성종도 이에 따르게 되었다. 한편 소손녕은 안융진을 공격하다가 실패하자 비로소 고려의 화친을 받아들여 소손녕과 서희 간에 담판이 이루어졌다.

소손녕은 서희와의 담판에서 이렇게 말하였다.

> "너희 나라는 신라 땅에서 일어났고 고구려는 우리의 소유인데, 너희 나라가 이를 침식하고 있다. 또 우리와 국경을 맞대고 있음에도 바다를 건너 송을 섬기고 있다. 이 때문에 우리 대국이 와서 치는 것이다. 지금 땅을 떼어 우리에게 바치고 사신을 보내 조빙(朝聘, 사신이 임금을 만나는 일)한다면 아무 일이 없을 것이다."

이에 대해 서희는 소손녕의 말을 반박하였다.

> "그런 것이 아니다. 우리나라는 고구려를 계승한 나라이다. 그런 까닭에 나라 이름을 고려라 하고, 평양에 도읍을 정하였다. 또한 땅의 경계를 논한다면, 당신 나라의 동경(지금 요동 지역의 요양)도 모두 우리 땅이다. 어찌 우리가 침식(侵蝕)했다고 하느냐? 더구나 압록강 안팎은 우리나라 땅이지만 여진이 점거하였다. 교활 변덕이 심한 이들이 길을 막아놓으니 요나라(거란)로 올라가는 길은 바다를 건

너는 것보다 더 어려워졌다. 조빙을 못하게 됨은 여진 탓이니, 만약 여진을 쫓아내고 우리의 옛 영토를 돌려주어 성과 보루를 쌓고 도로를 통하게 해 준다면 어찌 감히 조빙을 잘하지 않겠는가?"

서희의 애초 목적은 거란군의 철수였으나, 소손녕의 속마음을 눈치채고 오히려 이 담판 기회를 통해 고구려의 옛 땅 회복이라는 난제를 해결하고자 하였다. 결국, 서희는 거란과의 협상에 성공하여 거란에 대한 고려의 사대를 전제로 강동 6주 땅을 얻어냈다. 그리고 소손녕은 서희에게 낙타 10두, 말 100필, 양 1천 마리와 비단 500필을 선물로 주고 떠났다. 사실 거란은 처음부터 고려를 정복하려고 침공한 것이 아니라, 단지 고려와 송의 외교를 단절시키고 고려가 거란과 교류하게 하려는 것이 목표였다. 그래서 거란군은 고려의 국경을 넘은 이후 더 이상 남쪽으로 진격하지 않은 채 고려에 대해 항복과 협상을 요구하였다. 이미 송나라에 사신으로 다녀온 적이 있어 국제정세에 밝았던 서희는 이러한 거란의 속셈과 한계를 파악하고 협상에 나섰다.

이로써 거란은 고려에 대해 형식적인 사대의 예를 받아 침공의 목적을 달성했으며, 고려는 동여진을 몰아낸 뒤 흥화진·통주·구주·곽주·용주·철주 등의 이른바 강동 6주를 설치하여 고려의 영토를 압록강까지 확장시켰다. 6주가 압록강 동쪽에 있다고 해서 강동 6주라고 한 것이다. 고려는 전쟁이 아니라 외교를 통해 왕실의 안정과 영토의 확장을 이루고 백성들의 삶에 평화를 얻었다. 그 후 송의 책봉을 받던 성종은 거란의 책봉을 받게 되었고, 태조 이후 끊어졌던 고려와 거란 양국의 외교 관계가 재개되었다.

■ 거란의 2차 침입

고려는 성종이 38세로 세상을 떠나자 제7대 목종(穆宗)이 18세의 나이로 즉위하자 모후인 천추태후가 섭정하게 되었다. 경종의 왕후였던 천추태후는 경종이 일찍 죽자 외척인 승려 김치양과 불륜관계를 맺고 있었다. 목종이 정사를 모후에게 맡기고 향락에 빠져 있는 사이 천추태후는 김치양과의 사이에서 나온 아들을 차기 왕으로 잇게 하려는 음모를 꾸몄다. 이에 서북면 도순검사로 있던 강조가 군사를 일으켜 천추태후와 김치양을 제거하고 목종을 폐위했으며 강제 출가한 대량원군을 제8대 현종(顯宗)으로 추대하였다.

이에 거란은 자신들이 책봉한 목종을 마음대로 폐위한 강조의 대역죄를 묻는다는 구실로 1010년 11월 거란 성종이 직접 40만 대군을 거느리고 고려를 침략해 왔다. 그러나 거란의 실제적인 의도는 제1차 전쟁 후 비공식적으로나마 계속 교류를 하고 있던 고려와 송나라와의 관계를 완전히 차단하고, 뒤늦게 지정학적 가치를 깨달은 강동 6주를 되찾으려는 데 있었다. 강동 6주는 거란의 측면에서 보면 동북 지역으로 진출하는 중요한 통로였으며, 남쪽으로 내려가려 할 때도 반드시 거쳐야 하는 군사적 요충지였다. 또한 산둥반도-한반도-일본으로 이어지는 해로의 길목으로 고려·송·거란·여진이 물자를 주고받는 교역의 중심지였다.

거란군은 먼저 흥화진을 공격했으나 성주 양규의 항전으로 함락하지 못하였다. 그러자 거란은 병력을 철수하여 20만 병력은 인주 남쪽 무로대에 주둔시키고 나머지 20만 군사를 이끌고 통주로 남하했다. 현종은 강조를 행영도통사로 삼아 30만 군을 거느리고 통주에 나가 막게 했다.

강조는 거란과의 싸움에서 계속 승리하자 그만 거란군을 얕잡아 보고 부하들과 바둑을 즐기는 여유를 보이다가 야율분노가 이끄는 거란군 별동부대의 급습에 크게 패하고 사로잡혀 죽임을 당했다.

거란은 이어 곽주·안주 등의 성을 빼앗고 개경까지 함락시켰다. 그러나 고려 깊숙이까지 들어온 거란군은 고려 장수들의 활약으로 점차 기세가 꺾이기 시작했다. 구주별장 김숙흥이 거란군을 공격하여 1만여 명을 죽인 것을 시작으로, 양규가 거란군의 주둔지인 무로대를 습격하여 2천여 명을 죽이고 포로 3천여 명을 구출하는 대승이 이어졌다. 이어 양규는 의주 이수에서 도망가는 거란군 2천 5백 명을 잡아 죽이고 거란에 끌려간 포로 1천여 명을 구출해 냈다. 또다시 양규는 여리참에서 거란군 1천여 명을 죽이고 포로 1천여 명을 구출했는데, 이 세 전투는 고작 하루 만에 모두 치러진 것이었다.

거란군은 배후에 있는 송의 침공을 의식하여 빨리 전쟁을 끝내고자 개경 함락에만 서둘러 홍화진·구주·통주·서경 등을 그대로 두고 내려왔기 때문에 곳곳에서 고려군의 게릴라전으로 군수물자 보급선이 차단되었다. 이에 고려가 하공진을 보내 화친을 청하자 거란은 현종이 친조(親朝)하고 강동 6주도 반환한다는 조건으로 이를 받아들이고 회군한다. 그러나 양규는 김숙흥과 연합하여 거란군 선봉대를 애전에서 기습하여 1천여 명을 죽이는 대승을 거두었다. 그러자 거란의 성종이 직접 대군을 이끌고 대반격을 시도하자 결국 양규와 김숙흥은 화살이 떨어지고 병사들이 다 쓰러질 때까지 처절하게 싸우다가 장렬하게 전사하였다.

■ 거란의 3차 침입

1011년 정월 개경에 돌아온 현종은 거란에 친조하지 않았고, 강동 6주 반환 요청에도 응하지 않자 거란은 소규모 군사적 침략을 계속하고 압록강에 있는 성의 하나인 보주를 점령하였다. 그러자 고려는 거란에 대한 평화적 협상이 어렵다고 판단하고 1013년에 거란과 국교를 끊고 다음 해에 송나라와 다시 교류하였다. 이에 거란은 1014년 9월에 소적렬(蕭敵烈)을 앞세워 통주와 흥화진을 공격하는 것을 신호로 3차 침입이 시작되었다. 흥화진 등 6성 중 3성을 놓고 거란과 고려가 공방전을 계속하였으나 어느 하나 쉽게 함락하지 못하다가 거란군이 물러났다.

1018년 12월에 거란은 소배압(蕭排押)이 이끄는 10만 대군으로 다시 고려를 침공하였다. 그러자 고려는 서북면행영도통사로 있던 강감찬을 상원수, 강민첨을 부원수로 삼아 20만 대군으로 대비하였다. 강감찬이 처음 병력을 이끌고 진을 친 곳은 영주였다. 그러나 곧 흥화진으로 나아가 기병 1만 2천 명을 산골짜기에 매복시키고 굵은 밧줄로 쇠가죽을 꿰어 성 동쪽의 냇물을 막았다가 적병이 이르자 막았던 물을 일시에 내려보내 혼란에 빠진 거란군을 크게 무찔렀다.

거란군은 초반부터 큰 피해를 입었음에도 후퇴하지 않고, 고려군의 이어진 공격을 피해 개경으로 나아가다가 자주에서 강민첨의 공격을 받아 크게 손실을 입었고, 대동강 강가에서는 조원의 군사에 패해 많은 군사를 잃었다. 계속되는 패배와 고려군의 청야 전술로 인해 식량 공급에도 큰 차질을 겪고 있음에도 불구하고 소배압은 개경 입성을 고집했다. 결국 거란군이 1019년 1월 개경에서 멀지 않은 신은현에 도달하자, 고려는 개경 일대에 계엄령을 내리고 대비했다. 고려 현종은 도성 밖의 백성들을 모두 성안으로 불러들이고 들판의 작물과 가옥을 철거했다. 그리고 기병 3백여 명을 금교역으로 보내 어둠을 타고 기습하여 이곳에 있던 거란군을 거의 다 죽여 버렸다. 그러자 개경을 코앞에 두고 그만 탈진해 버린 소배압은 개경공략을 포기하고 군사를 돌려 퇴각하기 시작하였다.

이때 강감찬은 곳곳에 군사를 매복시켜 두었다가 이들을 급습하게 했는데, 마침내 강감찬과 소배압이 맞부딪치게 된 곳이 바로 귀주였다. 처음 양 진영은 서로 팽팽하게 맞선 채 좀처럼 승부가 나지 않았는데, 개경에 내려갔던 김종현의 부대가 가세하면서 상황은 급변했다. 더구나 그때 갑자기 바람의 방향이 바뀌어 남쪽에서 북쪽으로 불기 시작하자 남쪽에 진을 치고 있던 고려군의 기세가 한층 높아졌다.

전세가 불리하다는 것을 깨달은 거란군은 북쪽으로 달아나기 시작했고, 고려군은 도망치는 거란군을 맹렬히 추격하여 거의 몰살시켜 버렸다. 거란군 10만 명 중에서 살아 돌아간 자는 겨우 수천에 불과하였고, 소배압은 갑옷에 무기까지 버리고 죽기 살기로 압록강을 헤엄쳐 달아났다. 이 전투를 '귀주대첩'이라 부른다. 강감찬이 개경으로 개선하자 현종은 친히 영파역으로 나가서 그를 맞이하고 금화 8가지를 머리에 꽂아주었다. 이후 거란은 고려를 무력으로 굴복시키려는 야망을 완전히 버리게 되었고, 그동안 끈질기게 요구하였던 강동 6주의 반환을 다시는 요구하지 않게 되었다.

1019년 전쟁은 끝이 났으며, 이후 양국 사이에 사신이 왕래하면서 국교가 회복되었다. 고려는 거란의 제안을 받아들여 송나라의 연호를 폐지하고 거란의 연호를 사용하는 대신, 거란이 요구한 국왕의 친조와 강동 6주 반환을 하지 않게 되었다. 거란은 고려 침략에 실패하여 요동에서의 지배권이 흔들리기 시작했고, 고려가 버티고 있는 한 송나라를 쳐들어갈 수 없게 되었다. 그리하여 고려-송-거란 3국의 대등한 세력 균형이 형성되었다. 아울러 고려에서는 거란과 여진족을 막고 국내의 안정을 위해 홍화진 북쪽의 압록강 어귀에서부터 동해안의 도련포에 이르는 천리장성을 쌓았다.

1060년대 들어서 거란이 내분으로 국력이 급격히 약화되자, 1071년에 고려의 사신이 송에 가면서 중단되었던 송과의 외교 관계가 재개되었다. 고려가 송과의 외교를 진행하면서도 거란과의 관계를 송보다 존중하는 태도를 견지하여 거란과도 큰 문제가 발생하지 않았다. 또한 고려가 국방체제 정비를 통해 전쟁에 대비하고 있었고, 거란은 내부의 정치적 사정이 있어서 함부로 군사를 일으킬 수도 없었다.

문종의 사후에도 고려 국왕들은 거란과 송에 대한 이중 외교를 지속하려고 하였다. 고려 국왕들은 거란과의 문제를 적절하게 대처해 나가면서 송에 사신을 보내는 일을 중단하지 않았다. 송에 사신을 보내는 일은 고려에 경제·문화적으로 큰 이익을 남겨주었기 때문이다. 이처럼, 전통적인 우호국과의 관계를 유지하면서도 적대국과의 관계를 소홀히 하지 않는 실리외교는 나라의 안녕과 백성들의 평화로운 삶을 위한 필수적인 정책이라 할 수 있다.

40여 년에 걸친 대몽항쟁

■ 몽골의 세계 정복

고려가 최씨의 무단정치 아래에 있는 동안 중앙아시아 대륙에서는 테

무친이 등장하여 몽골족을 통일하고, 1206년에는 칭기즈칸이라 칭하고 강대한 제국으로 군림하였다. 그는 세계를 정복할 목적으로 동·서양의 각국을 공격하여 세계 최대의 제국을 건설한 다음, 남하하여 여진족이 세운 금나라를 공격하니 금나라는 대대적인 분열을 일으켰다. 그동안 국력이 쇠약해진 거란은, 금나라가 몽골족의 공격으로 망해 가는 틈을 이용해 대요국(大遼國)을 세우고 재기를 노렸다. 그러나 1216년 8월에 몽골군이 거란족을 공격하자, 쫓기던 거란족은 살 곳을 찾아 고려로 쳐들어온다.

거란족은 김취려 장군이 이끄는 고려군에 패배를 거듭하다가 1218년 9월에 지금의 평양 인근 강동성으로 들어간다. 그러나 12월에 합진(哈眞) 등이 이끄는 몽골군이 강동성에 도착해 성을 포위하고 거란족을 압박한다. 이듬해 2월에 고려군이 추위와 눈 때문에 보급로가 끊긴 몽골군을 도와 강동성의 거란족을 섬멸했다. 이 작전의 성공으로 양국의 장수들은 서로 형제의 맹약을 맺기도 하였다. 이것이 고려가 몽골과 최초로 접촉하고 공식적인 관계를 맺게 되는 과정이다. 그러나 평화는 어디까지나 일시적이었다. 귀환하는 몽골 장수들이 고려의 말을 빼앗는가 하면 동진 사람 40여 명을 의주에 남겨두고 고려 말을 배워 둘 것을 지시하기도 했다. 이런 노골적인 도발 암시에도 불구하고 고려 무신정권의 반응은 적어도 초기에는 대단히 소극적이었다.

몽골은 이후 고려에 대해 매년 상상 이상의 공물을 요구함으로써 양국 사이는 소원해져 갔다. 그러다가 1225년 고려에 공물을 요구하러 온 몽골의 사신 저고여(著古與)가 몽골로 귀환하던 중 국경 근처에서 피살되는 사건이 일어났다. 이를 계기로 양국 관계는 파탄이 나면서 몽골은 1231년에 살리타이를 앞세워 고려를 침입했다. 몽골의 목적은 만주와 화북을 점령하고 나아가서 남송과 일본을 정벌하기 위한 기지를 고려에서 구하려고 했다.

1차 침입 이후 1259년까지 약 30년 동안 총 아홉 차례에 걸쳐 몽골은 고려 땅을 짓밟았는데, 이에 관한 기록은 많지 않다. 원 간섭기에 『고종실록』 등이 다시 편찬되는 과정에서 관련 사실이 축소되었기 때문이다. 그 가운데 박서와 김경손이 지휘한 귀주성 전투에서 몽골군의 네 차례에 걸친 공격을 막아낸 커다란 성과가 남아 있다. 살리타이가 이끄는 몽골군이 압록강을 넘어 고려의 의주를 함락하고, 이어서 귀주성을 공격하였다. 몽골군은 귀주성을 함락하기 위해 포차와 누차 등 무수한 대형 병기를 이용하는 등 맹공을 하였으나 함락하지 못했다. 귀주성 공격에 실패한 후 몽골의 70세에 가까운 한 장수는 "내가 스무 살부터 전투에 나가 천하의 무수한 성을 공격해 봤지만, 이처럼 공격당하면서도 끝내 항복하지 않은 성은 본 적이 없다."라고 한탄했다. 몽골군이 귀주성을 우회하여 개경까지 임박하는 가운데 고려군은 자주성과 서경성에서도 몽골군의 공격을 결사적으로 막아냈다. 또한 몽골군 일부가 개경을 우회하여 충주까지 침입하였지만, 노비와 천민까지 합세하여 끝까지 성을 지켰다. 이에 몽골군이 주춤하자 고려는 강화를 요청했고 몽골은 몽골인 감독관을 서북면에 두고 군사를 철수하였다.

불리한 전황에서 몽골과 강화를 했지만, 이는 고려의 작전상 후퇴였고, 당시 집권자인 최우는 앞으로 있을 몽골의 침략에 대비해 1232년 6월에 수도를 강화로 옮기고 장기 항전태세에 돌입한다. 그런데 강화도로 천도한 최씨 무신정권이 유목민족인 몽골을 바다 건너의 섬인 강화도로 침입하는 것은 효과적으로 막을 수 있었겠지만, 전국 각 지방의 대몽항쟁을 어떻게 지휘하고 지원했는지는 알 수가 없다. 이후 계속되는 몽골의 침입에서 전 국토가 유린당한 가운데 간헐적인 저항으로 30년을 버틴 것이 과연 최씨 무신정권의 공인지 지역민들의 자발적인 저항인지는 더 깊이 연구할 필요가 있다.

멀리 서구까지 진출하여 세계 정복을 꿈꾸던 몽골이 일본까지 진출하기 위해 고려를 쳐들어온 것은 분명 일방적 침략이었고, 이에 대한 고려의 항쟁은 힘겨운 저항이었다. 당시 몽골은 다른 나라를 침략할 때 속전속결을 펼쳤기 때문에 대부분의 나라들은 미처 저항다운 저항도 못 하고 무너졌다. 그러나 고려는 초강대국 몽골에 직접 대항하기에는 역부족이었지만, 무려 몽골이 9차례나 침략할 정도로 쉽게 무너지지 않았다. 물론 왕실과 집권층의 안전을 위해 강화도로 천도한 가운데 온 국토가 초토화되고 수많은 백성이 피를 흘린 것에 대해서는 비판받을 수 있지만 그 저항정신만은 무시할 수 없다. 이때 몽골의 침략에 대항해 고려가 활용할 수 있는 다른 주변국은 없었다. 그만큼 고려·몽골 전쟁은 거대 제국의 일방적 침략에 대한 고려의 힘겨운 저항이었다.

■ 대몽항쟁 40년의 경과

몽골은 고려의 강화 천도에 반발하며 사신을 보내 항복을 권고하였으나 고려가 거절하자 2차 침입을 시도했다. 1232년 8월에 몽골군은 개경을 함락시킨 후 남경(지금의 서울)을 공격하고 한강을 넘어 남하하였다. 해전에 약한 몽골은 강화도를 치지 못하고 사신을 보내 항복을 권고하였으나 고려는 응하지 않았다. 계속해서 남하하던 몽골군은 11월에 광주성을 공격했으나 수개월 동안의 공방전 끝에 성을 함락하지 못하고 물러났다. 12월엔 처인성을 공격하다가 매복해 있던 고려군에게 습격받고 김윤후라는 스님에 의해 살리타이가 화살에 맞아 전사하는 바람에 퇴각하였다.

몽골은 1234년에 금나라를 멸망시킨 후 제2차 고려 침입 실패에 대한 보복을 결심하고, 1235년에 탕우타이에게 군사를 주어 제3차 고려 침입을 감행하였다. 몽골은 고려 군민의 저항으로 여러 차례 타격을 받으면서도 동경(지금의 경주)까지 당도해 황룡사를 불 질러버리는 등 4년간에 걸쳐 고려 전역을 유린했다. 고려 조정은 강화도에 웅거하며 저항하였고, 부처의 힘을 빌려 난국을 타개하고자 대장경의 제조를 시작하였다. 그러나 육지 곳곳이 몽골군에게 짓밟히고 만행이 극에 달하자, 결국 1238년 겨울에 고려 조정은 몽골에게 강화를 제의했고, 몽골은 고려 고종의 입조를 조건으로 1239년 봄에 철수하였다.

몽골은 오고타이 칸(원 태종)의 뒤를 이어 구유크 칸(원 정종)이 즉위했는데, 고려가 여전히 입조와 조정을 개경으로 옮기는 일을 지키지 않자, 1247년에 아모간(阿母侃)에게 군사를 주어 제4차 고려 침입을 하였다. 그러나 구유크 칸이 급사하는 바람에 후계자 문제로 분규가 생겨 몽골은 고려의 '선철군 후입조' 제안을 받아들이고 철군하였다.

몽골은 후계 분쟁이 끝나고 1251년에 몽케 칸(원 헌종)이 즉위하게 되자, 1253년에 예쿠를 시켜 제5차로 고려 침입을 단행하였다. 고려는 최우가 사망하고 그의 아들인 최항이 강화도를 굳게 지키니 몽골은 이를 함락하지 못하고 9월부터 10월 초까지 동주(지금의 철원)·춘주(지금의 춘천)·양근(지금의 양평)·양주(지금의 양양) 등을 공격한 다음 충주성에 이르렀다.

그러나 충주성엔 21년 전의 김윤후가 버티고 있어 결코 함락시킬 수 없었으며 한 달 이상 시간을 끌었다. 김윤후는 70여 일 동안 버티다가 비축해 둔 군량이 바닥이 나자 군사들에게 "만약 힘을 다해 싸워 준다면 귀천을 불문하고 모두 관작을 줄 것이니 너희들은 나를 믿어라."라고 하며 관노 문서를 가져다 불살라 버리고 노획한 말과 소를 나누어 주었다. 이에 성안의 군민들이 모두 죽음을 무릅쓰고 적에게 돌진하니 몽골군은 기세가 꺾여 철수하였다. 이때 돌연 몽골의 예큐가 병을 이유로 귀국하려고 하며 타협적인 태도를 보이자, 고려 고종은 왕자 안경공 창을 몽골에 보내는 조건으로 항복을 표시함으로써 몽골군은 완전히 철병하였다.

몽케 칸은 최항을 대동한 국왕의 강화도로부터 출륙과 원에 입조를 요구했으나 실행되지 않았으며, 게다가 안경공 창이 고려 왕자가 아니라 친척임을 알자 고려를 다시 공격하기로 결심한다. 몽케 칸은 1254년 7월 자랄타이를 정동원수로 삼아 대군을 이끌고 수군까지 동원하여 제6차 고려 침입을 하였다. 자랄타이는 전국 각처를 휩쓸고 계속 남하하여 충주성을 공격했으나 또 실패했고, 다시 우회해 상주산성을 공격했으나 실패했다. 그러나 계속 남하하여 지리산까지 내려가 진주를 코앞에 두었으나 돌연 몽케 칸의 명으로 12월에 개경으로 돌아갔다.

1255년 9월에 몽골은 또다시 자랄타이를 앞세워 제7차 고려 침입을 하여 전라도 전역을 쑥대밭으로 만들었다. 그러고는 갑곶(甲串) 기슭에 집결하여 강화도를 돌입할 기세를 보였다. 그러나 전에 몽골에 사신으로 갔던 김수강이 몽케 칸을 설득하는 데 성공하여, 몽골은 서경으로 일시 철수한 후 10월에 돌아갔다.

1257년에는 고려가 해마다 몽골에 보내던 세공을 정지하게 되자, 몽골은 5월에 또 자랄타이에게 군사를 주어 제8차 고려 침입을 하였다. 그때 고려는 대몽 강경파 최항이 죽고 아들 최의가 집권한 지 한 달도 되지 않은 때였다. 고려 조정은 재차 김수강을 교섭의 사신으로 몽골에 파견하여 몽케 칸을 알현케 하고, 출륙과 친조를 조건으로 10월에 몽골군의 철병 허락을 얻었다. 하지만 최의는 몽골과 계속 싸우겠다며 전횡을 부리다가 결국 1258년 3월에 부하인 유경과 김인준 일파에게 살해당했다. 이로써 60여 년간 이어진 최씨들의 독재체제가 무너졌다. 이에 몽골은 일단 군대를 북으로 후퇴시키고 고려의 태도와 동정을 살피고 있었다.

몽골은 김인준이 정권을 잡은 지 한 달 만인 1258년 4월에 또다시 자랄타이를 앞세워 제9차 고려 침입을 개시하였다. 김인준도 몽골군에 대한 최씨 정권의 방법을 그대로 계승하여 항전하는 방식을 택했다. 그러나 1259년 3월 고려 조정은 박희실 등을 사신으로 보내 자랄타이와 회담하고, 왕의 출륙과 입조를 약속하고 몽골과 강화를 맺게 되어 기나긴 전쟁은 끝나게 된다. 몽골은 그동안 여러 나라를 정복하면서 그 어떤 왕권도 인정하지 않았으나, 고려와 화의를 맺고 고려의 주권을 존중한 것은 몽골의 침략 역사에서 일찍이 없었던 사실이다. 이것은 고려의 장기간에 걸친 항쟁으로 몽골 입장에서는 고려를 완전히 정복하기가 어렵다는 것을 고려한 것으로 볼 수 있다.

고려와 몽골은 강화를 맺었으나 고려 조정의 의견 불일치로 개경 환도는 계속 지연되었다. 1259년 6월 고종이 죽었고, 칸이 된 쿠빌라이(원 세조)를 만나고 온 태자 왕식이 귀국하여 1260년 4월에 왕위에 올라 제24대 원종(元宗)이 되었다. 원종은 몽골에 태자를 인질로 보내 복속을 거듭 표시하였으나, 최씨 정권을 무너뜨리고 새로운 집권자가 된 김인준의 반대로 강화도에서 나올 수 없었다.

그러다가 김인준을 살해하고 새 집권자가 된 임연은 1269년 6월 강화를 반대하여 원종을 폐위하고 안경공 창을 즉위시켰는데, 이가 영종(英宗)이다. 그러나 몽골의 압력으로 11월에 원종을 복위시키고 임연 역시 몽골의 재침공을 두려워하다 등창으로 죽는다. 임연의 아들 임유무 역시 출륙을 반대하지만, 몽골의 군사적 뒷받침을 받은 원종에게 살해되었다. 이리하여 무신정변이 일어난 지 100년 만인 1270년 무신정권은 종말을 고한 동시에 강화를 맺은 지 10년 만에 고려 조정은 개경으로 환도하였다. 이후 고려는 국체는 보존했지만 제후국으로 위상이 격하된 채 90년 가까이 몽골에 내정간섭을 받는 지배를 당한다.

■ 삼별초의 대몽항쟁

무신정권의 사병 집단이면서 대몽항쟁에서 선봉에 섰던 삼별초는 원종이 개경 환도를 준비하자 이에 반발하여 반기를 들었다. 배중손을 지도자로 추대하고 강화도와 육지 간의 교통을 끊었으며, 왕족 승화후 온을 왕으로 추대한 후 관부를 설치하고 관리를 임명하여 반몽 정권을 수립하였다.

그러나 이탈자가 속출하여 경계가 어렵게 되자 삼별초군은 1270년 6월 초 1천여 척의 배로 남쪽으로 향하여 서해안 요지를 공략하면서 8월에 진도에 들어가서 용장산에 성을 쌓고 궁궐을 지었다. 진도는 경상도와 전라도 지방의 세곡이 수도로 운송되는 길목으로 군량을 조달할 수 있는 요충지였다. 12월에 고려 장수 김방경과 몽골 장수 아카이(阿海)가 토벌군을 이끌고 용장성을 공격했지만 실패했다. 삼별초군은 남쪽 해안을 중심으로 활동을 계속하다가, 1271년 5월에 김방경과 홍다구가 이끄는 토벌군의 공격을 받아 배중손·안방열 및 승화후 온이 죽고 남녀 1만여 명, 전함 수십 척이 포획되는 큰 피해를 입자 김통정이 중심이 되어 탐라도(제주도)로 들어갔다.

탐라도로 거점을 옮긴 삼별초는 성을 쌓고 방비를 튼튼히 하며 1271년 겨울에 활동을 재개하여 전라도와 경상도 연안에서 주로 조운선을 공격하여 약탈하고 몽골이 일본 정복을 위해 건조한 전함 등을 불태웠다. 이에 원나라에서 조서가 내려와 고려 조정은 군사 6천, 수부 3천을 징발해 진압군을 편성했다. 1273년 2월에는 원나라에서 온 총사령관 힌두(忻都)와 홍다구와 고려 장수 김방경이 비양도·함덕포 등 삼별초군의 진지를 하나하나 공격해 무너뜨리자 대부분 항복하기 시작했다. 그 후 김통정은 70여 명을 거느리고 한라산 속으로 도망가 농성을 벌였으나 김통정이 스스로 목숨을 끊음으로써 삼별초의 항쟁은 막을 내렸다.

삼별초는 원래 강화도로 천도하기 전인 1219년에 수도 개경의 밤 순찰과 경비를 강화한다는 이름으로 최우가 조직한 군대이다. 처음 이름은 '야별초'였는데, 군인들의 수가 많아짐에 따라 좌·우별초로 나누었고, 그 후 신의군이 조직되면서 삼별초라 하였다. 고려 조정의 개경 환도 결정 후 초기 삼별초 항쟁은 대몽항쟁을 명분으로 민심을 결집하고, 몽골과 결탁한 고려 국왕과 지배층에 반기를 든 반몽골·반정부운동이었다. 한편으로 삼별초군은 고려의 정규군이라 할 수 있지만 무신 실력자들의 사병집단 노릇을 한 만큼 무신정권이 무너지자 기득권을 잃지 않기 위해 항쟁을 일으킨 측면도 없지 않다. 그러므로 삼별초의 항쟁이 외세 침략에 완강히 대항한 국가적 영웅인지, 무인 정권의 사병 집단으로서 기득권 유지를 위한 저항인지에 대해서는 견해 차이가 존재한다.

고려의 멸망과 조선의 건국

■ 고려 말의 정세

고려가 멸망하게 된 원인은 내부에서만 있었던 것이 아니었다. 14세기 말 당시 고려는 공민왕의 개혁 노력이 실패하자 안팎으로 혼란을 겪고 있었다. 안으로는 기존의 귀족 세력인 권문세족이 정치권력을 독점하고 대토지 소유를 확대해 나가면서 정치 기강이 문란해지고 국가 재정의 궁핍을 가져왔으며 백성들의 생활이 극도로 어려워졌다. 밖으로는 중원에서 명(明)나라가 일어나 원(元)나라를 위협하고 있었고, 만주의 여진족이 원의 세력이 약해진 틈을 타서 새로운 세력을 형성하고 있었으며, 남쪽에서는 왜구들의 노략질이 끊이지 않았다. 이때 고려의 무신인 최영과 이성계는 왜구·홍건적·몽골 잔당·여진족의 침입을 여러 차례 물리치고 명성을 얻어 중앙 정계에서 힘을 발휘하고 있었다.

우왕 때에 이르러 권문세족이 토지 겸병을 확대하자, 최영이 이성계를 위시한 사대부 세력의 뒷받침을 받아 권문세족의 거두 이인임 일파를 축출하였다. 그러나 그 후 개혁의 방향을 둘러싸고 최영과 이성계는 큰 차이를 보였다. 그 무렵 고려 조정은 철령위 문제로 밖으로는 명과, 안으로는 친원파와 친명파가 대립하고 있었다. 몽골의 잔당 세력들이 세운 북원이 멸망하자, 1388년 2월 명나라는 철령 이북의 땅을 점령하겠다고 통고를 해 왔다. 본래 원나라의 쌍성총관부가 있던 지역이니, 이제는 명나라의 땅이라는 것이었다. 그러고는 철령위라는 관청을 설치하고 관리를 파견하였다. 명나라가 철령위 설치를 감행한 것은, 고려가 더 이상 몽골 잔당이나 여진족과 손을 잡지 못하게 하려는 것이었다. 철령위의 위치에 대해 우리 국사 교과서에는 식민사학자 이케우치 히로시가 주장한 대로 함경남도 남부와 강원도 북부라고 기술한다. 그러나『명사(明史)』「병지(兵志)」에 요동도사가 관할하는 지역 중 철령위가 서술된 것에서 알 수 있듯이, 철령은 당연히 요동에 있었다.

4월 고려 대부분 중신들의 반대에도 불구하고 우왕과 최영은 이 기회에 명의 만주 기지인 요동을 공격해서 명나라의 야심을 꺾자고 주장했다. 이에 이성계는 '사불가론'을 내세우며 요동 정벌의 부당성을 주장했다. 첫째 작은 나라가 큰 나라를 거스르는 일은 옳지 않고, 둘째 여름철에 군사를 동원하는 것은 부적당하며, 셋째 요동을 공격하는 틈을 타서 남쪽에서 왜구가 침범할 염려가 있고, 넷째 무덥고 비가 많이 오는 시기라 활의 아교가 녹아 무기로 쓸 수 없고, 병사들도 전염병에 걸릴 염려가 있다는 주장이었다. 그러나 우왕은 최영과 함께 요동 정벌을 단행했다. 최영이 팔도도통사로 총지휘관이 되고, 조민수는 좌군도통사, 이성계는 우군도통사가 되어 4만 명의 병력으로 요동 정벌군을 편성하였다.

1388년 5월 초에 고려군은 압록강 어귀의 작은 섬인 위화도에 이르렀는데, 장맛비가 줄곧 내려 더 이상 진군이 힘들었다. 이에 이성계는 조민수와 상의하여 회군을 요청하는 상소를 올렸다. 그러나 평양에 있던 우왕과 최영은 이를 허락하지 않고 도리어 과섭찰리사 김완을 보내 속히 진군하라는 명령을 내렸다. 그래도 이성계 등은 다시 평양에 사람을 보내 회군을 요청했으나 평양에서는 역시 이를 허락하지 않았다. 일이 이에 이르자 이성계는 마침내 회군의 뜻을 결심하고 드디어 5월 22일에 회군 하였다. 원정군은 놀라울 정도로 빠른 속도로 진격하여 6월 1일에 개경 근처에 도착하였고, 돌연한 회군에 우왕과 최영은 서경에서 개경으로 급 히 귀경하여 이성계 군에 반격하였다. 그러나 절대적인 수적 열세 속에 이성계 군이 입성하여 최영은 고봉현으로 귀양 갔다가 결국 처형됐으며, 우왕은 강화도로 추방되었다가 역시 죽임을 당했다.

■ 위화도 회군과 이성계의 집권

사학자들은 이성계의 위화도 회군을 두고 엇갈린 주장을 펴고 있다. 위 화도 회군이 왕위를 찬탈하기 위한 계획된 쿠데타라고 보는 시각이 있는 가 하면, 요동성을 공략할 수도 안 할 수도 없는 진퇴양난의 상황에서 단 행한 자구책이었다고 주장하기도 한다. 한편으로는 중원이 원나라에서 명나라로 교체되는 시기라 요동 정벌에 성공할 수도 있었던 기회를 놓쳤 다고 보기도 하고, 우직하고 고지식한 최영의 판단에 비해 현실적이고 실 리적인 이성계의 판단이 옳았다고 보기도 한다. 결과적으로 쿠데타이긴 하지만 당시 경쟁 관계에 있었던 조민수마저 회군에 찬성할 정도였던 것 을 감안하면 어쩔 수 없었던 선택으로 보이며, 계획된 행동이라 단정 짓 기는 어렵고 상황에 따른 실리적인 선택이었을 가능성이 높아 보인다.

이성계의 이러한 거사는 신·구 세력의 교체를 의미하는 동시에 후일 신흥 무인 세력과 신진 사대부 중의 급진 개혁 세력이 조선 왕조를 창건 하는 데 기초가 되기도 하였다. 공민왕 후반부터 등장한 신진 사대부들이 신흥 무인 세력과 동맹관계를 맺어 확실한 세력으로 떠오른 데다, 고려의 충직한 신료로 대표되는 최영이 권문세족과 신진 사대부의 입장을 제대로 수용하지 않았기에 발생한 사건이었다.

그러한 가운데 함께 회군했던 조민수 일파와 이성계 일파 사이에 갈등이 발생한다. 조민수가 당시 신진사대부의 대부였던 이색의 뜻을 받들어 9세의 창왕을 옹립했다. 그런데 대사헌 조준이 토지 개혁을 요구하는 상소로 인해 삽시간에 시중부터 서인, 천민들까지 모두 토지 개혁 열풍에 휩쓸려 들어갔다. 권문세족들의 대농장 소유와 불법으로 겸병하고 있는 사전을 혁파해야 한다는 내용이었다. 이러한 와중에 조준은 조민수가 백성들의 땅을 빼앗아 사전을 늘렸다고 탄핵하고 나섰다.

결국 조민수는 창왕을 옹립한 지 두 달 만에 창녕으로 유배를 떠났고, 창왕은 이듬해 11월에 폐위되고 만다. 표면적인 이유는 우왕과 창왕이 왕씨가 아니라 신돈의 후손인 신씨라는 것이었다. 이성계는 정몽주 등과 함께 이른바 '폐가입진(廢假立眞)', 즉 가짜를 폐하고 진짜를 세운다는 논리로 창왕을 폐위시키고, 신종의 7대손인 정창군 요를 등극시킨다. 그가 바로 고려의 마지막 왕인 제34대 공양왕(恭讓王)이다.

공양왕은 즉위한 직후 대대적인 인사를 단행하여 이성계 일파를 대거 기용했지만, 최고위직인 판문하부사를 이색으로 삼고, 영삼사사를 변안열로 삼아 이성계 일파를 견제하려 했다. 그런데 대사헌 조준은 대간 오사충과 사인 조박 등과 함께 상소해 이색 등이 공민왕의 핏줄이 아닌 우왕이 즉위하는 것을 방관하고 창왕을 옹립하는 데 앞장섰다고 공격했다. 결국 이색은 유배를 가고, 조민수는 서인으로 강등되었다. 나아가 우왕과 창왕을 죽였다. 그전에 우왕의 명을 받은 전 대호군 김저가 이성계를 암살하려는 모의가 적발되었는데, 이 일의 배후가 변안열이라고 하며 처형했다. 이로써 공양왕의 좌우익과 다름없는 문무 양대 인물이 제거되었다. 그리고 이성계 일파는 전국의 토지 면적을 조사하기 시작했다. 사전 혁파의 전 단계로 전국의 농지 상황 조사에 나선 것이다. 사전 개혁이 고려 왕조를 존속시키려는 구가 세족들의 물적 기반을 허물어뜨리는 길이라는 것을 알고 있었다. 이에 조정의 벼슬아치들이 반발하자 공양왕은 경기 이외 지방에선 사전을 허용하려 했다. 이에 따라 공양왕은 백성들의 마음을 잃은 반면 이성계는 이들의 마음을 얻게 된다. 다른 문제는 몰라도 토지 소유 문제만큼은 모든 백성이 눈을 부라리고 바라보는 초미의 관심사였다.

공양왕 2년(1390) 9월에 기존의 공사 토지 문서를 모두 불태워버리고 이듬해 5월에 과전법이 반포되었다. 새로 조사한 토지를 토대로 만든 새로운 토지 제도가 바로 과전법이었다. 과전법에 따라 수도에 거주하면서 왕실을 시위하는 사대부들에게 경기도에만 과전을 나누어 준 것을 필두로 나랏일을 하는 모든 사람에게 토지를 나누어 주었다. 이들에게 국가에 내야 할 10분의 1 정도의 토지세를 대신 거두어 녹봉으로 갖게 하고, 과전을 실제로 경작하는 농민들에게는 농사를 지을 권리인 경작권을 주었다. 이리하여 신진 관료의 녹봉과 국가 재정의 궁핍을 해결할 수 있었으나, 권문세족들은 경제적 기반을 상실하고 몰락의 길을 걷게 되었다. 그러나 이 과정에서 이색과 정몽주 등 온건 개혁파는 고려 왕조를 보존하며 점진적인 개혁을 추진하려 하였고, 정도전과 조준 등 급진 개혁파는 고려 왕조를 부정하고 전면적인 사회 개혁, 왕조 교체를 주장했다.

위화도 회군에 찬성할 때까지만 해도 정몽주는 이성계가 왕위까지 꿈꾸고 있다고 생각하지 않았다. 정몽주는 친명 유학자로서 고려가 상국인 명나라를 범하는 것이 옳지 않다는 생각에 위화도 회군에 찬성한 것이다. 그러나 이성계 일파가 창왕을 내쫓았을 뿐만 아니라 심지어 우왕과 창왕을 죽이려 하는 것을 보고 고려 왕조를 지키기로 결심하게 된다. 더군다나 정도전이 스승 이색을 죽여야 한다고 나서자 정몽주는 공양왕과 이색 측에 가담한다. 그러자 그간 숨죽이고 있던 고려 왕조 존속 세력이 고개를 들기 시작했다. 드디어 공양왕 3년(1391) 9월에 대사헌 김주를 중심으로 정도전을 사헌부의 기강을 어지럽혔다는 죄목으로 탄핵한다. 반면에 이색이 한산부원군으로 복권된다.

공양왕 4년(1392) 3월에 이성계가 남경에서 돌아오는 세자를 맞이하러 황해도로 갔다가 말에서 낙상한 사건이 발생한다. 그러자 이성계는 개경으로 돌아오지 못하고 벽란도에 누워 치료받는다. 정몽주는 이를 하늘이 준 기회로 여겼다. 4월에 조준, 정도전, 남은 등 이성계 일파의 주요 인사들 거의 전원을 탄핵하고 나섰다. 이때 이방원은 사태의 심각성을 알고 이성계를 견여(肩輿, 어깨 가마)에 태워 밤새 개경의 집으로 옮겼다. 이에 정몽주는 이성계의 병세를 관찰할 마음으로 이성계의 집을 방문했다. 이방원은 그 유명한 〈하여가〉와 〈단심가〉를 정몽주와 주고받은 후, 수하를 시켜 집으로 돌아가는 정몽주를 쇠도리깨로 때려죽였다. 이날이 공양왕 4년 4월 4일로 유학자이자 고려의 마지막 수호자였던 정몽주의 일생이 끝난 것이다.

■ 역성혁명, 조선의 건국

마침내 1392년 7월에 정도전·남은·조준·배극렴 등은 공양왕에게 강제로 선위를 요구하고 이성계를 왕으로 추대하였다. 이로써 고려 왕조는 태조 왕건이 개국한 지 474년 만에 제34대 공양왕을 끝으로 멸망하였다. 이성계는 한 손에는 군권을, 한 손에는 토지 개혁이란 명분을 들고 왕위에 올라 조선을 개국하였다.

조선의 건국은 단순히 왕씨 정권에서 이씨 정권으로 왕조가 교체된 사건으로만 이해할 수는 없고, 정치·경제·사회·사상 등 여러 방면에 걸쳐 큰 변혁을 가져오게 한 중대한 사건이었다. 정치적으로 왕권 중심으로 권력 구조가 바뀌고, 중앙 집권적으로 제도를 개편하여 관료체제의 기틀을 마련하였다. 경제면에서도 고려의 전시과체제에서 과전법체제로 발전하였고, 권문세족의 경작농에 대한 무제한 횡령과 토지의 탈취 등 권리 침해가 억제됨으로써 전체적으로 농민의 지위가 상승하였다. 사회 신분적으로는 고려의 귀족이 양반으로 변신하게 되었고, 농민의 지위가 상승하였을 뿐만 아니라 향·부곡·소와 같은 오랜 역사의 특수행정 구역이 사라져 양민층의 확대를 가져왔다. 사상적으로는 불교 중심에서 유교의 성리학이 정치이념으로 채용되어 국가의 통치 규범과 일반 백성들의 생활 규범이 되어 새로운 전통문화가 형성되었다.

이상과 같이 고려 후기의 정치·경제·사회 각 분야의 모순을 극복하고 새로운 사회를 열게 된 공로는 먼저 성리학의 이념적 바탕을 가진 신진 사대부들이었다. 그러나 한편으로는 신진 사대부가 기존의 권문세족과 명확히 구분할 수 있는 세력인가에 대한 본질적인 문제 제기가 있다. 이론적인 구분은 가능하지만, 당시 상황에서 뚜렷한 구분 기준이 없을뿐더러 인맥에 따른 구분이 대부분이었기 때문이다. 또한 신진 사대부를 다시 온건 개혁파와 급진 개혁파로 나누고 있지만, 이 역시 명확한 구분 기준이 없을뿐더러 이념적으로 같은 성리학을 바탕으로 하고 있다. 그리고 신진 사대부들이 반원 친명을 내세웠지만, 이는 예전부터 내려온 중원 중심의 국제관과 다를 바 없어 개혁적 대외관이라 할 수 없는 것이다.

이들 신진 사대부가 조선을 건국하면서 내세운 논리가 '역성혁명'이었다. 역성혁명이란 한마디로 왕의 성씨를 바꾸는 혁명이라는 의미이다. 고려의 왕씨에서 조선의 이씨로 왕조의 성을 바꾼 것이다. 이러한 이론은 『주역(周易)』에서 그 기초적인 개념을 찾아볼 수 있지만, 그것을 체계화된 이론으로 제시한 것은 『맹자(孟子)』이다. 인(仁)과 의(義)를 해치는 군주는 그 통치의 권위와 정당성을 상실한 개인에 불과하며, 백성이 이에 저항하여 통치체제를 전복할 수 있다는 이론이다. 맹자는 이 혁명의 근거를 민의(民意)를 기본으로 하는 천명(天命)에 두고 있다. 따라서 '민심이 곧 천심이다'라는 말과 같이 민본주의를 근본으로 한다. 그러므로 역성혁명의 정당성은 백성을 위한 것이라야 하고, 혁명을 일으키는 주체에게는 천명의 기준인 도덕성이 엄격히 요구된다.

당시 백성들은 귀족들의 부패로 고려 사회에 대해 불만이 극에 달한 상태에서 과전법을 비롯한 토지와 조세 제도의 개혁을 크게 환영했다. 이는 민심을 읽은 이성계 일파가 던진 승부수가 맞아떨어졌다는 것이다. 그러나 과전법의 시행으로 권문세족들로부터 몰수한 토지가 일반 백성들에게 배분된 것이 아니고, 신진 사대부를 포함한 관료들 중심으로 배분되어 한계가 있었다. 백성들에게도 일정한 혜택이 돌아가기는 했지만, 과연 과전법의 시행이 백성을 위한 제도였다고 평가하기에는 무리가 있다. 또한 고려 왕조가 도덕적인 타락 왕조였던가는 짚어볼 문제이다. 물론 귀족층이 부패하고 조정의 기강이 문란했으며 백성들의 생활이 피폐

했던 것은 사실이다.

그래서 사회 개혁의 차원에서 혁명이 일어날 수는 있지만 신진 사대부들이 내세운 역성혁명의 논리에 적합한지는 의문이 간다. 그리고 당시에 우왕이 신돈의 자식이라는 풍문이 있었지만, 이는 어디까지나 풍문일 뿐으로 왕조를 바꿀 혁명의 명분은 될 수 없었다. 그렇다면 결국 역성혁명이란 논리는 성리학적 사고에 바탕을 둔 신진 사대부들이 자신을 합리화하기 위해 적용한 것으로 볼 수 있다.

임진왜란과 정유재란

■ 도요토미 히데요시의 조선 침략

1592년(임진년) 음력 4월 13일 도요토미 히데요시는 약 20만을 조선으로 파병해 침공하였다. 이날 정발이 지키는 부산진성이 함락되었고, 다음날 송상현이 지키는 동래성이 일거에 함락되었다. 음력 4월 24일 순변사이일이 상주에서 일본군에게 패하여 10일 만에 경상도가 넘어갔다. 조정에서는 급하게 당대의 명장 신립을 도순변사로 삼아 적을 막게 했다.

그러나 병사가 없어 유성룡이 겨우 8,000여 명의 장정을 모아 신립 휘하에 배속시켜 전장으로 떠날 수 있었다. 신립은 산세가 험한 조령에서 군사를 매복하여 일본군을 막자는 의견을 무시하고 기마병을 충분히 활용할 수 있는 넓은 들판에서 싸우는 것이 유리하다고 여겨 탄금대 앞에서 진을 쳤다. 그러나 음력 4월 28일 조총으로 무장한 일본군에 의해 군사들은 전멸하고 신립은 달천에 몸을 던져 목숨을 끊었다. 신립의 패배 소식은 한양의 민심을 극도로 동요시켰고, 마침내 선조는 신하들과 더불어 한양을 떠나 개성·평양 방면으로 피난을 떠났다.

일본군은 100년에 걸친 전국시대 동안 풍부한 전투 경험을 쌓아 잘 훈련되고 조직되었지만, 조선군은 오랜 평화로 인해 군비가 제대로 갖추어져 있지 않았으며 실전 경험도 없었다. 일본의 육군은 종래 일본 사절단이 조선에서 이용하던 세 길을 따라 북진하고, 수군은 조선 남해와 황해를 돌아 물자를 조달하면서 육군과 합세하는 전략을 세웠다. 고니시 유키나가를 선봉으로 하는 제1군은 부산·밀양·대구·상주·문경 등을 거쳐 충주에 이르고, 제2군은 가토 기요마사가 인솔하여 울산·영천 등을 거쳐 충주에서 제1군과 합세하여 한양으로 진군하였으며, 구로다 나가마사의 제3군은 김해를 지나 추풍령을 넘어 북진하였다.

왕이 한양을 빠져나가자 분노한 백성들은 궁궐을 태워 버렸고, 노비들은 공사노비 문서들이 보관된 장예원과 형조를 불태웠다. 조정에서는 우의정 이양원을 유도대장으로 임명하고 김명원을 도원수로 임명해 도성을 수비하라고 시켰으나 일본군이 부산에 상륙한 지 20일 만인 5월 2일에 한양은 함락되고 말았다. 당시 일본에서는 성이 함락되면 성주는 할복하고 성에 사는 주민들은 항복하여 해당 지역이 평정되는 것이 전쟁의 기본 방식이었다. 그런데 조선의 왕은 도성을 버리고 도망치고 각지에서 백성들이 저항하기 시작하자 일본군 입장에서는 굉장히 당혹스러웠다.

한양에서 백성을 두고 도망친 선조와 백관 일행들은 일본군이 한강 이남까지 진격해오자 다시 개성으로 도망쳤다. 6월 25일 왜군 선발대가 선조를 쫓기 위해 북진했고, 도원수 김명원마저 도망가자 부원수 신각은 전열을 정비하여 양주 해유령에 매복해서 일본군 70여 명을 사살했다. 이것이 임진왜란 발발 후 조선군 최초의 승리였다.

그러나 임진강으로 패퇴했던 김명원은 자신을 따르지 않고 행방불명된 신각이 도주한 것으로 판단하고 "신각이 유도대장 이양원을 따라 도망쳤다."라고 선조에게 보고하여 선조는 즉각 신각을 처형하라는 명을 내린다. 며칠 후 신각으로부터 왜군 선발대 70명을 전멸시켰다는 보고를 받은 선조는 뒤늦게 선전관을 급파해 형 집행을 중지하라고 명했지만 신각은 이미 먼저 도착한 선전관에게 목이 베여 죽었다.

개성에 머무르고 있던 선조 일행은 한양 도성이 왜적에 함락되었다는 소식을 듣고 다시 평양으로 옮겼고, 일본군이 개성까지 함락하고 황해도로 북진해오자 선조는 또다시 의주로 도망쳤다. 그런 가운데 선조는 그동안 미루던 세자를 광해군으로 책봉하고 또 하나의 조정인 분조를 꾸렸는데, 광해군이 이를 이끌고 각지를 돌아다니면서 의병 봉기를 촉구하고 군대와 백성들을 위무했다. 함께 백성을 위무하고 근왕병을 모집하는 일을 맡은 임해군과 순화군은 가는 곳마다 각종 물품을 요구해 백성들의 원성을 사다가 포박되어 일본군에 넘겨지기도 했다.

■ 이순신의 승전

이러한 가운데 남쪽 바다에서는 이순신이 이끄는 조선 수군이 압도적인 화력과 탁월한 전술을 앞세워 연전연승했다. 음력 5월 7일 여수 수영에서 출발한 이순신의 전라 좌수영 수군은 옥포 포구로 나아가 원균의 경상 우수영 수군과 합세하여 적선 50여 척을 에워싸 26척을 격침했다.

최초의 해전을 완벽한 승리로 장식한 이순신은 이어 합포(마산) 앞바다에서 적선 5척, 다음 날 적진포(통영시 광도면)에서 적선 11척을 불태웠다. 5월 29일 이순신 함대는 일본 수군을 공격하기 위해 사천 앞바다에서 다시 원균의 수군과 합류한다. 이순신 함대는 왜선 10척을 불태웠고 나머지 2척은 일부러 남겨두었는데, 왜군 패잔병이 나머지 2척을 타고 도주하려고 하자 기다리고 있던 원균의 수군이 불태우고 소탕했다. 이 사천 해전에서 왜군 2,600여 명을 죽이고 12척의 왜선을 격침하였다. 6월 3일 척후선으로부터 당포 선창에 왜선이 정박해 있다는 정보를 입수한 이순신 함대는 곧 당포 앞바다로 나아가 왜선 21척을 모두 격침했다. 이후 이순신은 당포 해전 때 도주한 왜선이 당항포에 머물고 있음을 탐지하고는 전라 우수사 이억기, 경상 우수사 원균과 합세해 51척의 배로 왜선 26척을 격파했다.

일본 수군이 이순신에게 연전연패하자 도요토미 히데요시는 와키자카 야스하루를 내세워 이순신과 대적하게 했다. 와키자카는 정예 병력을 늘려 73척을 이끌고 거제도 등지로 진출해 견내량에 정박하였다. 7월 6일 이순신은 전라 우수사 이억기와 함께 전함 49척을 이끌고 전라 좌수영을 떠나 남해에서 경상 우수사 원균의 함선 7척과 합세했다. 조선 수군 연합 함대는 일본 함대를 한산도 앞바다로 유인하여 학익진을 펼치고 일제히 왜군을 향해 불을 뿜었다. 이 싸움에서 적선을 격파하고 불지른 것만도 66척이나 되고 죽은 왜군은 9,000여 명이나 되었다. 이것이 '한산도대첩'이다.

이어서 7월 8일에는 안골포에 머무르고 있던 왜군을 공격해 250명을 죽였다. 한산도대첩과 안골포 해전으로 조선 수군은 왜적의 주력 전선 약 100척을 격파하거나 나포했다. 조선 수군은 남해 제해권을 완전히 장악하여 왜군의 서해 진출을 차단할 수 있었다. 이로써 바다와 육지 양쪽으로 올라가려던 일본의 수륙 병진 작전은 수포가 되었고, 왜군은 군량 보급에 어려움을 겪게 된다. 8월 24일 조선 연합 함대는 적선의 본거지인 부산포로 향하면서 절영도(부산시 영도)에서 적선 여러 척을 파괴했고, 나아가 왜선 470여 척이 정박해 있던 부산포 내항으로 돌격하여 적선 100여 척을 파괴하는 전과를 올렸다. 이후 왜군은 해전을 피하고 육상 전투를 선호하게 된다.

특히 조선군은 바다의 이순신과 더불어 김시민의 제1차 진주성 전투, 권율의 이치(전라도 진산군 외곽) 전투에서 일본군을 크게 무찔렀다. 1592년 10월 5일 진주에 이른 나카오카 다다오키 휘하의 왜군 약 2만 명이 진주성을 에워쌌다. 진주 목사 김시민은 고작 3,800여 명의 군사로 성안을 지키고 있었다. 진주성의 관민이 합심하여 죽을힘을 다해 싸워 6일 만에 왜군을 물리쳤다. 이 전투를 제1차 '진주성 전투' 혹은 '진주대첩'이라고 부른다. 이때 의병장 곽재우, 최경회 등이 왜군의 배후를 위협하며 협공을 가했다. 적을 진압한 후 김시민은 성안을 돌아보다 쓰러져 있던 적군이 쏜 탄환에 이마를 맞고 쓰러진 후 39세의 일기로 죽는다.

전라도로 가는 바닷길이 이순신에 의해 막히자, 왜군은 전북 지역으로 뚫고 들어가 이순신을 후방에서 공격할 전략을 세웠다. 도요토미의 지시에 따라 한양에 있던 고바야카와 다카카게는 영동, 무주를 거쳐 1592년 6월 23일 금산성을 함락시켰다. 그러고는 전주로 가기 위해 제1대는 금산의 웅치로, 제2대는 이치 쪽으로 이동했다. 7월 7일 왜군 제1대가 웅치를 공격해 조선군은 전주성으로 후퇴했고, 7월 8일 이치에서 왜군은 권율이 이끄는 조선군과 치열한 접전을 벌이다가 고경명이 이끄는 의병 7,000여

명이 금산성으로 진격해 들어가자 철수했다. 이때 고경명은 금산 전투에서 작은아들과 함께 전사한다. 이치 전투에서 승리한 권율이 왜군의 전라도 진출을 막아 전라도가 조선군의 후방 병참기지 역할을 다할 수 있었다.

■ 명군의 지원과 의병의 봉기

한편, 의주로 도망친 선조는 명나라에 구원을 계속 간청하여 대규모 원병을 파병하도록 하였다. 명나라 입장에서는, 일본의 도요토미 히데요시가 전쟁을 일으킨 명분이 '명을 치러가니 조선은 길을 빌려달라'는 가도입명(假道入明)이니 참전을 안 할 수 없었다. 명나라에서는 요양부총병 조승훈에게 병사 5천을 이끌고 평양성을 공격하게 하였으나 패하자, 이여송·송응창이 이끄는 5만여 대군을 보내 1593년 음력 1월에 조선군과 합세하여 평양을 수복한다. 이에 일본군은 한양으로 퇴각하였다. 기세가 오른 명군은 일본군을 얕잡아 보고 벽제관을 공격하다가 일본군의 기습으로 크게 패하여 개성으로 후퇴하였다.

이에 일본군은 한양에 집결하였고 마침 함경도에서 철수하는 가토 기요마사의 군대와 연합하여 행주산성을 공격하였다. 이때 전라감사 권율이 명군과 합세해 도성을 수복하기 위해 북진하던 중 1593년 2월 행주산성에 병력을 집결했다. 승병장 처영도 승병을 이끌고 합류했으나 총병력은 3천여 명 정도밖에 되지 않았다. 1593년 2월 12일 왜군 3만여 명이 몰려와 여러 겹으로 행주산성을 포위했다. 조선군은 비록 수적으로는 왜군의 10분의 1 정도밖에 되지 않는 열세였지만, 활·칼·창 외의 한꺼번에 여러 발의 화살을 쏠 수 있는 신기전을 장착한 화차와 돌을 날려 보낼 수 있는 석포 등 다양한 무기를 확보하고 있었고 목책도 이중으로 설치하여 방비했다.

왜군은 3진으로 나누어 아홉 차례에 걸쳐 온종일 맹렬하게 공격했고, 조선군은 모든 무기를 동원하여 방어하다가 화살과 탄약이 떨어지자 투석전으로 맞서며 결사 항전했다. 때마침 충청 수사 정걸이 배 2척에 화살 수만 발을 실어 한강을 거슬러 오고, 수십 척의 전라도 조운선이 다가오자 이순신의 원군인 줄 착각한 왜군은 마침내 큰 피해를 본 채 퇴각했다. 이 전투를 '행주대첩'이라 한다.

한편 국내 각처에서는 의병이 일어났다. 전쟁 초기에는 조정과 관군뿐만 아니라 백성들도 불안감에 동요가 심했다. 이때 향촌의 명망 있는 사람과 유생 등이 앞장서 나서니 인근 백성들이 소문을 듣고 자진하여 참가하였다. 이러한 의병의 궐기는 향토와 동족의 안녕을 위한 것이었고 더 나아가 일본의 야만성에 대한 민족 감정의 발로였다.

조헌은 충북 옥천에서 일어나 청주에 주둔한 일본군과 금산에 주둔한 일본군을 공격하다가 전사하였고, 곽재우는 경남 의령에서 거병하여 의령과 창녕에서 일본군과 일전을 벌이고 진주에서 김시민과 함께 일본군을 방어하였다.

고경명은 전남 장흥에서 거병하여 은진까지 북상하였다가 금사성에서 일본군과 격전 중에 전사했으며, 김천일은 호남에서 거병하여 수원을 근거지로 일본군과 전투하고 강화도로 옮겼다가 다음 해 진주에서 전사하였다. 정문부는 함경도에서 경성과 길주를 회복하고 일본군을 몰아내어 함경도를 수복하였다. 묘향산의 서산대사 휴정은 격문을 팔도 승려들에게 보내 그의 제자인 사명대사 유정의 내원을 얻어 승병 1,700명을 이끌고 평양 탈환전에 참여해 공을 세웠으며, 그의 제자 처영도 승병을 모집하여 전라도에서 권율의 막하로 들어가 활동하였다.

행주산성에서 대패한 왜군은 보급로가 차단되어 군량을 보급 받지 못했고, 곳곳에서 일어난 의병 봉기로 수세에 몰렸다. 왜군은 한양에서 오지도 가지도 못한 채 죽음을 맞게 될지 모른다는 불안감에 1593년 3월 조선과 명에 강화 회담을 요청한다. 조선 조정의 반대에도 불구하고 명은 심유경이 나서 일본과 회담을 한다. 그리고 일본군은 조선군과 명군의 저항 없이 4월 19일 부산으로 철수하고, 조·명 연합군은 4월 20일 한양으로 돌아온다. 왜군에게 한양을 빼앗긴 지 일 년 만의 일이었다.

■ 휴전과 일본의 재침

그동안에 일본군은 부족한 식량을 보충하고 제1차 진주성 전투에서 함락하지 못한 진주성을 10만여 병력으로 1593년 7월에 다시 공격한다. 이때 진주성에 있던 조선군은 수천에 불과했다. 병력이 부족했던 조선 조정은 명군에게 원군을 요청했지만, 명군은 현재 화평 회담이 진행되고 있다는 것을 빌미로 지원을 거절한다. 조선군과 왜군은 9일간 치열하게 전투한 끝에 의병장 김천일, 경상우병사 최경회, 충청 병사 황진 등이 전사하고 성이 함락되었다. 왜군은 도요토미 히데요시의 명령에 따라 성안에 있던 수만 명의 조선 백성을 닥치는 대로 죽였다. 며칠 후 왜장들이 진주성 함락을 축하하며 촉석루에서 술잔치를 벌였는데, 관기 논개가 왜장 게다니 무라노스케를 끌어안고 남강에 뛰어들어 목숨을 끊었다.

1593년 음력 8월 명나라는 일본군에 휴전협상을 제의하였고 일본군도

이에 응하였다. 명나라와 일본군 양측은 서로 자국이 유리한 처지에서 화의를 하려고 하였다. 일본은 한반도의 남부 4도를 내줄 것 등을 명에 요구하였으나 명의 거절로 3년에 걸친 화의 교섭은 결국 결렬되었다.

그사이 조선은 훈련도감을 설치하여 군대의 편제를 개편하고 훈련 방법도 개선했으며, 나아가 화포를 개량하고 조총도 제작해 무기의 약점도 보완했다. 유성룡은 개혁 입법을 만들어 천인도 군공을 세우면 양인이 될 수 있도록 한 면천법을 시행하고, 그동안 군역에서 면제된 양반에게도 군역을 부과하여 양반과 노비를 함께 속오군으로 편성했다. 그리고 훗날 대동법의 전신이 되는 대공수미법을 강행했는데, 이는 공납 부과의 기준을 호에서 농지 소유 기준으로 부담하게 한 혁명적 제도였다.

1597년(정유년) 1월 15일 명과의 휴전 회담이 결렬되자 일본은 총병력 14만의 군세로 다시 조선을 침공했다. 이때 이중 첩자인 요시라를 통해 일본의 재침 정보를 들은 선조는 이순신에게 명해 수군을 이끌고 가덕도로 나가 기다렸다가 일본 함대를 쳐부수라는 명을 내린다. 그러나 이순신은 많은 전선이 출동하면 적이 알게 될 것이고 적은 수의 전선이 출동하면 복병의 습격을 받게 될 것이라며 선조의 명령에 따르지 않았다. 화가 난 선조는 이순신을 사형에 처하려 했고 다른 대신들도 선조의 뜻을 말릴 수 없을 때, 우의정 정탁이 나서 변호한 덕에 사형 대신에 삭탈관직되어 도원수 권율 휘하에 백의종군한다.

조정에서는 원균을 이순신 대신 수군통제사로 삼고 일본 수군을 막게 했으나 7월의 칠천량 해전에서 전선 100여 척을 잃는 등 전멸되다시피 하였다. 이에 따라 일본 수군은 남해안 대부분의 제해권을 장악하였고, 일본 육군은 음력 8월 15일 황석산 전투, 음력 8월 19일 남원 전투에서 승리하고 충청도 직산까지 진격하여 명군과 대치하기에 이르렀다. 그러나 이미 방어 진지를 구축하고 기다린 명군은 왜군에 포격을 가하며 응전하자 왜군은 조총 사격으로 돌격을 감행했으나 큰 피해를 입고 패배한다. 왜군은 더 이상 한양으로 진격할 수 없다고 생각하고 남하했고, 공수가 바뀐 조·명 연합군이 압박을 가하자 충청도 지역마저 버리고 남하해 다시 해안 지역으로 밀려났다.

1597년 7월 23일 이순신을 다시 삼도 수군통제사로 임명하지만, 조정에서는 수군이 너무 약하다고 판단해 육군에 합류하라고 명령을 내린다. 하지만 이순신은 "아직 신에게는 12척이 남아 있나이다. 죽을힘을 다해 싸우면 능히 해낼 수 있습니다."라고 하며 왜군과의 해전을 준비한다. 그리고 이순신은 수군에게 "살려고 하면 반드시 죽을 것이고, 죽으려고 하면 반드시 살 것이다."라고 하며 병사들을 독려한다.

이순신은 조선 수군의 본부를 우수영으로 옮긴 후, 다음 날 일본 수군이 물살이 험한 명량으로 진입하는 것을 확인하고 출전 명령을 내린다. 칠천량 해전에서 도망쳐온 배설의 12척과 기존의 1척을 합해 13척으로 133척의 왜선과 대적하자 조선 수군은 지레 겁을 먹고 뒤로 빠졌다. 이에 이순신은 대장선임에도 불구하고 앞장서 죽음을 무릅쓰고 싸웠고, 조류의 방향이 왜군에 거슬러 흐르자 조선 수군은 태도를 바꿔 총공격한다. 이 전투로 조선 수군은 왜선 31척을 격침시키며 물리쳐 대승을 거둔다. 이 해전이 세계 전쟁사에서도 유래를 찾아볼 수 없는 '명량대첩'이다.

일본 육군은 충청도 직산에서 조·명 연합군에게 크게 패하고, 일본 수군은 명량에서 대패하면서 전쟁은 소강상태에 접어든다. 이후 1597년 12월 말에서 1598년 1월 초에 걸쳐 조·명 연합군은 울산왜성을 공격했으나

전투에 소극적인 명군으로 인해 성을 함락시키지 못하고 물러났다. 1598
년 9월 말부터 10월 초에 걸쳐 조·명 연합군은 순천왜성·사천왜성·울
산왜성을 동시에 공격했으나 성공하지 못했다. 그러한 가운데 1598년 7
월 바다에서는 이순신이 명의 도독 진린과 연합하여 고금도에서 왜선 50
여 척을 불사르는 승리를 거둔다. 이순신은 이 전투의 공을 진린에게 돌
리자 그때부터 진린은 이순신에게 호감을 느끼고 선조에게 이순신을 칭
찬하는 글을 올리고 명의 신종에게도 이순신의 전공을 상세히 보고한다.

■ 임진왜란의 종결

이 무렵인 1598년 8월 18일 일본의 도요토미 히데요시가 죽자 왜군은
순천 등지로 집결했고 명의 장수들을 뇌물로 매수해 본국으로 철수를 준
비했다. 고니시로부터 뇌물을 받은 진린은 이순신에게 "퇴로라도 열어
주는 게 좋겠다."라고 하자, 이순신은 "조선 땅을 피로 물들인 자들을 살
려 보낼 수 없다."라고 하며 단호히 거절했다. 진린은 더는 말을 잇지 못
하고 이순신의 뜻에 따라 왜군의 퇴로를 막기 시작했다. 왜군은 1598년
11월 18일 전선 500여 척을 노량 앞바다에 집결시키자, 다음날 조·명 연
합군은 200여 척으로 맞서 치열한 접전 끝에 왜선 400여 척을 격파시켰
다. 왜군의 남은 전선이 남해 방면으로 도망치자 이순신이 필사적으로
추격했다. 이 과정에서 이순신은 안타깝게도 적이 쏜 흉탄에 맞아 전사
한다. 이순신은 죽기 전에 자기 죽음이 전투에 미칠 영향을 우려해 "싸움
이 급하니 내가 죽었다고 말하지 마라."는 유언을 남긴다. 조선 수군은 다
시 50여 척의 왜선을 격파했고, 왜군은 남은 50여 척의 전선을 이끌고 겨

우 도망쳤다. 이 노량해전은 이순신뿐 아니라 명의 장수 등자룡, 가리포 첨사 이영남, 낙안 군수 방덕룡 등도 전사할 만큼 치열한 대규모 전투였다. 이로써 장장 7년간 전개되었던 임진왜란과 정유재란이 대단원의 막을 내린다.

1592년에서 1598년가지 7년간 이어진 임진왜란(정유재란 포함)은 동북아시아에서 해양 세력이 대륙 세력에 최초로 정면 도전한 사건이었다. 해양 세력 일본이 대륙 정복을 꿈꾸며 조선으로 들어오자 조선의 지정학적 성격은 해양 세력과 대륙 세력이 충돌하는 요충지로 재편되었다. 해양 세력과 대륙 세력이 만나는 지역은 스스로 국력이 강할 때는 해양과 대륙으로 진출할 수 있으나, 국력이 약할 때는 양쪽으로부터 공격을 받을 수 있는 지역이다.

조선은 성리학을 바탕으로 한 문치 중심의 나라였기에 안정과 평화를 추구할 뿐, 해양과 대륙으로 크게 진출할 생각은 처음부터 없었다. 명나라와는 건국 초기부터 우호적인 관계를 맺고 있었고, 일본과는 미개한 왜구들에게 문물의 시혜를 베푼다고 생각하고 있었다. 일본의 침략 징조가 여러 방면에서 나타나자 통신사를 파견하여 확인하고도 침략하지 않을 거라는 주장에 동조했던 것도 일본을 왜구의 본거지 정도로만 생각했기 때문이다.

그러나 그 대가는 너무나 컸다. 무려 7년이란 기간 동안 전장의 중심지였기에 그 피해는 엄청났다. 임진왜란은, 안정과 평화를 위해서는 소극적인 현상 유지만이 아니라 경우에 따라 적극적인 대처도 필요하다는 것을 절실히 깨닫게 해 준 사건이었다. 임진왜란 이후 조선 왕조는 명나라와 일본이라는 양대 세력의 틈바구니에서 간신히 살아남았으나 지배의 정당성을 상실하여 급속히 권위를 잃어 갔다. 그로 인해 엄청난 전란의 피해조차 제대로 극복하지 못하고 얼마 후 다시 양대 호란을 당하고 만다.

정묘호란과 병자호란

■ 정묘호란

여진족은 그들이 세운 금이 몽골의 침략으로 멸망한 후 명나라 북동 지역 일대에 흩어져 살고 있었다. 통일된 세력을 형성하지 못하던 여진족은 명과 조선 양측에 이중으로 관계하던 중 임진왜란으로 양국이 국력을 완전히 소진하자 건주위 추장 누르하치가 숙신, 말갈, 여진 등을 통합하고 1616년에 후금(後金)을 세웠다. 이후 그들은 비옥한 남만주로 진출하기 위해 명나라를 침략하였다.

수세에 몰린 명은 조선에 소총수 7,000명을 지원하라고 요구하였고, 누르하치는 파병하지 말라고 조선 조정에 강력히 요구했다. 이에 광해군은 새로운 국제정세에 대처하는 현실적인 외교 정책을 써서 국제적인 전란에 빠져드는 것을 피하려 노력하였다. 그러나 임진왜란 때 명이 원군을 파견해 도운 일을 감안하면 원병을 보내지 않을 수는 없었다. 광해군은 강홍립이 1만여 명의 군대를 거느리고 원조에 나서게 하였으나 형세를 보아 향배를 정하라는 밀지를 주었다. 명이 사르후 전투에서 대패하고 아부달리 전투에서도 패배하자, 강홍립은 부차 전투에서 포위 공격을 당하는 상태에서 역관을 통해 후금 진영에 메시지를 보냈다. "우리나라가 너희들과 본래 원수진 일이 없는데, 무엇 때문에 서로 싸우겠느냐? 지금 여기 들어온 것은 부득이한 것임을 너희 나라에서는 모르느냐?" 결국 강홍립은 항복하였고, 이로 인해 후금은 조선에 대하여 보복적인 행동을 하지 않았으며 양국 간에 별 사단이 일어나지 않았다. 그러면서도 광해군은 국경의 경비에 유의하여 군비를 게을리하지 않아 성과 병기를 수리하고 군사 훈련을 시행하는 등 국방에 힘썼다. 그러나 1623년 4월 인조반정이 일어나 광해군이 폐출되고 서인 정권이 들어서면서 친명배금(親明拜金) 정책을 천명함으로써 조선과 후금의 관계는 악화하였다.

조선의 정책 변화에 대하여 신경이 날카로웠던 후금은 명을 치기 위해서는 우선 후금의 배후를 위협하고 있는 조선을 쳐야 할 필요성을 강하게 인식하였다. 1627년 2월 후금의 장수 아민(阿敏)이 3만의 군사를 이끌고 압록강을 건넜다. 당시 조선은 이괄의 난으로 말미암아 북변의 군사 체계가 붕괴된 상태였다. 순식간에 의주를 점령한 다음 주력 부대는 용천, 선천을 거쳐 안주성 방면으로 남하했다. 이에 조선군은 곽산의 능한산성을 비롯해 여러 곳에서 방어전을 펼쳤으나 후금군을 저지하는 데 실패했다.

이렇듯 후금군이 파죽지세로 남하해 오자 인조는 장만을 도체찰사로 삼아 적을 막게 하고, 대신들을 각 도에 파견하여 군사를 모집하게 하였다. 그동안 후금군은 남진을 계속하여 안주성을 점령하고 다시 평양을 거쳐 황주까지 진출하였다. 조선 조정은 전세가 극도로 불리하다고 판단하고 김상용을 유도대장에 명하여 한성을 지키게 하고, 분조를 단행하여 소현세자는 전주로 내려가고 인조는 강화도로 피신하였다. 상황이 여기에 이르자 전국 각지에서 의병이 일어나 후금의 배후를 공격하기 시작했다.

그해 3월 후금군은 후방의 위협을 염려한 나머지 더 이상 남하하지 못하고 평산에 머무르며 조선에 화친을 제의하였다. 광해군을 오랑캐인 후금과 화친했다는 이유를 들어 반정으로 쫓아내고 등극한 인조는 백성들을 전란의 소용돌이에 빠뜨리고 후금과 형제 관계라는 굴욕적인 화친을 맺을 수밖에 없었다. 후금은 명과의 싸움 때문에 섣불리 조선과 대대적인 전쟁을 계속 벌일 수 없는 태도였고, 조선은 후금의 군사력을 막아 낼 재간이 없었다.

정묘약조 이후 조선은 후금의 요구에 따라 세폐(공물)를 보내고 필수품을 공급했으나 후금의 압박과 횡포는 날로 심해졌다. 1631년부터는 후금은 조선에 세폐의 양을 더욱 늘릴 것을 요구하면서 황금과 백금 1만 양, 전마 3천 필, 정병 3만 명을 요구했다. 1636년 2월 조선에 들어온 후금의 사절단은 인조에게 홍타이지의 공덕을 칭송하고, 아우인 조선 국왕이 홍타이지를 황제로 인정하라는, 즉, 군신 관계를 수립할 것을 요구했다.

이에 조선 조정은 분개하며 후금을 치자는 여론이 조성되자 조선에 와 있던 후금 사신은 분위기가 심상치 않음을 눈치채고 민가에 있던 말을 훔쳐 타고 도주했다. 이 과정에서 후금 사신은 조선 조정에서 평안도 관찰사에게 내린 공문을 빼앗아 본국으로 가져갔는데, 그 공문에는 전시를 대비해 병사들의 군기를 다잡고 군비를 손질하라는 내용이었다. 이를 본 후금 태종(홍타이지)은 조선이 후금을 침략할 준비를 하고 있다고 여겨 조선을 재침하기로 한다.

■ 병자호란

1636년 음력 4월 후금은 황제 칭호와 더불어 국호를 청(淸)이라 고쳤다. 이는 명나라와 당당히 맞설 자신이 있다는 사실을 대대적으로 공언

하는 것이나 다름없었다. 이에 조선 조정에서는 오히려 척화 의지가 고조되고 있었다. 그러나 싸우자는 목소리에 비해 정작 실질적인 대비책은 없었다. 정묘호란을 겪은 지 10년이나 됐지만 그동안 이렇다 할 준비조차 제대로 하지 않았다.

이러한 가운데 도원수 김시양과 부원수 정충신이 상소를 올려 청과 대적하는 것은 위험한 계책이라고 하자, 인조는 무신이 조정을 지휘하려 들었다는 이유로 도원수와 부원수를 김자점과 윤숙으로 교체한다. 1636년 9월에 최명길이 "압록강이 얼면 재앙이 목전에 닥칠 것"이라고 하자, 척화론자들은 최명길의 목을 베야 한다고 목소리를 높였다. 당시의 조정의 대외관계에 대한 태도는 현실 상황을 직시한 실리보다 오랜 전통을 중시한 명분이 우선이었다.

1636년 12월 1일 마침내 청 태종이 이끄는 군대 약 10만은 압록강을 건너 조선 정벌에 나섰다. 청은 조선의 인조를 잡는 게 목적이었으므로 모든 산성을 우회해서 한성을 향해 신속히 진격한다는 작전을 세웠다. 국경 봉수대에서 적의 침공을 알리는 봉화가 피어올랐지만 정방산성에 있던 도원수 김자점은 이를 무시하고 한양으로 봉화를 연결하지 않았다. 청군의 작전은 속전속결이었다. 12월 9일 청의 선봉 부대는 의주 부윤 임경업(林慶業)이 지키는 백마산성을 우회하여 곧바로 한성으로 진격하였다. 김자점은 13일이 돼서야 적이 안주에 도달했다는 장계를 조정에 올렸다.

하지만 이미 적은 정방산 일대에 도달한 후 교전을 피해 한성으로 내달리는 중이었다. 12월 14일에는 청군이 개성을 통과했다는 급보가 조선 조정으로 날아들었다. 비로소 청군의 남하 소식을 들을 인조는 급히 세자빈 강씨, 봉림대군, 인평대군을 강화도로 피신시킨다. 인조 또한 남대

문을 통해 한양을 빠져나와 강화도로 도망치려고 했으나 청군에 의해 강화도로 가는 길이 막혔다는 보고를 받고 다시 성안으로 돌아온다. 정묘호란 당시 인조가 강화도로 파천하는 것을 지켜본 경험이 있는 청은 조선군이 지키고 있던 산성을 우회해서, 한양으로 신속히 남하하여 인조와 조정이 강화도로 피난하는 길을 차단하였다. 조정 대신 간의 열띤 논쟁 끝에 최명길이 청군 진영으로 들어가 화의를 청하며 시간을 지연하는 동안 인조 일행은 남한산성으로 향했다.

12월 16일 청군의 선봉 부대가 도달하여 남한산성을 포위했다. 한성의 방어를 맡았던 유도대장 심기원은 힘을 다해 싸웠지만 청군의 매복에 걸려 전멸하고 말았다. 정방산성에 있던 도원수 김자점도 청군을 기습했으나 적의 반격으로 대패했다. 12월 19일 인조는 각 도에 밀지를 내려 근왕병을 모으려고 했다. 병자호란 당시 청군은 한성과 인조만을 노린 전격전을 전개했는데, 한성과 그 주변을 제외한 배후지에는 피해가 거의 없는데다가 특히 삼남 지방이 건재했으므로, 여기에서 근왕병을 편성해 청나라 포위군을 역포위하면 전세를 유리하게 바꿀 수 있다고 판단했다. 그러나 근왕병을 지휘할 책임이 있는 도원수 김자점은 경기도 양평에서 더 이상 움직이지 않았고, 각 도에서 올라오던 근왕병은 합류하지 못한 채 청군의 별동대에게 각개격파 당하여 남한산성을 구원하지 못했다. 근왕병들은 제대로 훈련받지 못하고 강제로 끌려온 농민과 노비 출신으로 훈련이 잘된 청나라 기마병의 상대가 되질 않았다.

청 태종은 남한산성 아래의 탄천에 군사를 포진하고 성 동쪽의 망월봉에 올라 성안을 굽어보며 동태를 살피고 있었다. 그 후 이렇다 할 큰 싸움 없이 40여 일이 지나자 성안의 식량은 떨어져 가고 군사들은 추위와 피로에 지쳐 대부분 싸울 의욕을 잃어갔다. 더 이상의 해결책을 모색할 수 없게 되자 대신들은 다시 척화파와 주화파로 나누어져 심한 논쟁을 벌였다. 척화파의 대표인 김상헌은 주화파의 대표인 최명길을 "오랑캐에 빌붙어 목숨만 건지려는 간신"이라고 헐뜯었고, 최명길은 "현실을 무시하고 명분만 좇다가 나라를 망치는 사람"이라고 비난했다.

그러나 척화파가 난국을 타개할 방책을 내놓지 못하자 주화파의 주장에 따라 결국 청군 진영에 화의를 요청하기로 한다. 1637년 1월 3일 최명길이 국서를 작성하고 좌의정 홍서봉, 호조판서 김신국 등을 청군 진영에 보내 화의를 청했다. 그러나 청 태종은, 조선 국왕이 직접 성 밖으로 나와 항복하고 척화 주모자 3인을 결박하여 보내라고 하였다. 내용이 너무 가당찮다는 생각으로 인조와 대신들은 청의 제의를 받아들이지 않은 채 척화론과 주화론이 계속해서 팽팽하게 맞서는 가운데 다시 수일을 보냈다.

청군은 인조의 항복을 받아내기 위해서는 강화도에 피신해 있는 왕자들을 인질로 잡는 것이 효과적이라고 생각하고 1월 22일 강화부를 함락하여 봉림대군을 인질로 붙잡고 인조에게 항복을 요구하였다. 결국 인조가 항복을 결심하고 청의 사신들과 항복 조건 회담을 하였다. 청의 요구 사항은, 조선이 청에 대해 신하의 예를 갖추는 한편 명과의 교호를 끊을 것, 청에 물자 및 군사를 지원할 것, 청에 적대하려는 움직임을 보이지 말고 세폐(공물)를 보낼 것 등이었다. 59일간 버티던 인조는 1월 30일에 남한산성에서 나왔다. 인조는 한강 부근의 삼전도에서 삼배구고두례(三拜九叩頭禮, 세 번 절하고 아홉 번 머리를 조아리는 예)를 했고, 공식적으로 청에 항복했다. 그리고 강화조약의 결과로 소현세자와 부인 강씨, 봉림대군과 부인 장씨, 그리고 3학사라 불리는 홍익한, 윤집, 오달제 등의 신하들이 볼모가 되어 청나라 선양으로 압송되었다. 또한 청이 위험인물로 지목한 김상헌은 1641년 심양으로 끌려갔다.

■ 호란의 영향

강화가 이루어진 후 최명길은 명나라에 "조선이 청과 강화한 것은 종묘 사직을 보존하기 위한 것일 뿐"이라는 내용의 외교 문서를 전달했다. 이 일로 최명길도 1642년 명과 내통했다는 죄목으로 청에 소환되었다. 이듬 해 최명길은 김상헌이 갇혀 있던 감옥으로 이감되었다. 감옥에서 김상헌을 만난 최명길은 평소 김상헌을 명예나 좇는 자로 보았는데, 죽음을 눈앞에 두고도 흔들리지 않는 모습을 보고 감동했다고 한다. 김상헌도 최명길을 청과의 화친만 주장한 인물로 보았는데, 죽음을 무릅쓰고 제 뜻을 지키는 것을 보고 진심을 이해하게 되었다고 한다. 김상헌이 "양대의 우정을 찾고 100년의 의심을 푼다."라고 시를 짓자, 최명길은 이를 받아 "그대 마음 돌과 같아 끝내 돌리기 어렵고, 나의 도는 둥근 꼬리 같을 때에 따라 돈다네."라고 답했다.

명나라에 비해 인구가 턱없이 적은 청나라는 50만에 달하는 조선인들을 끌고 갔다. 건장한 남성들은 병력으로 활용하거나 농작에 사역시켰고, 끌려간 조선인의 대부분을 차지했던 여성들은 첩 등으로 팔려 인구 증가의 도구로 쓰였다. 여성들에게 병자호란은 재앙 그 자체였다. 이들을 데려올 수 있는 방법은 돈을 내는 속환이 거의 유일하였다. 그러나 끌려간 대부분의 빈민 출신 여자들은 속가를 낼 만한 입장이 못 되었고, 돈이 많은 집에서는 비싼 값을 치르고 아내와 딸을 되찾아와야 했다. 끌려갔던 여성들 가운데 이런저런 방법을 통해 조선으로 돌아오면, 이들을 환향녀라 하여 받아들여지지 않아 정치·사회 문제로 대두되기도 했다.

병자호란은 17세기 초반 기존의 패권국 명나라와 신흥 강국 청나라의 대결의 여파, 좀 더 구체적으로는 이른바 명·청 교체의 불똥이 조선으로 튀면서 일어난 사건이었다. 청의 도전에 직면한 명은 임진왜란 때 조선을 원조했다는 은혜를 내세워 조선에 자신들 편을 들어 청과 싸우라고 요구했다. 반면 명에 도전했던 청은 조선에 최소한의 중립을 지키라며 채근했다. 당시 조선의 국력이 명나라·청나라와 대등한 정도였거나 최소한 크게 뒤지지 않을 정도였다면 주체적인 입장에서 대외관계를 유리하게 이끌 수 있었을 것이다.

그러나 조선은 7년에 걸친 임진왜란의 후유증을 극복하지 못한 현실에서 명과 청을 적극적으로 움직일 역량이 없었다. 그렇다면 나라의 안정과 백성들의 평화로운 삶을 위해 선택할 수 있는 길은 정해진 것이나 다름없었다. 광해군이 현실을 인식하고 후금과 명의 전쟁에 소극적으로 나선 것은 중립 정책에 따른 실리외교를 추구했기 때문이었다. 그런데, 인조는 현실보다 명분을 중시하여 친명배금 정책을 펴 결과적으로 후금의 침략을 받게 되었고, 결국 인조는 삼전도에서 삼배구고두례의 굴욕을 당했으며 수많은 백성은 청나라에 끌려가거나 죽었다.

오랑캐라 여기던 만주족 군대에 임금이 굴복했다는 것은 중화(中華)의 도를 계승하였다고 자부하던 조선의 사대부와 지식인들에게 엄청난 정신적 공황과 충격을 주기에 충분했다. 무엇보다 20년 전만 해도 조선을 상국이라고 부르던 여진족·만주족에게 참패당하고 오히려 상국으로 모시게 된 사실에 조선인 전체가 큰 정신적 충격을 받았다.

제4장

근대적 각성의 좌절

백성을 위한 학문 실학

실학운동은 조선 후기에 시작된 새로운 학문적 각성운동이다. 유교적 사대주의에서 벗어나 우리 민족 고유의 것을 찾자는 시도와 더불어 실제적이고 유용한 차원에서 나라의 부흥의 길을 모색하려는 움직임이었다.

실학의 개척자는 『반계수록』을 저술한 유형원이다. 유형원은 정전제의 부활을 주장하고 실사구시 학풍이 시작되는 시기에 실학을 학문적 위치로 올려놓아서 실학의 개척자로 불린다. 유형원 이후 다양한 분야에서 실학자들이 등장했다.

박지원은 청나라를 견학하고 나서 『열하일기』를 저술했다. 『열하일기』는 기행문의 내용이나 소설 형식을 가미해서 흥미진진한 부분도 많았다. 박지원은 『열하일기』에서 청나라의 이용후생 제도를 배워서 조선의 국력을 키우는 것이 가장 중요한 일이라는 것을 강조하고 싶었던 것으로 보인다. 당시 지식인들의 비현실적인 공리공담에 대해 신랄하게 비판한 것은 이러한 의지를 보여 준 것이다.

공리공담을 대표했던 사대부 중에 송시열 계열 노론들은 주자주의적 의리론을 강조했다. '숭명배청론(崇明排淸論)'에 입각하여 조선의 '소중화주의(小中華主義)' 역할을 강조했다. 이들은 조선만이 명나라를 계승한 유일한 문명국가라는 자부심에 사로잡혀 조선의 문물만 우월하다는 배타의식을 갖고 있었다. 그리하여 서구문명을 먼저 접하고 발전시킨 청의 문물을 받아들이지 않으려 했다. 그러나 실학자들은 명분에 입각한 북벌론(北伐論)보다는 북학론을 내세우고 이용후생 차원에서 청의 문물을 적극적으로 받아들이려는 노력을 게을리하지 않았다. 이런 노력이 연암 학파를 형성했고 북학론자로 이름 붙여졌다.

연암 박지원은 교통수단으로서 수레를 적극적으로 개량하고 도입함과 동시에 도로 정비를 통해 체계적인 운송 환경을 마련할 것을 주장했다. 학문의 실천성과 실용성을 강조하고 이를 이끌 지식인들의 역할을 중시했다.

실학은 영조 이후에 크게 유행했다. 그중의 대표적인 학자가 정약용이다. 우리 민족에서 근대 민본사상의 선구자라 할 수 있는 학자는 정약용이다. 대부분 유학자의 정치이론이 위민적 경향에 기울어져 있는 데 반해, 정약용은 백성을 적극적인 정치적 주체로 파악한 인물이다.

정약용은 왕이 백성을 위해 존재하는 것일 뿐 백성이 통치자를 위해 있는 것이 아님을 강조했다. 태조에는 백성뿐이었으나 백성이 자신들의 필요로 통치자를 추존한 것이라고 역설해 백성의 본래성과 근원성을 강조했다.

정약용은 민본주의정신을 바탕으로 실학사상을 체계화했다. 그의 사상은 실제 경험과 사실을 중시하는 학문이다. 현실과 경험에 기반한 지식과 실용성을 중시하고, 현실 문제 해결에 집중하였다. 또한 민생을 중심으로 두고 백성들의 이익과 복지를 증진하는 방향으로 학문을 발전시

컸다. 실학사상의 바탕을 둔 경세치용, 이용후생, 실사구시정신은 이러한 정신을 대표하였다. 실제로 정약용이 만든 거중기는 정조 시대 수원성을 축조할 때 요긴하게 쓰이기도 했다.

실학운동은 실사구시를 내세우고 현실에 적용되는 학문을 발전시키려한 것은 큰 의미가 있다. 그러나 이러한 운동이 조선 사회 전반을 변혁하는 데까지는 나아가지 못했다. 여전히 유교적 봉건 질서를 개혁하지 못했다. 우리 민족이 각성을 통해 근대사회로 나아가는 데는 부족함이 많았다. 기존 질서를 뒤집는 서구의 계몽주의와 같은 혁명적인 각성운동이 벌어지지 못했다. 이러한 한계가 우리 민족이 자발적인 근대화를 달성하지 못하는 한계로 나타났다.

일본의 메이지유신처럼 그런 변화가 이뤄지지 못했다. 이것은 구한말 개항과 쇄국의 갈림길에서 쇄국의 길을 선택한 운명과 연결되고, 결국 타율적인 개항과 더불어 조선이 식민지 열강 세력들의 쟁탈 장이 되는 처지로 전락했다. 그리고 최종적으로 일제에 의한 식민 통치로 귀결됐다. 이처럼 한 시대를 풍미했던 각성운동의 사명이 성취되지 못하면 그에 대한 후과가 따른다는 것은 역사의 필연이다.

새로운 세상을 꿈꾼 홍경래의 난

실학운동이 학문적 차원에서 지식인들의 각성운동이었다면 홍경래의 난은 백성의 차원에서 일어난 각성과 저항운동이라 할 수 있다. 실학운동이 기존의 유교적 질서 타파와 새로운 세상을 향한 길로 나아가지 못한 한계가 있은 데 반해, 홍경래의 난은 실학운동과 비슷한 시기에 나타났지만 보다 혁명적으로 기존 질서를 넘어 새로운 세상을 열망한 매우 의미 있는 사건이다.

홍경래의 난은 조선 순조 때 평안도 지역에서 일어났다. 홍경래는 원래 평안도 용강군에서 몰락한 양반의 아들로 태어났는데, 유교, 병법, 풍수 지리 등을 익혀서 서당에서 아이들을 가르치기도 했다. 평양 향시에 급제하여 입신양명의 길을 내렸으나 끝내 꿈을 이루지 못하였다.

홍경래는 1811년 조정에 대항하는 농민군을 이끌고 반란을 일으켰다. 먼저 정주성을 점령하여 서북 지방의 거점으로 사용했다. 이에 조정은 관군을 보내 난을 진압하려 했다. 해를 넘기는 항쟁 기간이었지만 끝내 정주성이 함락되면서 전사하였다. 홍경래는 새로운 세상을 외치며 난을 일으켰는데 주력은 농민들과 영세농들이 대다수였다. 홍경래의 난은 대규모 농민 항쟁으로 조선시대 일어났던 민란 가운데 가장 큰 규모였다.

그런데 홍경래가 "새 세상"으로 내세운 명분은 홍익인간사상에 내재한 이상세계에 대한 열망은 물론 도참사상에도 영향을 받았다. 난의 명분은 세상을 구원할 사람, 즉 정진인(鄭眞人)을 받들어 구세 사업을 벌인다는 것이 중요한 역할을 했다. 그리고 지방의 토호들에게는 지역별 차별과 정치적 모순을 바로잡아야 한다는 명분을 강조하여 그들의 합류도 유도하였다.

홍경래의 난은 외척들의 세도정치로 인한 사회적 혼란이 계속되자 발발했다. 그 당시 왕권은 세도정치의 영향으로 매우 약해져 있었다. 백성은 물론 왕족들마저도 안동 김씨 눈치를 봐야 할 정도였다. 기형적인 정치 형태인 세도정치는 온갖 부정부패를 일으켰다. 홍경래 난은 비록 부패하고 무능한 조정에 대항해서 일어난 반란이었지만 그 바탕에는 이상세계에 대한 열망과 백성이 근본이라는 민본주의적 정신이 내포되어 있다.

백성을 구원하기 위해서는 참된 진인이 이 땅에 나와야 한다는 이념이다. 이는 임금과 세도정치 세력이 다스리는 세상 권력의 한계, 즉 유교적 이상을 넘어서 또 다른 차원의 구원을 열망하는 것이었다. 이러한 열망은 그 시대 유행했던 도참과 비기사상과 연결되어 더욱 파급력이 있었던 것으로 보인다. 도참과 비기사상은 조선시대의 신분제를 타파하고 모두가 평등한 세상을 꿈꾸는 것이 바탕이 되었다. 백성이 주인이 되는 세상을 만들기 위해 참된 진인의 인도하에 백성들이 봉기하고 의를 실천해야 하는 정신을 일깨운 계몽주의적 성격도 강했다.

그런데 여기서 중요한 것은 백성의 각성은 맹목적인 민중, 야수와 같이 군중 심리에 휩쓸리는 민중이 아니라는 점이다. 참된 진인을 구세 사업의 중심으로 세운 것은 올바른 가치와 정신, 차원 높은 지도력을 전제한 것으로 볼 수 있다.

홍경래의 난이 시사하는 교훈은 올바른 정치에 대해 조정과 관료, 지식인들에게 더 이상 기대할 수 없을 때 백성들이 스스로 일어난다는 것이다. 이는 백성들 스스로가 생존을 위한 몸부림이다. 더 나은 세상을 향한 열망이다. 역사는 위로부터 개혁을 통해서나 아래로부터 저항을 통해서나 역동적인 상호작용으로 발전해 나간다는 것을 보여 준다고 할 것이다.

홍경래의 난을 계기로 백성들의 각성은 더욱 심화되었고 이후 구한말 의병운동과 일제하 독립운동에 직간접으로 영향을 주었다고 볼 수 있다.

동학농민혁명

■ 구한말 열강의 대립

갑신정변 이후 조선을 둘러싼 열강의 대립은 대단히 복잡하게 전개되었다. 청의 정치 간섭은 강화되어 위안스카이(遠世凱)는 통리교섭통상사의라는 직책으로 서울에 머물면서 그 위세를 더하였고, 따라서 조선 정부의 자주권은 크게 위협을 당하였다. 또한 일본은 조선에서의 위치가 약화되기는 하였지만, 여전히 청과 첨예하게 대립하고 있었다. 이러한 가운데 새로 러시아가 조선 문제에 개입하여 열강의 대립은 더욱 복잡하게되었다.

당시 러시아의 남하정책은 유럽과 중앙아시아 그리고 극동에서 적극적으로 추진되었다. 이미 1860년 베이징 조약으로 연해주를 차지하여 두만강을 사이에 두고 조선과 접경하였고, 그 후 블라디보스토크에 군항을개설하여 극동에서의 남하정책 기지로 삼아 계속 조선으로 세력 침투를꾀하고 있었다. 이때 조선에 와 있던 러시아 공사 베베르는 묄렌도르프의 도움을 받아 고종(高宗)을 움직여 러시아 세력이 조선에 크게 강화되는 내용의 조·러 밀약을 추진하였다.

이에 청은 러시아 세력을 견제하기 위해 묄렌도르프를 소환하고, 조선의 정계에 영향력이 큰 명성황후를 견제하기 위해 임오군란 후 청으로 납치되었던 대원군을 서울에 돌아오게 하였다. 또한 세계 각지에서 러시아와 대립하고 있었던 영국도 1885년에 러시아의 조선 침투를 견제하기 위하여 동양함대를 보내 거문도를 불법으로 점령하고 포대를 쌓아 요새화하였다. 결국 이 문제는 청이 개입하여 조선의 영토를 점령하지 않는다는 러시아의 약속을 받아냄으로써 2년 만에 해결되었고 영국군은 철수하였다. 그러나 이후에 러시아는 1888년에 조선과 육로통상조약을 맺어 경흥에서 국경무역을 하게 되었다.

개항 이후 1880년대 초까지 일본은 조선과의 무역을 거의 독점하고 있었다. 이때 일본 상인들은 유럽의 제품, 그중에서도 특히 영국산 면제품을 일본·중국 등지에서 싸게 구입하여 비싼 값으로 조선에 파는 중계 무역을 주로 하고 있었다. 그리고 조선으로부터는 쌀·콩·금 등을 가져갔으니, 일본은 조선을 그들의 원료공급지 및 상품시장으로 삼아 막대한 이득을 취하였다. 일본 상인들에 의한 약탈적 곡물 수매와 일본으로의 대량 수출은 조선에서 곡가 폭등과 식량난을 일으켰다. 또한 일본은 조선 연해에서의 어업 활동을 통해서도 많은 수익을 올리고 있었다. 즉, 일본 어민들은 1883년에 체결된 어로 협정에 따라 조선의 경기·전라·강원·함경도의 연해에서 출어할 수 있었고, 울릉도·제주도에까지 진출하였다. 이에 조선 어민들의 피해는 막대한 것이었고, 급기야는 제주도에서 일본 어민의 출어 금지를 요구하는 민란이 일어나기도 하였다.

이와 같은 일본의 조선 시장 독점에 대해 청은 임오군란 이후 우세해진 정치적 세력을 배경으로 본격적인 경제 침투를 시작하였다. 이때 청 상인들은 서울·경기를 중심으로 하여 전국적으로 활동 범위를 넓혀갔다. 이들은 일본 상인에 비해 보다 우세한 자본을 소유하고 있었으므로 영업 규모가 클 뿐 아니라 월등한 금융지원과 정치적 후원을 받아 곧 일본 상인들의 활동을 위협하기에 이르렀다. 이들은 일본 상인과 마찬가지로 중계 무역을 하였는데, 주로 주단·석유·약재·면화 등을 가져와 팔고 인

삼·우피·황두 등을 사 갔다. 그리하여 1885년에 대일·대청 무역 총액의 비율이 81:19였던 것이 1892년에는 55:45가 되었을 정도로 청의 경제 진출은 활발하였다.

청·일 양국의 경제 침투가 강화되면 될수록 조선 정부의 재정도 날로 타격을 입었다. 즉 증가하는 개항비, 무수한 외교사절단의 접대비 및 파견비, 공사관 경비, 각종 배상금, 차관에 대한 원금 및 이자 상환, 신식 군대의 창설 및 유지비 등이 급증하면서 국가 재정의 파탄이 일층 심각해졌다. 또한 청일 양국을 중심으로 한 경제적 침투는 조선 사회의 자체적인 자본주의적 발전을 저해하면서 자급자족적 봉건 경제를 파탄시키고 민중들의 생활을 더욱 궁핍하게 만들어 갔다.

■ 동학, 일어나다

조선 후기는 그동안 역사의 객체로 억압받고 소외되어 왔던 백성이 역사의 주체로 전면적으로 등장하는 시대라고 할 수 있다. 이러한 가운데 19세기 이래 조선 각지에서 산발적으로 일어났던 민란은 개항 후에도 계속되고 있었다. 특히 개항 이후에는 근대문물의 수용에 따른 경비와 대외관계에서 오는 비용 지출, 그리고 궁중의 예산 낭비 등 여러 요인으로 국가 재정은 더욱 궁핍해졌으며, 따라서 이를 충당하기 위한 농민들의 수세 부담이 증대하였다. 또한 지방관들의 횡포는 여전하였고 여기에 일본과 청의 경제적 침투로 인해 농촌경제는 결정적으로 파탄되어 갔다.

이때 농민 동요의 중심체가 된 것이 바로 동학의 조직이었다. 동학은 교조 최제우가 사형당함으로써 큰 타격을 받았지만, 제2대 교주인 최시형이 여러 난관을 극복하고 교세 확장에 노력하여 각지에 포·접과 같은 조직망을 설치하였고, 『동경대전(東經大全)』과 『용담유사(龍潭遺詞)』 등의 경전을 마련하여 종교적으로 체계화하는 등 교세를 확장하였다. 그런데 동학은 그 발생부터 서양을 비롯한 외세에 대한 저항 의식과 함께 조선 왕조의 전통적인 양반체제를 부정하는 성격을 가지고 있었으니, 이러한 성격이 당시 지방관의 횡포와 일본·청의 경제적 침탈로 곤궁해진 농민층과 몰락 양반들 사이에서 환영받았다.

동학의 교세가 확장됨에 따라 동학교도들은 교조에 대한 한을 풀어줄 것과 교도에 대한 지방관의 탄압을 금지할 것을 요구하는 일대 시위운동을 전개하였다. 1892년(고종 29) 말에 수천의 교도들이 전라도 삼례에 모여 충청·전라 감사에게 그들의 요구를 들어줄 것을 호소하였고, 다음 해에는 교도 대표 40여 명이 서울의 궁궐 문 앞에 엎드려 상소하기에 이르렀다. 이는 결국 정부가 그들의 해산을 명하여 목표를 달성하지는 못하였으나, 동학교도들이 공공연히 그들의 주장을 요구할 수 있을 만큼 교세가 만만치 않음을 과시하는 계기가 되었다.

1893년 3월 동학교도들은 충북 보은에서 대대적인 집회를 개최하였다. 이때에는 3남 일대 각도의 교인, 농민대표 약 2만 명이 참가하였는데, 여기서는 탐관오리의 숙청, 그리고 외세 배격의 척외양창의(斥外洋倡義)를 요구하는 정치적인 내용이 드러났다. 이에 대해 정부에서는 한편으로는 군대를 보내 무력으로 진압시킬 움직임을 보이고, 다른 한편으로 탐학한 향리를 징벌하겠다는 약속을 함으로써 동학교도들을 해산시켰다. 이와 같은 몇 차례에 걸친 동학교도들의 집회와 상소운동으로 동학금지령은 사실상 무너진 것이나 다름없이 되었으며, 동학은 다수의 농민을 움직일 수 있는 하나의 세력으로 성장해 갔다.

1894년(고종 31) 음력 2월 전라도 고부에서 지방관의 탐학에 대항해 일어난 민란을 발단으로 동학혁명이 전개되었다. 고부 군수 조병갑은 각종 명목으로 농민들을 수탈하여 원성이 높았는데, 특히 만석보를 수축하는 데 농민을 강제로 동원시켰을 뿐 아니라 이들로부터 고액의 수세를 징수하여 착복하였다. 이에 분격한 농민들이 동학 접주 전봉준의 지휘 아래 만석보를 파괴하고 고부 관아를 습격하여 불법적으로 징수한 미곡을 풀어 농민에게 분배하였다. 이러한 사태에 접한 정부에서는 안핵사를 파견하여 사후 처리를 하도록 하였으나 안핵사는 오히려 모든 책임을 동학교도들에게 돌리고 이들을 체포·처형하였다.

이에 전봉준은 동학교도들에게 창의문을 보내고 다시 봉기하니, 이미 극도로 불만에 싸여 있던 각지의 농민들이 여기에 가세하여 그 세력이 고부·태인·부안·금구·정읍 등지로 확대되었다. 1894년 음력 3월 하순 고부군 백산에 집결한 이들은 '제폭구민(除暴救民)'·'보국안민(輔國安民)'의 기치를 들고 궐기를 호소하자, 부근 각지 농민들 약 8천 명이 모여들었다. 여기에는 동학교도와 일반 농민들뿐만 아니라 당시 천대받고 억압받던 노비 등 각종 천민과 사회에 불만을 품고 있던 몰락 양반들까지 끼어 있었다.

음력 4월 7일에 농민군은 황토현에서 전봉준의 지휘를 받으며 관군을 크게 격퇴했다. 황토현 전투의 대승으로 사기가 오른 농민군은 노도와 같은 기세로 정읍, 무장현, 흥덕, 고창 등을 차례로 점령하였다. 소식을 듣고 당황한 조선 조정은 홍계훈을 양호초토사로 삼아 신식 훈련을 받은 경군 약 1천 명을 파견한 후 증원부대를 급파하였다. 그러나 사기가 오른 동학군은 영광, 법성포, 구주포, 함평 등지를 점령하고 그 후 나주, 영암 등으로 계속 진격하였다. 증원군을 이끌고 전주에서 출발한 홍계훈군은 4월 23일 장성에서 농민군을 만나 일전을 벌였으나 주력 부대가 섬멸당했다.

장성 전투에서 승리한 농민군은 시기를 놓치지 않고 전주 공격을 단행했다. 장성을 출발한 농민군은 갈재를 넘어 정읍, 태인, 금구를 거쳐 전주성 밖 삼천에 도착하여 군세를 정돈한 후 4월 27일에 전주 공격을 개시하여 함락시켰다. 농민군은 고부에서 봉기한 지 석 달 만에 전주성을 점령한 것이다. 농민군의 전주성 점령은 농민군의 기세를 절정에 달하게 하였을 뿐만 아니라 전국적인 농민 폭동이 꼬리를 물고 일어나 농민전쟁으로 확대되었다.

■ 외세의 개입과 청일전쟁

그러나 이때 정부의 요청으로 청이 군대를 파견하자 일본도 또한 재빨리 거류민을 보호한다는 구실로 군대를 보내 인천에 상륙하였다. 이에 정부는 하루속히 사태를 수습하기를 바라게 되어 동학군의 요구 조건을 들어주겠다고 회유하였다. 당시 전봉준을 중심으로 한 남접 동학군은 전주 전투 직후 다시 군대를 정비해 충청도 일대의 농민군과 합세하여 바로 서울로 진격하려고 했다. 그러나 최시형을 중심으로 한 북접 동학군은 "도(道)로써 난(亂)을 지음은 옳지 않은 일이다."라고 하며 전쟁의 확대를 반대했다. 그리고 전주성을 점령한 후 관군의 공격으로 농민군의 희생이 적지 않은 데다 농번기가 다가와 농민군 내에서 귀향심이 크게 나타나자 계속 전투를 벌이기엔 무리가 있었다. 결국 동학군은 정부가 폐정의 개혁을 약속함에 따라 전주성 점령 12일 만에 강화를 맺고 해산하였다.

전주화약으로 해산한 동학교도와 농민들은 곧바로 폐정개혁에 착수하였다. 전라도 53개 군에 일종의 민정기관인 집강소를 설치하여 지방의 치안과 행정을 맡았다. 이들은 정치개혁의 요강을 발표하였는데, 그것은 지방관의 농민에 대한 수탈의 중지, 신분 차별의 폐지, 토지균등제의 실시 등 전근대적 정치·사회체제의 개혁과 일본 침략에 대항하는 내용이 그 중심을 이루고 있었다.

동학군이 전주에서 관군과 화의하여 해산한 뒤에도 청·일 양국의 군대는 계속 증강되어 갔다. 정부는 난이 평정되었다는 사실을 양국에 알리고 철수할 것을 요청하였으나, 조선에서의 사태를 재침략의 계기로 이용하려 한 일본은 오히려 서울을 군대로 포위한 상태에서 조선 정부에 대하여 내정개혁을 강요하는 한편 청에 대해서도 협조할 것을 요구하였다. 이때 청은 일본의 요구가 조선에서의 세력 확충을 꾀하려는 것임을 간파하여 이를 거절하고 공동철병을 주장하였다. 그러나 일본은 전쟁을 도발해서라도 청의 세력을 조선으로부터 몰아내고 자기들의 주장을 관철하려 하였다. 결국 일본군은 1894년 6월 23일 풍도에서 청국 함대를 불의에 공격함으로써 청일전쟁을 일으켰다.

청일전쟁이 시작되자마자 청군은 패전을 계속하였고, 대세가 결정된 9월부터 일본군은 조선의 관군과 협력하여 전라도와 충청도 일대에서 활동하고 있던 농민군 주력 부대를 공격하기 시작했다. 1894년 9월 일본군과 관군의 대규모적인 공격 개시 소식을 들은 각지의 농민군은 서울 공격을 목표로 다시 집결하였다. 고부 민란을 계기로 한 1차 봉기가 전근대적인 정치·사회체제에 대한 개혁운동이었다고 한다면, 이번 2차 봉기는 일본의 침략에 대항하는 항일구국운동의 성격을 띤 것이었다. 또한 이번에는 1차 봉기 때 종교적인 뜻을 고수하여 적극적으로 가담하지 않았던 최시형 등 북접의 동학교도들도 합세하여 충남 논산에서 집결한 뒤 북상하였다. 그러나 약 10만 명에 달하던 동학군은 최신식 소총, 기관총, 대포 등의 우수한 무기를 가지고 정규 군사 훈련을 받은 일본군과 관군에게 공주 우금치에서 격전 끝에 크게 패배하였고, 다시 군세를 정비하여 반격하였지만 실패했다. 그 뒤 10월 말부터는 와해 상태에서 각기 소부대로 분산하여 저항했지만, 12월 말에 가서는 거의 격파당하고 말았다. 이때 전라도와 충청도를 비롯한 3남 일대에서 약 20만 명의 동학군 참가자들과 가족들이 학살당하였고, 전봉준·김개남·손화중 등 지도자들이 체포됨으로써 동학혁명은 결국 실패로 돌아가고 말았다.

동학혁명은 우리나라 역사상 가장 규모가 큰 농민운동이었다. 동학혁명의 성격은 간단하게 말해 '반봉건적·반외세적' 농민 항쟁이다. 동학혁명은 대내적으로 반체제, 대외적으로 반침략의 두 가지 성격을 아울러 가지고 있었으며 이것이 농민전쟁의 단계에까지 이르렀다. 그러나 혁명이라고 불리지만 애초부터 조정을 전복시키고 새로운 국가를 세우고자 하는 의도는 없었다. 탐관오리의 수탈로부터 농민들의 안정되고 평화로운 삶을 요구하며 시작한 혁명이 외세의 개입으로 인해 반봉건적·반외세적 성격을 띠게 된 것이다. 이 동학혁명은 비록 실패하였지만, 안으로는 조선의 봉건체제 기반을 흔들고 갑오개혁을 통하여 근대사회로 발전하는 계기가 되었고, 밖으로는 일본에 의해 청일전쟁이 야기되어 마침내 청의 세력이 조선에서 밀려나고 일본이 조선 침략의 기틀을 굳히는 계기가 되었다.

대한제국의 성립과 멸망

■ 대한제국의 선포

청일전쟁으로 청나라는 무력함이 드러나고 일본은 더욱 적극적으로 조선 침략의 야욕을 표시하자 남진 정책을 추진하던 러시아 세력과 충돌을 일으킨다. 조선의 명성황후는 러시아의 힘을 빌려 일본 세력을 몰아내고자 하였다. 일본은 큰 위협을 느껴 1895년 음력 8월 20일에 일본 공사 미우라 고로가 지휘하는 일본군 2개 대대가 명성황후의 침소에 난입하여 황후를 시해한다. 이것을 '을미사변'이라 한다. 이에 따라 조선에서 세력을 되찾은 일본은 또다시 친일 인사들을 중심으로 새로운 정부를 구성했다.

다시 구성된 김홍집 친일 내각은 중단되었던 개혁을 다시 추진했다. 그 대표적인 내용 중의 하나는 태양력의 사용이었다. 그동안 사용해 오던 음력을 대신하여 1896년부터 양력을 공식적으로 사용하게 되었다. 또한 단발령을 시행했고, 종두법을 전국적으로 확대해 시행해 천연두로 인한 유아 사망률을 줄이는 계기를 만들었다. 그리고 우체사를 두어 중단되었던 우편 제도를 본격적으로 실시했으며, 소학교령을 제정해 여러 곳에 소학교를 세워 근대적인 초등 교육을 시행했다. 그런데 그중 가장 큰 문제가 되었던 것은 단발령이었다. 유교 사회에서 신체의 모든 것은 부모로부터 받은 것이라 하여 함부로 훼손하는 것을 큰 불효라고 여겼다. 을미사변 등으로 분노하고 있던 유생들이 단발령을 계기로 전국적으로 의병운동을 일으켰다. 개화파 계열의 지방관을 잡아 죽이기도 하고, 일본군의 군사 시설을 파괴했으며, 일본군 주둔지를 습격했다. 항일 의병 투쟁으로 반일 감정이 커지자 그동안 신변의 위협을 느끼고 있던 고종은 1896년 2월 러시아 공사관으로 파천을 감행했다. 이로써 김홍집 내각은 붕괴하였고 단발령이 폐지되자 의병들의 투쟁도 점차 줄어들었다.

고종이 러시아 공사관에서 보호받는 만큼 러시아의 간섭이 커질 수밖에 없었다. 일본인 고문이 해임되고 러시아인 고문이 들어왔다. 이 시기 러시아를 비롯한 일본, 미국 등의 열강은 조선의 이권 침탈에 앞장서 광산 채굴권, 산림 벌채권, 철도 부설권 등 많은 이권을 빼앗아 갔다. 이처럼 외세의 개입, 열강의 이권 침탈 등으로 말미암아 국가의 자주성이 크게 위협받자, 갑신정변의 실패로 미국에 망명했던 서재필이 귀국하여 1896년 7월에 독립협회를 결성했다. 독립협회는 과거에 청에 사대하던 관계를 상징하는 영은문을 허물고, 그 자리에 독립문 건립을 추진했다. 그리고 갑신정변이 민중의 지지를 받지 못해 실패했던 것을 교훈 삼아 민중 계몽에 앞장서 민중의 민권 의식과 독립 의식을 고취해 나갔다. 고종이 러시아 공사관으로 파천한지 1년여 동안 밖으로는 조선에서 러시아의 세력 독점을 견제하려는 여론이 높아지고, 안으로는 고종의 환궁을 요구하는 상소가 빗발쳤다.

마침내 1897년 2월에 고종은 지금의 덕수궁인 경운궁으로 환궁하여 8월 17일 광무(光武)란 연호를 쓰기 시작하였고, 10월 3일 황제 칭호 건의를 수락하였다. 고종은 자주 의지를 대내외에 널리 표명하고 땅에 떨어진 국가의 위신을 다시 일으켜 세우려면 반드시 제국이 되어야 한다고 판단하였다. 그래서 1897년 10월 12일 원구단에서 천제를 올리고 황제 즉위식을 거행하였다. 그리고 "우리나라는 삼한의 땅으로서 국초에 천명을 받고 하나의 나라로 통합되었다. 지금 나라 이름을 대한이라고 해서 안 될 것이 없다."라고 하며 새 국호를 대한제국(大韓帝國)으로 정했음을 선포했다.

■ 독립협회의 활동

독립협회는 만민 공동회를 개최해 러시아의 이권 침탈을 비판하는 자주 국권운동과 민권운동 및 내정 개혁운동에 치중했다. 만민 공동회에서는 보수 관료의 퇴진을 주장해 관철시키고 새로 수립된 개혁 내각의 대신들까지 참여한 가운데, 외세 의존적인 정치를 비판하고 근대적인 의회 정치의 실시 등 개혁을 요구하는 건의문인 '헌의 6조'를 채택하여 고종의 재가를 받았다. 이에 위기를 느낀 일부 보수 관료들이 독립협회가 황제를 폐위하고 공화정을 실시하려 한다고 모함하자, 고종은 독립협회의 해산 명령과 함께 주요 간부들을 체포했다. 이로써 독립협회의 활동은 막을 내리게 되었다.

독립협회는 외세의 간섭과 이권 침탈에 항거해 자주독립을 추구했으며, 민중을 계몽하고 자유 민권사상을 보급함으로써 자강 개혁을 이루고자 했다. 특히 자유 민권운동은 민주주의사상에 기초하여 시작되었다는 점에서 그 의의가 있다. 이들의 사상과 운동은 이후 애국 계몽운동으로 이어졌다. 그러나 독립협회는 러시아 배척에는 적극적이었지만, 미국·영국·일본에 대해서는 우호적인 태도를 보였으며, 일본의 침략적인 본질을 제대로 파악하지 못했다는 점에서 한계가 있었다.

독립협회를 해산시킨 후 고종은 황제 중심의 근대 국가를 수립하기 위해 노력했다. 1899년 8월 고종은 오늘날의 헌법과 같은 대한국국제(大韓國國制)를 반포하여 황권의 절대성을 명시하였다. 이어서 국정의 주요 권한을 황제에 집중시켜 전제군주제 강화를 추구하였고, 갑오개혁 때 23부로 개편한 행정구역을 13도로 재개편하였다. 또한 토지개혁을 이루고자 양전 사업을 시행하고 지계(地契, 토지 소유권을 증명하는 문서)를 발급하여 근대의 특징이 될 만한 토지 소유 제도를 마련하였고, 산업 발전을 위해 적극적인 상공업 진흥책을 추진하였는데, 이것을 '광무개혁'이라 하였다. 이에 따라 근대적인 공장과 회사가 설립되었고, 여러 은행이 설립되었으며, 교육 진흥책을 추진하여 기술학교와 사범학교와 관립학교를 설립하였다. 이어서 교통·통신·전기·의료 등의 여러 분야에서 근대 시설을 도입하였다. 군사 분야에서는 황제가 군권을 장악하게끔 원수부를 설치하였고, 서울의 친위대와 지방의 진위대를 대폭 증강하였으며, 무관학교를 설립하였다.

이상의 여러 정책은 경제·교육·군사·시설 면에서 근대화를 추구하면서 남에게 보호받거나 간섭받지 않고 스스로 처리하게끔 국력을 증강하려는 노력이었다. 그러나 이런 여러 개혁 정책은 재정의 어려움과 집권층의 보수 성향이 강하여 개혁의 의지가 미미한 데다, 열강 세력의 간섭을 받아 큰 성과를 거두지 못하였다는 점에서 한계가 있었다.

■ 조선의 멸망

한반도를 둘러싼 러시아와 일본의 대립이 치열한 가운데, 러시아가 만주를 점령하고 이후 청으로부터 뤼순항을 조차한 것은 동아시아 국제질서에 커다란 영향을 끼쳤다. 러시아의 남하에 놀란 영국과 일본은 이를 저지하기 위해 1902년 영일동맹을 체결했다. 영일동맹으로 자신감을 얻은 일본은 1904년 러시아가 조차한 뤼순을 기습 공격하여 러일전쟁을 일으켰다. 전쟁 초기 러시아는 원산과 쓰시마 섬에서 일본 군함을 격침하기도 했으나 서해에서 패배를 거듭했다.

전쟁을 시작한 일본은 한반도 정복의 야욕을 본격적으로 드러내면서, 1904년 2월 "일본은 대한제국의 독립과 영토를 보존하며 황실의 안녕과 영토의 보존에 위험이 있을 때는 필요한 조치를 하고, 반면에 대한제국 정부는 일본에 편의를 제공한다"는 '한일의정서' 체결을 강요하였다. 군사 전략상 필요한 한반도의 땅을 마음대로 사용할 수 있다는 내용이었다. 러일전쟁의 전세가 유리해지자 8월에는 '제1차 한일협약'을 강제로 체결하여 외교와 재정을 비롯한 각 분야에 고문을 두고 대한제국의 내정을 간섭하였다.

1905년 7월에 일본은 미국과 '카스라-테프트 밀약'을 맺고, 8월에는 '제2차 영일동맹'을 맺었으며, 9월에는 미국의 중재로 러시아와 '포츠머스 강화조약'을 체결해 일본은 미국·영국·러시아로부터 대한제국에 대한 배타적 권리를 보장받았다. 11월에 일본은 이토 히로부미를 파견하여 일본군으로 궁궐을 포위하고 무력시위를 하는 가운데, 고종에게 한일협약안의 체결을 강압적으로 요구했다.

그러나 고종이 이를 반대하고 조약 승인을 거부하자 일본은 조정 대신들을 매수하고 회유하여 학부대신 이완용, 군부대신 이근택, 내부대신 이지용, 외부대신 박제순, 농상공부대신 권중현이 찬성을 했고, 일본은 '제2차 한일협약' 성립을 일방적으로 발표하였다. 이로써 대한제국의 외교권은 박탈당하고, 황성에 일본의 한국통감부가 설치됐다. 이것이 소위 '을사늑약'이다.

이에 양반과 지식인층을 중심으로 일본 제국의 침략을 규탄하고 을사늑약의 폐기를 주장하는 운동이 거세게 일어났다. 민영환은 스스로 순국 자결을 함으로써 항거하였고, 윤치호·조병세는 조약 폐기를 요구하는 상소운동을 벌였다. 장지연은 주필로 있던 「황성신문」에 논설인 〈시일야방성대곡(是日也放聲大哭, 오늘에야 목 놓아 크게 통곡하노라)〉을 실어 일본 제국과 을사오적(외부대신 박제순, 내부대신 이지용, 군부대신 이근택, 학부대신 이완용, 농상공부대신 권중현)을 규탄하면서 을사늑약의 부당함을 알리고자 했다. 한편에서는 오적 암살단이 조직되어 을사오적의 저택을 불사르고 일진회 사무실을 습격하였으며 의병을 조직해 무장 항전을 벌였다. 또한 헌정연구회 같은 개화 자강 계열의 여러 단체가 설립되어 친일 단체인 일진회에 대항하면서 구국 민족운동을 전개하였다.

1905년 이후에는 대한자강회·대한협회·신민회 등이 개화운동을 펼쳤고, 독립협회의 활동을 계승하여 사회 발전과 변화를 추구하는 지식인들이 사회진화론에 영향을 받아 국권을 회복하려는 애국계몽운동을 전개하였다. 1097년 2월에는 대구에서 일본 제국이 대한제국을 경제적으로 예속시키고자 제공한 차관 1,350만 원을 국민이 갚고자 전개한 국채보상운동이 시작되어 전국적으로 번져 나갔다. 그러나 이와 같은 애국계몽운동과 국채보상운동은 일본 제국 통감부가 방해하고 탄압하여 결국 실패하고 말았다.

1905년 제2차 한일협약 때 외교권을 강탈당한 대한제국은 일본 제국의 보호국 신세로 전락했다. 이에 경운궁의 수목헌에서 유폐 생활을 하던 고종은 1907년 6월 네덜란드 헤이그 만국평화회의에 이준, 이상설, 이위종을 보내 열강 세력에게 을사늑약의 불법적 체결과 무효임을 알리고자 했으나 이미 외교권이 박탈된 상태라 특사들은 회의장에 참석하는 것조차 거부당했다. 이 헤이그 특사 사건의 결과로 고종은 7월 강제 퇴위당하고 순종이 즉위하였다.

순종이 즉위한 직후인 7월 24일에 일본은 '한일신협약'을 강제로 체결하여 대한제국 정부의 각 부처에 일본인 차관을 두어 대한제국의 내정에 노골적으로 간섭하였으며, 이면 협약을 통해 8~9월에는 군대를 강제로 해산하였다. 1909년 7월 12일에는 대한제국의 사법권과 감옥사무에 관한 업무를 일본에 넘겨주게 되어 대한제국은 명목상의 국권만 보유하게 된다. 이에 반발하는 의병들의 저항운동이 전국적으로 일어나자 일본은 남한 대토벌 작전 등으로 무력 진압하였다. 마침내 1910년 8월 29일 이완용과 데라우치 마사타케 사이에서 이른바 '한일병합조약'을 체결, 공포함으로써 대한제국은 국권을 피탈당하고 역사 속으로 사라지게 되었다. 태조 이성계가 세운 조선은 5백여 년 만에, 더 나아가서 단군조선 이래로 4천여 년 동안 이어져 왔던 한민족의 세습 왕조도 역사의 뒤안길로 사라졌다.

대한제국으로 국호를 바꿔가며 근대 국가 수립을 위해 노력했던 조선은 결국 일본에 의해 멸망했다. 조선의 멸망 원인은 우선 내부적으로 새로운 시대를 위한 국가 비전 부재와 정치의 문란 때문이었다. 서구를 중심으로 선진 제국들은 근대화를 통해 새로운 나라에 대한 비전을 세우고 국가를 변혁하고 민중들의 의식을 계몽해 나갔다.

그러나 조선은 이러한 세계사적 조류에 편승하지 못했다. 조선 후기 들어 붕당 정치는 치열한 당쟁으로 변질되었고, 특정 가문에 의한 세도 정치가 극에 달했다. 집권 세력들은 백성들의 안정된 생활보다 자신들의 이권 추구에 더욱 혈안이 되어 있었다. 그러한 가운데 국왕과 왕실을 포함한 집권 세력은 무능했고 부패했다. 거기에다 국제정세에 눈이 어두워 열강들의 침략 야욕을 눈치채지 못한 채 국내외 여러 문제를 외세에 의존하여 해결하고자 했다. 여러 차례 개혁을 시도했지만, 개화와 개혁을 주장하는 세력들은 미약했고, 보수 권력층들은 개혁 의지마저 미미했다. 이와 같은 조선은 일찍이 근대화를 이룬 열강들의 침략을 막아내기에는 역부족이었고, 결국 우리 역사상 처음으로 나라가 완전히 망하는 국치를 당하게 되었다.

독립운동과 해방

■ 일제의 무단 통치

일제는 대한제국의 국권을 강탈한 후 '조선총독부 관제'를 제정하여 한반도의 유일한 통치 기구로 조선총독부를 설치했다. 조선 총독은 식민지의 절대 권력자로서 행정·입법·사법권 등 모든 권력을 행사한 사실상 왕에 해당하는 존재였다. 조선 총독의 자문 기관으로 중추원을 두었는데, 여기에는 이완용 같은 친일파를 고문으로 임명했다.

국권을 강탈한 일제가 초기에 선택한 통치 방법은 무단통치라고 불리는 가혹한 군사 통치의 방법이었다. 먼저 일제는 조선인에게서 언론, 집회, 결사 등 모든 정치적인 자유를 빼앗아 버리고 모든 사회·정치 단체를 해산했다. 일제는 신문의 발행도 철저히 통제했다. 국권 피탈 전 민족적인 기사를 많이 실었던 〈대한매일신보〉를 개편하여 사실상 총독부 기관지인 〈매일신보〉로 만들었다. 그리고 〈경성일보〉라는 일어판 총독부 기관지를 발행했으며, 영어 신문으로 〈서울 프레스〉라는 선전용 신문을 만들었다. 일제는 조선인을 식민지 노예로 육성하기 위해 '제1차 조선 교육령'을 발표했다. 이에 따라 조선에서는 고등 교육을 제한하고 보통 교육과 실업 교육만 강조했다. 교육의 목적은 '천황에 충성하는 선량한 국민을 교육'하는 것이었다.

일제가 실시한 무단통치의 핵심은 조선의 치안을 유지한다는 명목으로 실시된 악명 높은 헌병 경찰 통치였다. 헌병 경찰 통치의 가장 잔인했던 점은 즉결에 관한 규정이었다. 헌병 경찰에게는 재판소에서 재판받지 않고 즉결할 수 있는 권한이 주어졌다. 또한 '조선 태형령'을 제정하였는데, 근대법 체계에서는 찾아볼 수 없는 몹시 잔혹한 형벌이었다. 아울러 일제는 일반 관리는 물론 심지어 교원에게도 제복을 입고 칼을 차게 했다.

일제는 조선을 식민지 본래의 목적인 식량 및 자원 공급지와 상품 판매 시장으로 만들어 자본주의 수탈체제에 편입하기 위한 여러 정책을 시행했다. 먼저 일제는 식민 통치의 기초 자료를 마련하기 위해 토지 조사 사업을 시행했다. 이는 지세 수입을 늘려 식민 통치에 필요한 재정 수입을 확보하고 토지 소유권을 조사하여 조선총독부의 소유지를 넓히기 위한 것이었다. 조선총독부는 토지 조사 사업으로 소유지가 크게 확대되자 이를 동양척식주식회사나 일본인에게 싼값으로 분배하여 이들이 조선에서 대지주로 성장하게 되었다. 반면에 많은 조선인 농민은 소작인으로 전락하여 높은 이자와 소작료를 부담하는 등 소작 조건이 크게 악화되었다. 그 밖에도 일제는 어장 조사를 비롯해 광산 조사와 임야 조사 등을 실시하여 자원 수탈을 위한 기반을 마련했다. 아울러 인삼, 담배, 소금 등의 전매 제도를 실시하여 식민 통치를 위한 재정 수입을 확대했다.

일제는 조선의 금융과 산업에 대한 침탈의 기반을 닦기 위해 1909년 통감부에서 설치한 한국은행을 조선은행으로 개칭했다. 조선은행은 화폐를 발행하는 등 중앙은행의 기능을 하며 금융계를 장악했다. 이와 함께 '회사령'을 공포하여 조선에서 회사를 설립할 때는 반드시 총독의 허가를 받도록 했다. 또한 수탈 및 통치에 활용하기 위해 도로와 철도, 항만 등의 건설 사업도 활발히 진행했다. 이로써 일본 상품이 조선에 물밀듯이 들어오고, 조선에서 식량과 자원 등이 일본으로 대거 실려 갈 수 있는 기반 시설이 구축되었다.

■ 비밀결사와 해외에서의 독립운동

일제의 무단통치가 강화되면서 기존의 항일운동이었던 항일 의병운동과 애국계몽운동은 점차 쇠퇴하였다. 그러나 어려운 여건 속에서도 굴복을 거부한 일부 의병들은 산악 지역을 중심으로 투쟁을 계속했다. 이들은 일제의 헌병 경찰 기관이나 수비대를 습격하거나 철도를 파괴하는 등의 유격전을 전개했다. 헌병 경찰 통치가 심해지자 의병 부대를 통한 무장 투쟁은 점차 어렵게 되었고, 의병장과 애국지사들은 항일 비밀결사를 조직하기 시작했다. 이 시기에 독립 의군부, 대한광복회, 기성볼단, 조선국민회, 송죽회 같은 비밀결사가 조직되었다. 이들은 일제를 몰아내고 독립을 달성할 것을 투쟁 목표로 하여 악질 친일파 처단, 군자금 모금 같은 활동을 전개했다.

국내에서의 항일 투쟁이 어려워지자 대부분의 의병 계열은 간도나 연해주 일대로 이동하였다. 만주의 서간도 삼원보에서는 경학사·한족회·부민단 등이 결성되었고, 독립군 장교 양성을 위해 이회영이 신흥무관학교를 만들었다. 북간도에서는 민족 학교인 서전서숙과 명동학교가 설립되었고, 대종교 인사들의 주도로 중광단·정의단·북로군정서 등이 결성되어 무장 투쟁을 위한 군사조직이 꾸려졌다.

연해주에서는 블라디보스토크에 신한촌이 형성되어 민족운동의 근거지가 되었다. 이에 1914년에 이상설·이동휘가 주도하는 대한광복군 정부가 수립되었고, 이후 전로한족회 중앙총회와 대한국민의회 등이 수립되었다.

중국 관내의 상하이에서는 1918년 김규식, 여운형, 신채호, 김구 등이 주축이 되어 신한청년당이 결성되었다. 이들은 파리강화회의에 김규식을 파견하기도 했다. 이 단체는 나중에 대한민국 임시정부의 기반을 조선하게 된다.

미주 지역에서는 안창호가 주도한 대한인국민회와 흥사단이 결성되어 독립운동 자금을 지원하였고, 이승만은 대한인국민회에서 활동하다가 따로 대한인동지회를 조직하였으며, 박용만은 대조선 국민군단을 조직하여 국권 회복을 위한 군인을 양성하였다.

해외 각지에서 벌인 이 같은 독립운동은 장기적으로 독립전쟁을 통해 일제를 몰아내고 독립을 쟁취한다는 목표를 가지고 투쟁했다는 점에 그 의의가 있다. 다만 당시의 상황에서 통일된 형태로 서로 연계하여 진행되지 못하고 각기 분산되어 추진되었다는 점에서 한계가 있었다.

■ 전국적, 전 민족적 3.1운동

제1차 세계대전 직후에 미국 대통령 윌슨이 민족자결주의를 주창하고, 러시아 혁명을 주도한 레닌은 식민지의 민족 해방운동을 지원하겠다고 선언하여 세계적인 민족해방운동의 물결이 일어났다. 그러나 이는 일부 지식인들에게만 알려졌고, 3.1운동에 참여한 수많은 민중은 대부분 몰랐다. 때마침 고종이 왕세자와 나시모토 공주의 결혼식을 나흘 앞두고 승하하는 바람에 독살되었다는 이야기가 나돌았고, 해외 독립운동가들의 활동이 국내에 알려지면서 손병희 등 천도교 측 인사들이 중심이 되어 독립 선언을 계획했다. 여기에 이승훈 등 기독교계 인사들과 한용운 등 불교계 인사들이 참여하여 종교 지도자가 중심이 된 3.1운동의 주도 세력이 형성되었다.

이들은 민족 대표 33인을 선정한 후 대중적·비폭력의 원칙에 따른 3.1운동을 기획하고 조직했으며, 자금의 공급과 독립선언서의 작성 및 배포 등 3.1운동을 촉발하는 중요한 역할을 담당했다. 민족 대표 33인은 음식점 태화관에 모여 독립 선언의 취지를 밝힌 다음 곧바로 일제 경찰에 자수했다. 이들은 탑골공원에 모인 학생들과 시민들이 전면적인 시위에 들어가 그들이 세운 비폭력 원칙을 깨뜨리면 열강의 공감을 얻지 못할지 우려했다.

흔히 3.1운동이라고 부르는 항일 시위운동은 1919년 3월 1일 서울 탑골공원에서 지도부 없이 학생과 시민 4,000~5,000명이 모여 시작되었다. 학생 대표 정재용이 단상에 올라가 독립선언서를 낭독하고, 학생과 시민들은 "대한 독립 만세"를 외쳤다. 학생과 시민들이 공원 문을 나오자 일반 시민들이 남녀노소 가릴 것 없이 시위행진에 참가했다. 더구나 고종의 장례에 참여하기 위해 경성에 온 수많은 인파가 함께 시위행진에 참가하여 밤늦게까지 계속되었다. 이후 경성에서의 시위는 크고 작은 규모로 계속 이어졌다. 4월 초까지 경성에서만 약 64회의 시위가 있었고, 동원된 인원은 약 57만 명에 이르렀다.

이 운동은 전국으로 확산하여 3개월 동안 이어졌다. 교통이 발달한 도시는 물론 점차 농촌으로 퍼져 나갔고, 산간벽촌에서까지 시위가 일어났다. 나아가 해외에까지 파급되어 3월 6일에는 남만주 일대, 3월 13일에는 간도 지방, 러시아령 연해주, 심지어는 미국에서도 독립 만세를 외치는 시위가 일어났다. 그 과정에서 조선총독부는 군대와 경찰을 동원하여 강경하게 진압해 많은 희생자가 발생하였다. 조선총독부의 공식 기록에는 집회인 수가 106만여 명, 사망자가 7,509명, 구속된 자가 4만 7천여 명이었다. 박은식의 『한국독립운동지혈사』에는 집회 횟수 1,542회, 참가 인원 202만 3,089명이라고 기록하고 있다.

3.1운동은 약 3개월에 걸쳐 전국의 거의 모든 지역에서 소수의 친일파를 제외한 각 계층의 사람들이 참여하여 비폭력 평화 시위를 벌인 역사상 최대 규모의 민족운동이었다. 독립 없이는 생존권을 보장받을 수 없다는 것을 깨달았으며, 일제의 압박이 심하면 심할수록 독립 의지는 더 커진다는 것을 세계에 보여 주었다. 이후 항일 독립투쟁의 정신적 바탕은 3.1운동에서 생겨났다고 해도 과언이 아니다. 독립운동가들은 3.1운동의 정신을 계승·발전시키기 위해서는 단순한 조직이 아니라 정부의 형태가 필요하다는 것을 깨닫고 대한민국 임시정부를 수립하는 계기가 되었다. 그리고 일제는 무단통치로는 조선을 효과적으로 지배할 수 없다고 판단하

고 이른바 '문화정치'를 내세워 위기를 극복하려 했다. 그러나 그들이 내세운 문화정치는 조선에 대한 지배와 수탈을 보다 교묘히 하려는 술책에 불과했다.

■ 대한민국 임시정부의 발족

3.1운동 이후 임시정부를 세우기 위한 움직임이 국내외에서 활발하게 일어났다. 가장 먼저 러시아령 연해주의 블라디보스토크에서 대한국민의회라는 임시정부가 수립되었다. 중국의 상하이에서는 대한민국 임시정부가 수립되었고, 경성에서는 전국 13도의 대표가 모여 독립운동을 조직적으로 지도하기 위한 한성정부의 수립을 선포했다. 이에 민족 지도자들 사이에서 각 지역의 임시정부를 통합하려는 운동이 전개되었고 독립운동의 구심점 역할의 필요성이 커져 1919년 4월 중국 상하이에서 대한민국 임시정부가 발족하였다. 이는 경성에 수립된 한성정부의 법통을 이어받아 당시 프랑스의 조계 지역이었던 중국 상하이에서 대한민국 임시정부를 세운 것이다.

1919년 9월 임시정부의 헌법을 통과시키고, 대통령에 이승만, 국무총리에 이동휘를 선출하여 통합을 마무리했다. 임시정부는 민주주의 이념을 바탕으로 공화정의 정치체제를 토대로 한 삼권분립의 민주 정부였다. 임시정부는 국내외에서 다양하게 활동하던 독립운동 세력을 하나로 묶어 조직적이고 체계적인 독립운동을 전개하기 위해 노력했다. 임시정부는 독립운동 자금을 마련하기 위해 독립공채(애국공채)를 발행했다. 또한 「독립신문」을 간행하여 독립운동의 소식을 전하고 방향을 제시했다.

임시정부는 무장 투쟁에 관심을 기울여, 남만주 지역에 있는 단체들이 통합하여 결성한 광복군 사령부가 임시정부의 군무부 직할로 편제되어 활동했다. 아울러 임시정부는 서로군정서, 북로군정서 등과도 연결되어 있었다. 그러나 임시정부가 주력한 외교활동은 큰 성과가 없었으며, 임시정부는 국제적 승인조차 받지 못했다. 그러한 가운데 임시정부의 진로를 놓고 외교 독립론과 무장 투쟁론이 갈등했다. 외교 독립론의 대표적인 인물은 대통령 이승만이었다. 이승만이 미국 대통령에게 국제 연맹에 의한 위임 통치를 청원하는 등 외교활동이 정도를 넘어서자, 무장 투쟁을 주장하던 이동휘는 이승만의 사임을 요구하고 나섰다.

임시정부 내에 노선 갈등이 일어나자 이를 수습하기 위해 1923년 1월 상하이에서 국민대표 회의가 열렸다. 이 회의에서 임시정부의 조직만 개조하자는 개조파와 새로운 임시정부를 수립하자는 창조파, 지금대로 유지하자는 유지파로 갈려 결말이 나지 않았다. 결국 개조파와 창조파를 중심으로 한 많은 독립운동가는 임시정부를 떠나게 되었다. 이에 임시정부는 1925년 대통령으로서의 직무를 다하지 않고 미주 지역의 독립 자금을 독점한다는 이유 등으로 이승만을 탄핵하고 내각제로 개헌하였다.

이후 임시정부가 주도하는 독립운동은 1920년대 중반까지 대체로 침체되었으나 김구가 국무령을 맡으면서 다시 활기를 되찾았다. 김구는 1932년 1월 8일 이봉창을 시켜 일본 천황 히로히토를 궁성의 사쿠라다몬에서 암살하려고 하였으나 실패하였다. 1932년 4월 29일 홍커우[虹口] 공원에서 열린 일본 천황 생일잔치와 상하이 사변 승전 기념식장에 윤봉길을 보내 폭탄을 던지게 하여 일본 요인들을 살상시키는 데 성공했다. 이 사건으로 상하이 파견군 총사령관 시라카와 요시노리, 상하이 일본 거류민 단장 가와바타 사다지 등을 처단하고 주요 인사들에게 중상을 입혔다. 1927년부터 관계를 맺어온 중국 국민당 정부는 이러한 사건들로 "중국 100만 대군도 못 한 일을 해냈다."라며 대한민국 임시정부를 협력 대상으로 생각하였고, 김구를 지원하게 되었다.

홍커우공원 의거로 수배된 김구는 상하이에서 피신하여 난징[南京]로 옮긴 뒤 1933년 장제스[蔣介石]와 항일전선 협력에 합의하였다. 이 무렵에 양기탁(梁起鐸)이 1933년 10월 국무령에 선출되어 1935년 10월까지 임시정부를 맡았다. 일본군이 중국을 침공함과 함께 임시정부는 상하이에서 탈출해야 하는 상황에 이르러, 난징과 창사[長沙]를 거쳐 1940년에는 충칭[重慶]으로 옮기게 되었다. 충칭에서 중국 국민당과 미국의 도움을 얻어 광복군 총사령부를 창설하였다.

■ 국내외의 활발한 항일운동

1920년대 국내에서는 크고 작은 다양한 항일운동이 전개되었다. 노동운동, 농민운동과 함께 청년운동 및 여성운동이 전개되었다. 또한 조선인의 힘으로 대학을 세워 민족 교육을 시행하자는 민립 대학운동이 일어났고, 조선 물산을 사용하자는 물산 장려운동이 일어났다. 그리고 민족주의와 사회주의 양 진영이 중심이 된 민족 연합 전선으로서의 신간회가 결성되었다. 신간회는 활동이 가장 활발할 무렵 전국의 지회가 140여 개, 회원 수는 4만여 명에 달해 일제 통치 아래 국내 최대 규모의 항일 단체였다. 합법적인 단체로 출발한 신간회이지만 일제의 감시와 탄압으로 활동하는 데 많은 제약이 따랐고, 신간회 중앙 본부는 투쟁 방향에 대한 구체적인 대안도 제시하지 못하는 형편이었다. 그러나 상대적으로 자유로 웠던 여러 지회에서는 그러한 현실을 타개하고자 여러 방안을 제시하여 실천했다. 야학이나 강연회 등을 열어 민중을 계몽하는 한편, 무엇보다도 민중의 생존권을 수호하기 위한 노동운동과 농민운동, 여성운동을 적극 지원했다. 이러한 가운데 국제적으로 사회주의운동을 주도하던 코민테른에서 사회주의운동을 급진적인 방향으로 전환할 것을 제시하자, 일부 사회주의 세력에서 신간회를 해체하고 새로운 조직을 결성하자는 주장이 대두되었다. 결국 창립 대회 후 처음 열린 전국 대회에서 신간회 해체가 결의되었으나 이후 새로운 조직의 결성은 이루어지지 못했다.

국내와 달리 국외에서는 3.1운동을 전후하여 무장 투쟁을 준비하고 여러 독립군 부대를 조직했다. 특히 한민족이 많이 거주하고 있던 간도 지방을 비롯한 만주에서는 대한독립군, 북로 정서군, 서로 정서군, 국민회군 등이 활동했고, 연해주에서는 혈성단이 조직되어 활동하는 등 크고 작은 50여 개의 독립군 부대가 활동하고 있었다. 이에 일본군은 1920년 들어 독립군의 활동을 저지하기 위해 국경을 넘어 공격하기 시작했다. 먼저, 독립군의 근거지를 없애기 위해 여러 독립군 부대가 활동하고 있던 만주의 봉오동을 공격 목표로 삼았다.

1920년 6월 7일 북로 제1군 사령부 부장 홍범도는 군무 도독부군과 국민회 독립군을 연합하여 대한북로독군부를 결성한 후 봉오동 골짜기 인근에 포위진을 치고 독립군 토벌에 나선 일본군을 유인했다. 소나기가 내리는 가운데 일본군 부대는 선봉으로 올라가던 일본군 부대를 독립군으로 오인하여 사격을 가하면서 교전이 시작됐다. 고지 꼭대기까지 올라간 홍범도 부대는 이를 내려다보면서 나머지 일본군에게 사격을 가했다.

3시간 이상 계속된 봉오동 전투에서 독립군은 대승을 거두었다. 상하이 임시정부의 발표에 의하면, 이 전투에서 일본군 157명이 전사하고 200여 명이 중상을 입었으며 경상이 100여 명인 반면, 아군은 불과 4명만 전사하고 2명이 중상을 입었다. 이후 일본군의 대대적인 탄압을 받게 된 북로독군부군은 청산리로 옮겨가 김좌진의 북로군정서군과 연합한다.

일제는 독립군이 대거 압록강과 두만강을 건너 한반도 내에서 큰 전투가 벌어지면 식민통치가 불가능하다는 판단에서 1920년 8월에 '간도지방 불령선인 초토계획'을 수립하고 대규모 병력을 꾸렸다. 그러나 일제가 만주 군벌에 독립군 진압을 위한 협조를 요청했지만, 뜻대로 되지 않아 '훈춘 사건'을 조작한다. 일본군 제19보병사단 간부가 비밀리에 중국 마적 두목 장강호(長江好)를 만나 돈과 무기를 주면서 두만강 건너편 훈춘 일본영사관을 공격해 달라고 요청한 것이다. 그리고 이 사건을 한국인 독립군의 소행으로 몰아붙였다. 1920년 10월 일본은 미리 대기시켜 놓은 대군을 즉각 투입했는데, 조선 주둔군 제19사단 9천여 명을 중심으로 시베리아로 출동했던 포조군(捕潮軍) 제14사단 4천여 명, 11사단과 20사단의 지원 병력, 그리고 북만주 파견대와 관동군 각 1천여 명 등 모두 2만여 명에 달하는 군단급 병력이었다.

이에 독립군들은 대규모의 일본군에 맞서기 위해 연합 부대를 편성했다. 그리하여 대한독립군, 국민회군 등이 편성된 제1연대는 홍범도가 지휘하고, 김좌진은 제2연대장으로서 북로 군정서군을 지휘하고, 제3연대장인 최진동은 군무 도독부군의 지휘를 맡았다. 이렇게 하여 발발된 청산리 전투는 10월 21일 길림성 화룡현에서 싸움이 시작된 이래 1주일 동안 청산리 백운평, 청수평, 완루구 등지에서 10여 차례에 걸쳐 싸워 대승리를 일구어냈다. 이 전투에서 일본군은 전사자 1,254명, 부상자 1,000여 명에 달했으나, 독립군은 전사자가 100여 명에 불과했다. 이는 독립군의 전투사상 전무후무한 가장 큰 승리로 '청산리 대첩'이라 한다.

봉오동 전투와 청산리 전투에서 참패한 일제는 1920년 10월부터 약 4개월에 걸쳐 독립군의 근거지라고 여겨져 온 간도 일대의 조선인 마을을 초토화시켰다. 1만 명이 넘는 조선인이 학살당했고, 2,500호의 민가와 30여 개의 학교가 불에 탔다. 이를 '간도 학살 사건' 또는 '경신 참변'이라고 부른다. 이에 독립군은 간도 거주 조선인의 피해를 줄이고 일제의 계속되는 공세를 피하려고 전략상 북쪽으로 이동했다. 그런데 중·러 국경을 넘어 러시아 연해주 스보보드니(자유시)에 모인 독립군 연합은 지휘권 장악을 위한 다툼이 일어나 뿔뿔이 흩어지고 말았다. 이후 독립군들은 다시 만주로 돌아와 독립군 조직의 재결집에 나섰다. 그 결과 남만주의 압록강 맞은편 지역에서는 대한민국 임시정부 소속의 군정부로 참의부가 결성되었고, 지린 일대에서는 지청천 등이 중심이 된 정의부가 조직되었으며, 북만주에서는 김좌진 등을 중심으로 신민부가 결성되었다. 이에 일제는 독립군의 활동을 막기 위해 만주 군벌과 미쓰야 협정을 체결하고 대대적인 독립군 체포 작전에 들어가자 독립군 3부의 통합이 절실해졌다. 그리하여 북만주의 혁신의회와 남만주의 국민부로 재편되었다. 임시정부가 내세운 '당으로써 나라를 다스린다.'라는 방침에 따라, 혁신의회는 한국 독립당을 결성하고 한국 독립군을 조직했으며, 국민부는 조선 혁명당을 조직하고 조선 혁명군을 무장 부대로 편성했다. 이후 독립군은 1931년 일제가 만주 사변을 일으켜 만주를 장악한 이후에도 투쟁을 계속해 나갔다.

▪ 8.15해방의 교훈

제2차 세계대전은 1943년에 접어들면서부터 점차 연합군 측에 유리해져 갔으며, 그해 11월 말에는 미국·영국·중화민국 3국은 일본이 제1차 세계대전 후 타국으로부터 약탈한 영토를 반환할 것을 요구하는 소위 카이로 선언을 발표했다. 이어 1945년 5월에 나치 독일이 항복하였고, 7월 26일에는 미국·영국·중화민국·소비에트연방이 모여 제2차 세계대전 이후의 일본 처리 문제와 함께 카이로 선언을 재확인하는 포츠담 선언을 발표했다. 그러나 일본 제국의 군부와 정치가들은 포츠담 선언을 묵살했다. 그 결과 8월 6일 히로시마에, 8월 9일 나가사키에 각각 원자폭탄 투하가 이루어지고 8월 15일 일본은 무조건 항복을 선언했다.

대한민국 임시정부에서는 1945년 9월에 정식으로 제2차 세계대전에 참여하여 일본을 공격할 예정이었으나 일본이 예상보다 빨리 항복하는 바람에 그 계획은 물거품이 되고 말았다. 충칭에서 대한민국 임시정부와 한국광복군을 이끌고 항일 투쟁을 펼치던 김구는 일제의 항복 소식에 탄식했다고 한다. 김구가 안타까워한 것은 우리 민족의 독자적인 힘으로 이룩한 해방이 아니어서, 이후 강대국의 간섭으로 자주적인 국가 건설이 어려움에 부딪힐 것을 염려했기 때문이다. 이와 같은 김구의 걱정은 현실이 되었다. 8·15광복은 우리 민족의 다양하고 끊임없는 독립운동의 결과이기도 하지만, 무엇보다 연합국이 제2차 세계대전에서 승리하여 일본이 항복한 데서 비롯된 것이었다.

결국, 우리나라는 일본 제국으로부터 해방되었으나 미국과 소련의 직접적인 영향력을 피할 수 없게 되었다. 1945년 8월에 소련이 태평양 전쟁에 참전하고, 8월 10일에는 한반도까지 진격해 들어왔다. 당시 오키나와까지 진격해 왔던 미국은 한반도 전체가 소련의 세력권 안에 들어갈 것을 우려하여 38도 분할안을 내놓았다. 소련은 일본 점령까지 참여할 속셈으로 이 제안은 받아들였다.

이에 따라 자본주의 진영의 새로운 강자로 등장한 미국과 공산주의 진영의 종주국인 소련이 한반도를 분할 점령하는 사태가 발생했다. 한민족이 국가를 건설하는 문제는 서로 대립하던 강대국 미국과 소련의 뜻을 벗어날 수 없는 처지에 놓이게 된 것이다. 나라의 안정과 국민의 평화로운 삶은 국력이 강할 때는 주체적인 입장에서 적극적으로 추구할 수 있지만, 국력이 약할 때는 주변 환경에 좌우될 수밖에 없다는 역사적 경험을 다시 한번 하게 된 것이다. 우여곡절 끝에 결국 남쪽에는 대한민국이 건국되고, 북쪽에는 조선민주주의인민공화국이 건국되었다.

한민족정신의 본질

제1장

평화를 사랑한 민족

안정과 평화 관점의 한민족사

옛 단군조선은 나라의 안정을 바탕으로 백성들이 평화롭게 살 수 있는 사회를 이루었고 주변 여러 종족에도 선한 영향력을 행사했으며 중국과는 다양한 방면으로 교류와 경쟁을 하였다. 단군조선에 관해 기록한 문헌들이 부족하여 당시의 상황을 상세히 알 수는 없지만 단편적으로 전해오는 문헌이나 여러 유물을 통해 안정되고 평화로운 사회였다는 것을 알수 있다. 이는 단군조선이 환웅의 이념인 '홍익인간'의 정신을 이어받았기 때문이다. 단군조선뿐만 아니라 주변의 모든 나라 모든 사람과 함께 널리 안정과 평화를 추구하는 유익한 사회를 이루고자 한 것이다. 그러나 오랫동안의 안정과 평화가 단군조선 말기에 가서는 주변국과의 경쟁에서 밀리면서 그 영향력이 축소되었다. 그 후 단군조선의 후예를 자처한 여러 새로운 국가들이 생겨났고, 몇몇 국가들은 국력이 성장하면서 왕실의 안정과 백성들의 평화로운 삶을 위해 제도를 정비하고 영토를 확장하면서 고대국가의 기틀을 만들었다. 당시만 해도 민족 개념이 불투명하여 옛 단군조선 전체를 회복하려는 움직임은 없었고, 당장 자국에 영향력이 미치는 가까운 주변국과의 관계 정립이 우선이었다. 이를 위해 다른 주변국과 때로는 협력을, 때로는 경쟁하면서 안정과 평화를 추구했다.

고구려는 비교적 광활한 영토를 바탕으로 막강한 군사력을 지니고 있었지만, 주변국을 정복하여 복속하려고는 하지 않았다. 한때는 중원 깊숙이까지 영향력을 확대한 적이 있었고 한때는 신라와 백제에도 영향력을 확대하는 등, 때로는 서진 정책을 추진하고 때로는 남진 정책을 추진했지만 모두 자국의 안정과 평화를 위한 적극적이고 능동적인 정책의 일환이었다. 백제 또한 고구려·신라와 끊임없는 경쟁을 하고, 한때 바다 건너 중국 대륙에도 진출하고 왜와도 적극적으로 교류했지만, 마찬가지로 자국의 안정과 평화를 위해서였다. 특히 왜에는 지속적으로 선진 문물을 전해 주었는데, 이는 유사시 군사적 도움을 얻기 위한 사전 포석이었다. 신라가 당나라와 연합하여 삼국을 통일한 것도 이와 같은 시각으로 볼 수 있다.

오늘날의 시각에서 보면, 신라가 당나라라는 외세를 끌어들인 것처럼 보이지만, 당시의 관점에서 당나라는 가까이 있는 고구려·백제와는 또 다른 좀 더 멀리 있는 나라일 뿐이었다. 고구려·백제·신라 모두 자국의 안정과 평화를 위해서라면 어제의 원수국과도 손잡았고, 먼 중원족·왜족과도 손을 잡았다. 이는 외세를 단순히 끌어들인 것이 아니라 외세를 적극적으로 활용한 것으로 볼 수 있다.

고려 때 와서는 안정과 평화를 위한 정책들이 더욱 빛을 발했다. 고려 초부터 백성들의 안정과 평화로운 삶을 위해 개혁적인 정책을 폈다. 그리고 발해가 멸망하고 그 유민들이 고려로 들어왔을 때는 겉으로 고구려의 후예라는 명분을 내세웠지만, 사실 그 내면엔 인구 증가가 국력과 연결되어 나라의 안정과 평화에 도움이 된다고 판단했기에 받아들였다고 볼 수 있다. 불교를 통해 사상 통일을 이루고자 한 것도 민생의 안정과 평화라는 방향에서 추진되었다. 그 후 고려는 거란(요나라)·금나라·송나라 등과 이념·실리를 조화시키며 자국의 안정과 평화에 도움이 되는 방향으로 대외관계를 진행했다.

송나라가 거란과 대립 관계일 때 고려와 손잡고 거란의 후방에 영향력을 행사해 주길 원하자, 고려는 그 대가로 송으로부터 선진 문물을 마음껏 얻어냈다. 그러한 고려를 못마땅히 여겨 거란은 송과 싸우기 전에 자신의 후방부터 정리하고자 고려를 침략했는데, 오히려 고려는 이를 잘 활용하여 강동 6주라는 전략적 요충지를 얻어내기도 했다. 상황에 따라 고려는 대외관계의 활용만이 아니라 실력으로 위기를 극복했다. 거란의 침략군을 크게 무찌른 귀주대첩 등이 그것이다. 예종 때 여진족을 정벌하고 동북 9성을 개척한 것이나 고려 말부터 조선 초에 이르기까지 3차에 걸쳐 대마도 정벌을 단행한 것은, 영토 확장을 위한 주변국 침략이 아니라 자국의 안정과 평화를 해치는 외세에 대한 적극적인 대처였던 것이다.

이처럼 안정과 평화를 중시한 우리의 역사는 왕실의 안정을 바탕으로 백성들의 평화로운 삶을 중시했다. 그리고 고려 중기까지만 해도 외세의 일방적 침략에 대한 힘겨운 저항의 역사가 아니라, 자국의 안정과 평화를 위해 때로는 외교를 통해, 때로는 무력으로 적극 대처했다.

안정과 평화를 위한 한민족 불굴의 의지

　조선시대의 임진왜란은 오랜 안정과 평화로 인해 전쟁을 몰랐던 조선의 무방비로 초기에 큰 피해를 입었지만, 명나라라는 오랜 우방을 끌어들이면서 반전을 이루었다. 물론 명나라로서는 우방이기 때문에 조선을 도운 것이 아니라, 일본이 조선을 거쳐 자국으로까지 들어올 수 있다는 것을 알았기에 참전했다. 이는 일본의 침략과 조선의 저항으로만 규정 지울 수 없는 국제적 역학 관계가 있었기 때문이다.

　또한 전쟁 초기 일방적으로 밀리던 조선군이 제대로 반격하면서 정세의 큰 변화를 가져왔다. 거기에 더해 향토의 안정과 평화를 바라며 자발적이고 적극적으로 일어난 의병운동은 일본군을 크게 당황하게 했다. 전쟁 말기에 물러나는 일본군에게 길을 터주자는 명나라군의 주장을 묵살하며 대응징을 감행한 이순신의 정신은 저항이 아니라 분노였다. 나라의 안정과 백성들의 평화로운 삶을 해친 일본에 대해 분노의 실력행사를 했다.

　임진왜란을 직접 겪은 광해군이 명나라와 청나라와의 역학 관계를 활용해 균형과 실리의 조화를 추구한 것은 조선의 안정과 평화를 위해서였다. 그러나 인조의 명분만을 앞세운 친명나라 일방 외교가 결국 청나라의 침략을 자초하고 삼전도의 치욕을 남겼다. 당시 청나라군이 조선의 왕실만을 공격 대상으로 삼았던 것도 조선 왕실의 친명나라 중심의 일방적인 외교에 대한 경고였다. 그러나 결과적으로 큰 피해는 왕실뿐만 아니라 조선 백성 전체에 돌아갔다. 고금을 막론하고 나라의 안정과 백성의 평화로운 삶을 위해서는 명분과 실리를 조화시킨 능동적인 대외관계가 필요하다는 것은 당연한 이치이다.

조선 후기 들어 일찍이 개방을 통해 국력을 키운 일본에 비해 국제 정세에 눈멀어 쇄국으로 맞선 조선의 나약함이 결국 망국의 결과까지 초래했다. 당시 국제 정세가 열강들의 정치·경제적 영토 확장을 위한 식민지 경쟁 상황이라는 것을 좀 더 일찍 깨달았다면 조선이 그렇게까지 무기력하게 당하지는 않았을 것이다. 한반도라는 지정학적 요충지에 있는 조선은 어느 나라보다 국제적 역학 관계가 중요하다는 것이 다시 한번 증명된 것이다. 조선, 아니 대한제국이 일본에 합병당한 것은 수천 년의 우리 역사에서 나라의 완전한 멸망을 처음 겪은 대치욕이었다. 국제관계의 변화 속에 자국의 안정을 통한 평화는 소극적이고 수동적인 현상 유지가 아니라 경우에 따라 적극적이고 능동적인 변화가 필요한 것이다.

　나라의 완전한 패망 가운데서도 굴하지 않고 독립을 위해 끝까지 싸우며 결국 해방을 이룬 것은 비록 강대국의 역학 관계 속에 이룬 결과라 하더라도 민족정신이 살아 있었기에 가능했다. 35년간이란 짧지 않은 기간에 때로는 무력 투쟁을 하며, 때로는 계몽운동을 하며 나라를 찾고자 한 정신 속에는 안정과 평화의 회복이라는 우리 민족 불굴의 의지가 살아 있었다.

제2장

민본주의

민본주의의 의미

조선은 유교적 이상주의를 나라를 운영하는 기초로 했는데, 그 대표적인 정치적 이념이 민본주의였다. 민본주의는 백성을 근본으로 하는 정치사상이다. 민본이라는 말은 『서경』 「하서(夏書)」에 있는 민유방본(民維邦本)이라는 말에서 나온다. 민본사상은 중국에서 기원한 유교적 세계관에서 비롯되었지만, 우리 민족의 원형 속에는 이미 존재해 있었다.

민본사상은 우리 민족에게는 '민심은 천심'이라는 관념으로 잠재해 왔다. 이는 통치자의 통치 행위가 민심을 천심처럼 여기고 백성을 받드는 정치를 할 때 진정한 의미에서 민본이 된다는 것이다. 민본주의는 유교의 정치사상에서 핵심이며 본질이다. 그리고 이것은 백성과 함께하며, 이상적으로는 모든 사람이 선에 이르도록 지향하고 천하를 통일된 하나의 대가족(大一家)로 만들어 가려는 데 목적을 갖는다고 볼 수 있다. 세계 및 천하의 범위는 다를 수 있지만 넓은 의미에서 인류 한 가족 개념이 고대적 세계관에도 이미 존재하고 있었다고 볼 수 있다.

그런데 이때 하늘과 그 상대자인 백성의 화합, 즉 '하늘이 보고 듣는 것을 백성이 보고 듣는 것'으로 삼아 결국 상하가 통달되는 천민 합일의 새로운 매개자가 요구되는데, 이것이 군주 또는 왕의 자리이다. "군주는 하늘이 주는 자리요, 동시에 백성이 주는 자리이다."라고 맹자가 말한 바와 같이, 하늘과 백성이 화합 양자의 중간자로서 설정된 것이다. 이 군주는 하늘을 대신해 천하를 다스리라는 천명을 받고, 그로 하여 백성의 부모가 되게 하여 만민을 통치하도록 한 것이다. 이것이 왕도정치이다. 그러나 만약 중간자인 군주가 민심과 천심을 거역하고 학정을 일삼는다면, 하늘과 백성은 다시 화합, 그 자리를 빼앗고 다른 사람에게 통치권을 넘겨주게 된다. 이는 곧 민본사상에 입각한 역성 혁명사상이다.

조선시대 사헌부와 사간원 등 감찰 및 간언 제도를 정착시키고, 상소 및 신문고 제도를 둔 것도 이러한 정신에 입각한 것이라 할 수 있다. 비록 전제 왕권 시대였지만 왕의 전횡을 방지하고 통치를 위한 공론의 장을 보장한 것은 세계 역사에도 드문 사례이다. 의정부와 6조 기능, 왕과 신하들의 공론장인 조정의 역할 등은 조선 왕조가 입헌군주제적 성격을 다분히 가지고 있었다고 해도 과언이 아니다. 특별히 조선시대의 경우는 경국대전 등 나라를 다스리는 법전이 매우 체계화되어 있었다. 이것 또한 법치주의적 요소를 담은 민본주의적 정신의 발전이라고 볼 수 있다.

조선의 정치문화는 민본주의를 통해 국가의 인재를 양성하고, 백성을 교화하고, 민생을 풍요롭게 하는 데 그 목적을 두었다. 그렇지만 민본주의에 비판적인 학자들은 조선의 민본주의 정치가 나라의 안녕과 발전을 추구했으나, 동시에 외세에 대한 저항과 정치개혁에 대한 열망들을 약화하는 역할을 했다고 평가하기도 한다. 모든 사물의 현상에는 밝고 어두운 면이 있듯이 조선의 민본주의도 의도치 않은 부작용들이 나타났음을 인지할 필요가 있다.

이러한 측면들은 조선시대 당쟁에서도 나타난다. 조선시대 당파싸움은 사대부들이 민족을 하나로 묶을 큰 이상을 망각했기 때문에 생겼다. 민족적 이상이 하나가 되지 못하니 대동단결이 안 되는 것이다. 국론 분열은 이럴 때 나온다. 당파싸움은 조선시대 두 번의 큰 전란을 겪는 과정에서도 없어지지 않았다. 당파싸움을 일소하기 위해 영조는 탕평책을 쓰기도 했지만 큰 소용은 없었다.

그런데 조정을 중심으로 진행되었던 당파싸움 또한 그 폐해가 막심하긴 했지만 다른 측면에서는 현대적 정당 정치의 요소를 부분적으로나마 가진 것으로 이해될 수 있다. 비록 권력과 명분을 위해서는 목숨을 걸고 싸우고, 승패에 따라 공신과 역적으로 나뉘는 처절한 투쟁의 현장이었지만, 왕을 중심으로 한 조정의 공론이 일방적으로 흐르는 것을 방지하는 역할을 하기도 했다. 때에 따라서는 세월이 지나 역적으로 몰린 정치 세력들이 신원되고 복권되는 일도 있었으니 조선이 왕에 의한 일방적 전제 왕조는 아님을 알 수 있다. 그리고 심지어는 신하들이 폭정을 일삼는 연산군과 광해군과 같은 왕을 축출하고 새로운 왕을 추대하여 새롭게 왕조를 이어가는 사례도 몇 차례 있었다.

이러한 모습들을 유교적 왕도정치 이상의 실현 과정으로 이해할 수 있지만 유교의 본고장인 중국보다 우리 민족 왕조에서 더욱 잘 구현된 것은 특이한 일이다. 이는 우리 민족정신 속에 민본주의적 이상과 접목될 요소가 내재하여 있었기 때문이다.

결론적으로 우리 민족에게 민본사상의 토양은 고조선의 홍익인간 이념과 재세이화사상에서 뚜렷하게 보인다. 만민을 널리 유익하게 하며, 합리적 교화로 세상을 구제하려는 것으로 여기에 민본의식이 깃들어 있다고 하겠다. 이는 우리 민족의 건국정신이며, 근원적 이념이기도 했다.

민본주의는 천하를 하나의 대가족으로 보는 관점에 통해 있기 때문에 자연스럽게 군사부(君師父)일체사상으로 연결되었다. 임금과 아버지, 스승이 하나의 위치로 통합되면서 충효예(忠孝禮)의 개념도 자연스럽게 연결되는 것이다. 임금에 대한 충성이 부모에 대한 효로, 그리고 스승에 대한 예로 연결되는 것이다. 그리고 천하 대가족 개념은 가정에서도 자연스럽게 대가족주의로 연결되는 것이다. 결국 우리 민족의 대가족주의는 홍익인간정신의 토양과 유교사상이 접목되어 형성된 것이다.

고대국가에서 실험한 선진적인 의사결정방식, 화백제도

■ 신라의 신분제도의 이면

신라의 화백제도에 대해 이해를 돕기 위해 신라의 신분제도에 대해서 살펴볼 필요가 있다. 신라의 신분제도는 골품(骨品) 즉 개인의 혈통이 높고 낮음에 따라 정치적인 출세는 물론 혼인, 가옥의 규모, 의복의 색깔, 우마차의 장식에 이르기까지 사회생활 전반에 걸쳐 여러 가지 특권과 제약이 있었다. 세습적인 성격이나 제도 자체의 엄격성으로 보아 흔히 인도의 카스트제도와 비교되고 있다.

신라의 국가 형성기에 만들어지기 시작해서 6세기 초에는 법제화되었으며, 신라의 삼국통일을 거쳐 멸망에 이르기까지 약 400년 동안 신라 사회를 유지하는 기반이 되었다. 신라의 골품제도는 국가 성장 과정에서 생긴 역사적 산물이다. 연맹왕국에서 귀족국가로 바뀌면서 정복되고, 병합된 크고 작은 성읍국가(城邑國家)의 지배층을 경주에 이주시키고 이들을 중앙 지배체제 속으로 편입시키면서 이들 세력이 등급, 서열을 정하기 위한 목적으로 제정되었다.

병합된 각 지방의 족장 세력이 경주로 모여들자 대표적인 6촌의 씨족들이 세력의 대소, 강약에 따라 서열이 정해졌다. 급량(及梁), 사량(沙梁) 씨족이 가장 우세했고, 다음이 본피(本彼)이며 한지(韓祇), 모량(车梁), 습비(習比)는 대체로 열세에 있었다. 6촌의 씨족 중심의 골품제도는 6부 조직을 기반으로 하여 성립되어 520년경에 율령이 반포되면서 법제화되었다. 골품제도는 왕족 중심의 골제(骨制)와 귀족 중심의 두품제(頭品制)가 별도의 체계를 이루면서 시작되었으나 법흥왕 시기에 하나의 체계로 통합되었다. 골품제는 성골(聖骨)과 진골(眞骨) 두 개의 골과 1~6두품 등 8개의 신분 계급으로 나누어졌다. 성골은 경주 김씨 왕족 가운데서 왕이 될 수 있는 자격을 가진 최고의 신분으로 성골 출신의 남자가 없던 진덕여왕을 끝으로 없어지고, 신라로 항복해 온 가야의 김해김씨가 되를 이은 태종 무열왕이 진골 출신이 왕위로 올라 신라가 멸망할 때까지 이어졌다. 두품제의 4~6두품은 관료가 될 수 있는 상위계급이고 하위계급으로 흔히 백성이라 불리었다. 성골과 진골의 차이는 명확하지 않지만, 성골은 왕족 간의 혼인, 진골은 왕족과 귀족 간의 혼인 관계에서 대를 이어 갔다.

그렇지만 신라를 신분제도의 측면에서만 부정적으로 평가해서는 곤란하다. 신라의 신분제도는 당시 전 세계적 범위를 기준으로 하면 특별히 후진적이라고 볼 수는 없다. 오히려 우리가 주목해야 하는 것은 당시 신분제도의 한계에도 불구하고 신라가 아주 선진적인 의사결정방식을 고안하여 실천했다는 점이다. 오늘날의 민주주의 의사결정방식과 직접적인 비교는 곤란하다는 점은 인정해야겠지만, 고대사회에서 이 정도로 민의 의사를 반영할 수 있는 합의체 의사결정방식을 고안하고 상당히 오랜 기간 동안 실행했다는 점에서 고대국가에서 나타난 한민족의 민본주의를 발견할 수 있다.

■ 화백제도는 선진적인 합의체 의사결정방식

신라의 화백제도는 성골과 진골만이 참여할 수 있었고, 가장 높은 계급의 귀족이라 할 수 있는 상대등(上大等)이 이끌었다. 일명 상신(上臣)이라고 불리는 법흥왕 때 처음 설치된 상대등은 귀족회의 주재자로서 신라귀족을 대표하는 진골 중에서도 경위관등(京位官等) 중 두 번째 관등인 이찬(伊湌)이상의 관등을 가진 자가 임명되었으며 여러 대등으로 구성되는 화백회의의 우두머리였다.

상대등은 왕의 뜻을 화백회의에 전달하고 회의에서 결정한 내용을 다시 왕에게 알려 주는 역할을 했다. 왕은 화백회의에서 결정된 내용은 국가의 정책으로 공포하였다. 그러므로 화백회의가 전원이 찬성해야 하는 시스템으로 운영되었기 때문에 귀족들을 조율하는 상대등의 권한이 막중하였으며 왕의 후계자가 지목되지 않았을 때는 왕위를 이을 최우선 인물이기도 했다. 그리고 화백회의가 국가의 중대사를 의논할 경우는 경주 주위의 사영지(四靈地) 즉, 서라벌을 중심으로 동쪽의 청송산(青松山), 남쪽의 오지산(亏知山), 서쪽의 피전(皮田), 북쪽의 금강산(金剛山) 등인

데 돌아가면서 회의를 가지기도 했다.

　상대등은 화(和)를 실현하기 위해 참여자들의 의견제시 과정에서 나타날 수 있는 갈등을 중립적 입장에서 적절히 조절해 조화를 이루는 역할을 했으며, 백(白)은 글의 말미에 '누구누구 백'이나 혹은 '주인 백'이라 쓰는 예에서와 같이 글 쓴 당사자의 속내를 밝힌 것으로 회의의 결론 사항을 왕에게 보고한다는 것을 의미한다. 요컨대, 화백회의란 주요 귀족 세력의 뜻을 조율하여 이를 왕에게 아뢰기 위한 회의를 의미한다는 뜻이다. 그래서 백을 실현하기 위해 참여자들의 다양한 생각과 아이디어를 표출하여 논의될 수 있는 환경을 조성하는 역할도 하게 된다.

　화백회의는 견해가 일치하지 않으면 잠시 각자 옆방으로 가서 개인의 사사로운 이익이 아닌 나라와 백성을 위한 것이 어떤 일인가를 재삼 생각한 후 다시 회의에 임하여 만장일치가 될 때까지 회의를 계속했다. 소수의 의견을 존중하면서도 나라와 백성을 이롭게 하는 결정을 하게 되는 훌륭한 제도였으며, 이러한 과정에서 더 중요한 것은 참석자들이 사사로운 욕심과 감정에 치우치지 않는 대등들이었음을 알 수 있다. 이러한 신라시대 화백제도가 오늘날 우리의 정치를 비롯한 모든 공동체의 의사결정 과정에 많은 교훈이 될 수 있을 것으로 판단된다.

　오늘날 민주주의 의사결정과정에서 토의를 통한 합의에 치중하기보다 숫자의 셈법을 앞세워 다수결 원칙을 쉽게 도입하려는 경향이 많다. 민주사회에 사는 사람들은 일상적인 생활에서도 다수의 의사를 따르는 것이 민주적 절차를 존중하고 문제의 해결을 위한 지혜로운 방법이라고 여긴다. 특히 하나의 조직 속에서 같은 일에 함께 종사하는 사람들이 어떤 일을 수행하거나 문제를 해결하는 과정에서 의견이 다를 때, 다수결의 원칙을 지키기도 하는 것은 바로 그것이 문제를 해결하는 가장 기본적이면 서도 가장 확실하고 탁월한 민주적 방법이라고 생각하기 때문이다. 다수 결에 맡기면 어떤 부류의 사람들이 어떤 선택을 더욱 좋아하고 어떤 사 람들이 그 선택을 더욱 싫어한다는 것을 알면서도 그 결과에는 이의 없 이 복종하는 것이 보통이다. 그리하여 다수결은 결국 일종의 관습적 혹 은 타성적 적응을 하는 모양새가 되고, 어떤 의미에서 그만큼 다른 대안 을 거부하는 맹목적 방법이라고 할 수도 있다.

이는 올바른 민주주의 의사결정과정이라 하는 데는 문제점이 있다. 소 수의 옳은 의견이 무시되고, 다수의 잘못된 의견이 결정되는 경우가 많기 때문이다. 교황청에서도 신라의 화백제도와 같은 만장일치로 교황을 선 출함으로써 모든 사람으로부터 교황의 권위를 인정받게 되는 것이다.

재상의 나라를 꿈꾼 정도전

민본사상을 바탕으로 "재상의 나라"를 꿈꾸었던 정도전은 조선 왕조 성 립 초기에 큰 역할을 했으면서도 논란을 일으킨 인물이었다. 왕권 국가 인 조선에서 재상 중심의 신하의 나라를 꿈꾸었던 그의 이상이 근본적으 로 갈등을 일으킬 수밖에 없었다. 다만 그의 사상은 훌륭한 재상을 선택 하여 왕을 올바로 보좌하고 신하들을 통괄하고 백성들을 올바르게 다스 리는 책임을 부여하자는 것이었다.

정도전에게는 임금은 상징적인 존재로만 머물고 나라의 모든 일은 신 하들이 회의를 거쳐 결정하는 것을 이상적인 것으로 보았다. 이러한 관 점은 현대의 입헌군주제와 비슷한 정치제도라 할 수 있다. 그렇지만 조선 왕조 초기 정도전을 이러한 이상을 실현하기 어렵게 되자 다른 방식으로 왕을 견제하기 위해 사헌부와 사간원의 권한을 강조하였다.

정도전의 이상은 태종 이방원과 갈등에서 좌절되었다. 신권보다는 왕권 강화에 초점을 둔 이방원은 제2차 왕자의난을 통해 정도전과 권신들을 제거하였다.

그런데 만일 재상의 나라 실현이라는 매우 혁명적인 정도전의 이상이 조선 초기에 실현되었다면 어떻게 되었을까? 입헌 군주적 성격을 조선 왕조의 발전 과정은 어떻게 달라졌을까? 정도전이 이상이 실현됐다면 조선 왕조는 근대 국민국가로 재빠르게 성장하여 기존과 전혀 다른 조선의 모습이 되었을지도 모른다.

정도전은 나라를 다스리기 위해 『조선경국전』 등을 저술했다. 여기서 조선 왕조의 통치 규범을 제시했다. 『조선경국전』은 이후 조선 최초의 법전인 『경제육전』으로 계승되었고 『경국대전』을 비롯한 조선 왕조 법전 편찬의 기초가 되었다.

정도전은 『조선경국전』에서 크게 군주가 해야 할 일과 신하가 할 일을 구분했다. 특히 백성을 다스리는 데 법의 역할을 강조했다. 무릇 백성이 법을 모르고 금법을 어기는 일이 있더라도 판결과 처단을 백성의 생명을 존중하는 측면에서 할 것을 강조했다. 형벌에 의해서 정치를 하는 것이 아니라 오직 형벌은 정치를 보좌하는 수단으로 사용하길 권장했다. 봉건 군주 시대 법치주의적 정신을 실현하려는 노력이 엿보인다.

『조선경국전』에는 평등사상도 들어 있다. 모든 사람은 다 같은 동류이며, 다 같은 동포라는 것이다. 이런 까닭에 서로 친해야 하고 서로 해쳐서는 안 되는 것이라 강조했다. 이것은 보편적인 박애와 평등정신이다. 계몽주의 시대 프랑스 대혁명의 정신인 박애와 평등정신이 정도전의 저서에서 엿보인다는 것은 매우 놀랄 일이다.

그는 또한 백성을 위한 『경세론』을 저술했다. 그의 『경세론』은 자작농의 육성과 산업의 발전을 통해 부국강병을 달성하고, 능력에 토대를 둔 선비 위주의 관료정치를 구현하는 것으로 요약된다. 모든 논리의 핵심은 정치가 백성을 위하여 기능할 수 있어야 한다는 민본사상이라 할 것이다.

한국사에서 가장 뛰어난 국왕 세종의 애민정신

■ 애민정신의 산실, 집현전

조선 제4대 임금 세종은 22세의 나이로 왕위에 올라 32년 동안 재임하면서 태종이 이룩한 정치적 안정과 기반을 이어받아 중앙집권체제를 확립하였고, 국가 재정의 충실, 영토의 확장, 민생의 안정, 문화의 발달 등을 이룩하여 한국사에서 가장 뛰어난 국왕으로 평가받고 있다. 그래서 세종을 호칭할 때는 종종 '세종대왕'이라고 한다. 그의 업적은 정치·경제·사회·문화·예술·국방 등 당시 백성들의 생활 거의 모든 분야를 포괄했고, 그 수준 또한 탁월했다. 조선이라는 나라는 사실상 세종의 집권 대에 대부분 만들었으며, 이후 수백 년간 그 틀을 거의 바꾸지 않고 약간씩 고치기만 했다고 해도 과언이 아닐 정도이다.

성리학을 국시로 내걸고 출발한 조선이지만 당시까지만 해도 유학이 사회 제도로 뿌리를 내리지 못하고 있었다. 세종은 개인적으로는 불교에 관한 관심을 상당히 두고 있었지만, 국가의 행사를 유교식으로 거행하고 사대부에게 주자가례의 시행을 장려하는 등 유교 윤리가 사회 윤리로 자리 잡게 했다. 조정 또한 유학자들로 구성된 신하들을 청요직에 배치하여 유교 국가를 만들고자 하였다. 세종은 능력이 검증되면 신분의 차별 없이 적재적소에 인재를 배치하여 활용했다. 선대왕인 태종 때의 쓸 만한 대신들은 고위층에, 자신이 선택한 신진학자들은 하위층에 배치하여 신구 세력의 조화를 이루는 이상적인 정치를 펼쳤다. 특히 뛰어난 신진학자들의 학문과 능력을 수용하여 조정에 등용시키고 이들의 공로와 잘못을 재개로 인정해 주었다. 그리하여 1420년 세종은 집현전을 확대 개편하여 재주와 행실을 갖춘 젊은 문신을 선발해 경전과 역사 연구, 국왕의 자문을 맡도록 했다.

집현전은 세종대 정치·사회적 안정과 문화적 발달에 있어 가장 중요한 역할을 했던 기관이었다. 집현전의 3대 기능은 서적을 관리하는 도서관 기능, 각종 문헌을 연구하는 기능, 국왕의 정책 자문에 응하는 기능이었다. 집현전 학사들은 대부분 문과 급제자 중 최상위 성적을 기록했던 자들로서 시관(試官), 사관(史官), 서연관(書筵官), 경연관(經筵官) 등의 직책을 겸직하도록 하여 승진과 사회적인 신분까지 보장했다. 세종은 그들의 관직을 바꾸면 일방적으로 인사 발령을 내리지 않고 본인의 의사를 최대한 존중하여 그동안 연구해 온 학문과 관련을 맺도록 했다. 그리고 그들에게는 전문 서적 편찬을 위한 연구와 원고 집필에 주력하도록 하여 법률·문학·역사·지리·어학·유학·천문·역학 등 다양한 서적을 출간하도록 했다. 『치평요람』·『자치통감훈의』·『역대병요』·『태종실록』등이 편찬되었으며, 어렵고 방대한 작업인『고려사』·『고려사절요』를 마무리할 수 있는 기틀도 이때 갖춰졌다.

■ 과학의 발전을 통한 백성들의 생활 개선

집현전은 본래 단순한 학문 연구 기관으로 출발했으나 국가 정책을 창안하고 새로운 문화와 과학 등을 창달하는 데 중심적인 역할을 수행하였다.

세종은 정인지, 정초, 이천, 장영실 등에 명하여 천문관 기구인 간의·혼천의·혼상, 천문 기구 겸 시계인 일성정시의, 해시계인 앙부일구와 물시계인 자격루·누호, 강우량을 측정하는 측우기 등 백성들의 생활과 농업에 직접적인 도움을 주는 과학 기구를 발명하게 하였다. 그리고 궁중에 일종의 과학관이라 할 수 있는 흠경각을 세우고 과학 기구들을 설치했다.

고금의 천문도를 참작하여 새 천문도를 만들게 했으며, 이순지와 김담 등에 명해 중국의 수시력과 아라비아의 회회력 등 주변국의 역법을 참고로 하여 역서(曆書)인 『칠정산(七政算)』 내편과 외편을 편찬하였는데, 서울을 기준으로 천체운동을 정확하게 계산함으로써 독자적으로 역법을 계산할 수 있게 되었다. 또한 이순지는 천문, 역법 등에 관한 책인 『제가역상집(諸家曆象集)』을 편찬하였다.

태종 때 제작되었던 기존의 청동 활자인 계미자(癸未字)가 글자의 형태가 고르지 못하고 거칠다는 단점이 발견되자, 세종은 1420년에 경자자(庚子字), 1434년 갑인자(甲寅字), 1436년 병진자(丙辰字) 등을 주조함으로써 활판 인쇄술을 한 단계 발전시켰으며, 이 시기에 밀랍 대신에 식자판을 조립하는 방법으로 종전보다 인쇄 능률을 향상시켜 서적 편찬에 힘썼다.

1431년과 1446년에는 아악의 음률을 정하는 기준으로 쓰던 구리관인 황종관(黃鐘管)을 표준기로 지정하여, 그 길이를 자(尺)로 삼고 담기는 물을 무게의 단위로 삼도록 함으로써 조선의 도량형을 확립시켰다. 또한 천자총통, 지자화포와 같은 신무기를 개발하는 것은 물론 총통의 제작 및 사용법에 관한 책인『총통등록(銃筒謄錄)』을 편찬했다.

세종은 농사법의 개량을 위해서도 큰 노력을 기울였다. 중국의 농서인『농상집요(農桑輯要)』·『사시찬요(四時纂要)』등과 우리나라 농서인『본국경험방(本國經驗方)』등의 농업 서적을 통해 농업기술의 계몽과 권장을 했으며, 정초가 지은『농사직설(農事直說)』을 편찬·반포하였다. 의약 발명에도 힘써『향약채집월령(鄕藥採集月令)』·『향약집성방(鄕藥集成方)』·『의방유취(醫方類聚)』등의 의약 서적이 편찬되었다.『향약집성방』과『의방유취』의 편찬은 15세기까지의 우리나라와 중국 의약학의 발전을 결산한 것으로 조선과학사에서 빛나는 업적의 하나이다.

■ 세종과 대일관계

1419년(세종 1년)에 조선은 왜구의 오랜 본거지인 쓰시마섬을 정벌하였다. 사실 당시 군권은 상왕이었던 태종이 가지고 있어 쓰시마 정벌을 단행한 것은 세종이 아니라 태종이다. 그러나 이때 세종은 국왕으로서 변경 수호의 중요성을 깨달았고 군사 동원의 명분과 절차 등에 대해서도 이해하는 계기가 되었다. 세종은 "평안할 때 위태로운 것을 잊을 수 없다."며 늘 국방력 강화를 위해 전방위의 노력을 다했다. 쓰시마섬의 지리적 조건은 한일 관계사에서 중요한 곳이었다. 쓰시마는 양국의 외교적·상업적 관문이 되기도 했고, 한반도 남쪽을 약탈하려는 왜구의 거점이 되기도 했다. 쓰시마는 인구가 적어 노동력이 부족하고 토지가 척박해 농사가 잘 안되는 곳이다. 또한 고려 말엽부터 조선 초기까지 일본 국내의 분쟁으로 교역이 원활하지 않아 식량을 비롯한 물자를 조달하는 데 어려움을 겪었다. 이런 요건이 복합되면서 쓰시마를 거점으로 한 왜구의 침략은 고려 후기에 절정을 이루기도 했다.

한국사에서 쓰시마 정벌은 세 차례 이루어졌다. 고려 창왕 때인 1389년 박위의 원정과 조선 태조 때인 1396년 김사형 등의 출정으로 일정한 성과를 거뒀지만 모두 기록이 부족해 자세한 전황을 알 수 없다. 이런 정벌 뒤에 왜구들은 상당히 온순해져 1398년부터 거의 매년 예물을 바치고 그 대가로 곡식을 얻어 갔다. 교역이 증가하면서 일본 상인도 늘어나자 조선 조정은 1418년 3월 경상도 염포(울산)와 가배량(통영)에 왜관을 설치해 그곳에만 왜인을 거주시키는 통제책을 시행했다.

그러나 쓰시마에 기근이 들자 조용하던 왜구들이 다시 동요했다. 1419년 5월 그들은 명나라 연안을 약탈하러 가던 중 경로를 바꾸어 충청도 비인현을 급습했다. 이 침략으로 조선 병선 7척이 불타고 군사 300여 명이 전사했다. 이에 조선은 즉시 응징에 나섰다. 이종무를 삼군도체찰사로 임명해 출정을 지시했다. 전선 227척과 군사 1만 7,000여 명의 원정군은 음력 6월 20일 쓰시마섬에 도착해 7월 3일 철수하기까지 왜구 100여 명을 죽이고 2,000여 호의 가옥과 100여 척의 선박을 불태우는 전과를 올렸다. 결과를 분석해 보면, 대규모의 원정군 편성에 비해 성과는 그리 크지 않은 편이다. 이는 정벌의 목적이 왜구의 격멸이 아니라 조선의 안정과 평화를 위해 위력을 과시하는 상징적인 공격이란 추측을 가능하게 한다. 조선은 쓰시마 정벌을 단행하면서도 일본 본국과의 관계를 극단적인 상태로 몰고 갈 의도는 없었다.

이 정벌은 조일 관계에 상당한 변화를 가져왔다. 쓰시마섬의 왜구는 조선에 자세를 낮춰 신하의 예로써 조선을 섬길 것을 맹세하고 조공을 바칠 것을 약속하였다. 조선도 그들과 통교를 확대해 약탈을 줄이는 유화책을 선택했다. 그 결과 삼포(동래의 부산포, 진해의 제포, 울산의 염포)를 개방하고 도성에 왜관을 두어 제한된 범위 내에서 무역하도록 허락하였다. 그 후 거주한 왜인이 다시 도둑질이나 행패 등의 문제를 일으키자 1443년 쓰시마섬의 도주와 계해약조를 체결한다. 세견선의 숫자, 삼포 체류 기간과 인원, 세사미두의 분량 등을 확정한 그 약조는 노선 전기 대일 관계의 중요한 마침표였다.

■ 세종과 북방관계

조선은 건국 이전부터 태조 이성계를 통해 여진족과 긴밀한 관계에 있었다. 태조는 건국 이후 여진족들에게 벼슬을 주는 등 회유책을 펴고, 다른 한편으로는 동북면에 군현을 설치하여 영토를 개척하였다. 그러나 여진족에 대해 안정적으로 영향력을 행사하기는 쉬운 일이 아니었다. 조선은 여진족에 대한 영향력을 두고 상국인 명나라와 경쟁하지 않으면 안 되었다. 또한 여진족들은 경제적 이익을 우선으로 행동했는데, 이는 조선과 명나라의 변경을 침입하여 약탈하는 결과로 이어졌다. 조선은 이에 대한 대책으로 여진족에게 관직과 물질적 대가를 제공하여 회유하였으며, 원할 때는 조선의 영토에 들어와 거주할 수 있도록 했다. 그러나 이러한 회유책만으로는 한계가 있었고, 조선의 군사적 실력을 여진족들에게 상기시키는 것이 가장 효과적이었다. 이를 위해 선택된 수단이 바로 정벌이었다.

최초의 여진 정벌은 태종에 의해 이루어졌다. 명나라가 조선의 북방에 건주위(建州衛) 등의 위소를 설치하고 여진족 부족의 추장들을 수장으로 임명함으로써 여진족들에 대해 지배력을 행사하고자 하였다. 이에 대한 보복으로 조선이 여진족과의 무역을 일시적으로 단절하자, 여진족은 두 차례에 걸쳐 경원을 침공하여 병마사 한흥보를 포함한 장병들이 전사하는 피해를 입혔다. 1410년 태종은 즉각 길주찰리사 조연을 주장으로 삼아 원정군 1,150명을 파견하여 여진족 수장 4명과 여진족 160여 명을 죽이고 가옥을 불사르는 등 지역을 초토화했다. 이후 태종이 죽을 때까지 두만강 지역의 여진족 침입은 거의 사라졌다.

1432년(세종 14) 12월 여진족 수백여 명이 여연 경내에 쳐들어와서 사람과 물건을 약탈하는 사태가 발생하였다. 세종은 최윤덕을 평안도 도절제사로 삼고 황해와 평안도에 주둔해 있던 군사 1만 5천 명을 보내 이 지역을 정벌케 했다. 이후 1437년 또 한 차례 여진족이 침입해 왔을 때 이천을 도절제사로 삼아 격퇴시켰다. 두 차례에 걸친 여진 정벌을 통해 조선은 압록강 건너의 여진족 세력을 약화하는 데 성공하였으며, 이를 이용하여 압록강 중류에 4군(郡, 여연군·자성군·무창군·우예군)을 설치하는 성과를 거두었다.

한편 함경도의 경우는 일찍부터 국경선 방어체제를 유지하고 있었다. 그러나 태종대 여진족들의 잦은 약탈에 따라 방어선이 남쪽으로 후퇴하여 두만강 유역보다 아래에 구축되어 있었다. 그런데 1432년(세종 14) 여진 부족 간의 대립이 생기자 이를 틈 타 그간 위축되었던 국경선을 회복하기로 하고, 김종서를 함길도 도절제사에 임명하여 이 지역에 새로운 군현들을 신설하여 방어 기지를 구축하였다. 이것이 6진(鎭, 종성도호부·온성도호부·회령도호부·경원도호부·경흥도호부·부령도호부)이다. 이로써 세종은 압록강과 두만강을 경계로 한 조선의 영토를 확실히 굳히게 되었다.

■ 세종의 개혁 조치

세종은 "임금의 직책은 백성을 사랑하는 것을 중하게 여기는 것이다."라고 하며 모든 정책의 초점을 백성에 두었다. 당시 새로운 농법의 도입으로 농업 생산량이 많이 늘어나자 세종은 농업 생산량을 정확히 세액에 반영하여 객관적 기준에 따라 매기는 새로운 전세 제도를 도입하기로 했다. 그 결과가 공법(貢法)이다. 기존의 제도는 토지 등급을 보통 3등급 정도로 나누고, 관리가 직접 소출 결과를 조사해 세금을 매기는 방식이었다. 그러다 보니 관리의 주관에 따라 조세의 정도가 정해졌다. 이런 문제점을 극복하기 위해 모든 납세자에게 1결당 10두의 전세를 고르게 걷는 것이었다. 그래서 3등급이던 토지를 6등급으로 세분하고(전분육등법), 해마다 수확량에 따라 최고 20두에서 최하 4두까지 차등적으로 과세했다(연분구등법). 토지 면적을 측정하는 자는 주척(周尺)이라는 표준자를 사용했다.

이러한 개혁적인 조세 제도를 조정에서 일방적으로 결정하여 시행하지 않았다. 그전까지 한 번도 시행되지 않았던 대규모의 의견 조사가 실시된 것이다. 이는 세종이 백성과 소통하겠다는 강력한 신념으로 볼 수 있다. 조정은 1430년 5개월 동안 전국 17만여 명에게 새로운 조세 제도에 대한 찬반 의견을 물었다. 여자와 어린이 그리고 천민을 제외한 당시 거의 전 국민을 대상으로 한 세계 최초의 국민투표였다. 관리들이 가가호호 방문하여 내용을 설명하고 찬반을 묻는 방식으로 진행했는데, 그때의 교통·통신 같은 기술력과 행정력을 생각하면 그야말로 방대하고 지난한 조사였다.

결과는 찬성 9만 8,000여 명, 반대 7만 4,000여 명으로 나타났다. 부자 증세와 빈자 감세라는 측면이 있어 고위층은 반대가 많았는데 비해 하급 관리나 일반 백성들은 전체 투표 결과와 비슷하게 찬성이 많았다. 지역 별로는 전라도와 경상도가 크게 찬성한 데 견주어 함길도와 평안도는 반대가 우세했다. 함길도와 평안도는 척박한 지역이다 보니 백성들의 부담이 컸고, 세종은 이를 배려해 그 지역에서는 전세를 1결당 10두가 아니고 7두로 낮춰서 투표하도록 했다.

전체적으로 찬성이 더 많았지만, 세종과 신하들은 공법을 서둘러 도입하지 않았다. 그들은 지루할 정도로 오래고 집요하게 제도의 장단점을 논의했다. 그런 과정을 거친 뒤에야 1441년 앞서 찬성이 우세했던 전라도와 경상도부터 시범적으로 시행하고 3년 뒤에 전국적으로 실시했다. 의견 조사부터 전국적으로 실시하기까지 15년이라는 시간이 걸린 것이다. 세종이 생전에 수많은 업적을 이루면서 신속히 결정한 것들도 많았지만 이렇게 중요한 사안은 긴 시간 공을 들였다. 이때 만들어진 공법은 성종 때 완성된『경국대전』에 그대로 반영된다. 그리고 그 후 450년 동안 조선의 과세 기준 원칙으로 작용한다. 공법은 국가 경제를 튼튼하게 했다고 평가된다. 문화가 발전하려면 경제의 뒷받침이 있어야 한다. 세종

때의 눈부신 문화적 성취는 농업 발전과 공법의 도입이 가져온 경제적 성장이 큰 동력이 되었다고 볼 수 있다.

■ 세종의 훈민정음 창제 업적

『조선왕조실록』에는 훈민정음을 정확히 누가 어떻게 만들었는지, 언제부터 창제 작업을 시작했는지, 정확한 창제 동기는 무엇인지, 어떤 언어와 이론서의 도움을 받았는지 등에 대해 전혀 기록되어 있지 않다. 단지, 세종 25년(1443년) 12월 30일에 창제되었고, 세종 28년 9월 29일에 반포하였다는 기록만 나온다. 그래서 훈민정음의 창제에 관해 별의별 억측이 나오기도 했다. 그 가운데는 세종이 화장실에 앉아 있을 때 창살을 보다가 우연히 만든 창작물이라는 말까지 나올 정도였다. 그러다가 『훈민정음해례본』이 발견되면서 훈민정음 창제 원리에 관해서는 그 비밀이 대부분 풀렸다.

그러나 세종이 훈민정음을 창제하게 된 동기에 대해서는 훈민정음 서문에 나오는 대로 '나라의 말이 중국과 달라 어리석은 백성들이 그 뜻을 이해하지 못하는 사람이 많아' 창제하게 되었다는 정도로만 알려져 있다. 그래서 심지어 북한에서 발간된 『조선통사』에는 세종이 훈민정음을 창제한 이유가 백성을 쉽게 착취하기 위해서라고까지 하고 있다. 즉, 일반 백성들은 한문으로 된 공문을 읽을 수 없어 국가의 명령을 백성들이 잘 따르지 않아 창제했다는 것이다.

세종은 일찍이 어려운 한문으로 되어 있는 중국 법률을 명료하게 파악하는 데 깊은 관심이 있었다. 그리고 신하들에게 어리석은 백성들이 법률을 제대로 몰라 자신이 저지른 범죄의 크고 작음을 모르기 때문에 스스로 고치지 못한다고 하며 백성들이 쉽게 이해할 수 있도록 하는 방법을 찾아보라고 한다. 이러한 세종의 뜻은 훈민정음의 정인지 서문에도 잘 나타나 있다.

> "그런 까닭으로 지혜로운 사람은 아침나절이 되기 전에 이를 이해하고, 어리석은 사람도 열흘 만에 배울 수 있게 된다. 이로써 글을 해석하면 그 뜻을 알 수가 있으며, 이로써 송사(訟事)를 자세히 듣고 판단하면 그 실정을 알아낼 수가 있게 된다."

이처럼 어려운 한자를 모르는 백성들도 쉽게 뜻을 이해하여 억울함을 당하지 않도록 하고자 한 것이 세종의 훈민정음 창제 의도였다. 실제로 세종이 훈민정음을 반포한 이후 처음으로 한 일도 법률 문서를 훈민정음으로 작성하는 것이었다.

훈민정음은 말소리가 나올 때의 발음 기관의 모양과 발음 원리를 바탕으로 만들어졌다. 이에 따라 말소리와 문자가 일정하게 대응될 수 있어한 글자가 하나의 소리로 나고, 하나의 소리가 하나의 문자로 표기될 수 있다. 그리고 훈민정음은 한국문화의 원형인 천지인정신을 담고 있다. 즉, 훈민정음의 자음은 하늘을 상징하는 'ㆍ', 땅을 상징하는 'ㅡ', 그리고 사람을 상징하는 'ㅣ'로 구성되어 있다. 이처럼 훈민정음에는 과학적 원리와 함께 우리 민족의 전통 철학적 원리가 담겨 있다.

세종대왕이 훈민정음을 창제한 후 '정음', '언문' 등으로 불리다가 갑오개혁 이후로는 '국어', '국문'으로 불러왔다. 그러다 1910년 6월 10일에 발행된 《보중친목회보》 1호에 주시경이 기고한 글에는 국어와 국문 대신 '한나라말'과 '한나라글'로 썼다. 그러다가 1913년 3월 23일에 〈조선언문회〉의 창립임시총회에서 '한글'이란 표현을 처음 썼다.

■ 세종의 애민정신

세종의 수많은 치적은 오직 나라의 안정과 백성들의 평화로운 삶을 위한 애민정신과 민본사상에서 나온 산물이다. 세종은 '백성들의 마음이 곧 하늘의 마음이다. 하늘의 마음처럼 깊이 있는 마음으로, 소중한 마음으로, 귀한 마음으로 성심을 다해 백성에게 다가가야 한다.'고 강조하고 또 강조하였다. 세종이 신분의 귀천을 구별하지 않고 노약자·고아·장애인·임산부 등 사회의 약자들을 따뜻하게 보살펴 복지사회를 꿈꾸고 실천한 것이 『세종실록』에 오롯이 기록되어 있다.

세종은 법치보다는 덕치를 기본으로 삼는 전형적인 유가의 통치자였다. 백성들의 질서를 바로잡는 것은 형틀 위에서의 법이 아니라 저잣거리에서의 인륜임을 확신하고 있었다. 그것이 바로 훈민(訓民)이다. 6년 8월에 내린 교지에서 세종은, "생각건대 옛날 어진 임금들이 형벌을 사용한 목적은 궁극적으로 법을 범하는 자가 없도록 형벌을 없애는 것이었다."라고 하였고, 7년 7월에 내린 교지에서는, "『서경(書經)』에 '삼가고 또 삼가라. 형벌을 시행함에 있어 삼가고 백성을 불쌍히 여겨라.'라고 한 말을 나는 항상 잊지 못하고 있다."라고 하고 있다.

세종대가 우리 민족의 역사상 빛나는 시대가 될 수 있었던 것은 정치적 안정 기반 위에 세종을 보필한 훌륭한 신하와 학자가 있었음을 간과할 수 없는 일이다. 그러나 이들의 보필을 받을 수 있었던 것은 세종의 사람됨이 그 바탕이었음은 물론이다. 훌륭한 리더 아래 훌륭한 팔로워가 있는 법이다. 유교와 유교 정치에 대한 소양, 넓고 깊은 학문적 성취, 역사와 문화에 대한 깊은 통찰력과 판단력, 중국문화에 경도(傾倒)되지 않은 주체성과 독창성, 의지를 관철하는 신념, 노비에게까지 미칠 수 있었던 인정 등 세종 개인의 사람됨이 당시의 정치적·사회적·문화적·인적 모든 여건과 조화됨으로써 빛나는 민족문화를 건설할 수 있었다고 볼 수 있다. 『세종실록』에서는 세종에 대해 다음과 같이 평가하고 있다.

> "영민하고 총명했으며 강인하고 과감했다. 침착하고 굳세며 너그럽고 후덕했다. 관대하고 부드러우며 어질고 자애로웠다. 공손하고 검소하며 효도하고 우애함은 타고난 천성이었다."

정조는, "세종대왕은 진실로 우리나라가 만대에 태평을 누릴 터전(基業)을 다지셨다."고 평했다.

■ 세종대왕의 위민정치

세종대왕은 조선 왕조에서 가장 위대한 임금이며, 가장 많은 업적을 이룬 임금이다. 세종대왕은 태평성대를 열어 가는 임금이 갖추어야 할 덕목인 탁월한 안목과 지혜, 이상적인 지도력을 발휘하여 왕도정치를 구현하고자 했다.

세종대왕은 민본사상을 바탕으로 위민정치를 시행했다. 그리고 세종대왕이 쌓은 수많은 업적의 바탕에는 민본과 위민정신이 들어 있다. 실생활 측면에서 백성이 시간과 날씨, 계절의 변화를 더 잘 알아서 농사짓는 일에 도움을 줄 수 있도록 했다. 선진화된 기술과 농사법을 보급하고 백성의 삶의 질을 향상시키는 데 노력했다.

세종대왕의 위민정치를 가장 대표하는 것은 한글 창제라 할 수 있다. 그러나 한글 창제의 시작은 쉽지 않았다. 원래 세종이 백성을 위한 정치를 위해 현명한 인재들을 모아 집현전을 만들었는데, 최만리 등 집현전 학사들 다수가 처음에는 한글 창제를 반대했다.

최만리는 자신의 주장을 펼치는 과정에서 "언문을 만들어 중국을 버리고 스스로 오랑캐와 같아지려는 것과 같습니다. 이것은 향기로운 명약을 버리고 쇠똥 덩어리를 취하는 것과 다를 바 없습니다."라고 주장했다. 세종은 이러한 최만리를 옥사에 가두기도 했지만, 곧바로 방면하였다. 자신이 가장 아꼈던 집현전 학사들이 한글 창제를 반대한 것에 대해 세종은 큰 충격을 받았다. 그러나 세종은 이러한 학사들을 인내로써 설득한 후 집현전 학사와 함께 훈민정음을 창제하여 반포하였다.

한글을 창제한 것은 세종의 위민정신에 기인한 것이었지만 훗날 한글은 백성을 자각시키는 데 큰 역할을 했다. 지배계층의 사대부들을 한글을 언문이라고 무시하면서 사용하지 않았지만, 일반 백성들을 배우기 쉬운 한글을 애호하였다. 백성이 깨어나고 스스로 자기를 해방할 수 있는 자각이 일어날 수 있는 토양이 마련되었다. 조선 후기에 민간 문학의 발달은 모두 한글 덕분이라 할 수 있다.

세종은 또한 다양한 분야에 서적을 출판하였다. 정초, 이순지, 장영실 등이 주축이 되어 천문기기 개발과 역법을 개정하였다. 그중에 정초는 백성의 삶과 직결된 농업설명서『농사직설』을 편찬하였다. 또한 법제 정비와 함께 공평하고 부정부패를 없애는 조세정책과 이를 위해『세종실록 지리지』를 편찬하였다.

　세종은 변방과 해안가 주변 백성의 안전을 위해 왜구를 정벌하고 4군 6진을 개척했다. 이종무로 하여금 왜구의 소굴인 대마도를 정벌케 했다. 조선은 대마도를 정벌한 후 교역을 중단했다. 이에 대마도주 소 사다모리(宗貞盛)는 조선과 다시 교역하기 위해 매년 사신을 보내 공물을 바치며 간청했다. 왜구들이 준동하지 않도록 할 테니 교역해 달라고 요청했다. 이에 세종은 왜구들이 침입하지 않는 조건으로 웅천의 제포, 동래의 부산포, 울산의 염포 등 3포를 개항하고 그곳에서만 교역하도록 허용했다. 아울러 3포와 한양에 왜관을 설치하고 그곳에만 왜인이 숙박할 수 있게 했다. 입국 증명서와 입국자 수, 정박하는 배의 척 수, 머무르는 기간 등도 엄격히 한정했다. 이렇게 하니 대마도를 중심으로 한 왜구들이 활동이 잦아들었고 정벌 이후 백여 년간은 왜구들이 남해안에서 준동하지 못했다.

　세종의 대마도 정벌 사건은 왜구의 준동을 방지한다는 명목에 의해 진행되었지만, 정벌 된 지역에 주둔하거나 조선에 병합하지 않고 곧바로 철수한 것은 잘 이해가 되지 않는 부분도 있다. 일반적으로 영토를 정벌하면 그 지역을 병합하는 것이 상례인데 말이다. 이를 두고 역사가들의 시각은 다양하다. 일반적인 평은 조선이 그 당시 대마도를 정벌한 후 군대를 장기적으로 주둔할 형편이 되지 못했다는 것이다. 영토로 병합할 충분히 준비되지 못했기 때문에 철군했다고 보고 있다. 세종이 대마도를 정벌하고 복속시키지 않는 것은 평화를 애호하는 우리 민족 고유의 정서에 기인한 것도 하나의 원인이 될 것이다.

그러나 만일 세종이 대마도를 정벌하고 그 지역을 복속하고, 수군의 전진기지로 활용했다면 조선과 왜의 지정학적 위치가 크게 달라졌을 것이다. 대마도를 수군 기지로 건설하고 굳건히 방비했다면 왜의 수군이 자유롭게 한반도에 진출하는 데 큰 어려움을 겪었을 것이다. 이렇게 된다면 왜의 대륙 진출을 위한 임진왜란과 같은 전란이 발생하지 않았을 수도 있었을 것이다. 물론 이것은 역사에서 가정은 없지만 만약 그러한 가정이 성립된다면 역사의 결과는 크게 달라졌을 가능성도 있을 것이다.

남해안은 왜가 준동하는 가운데 북방의 변방에는 명나라가 영향력을 행사하지 못하므로 여진족이 세력을 키워 갔다. 그 여진족들이 조선 변방을 자주 침입했다. 세종은 김종서 등을 통해 여진족을 토벌하고 평정하여 4군과 6진을 개척했다. 이곳에 백성들을 이주시키고 방비를 충실히 하여 북쪽 국경을 확실히 하였다. 세종 시대 확정한 조선의 국경선은 그 이후에도 거의 변하지 않았다.

이순신의 충효와 위민정신

이순신은 한민족 역사상 위대한 인물 중의 한 사람이다. 나라를 구한 성웅으로 추앙받고 있으며, 세계 해전사에 길이 남을 업적을 남겼다. 이순신의 애국정신은 익히 잘 알려진 사실이다. 임진왜란과 정유재란을 거치면서 남긴 그의 서사는 장엄하다시피 하다. 노량해전에서 전사함으로써 그의 일생은 막을 내렸지만 5백 년이 지난 이 시점에서도 그의 이야기는 절대로 잊히지 않고 생생한 이야기로 우리 기억 속에 살아 있다.

이순신은 생애를 통해 두 번 백의종군의 시련을 겪었다. 그렇지만 군인으로서 나라에 대한 충성의 마음은 변치 않았다. 임진왜란과 정유재란을 거치면서 수많은 해전에서 불패의 신화를 남겼다. 한산도대첩, 명량해전, 그리고 최후의 노량해전까지 이순신의 빛나는 승리는 후세에 본보기가 되고 있다.

이순신은 애국정신 못지않게 부모에 대한 효와 가족에 대한 사랑의 정신을 난중일기 속에 담았다. 난중일기 수많은 부분에서 이순신은 연로하신 어머니에 대한 걱정과 집안 식구들에 대한 안부에 대한 애틋한 마음이 표현되어 있다. 거의 매일 여러 통로를 통해 가족의 안부를 확인하고 편지를 쓴다. 혹시 안부 확인이 늦어지거나, 모친이 평안치 못하다는 소식을 들으면 노심초사하는 모습이 난중일기 속에 역력히 드러나 있다.

전쟁을 수행하면서도 노모에 대한 효의 도리와 가족을 챙기려고 부단히 노력하는 모습에서 가장으로서의 책임감이 느껴진다. 두 번째 백의종군 과정에서 모친이 세상을 하직했다는 소식을 듣고 불효에 대한 회한으로 이순신의 심신이 피폐해졌다. 정유재란 때 왜군이 이순신의 집을 공격했고, 그 공격을 막다 목숨을 잃은 막내아들의 소식을 전해 받은 뒤 이순신은 일기에서 매우 격한 감정을 표출한다. 마치 자신 때문에 아들이 죽은 것 같은 죄책감을 느끼며 괴로워하는 심정이 나타내 보인다.

이순신은 부하 장수나 병사들도 가족 구성원처럼 대했다. 부하들이 이순신을 존경함은 당연했다. 전쟁이 없는 날에는 부하들은 이순신 처소에 스스럼없이 방문하여 밤새 이야기를 나누는 일이 빈번했다. 휘하의 부하들을 아낀 이순신은 독단적인 처결을 하지 않고 시간을 들여 부하들과 의논하여 결정을 내리곤 했다. 이러한 성품 때문에 원균의 휘하에 있는 장수들까지도 이순신을 찾아와 마음을 털어놓거나 마지막까지 생사를 함께하는 사람들이 많았다.

이순신은 군사들의 복지와 안위를 위해 소금을 굽고 고기를 잡아 군수품을 조달했고, 한산도 연안 지역 둔전을 개간해 백성들의 식량문제도 해결했다. 이순신은 백성들에 대한 위민정신도 또한 탁월했다. 전쟁 중에도 백성들이 군역을 부담하는 것을 최소화하려고 노력했다. 그리고 겸손함으로써 백성들이 진심으로 이순신을 따르고 존경하도록 이끌었다.

우리 민족 역사상 이순신같이 문무를 겸비하고, 충효예의 미덕을 갖춘 인물은 없어 보인다. 이순신이 우리 민족의 성웅으로 추앙받는 이유가 여기에 있다. 가장 완벽한 인간상을 이순신으로부터 볼 수 있다. 과연 조선시대와 같은 봉건 전제 군주 사회에서 이런 인물이 나타날 수 있을까 하는 생각도 든다. 이순신의 탄생과 성장, 생애 업적, 그리고 죽음까지의 서사는 예수나 부처와 같은 종교적 성인들의 서사와 유사하고 초월적이기도 하다. 생애 속에서 고난과 핍박 속에서도 불멸의 업적을 남기고 또한 죽음의 순간까지도 감동적인 이야기로 이어지고 있다.

이에 대해 한국 역사를 신의 섭리로 조명했던 함석헌 선생은 그의 책 『뜻으로 본 한국 역사』에서 이순신을 하나님이 이 민족을 위해 보낸 사람이라고 평했다. 이순신에 의해 우리 민족의 면목만 아니라, 그 사명이 구원되었고, 그로 인하여 민족의 재지가 드러났을 뿐만 아니라, 살아 있는 양심이 드러난 것이라고 했다.

제3장

사랑과 용서의 해원과 대가족주의

조선 후기 한글 문학의 서사에 나타난 민족정신

조선 후기에는 한글 문학이 발달하였다. 기술 발달로 농업 생산력이 크게 증가하고 거래가 활발해지면서 상공업 또한 발달하기 시작했다. 부를 축적한 중인, 평민층 사람들이 양반 계층으로 신분 상승을 꾀했다. 서얼이나 노비 가운데에도 양반으로 신분이 변화되는 경우가 있어서 신분제의 동요가 심해졌다. 그리고 사상적 측면에서도 성리학보다는 실용적인 학문인 실학이 유행하면서 현실 세계에 대한 비판과 극복을 위한 문학적인 노력이 나타났다. 또한 부를 축적한 사람 중에 예술을 누리려는 욕구가 생겨나고 그에 따라 민간 예술가들을 후원하는 사람들이 나타났다. 이러한 가운데 백성들은 자신들의 문화를 더욱 세련되게 가다듬었으며 독자적인 문화로 발전시켰다. 이는 문학의 주체, 누리는 층이 평민과 부녀자로 확대되는 가운데 한글 문학의 비중이 커지게 되었다는 것을 의미한다.

조선 후기 한글 문학인 심청전, 춘향전, 흥부전, 홍길동전 등의 구전 문학의 내용을 살펴보면 홍익인간정신과 유교적 이상이 내포되어 있음을 알 수 있다. 심청전은 부모에 대한 효의 정신, 춘향전은 부부의 사랑과 정절, 홍부전은 형제애, 홍길동전은 신분제도 비판과 탐관오리 처벌, 그리고 이상 국가에 대한 열망 등의 지향이 나타나 있다. 유교적 대가족주의와 연결되면서 권선징악과 남을 위하는 이타주의적 희생정신이 들어 있다. 이러한 정신은 널리 인간을 이롭게 하라는 홍익인간의 건국정신이 민족적 DNA에 각인되어서 표출되어 나온 것으로 볼 수 있다.

홍길동전은 위와 같은 작품들과 다르게 유교적 질서에 대한 저항 의식도 포함되어 있다. 조선시대 신분 질서에서 양반 가문의 서얼들에 대한 차별과 한을 표출하였다. 아버지를 아버지라 부르지 못하는 신분 질서를 비판하고, 탐관오리의 횡포가 없는 이상사회에 대한 열망을 나타냈다. 율도국으로 표현된 이상사회는 한국인의 DNA 속에 각인되어 있다. 한국인의 정신 속에 있는 원시 복본의 정신, 즉 순진무구한 본래의 상태로 회귀하는 정신은 한민족 정체성을 형성하는 근본 바탕이라 할 수 있다.

정신분석학자 칼 융은 신화를 민족적 집단 무의식과 연결해 이해했다. 융은 신화 속에 투영된 정신이 역사를 통해 한 민족의 집단 무의식으로 나타나 민족의 정체성을 형성하는 데 큰 역할을 한다는 것이다. 이는 그 민족의 역사적 운명을 결정하는 바탕이 된다. 이런 측면에서 단군신화와 그 속에 내포된 정신이 한민족의 집단 무의식을 나타내는 것은 당연하다. 바로 환인의 아들 환웅이 인간세계에 강림한 목적이 널리 세상을 이롭게 한다는 홍익인간정신에 있다는 것이 한민족 정체성 형성의 바탕이 되는 것이다.

또한 익히 알고 있지만 단군신화 속에 곰과 호랑이의 이야기를 숙고할 필요가 있다. 곰과 호랑이는 100일 동안 동굴에 갇혀 쑥과 마늘만 먹고 사람이 되는 과정을 겪는다. 그런데 호랑이는 이 과정을 참지 못했고, 곰만이 그 과정을 통과하여 여자 즉 웅녀가 된다. 웅녀는 환웅과 혼인하여 단군을 낳는다. 곰과 호랑이 이야기에 대해서는 역사학자들은 웅족과 호족 등 부족의 개념으로 이해하고 그중 웅족이 환웅족과 연맹체를 형성하여 고조선을 형성하는 것으로 이해하기도 한다. 즉 고대국가 성립 이전에 부족 연합을 형성하는 과정으로 신화의 내용을 이해하기도 한다. 그런데 여기서 중요한 것은 곰이 사람이 되는 과정이다. 이 과정은 커다란 인내와 기다림의 과정이다. 건국신화부터 한민족의 정체성은 새로운 차원으로 나아가기 위한 인내와 기다림의 과정을 적시했다. 그 과정은 순종의 정신으로 저항과 불평을 동반하지 않는 과정이다.

여기서부터 한민족은 평화를 사랑하는 민족적 DNA가 표출된다. 인내와 기다림으로 새로운 인간상과 세계로 나가려는 정신이 엿보인다. 이것은 결코 무기력한 인간상은 아니다. 평화를 사랑하고 한을 해원하는 그런 인간상으로 이해해야 한다. 그리고 갈등 해결을 위한 한민족만의 독특한 방식이 제시된 것이다.

이러한 방식은 순천자는 흥하고 역천자는 망한다는 유교적 이념과 결합되고, 민심이 천심이라는 이상과 결합한다. 그리하여 종국에는 권선징악적 이야기가 한민족의 정서 속에 자리를 잡는다. 악에 대한 징벌은 내가 아니어도 하늘이 대신한다는 그러한 믿음이 자연스럽게 민간 의식 속에 자리를 잡았다. 이런 풍토 속에 평민들도 자신들의 생각을 표출하고 즐길 수 있게 됐다. 문학과 예술이 번성할 수 있는 토양이 만들어졌다.

그리하여 조선 후기에 등장한 한글 문학들은 백성들의 공감과 지지를 받아 자연스럽게 확산하여 정착된 것이다. 자신의 목숨을 희생해서라도 타인을 위하려는 정신은 이러한 작품들을 대표하는 줄거리다.

그렇다면 왜 우리 민족의 대표적인 문학작품에서 이러한 정신들이 특별히 강조되었을까? 그것은 평화를 사랑하는 민족으로서 선을 추구하고 그것을 실현하기 위해서 타인을 무력으로 굴복시키는 것이 아닌 사랑과 용서의 정신을 나타낸 것이다.

원수에 대한 한을 복수로 응답하는 것이 아닌 사랑과 용서로 해원 하는 모습은 전형적인 한민족의 갈등 해결 방법이다. 그것은 일종의 악에 대한 차원 높은 징벌이자 초월이다. 악을 저지르는 사람과 같은 방식으로 되돌려주는 것이 아니라 다른 방식으로 그 갈등을 해결하는 다른 차원의 인간, 더욱 고상하고 이상적인 인간상을 제시하며 닮아 가려는 의지의 표현이다.

한국인의 대가족문화

전통적으로 한국인의 가족문화를 대표하는 것은 대가족 중심주의이다. 대가족은 보통 3대가 함께 살아가는 가족 형태로 조부모, 부모, 자녀들로 구성된다. 대가족주의 확장된 형태로는 집성촌이 있다. 집성촌은 같은 성씨가 모여 사는 마을이다. 집성촌에 사는 사람들은 거의 모두 친족 관계를 가지고 있다.

한국의 대가족문화는 장점이 많은 제도이다. 비록 현대에는 산업화, 도시화 때문에 많은 가족이 핵가족 형태로 분화되었지만 대가족 제도의 장점을 잘 활용하면 자녀들의 성장과 정서 발달에 긍정적인 영향을 줄 수 있다. 최근에는 엄밀한 의미에서 대가족 형태는 아니지만 변형된 형태의 대가족도 등장하고 있다.

3대가 한 가정에서 꼭 같이 살지는 않지만 대가족의 장점을 활용하는 모습들이 많이 보인다. 그 예는 일반적인 핵가족 형태의 가정이 조부모 가정의 근거리에 거주하면서 조부모 가정과 빈번한 왕래를 통해 서로 도움을 주고받는 경우이다. 조부모가 맞벌이 부부의 손자와 손녀를 돌봐주기도 하고 자식들로부터 생활비나 용돈을 받아 생활하기도 한다. 이러한 상부상조의 관계는 경제적인 문제를 초월한 보다 큰 이익이 있음이 장점으로 제시되기도 한다.

일반적으로 대가족의 장점은 가족 전통의 계승이 쉽고, 여러 가족 구성원과 생활을 통해 공동체 의식과 사회성이 증가한다. 또한 자녀들의 정서적 안정에 도움이 되고, 부모나 가족 구성원의 결손이 생길 때도 쉽게 보충하고 역할을 대리하기도 한다.

최근 사회적으로 문제가 되는 고령화 시대에서 노인들에 대한 복지와 돌봄이 큰 골칫거리가 되고 있다. 국가나 지자체에서 모든 것을 전적으로 감당하기 어려운 상황에서 이러한 문제를 해결하기 위해서는 가족 구성원의 역할이 더욱 필요하다. 은퇴 이후 노령 세대들의 경제적 궁핍, 노인 고독사 증가 등 인생 후반기에 닥쳐올 수많은 문제를 대가족 제도의 장점을 이용해서 해결할 수 있는 길이 있다.

대가족주의를 비판하는 사람들은 대가족주의가 가부장적 구조를 통해 여성 인권을 침해한다고 지적한다. 그러나 이러한 비판은 전통적인 대가족 제도를 현대에 일률적으로 적용해 비판한 것에 지나지 않는다. 오늘날의 대가족문화는 전통적인 대가족문화와는 같지 않다. 현대사회의 발달과 시대의 변화를 수용한 형태로 진화됐다. 이는 가족 내 여성의 지위와 인권이 크게 향상되었기 때문이다.

우리 사회에서 가정에서의 여성의 지위는 남성을 넘어섰다는 평가가 지배적이다. 보통 여성, 어머니들은 가정의 경제권 및 주요 의사결정권을 주로 행사한다. 이러한 경향은 기존의 남성 중심의 가부장적 가족 시스템과 매우 다른 형태이다. 가족의 형태는 유사하지만, 의사결정권은 주로 여성으로 넘어간 경우가 현대 한국 사회에 존재하는 가정의 전반적인 모습이라 할 수 있다.

한국 사회에서 가정 내 남성, 즉 아버지의 권위와 위치는 크게 하락했다. 오죽했으면 가정 내에서 아버지는 투명 인간 취급을 받는다고 하는 우스갯소리가 유행할 정도이다. 아버지는 가정의 삶을 책임지는 가장으로 사는 삶을 살아왔지만, 그에 해당하는 만큼의 인정이나 존중이 상실된 가정에서 남성의 설 자리는 점점 좁아지고 있다. 그리하여 최근에는 중년 이후의 남성의 우울증이 증가하고 있다.

가정 내에서 남성들의 지위 하락은 전통적 가치관의 쇠퇴와 극단적 페미니즘의 확산 등에 영향을 무시할 수 없다. 극단적 페미니즘은 남성과 여성을 상호보완적인 존재로 보는 것이 아니라 상호 대립하고 투쟁하는 존재로 본다. 가부장적 질서라는 개념 속의 남성에 의한 여성의 억압과 착취의 개념이 들어 있다. 이런 관점 속에서는 가정 내 남성과 여성의 사랑이 근본적인 것이 아니라 남성과 여성의 헤게모니 싸움이 본질적인 것이 된다. 그리고 이런 헤게모니 싸움은 경제적 이해관계 등 물질적인 측면 대부분이다.

오늘날 가정 속에서 남성의 지위가 하락하고 있는 현상과 더불어 결혼을 주로 남녀의 경제적인 결합으로 이해하는 풍조는 미혼 남성과 여성들의 결혼 기피 경향을 더욱 부채질하고 있다. 결혼을 위해서는 남녀가 일정한 수준의 경제적 기반을 갖추어야 한다는 사회적 통념이 존재하고 있다. 부모 또한 미혼 자녀들을 출가시키기 위해 과도한 결혼 비용을 부담하는 것도 사회적 문제가 되고 있다.

미혼 남녀의 혼인 기피 현상은 저출산 현상을 더욱 심화시키고 인구 절벽 문제를 야기하고 있다. 한국은 OECD국가 중 합계 출산율이 가장 낮은 국가이다. 급속도로 진행된 저출산, 고령화 문제가 이제 한민족 전체 구성원의 생존까지도 위협하고 있다.

현재 한국 사회에서 미혼 남성들에게 결혼은 일종의 족쇄가 된다는 평가가 있다. 가정 내 남성의 지위하락은 물론 이혼 과정에서도 재산분할이나 자녀 양육권 등 남성에게 일방적으로 불리한 법률 적용이 그러한 예들이다. 그리하여 남성은 결혼보다는 부담 없는 동거를 선호하는 경향이 많다. 이러한 예는 선진국에서도 비슷하게 나타난다. 일반적으로 여성들은 결혼제도를 법적 보호 장치로 이용하지만, 남성들은 결혼제도가 법적 족쇄가 되는 그런 사회가 됐다고 말한다. 물론 이러한 평가에 대해 모두가 동의하지 않겠지만 이런 말들이 나온다는 자체가 결혼에 대한 부정적 인식을 확산시킬 수 있다는 우려를 더해 준다.

결혼에 있어서 가장 중요한 것은 남녀 간의 사랑이다. 그렇지 않고 물질주의적 척도를 통해 결혼 상대를 찾거나 그것이 동기가 되어 결혼한다면 그런 결혼은 결코 오래 지속되지 못한다. 자녀를 양육하는 데도 바람직하지 않다. 자녀들에게 건전한 가치관을 교육하여 사회의 올바른 구성원으로 양육시켜야 할 일차적인 책임이 가정 내 부모에게 있음을 망각해서는 안 된다.

자녀의 인성교육은 가정에서 시작된다. 외자녀 가정에서 자녀들이 인성 및 사회성이 문제가 된다는 평가는 주목할 필요가 있다. 이런 측면에서 대가족은 가정 내에서 질서와 형제간의 사랑을 배울 수 있는 시스템으로 자녀들이 건강한 사회 공동체 구성원으로 성장하는 데 긍정적인 영향을 줄 수 있는 장점이 있다.

올바른 가정에서 성장한 자녀들은 건강한 사회와 국가를 구성하는 데 근본 동력이 된다. 가정, 사회, 국가, 그리고 세계 등 이렇게 확산하면서 인류 공동체 실현에 긍정적인 영향을 미치도록 노력해야 한다.

안정과 평화의 대외관계에 나타난 한민족의 가족주의

우리 민족의 정신 속에 항상 살아 있는 '홍익인간'의 정신은 때로는 소극적인 안정과 평화로 나타났고, 때로는 적극적인 안정과 평화로 나타났다. 홍익인간의 정신은 우리 역사를 관통하는 안정과 평화의 정신을 담고 있는 한국사의 대표 정신이다. 만약 어느 특정 시대와 어느 특정인들에게만 나타나고 어느 특정 사상만 담고 있다면 진정한 대표 정신이라 할 수 없을 것이다. 우리의 역사 속에 나타나는 정신으로 화랑도정신, 선비정신 등도 있지만 이는 당시의 특정인들 중심으로 나타난 정신이라 해도 과언이 아니다. 그러나 홍익인간정신은 화랑도정신과 선비정신을 비롯한 한국사의 여러 정신을 모두 아우르는 진정한 대표 정신이다.

홍익인간의 정신은 가정의 안정과 평화를 추구했던 한민족의 가족주의에도 잘 나타난다. '정'을 바탕으로 이루어진 한민족의 가족주의는 '효'

의 생활화로 나타나 가정의 질서를 바로 세우고 가정의 행복을 부르는 원동력이었다. 이러한 가족주의가 확대되어 혈연과 지연을 중시하는 공동체의 '우리' 정신으로 나타난다. 이는 한편으로는 연고주의란 폐단을 낳기도 했지만, 향토가 어려움에 처하고 나라가 위기에 처했을 때는 자발적인 의병운동·구국운동으로 나타났다. 가정의 안정과 평화를 추구한 '효'의 정신이 발전하여 공동체의 '우리' 정신으로 승화되고 나아가 나라의 안정과 평화를 추구하는 '충'의 정신으로 승화되어 나타났다.

이와 같은 정신은 나라와 민족을 분리해서 보지 않아, 나라가 곧 민족이고 민족은 곧 가족이 확대된 개념으로 생각해 왔다. 하나의 나라 하나의 민족이란 관념은 우리 역사의 오랜 전통이었다. 이는 한편으론 배타적 민족주의로 나타나기도 했지만, 한 민족은 한 나라로 통일되어야 한다는 관념이 소원으로 자리잡히게 되었다. 그리고 안정과 평화를 중시한 우리 민족이 바라는 통일은 무력 통일이 아니라 평화 통일이다. 무력에 의한 북진 통일을 주장했던 자본주의 세력과 적화통일을 위해 무력 남침을 감행했던 공산주의 세력이 부딪혔을 때 엄청난 동족상잔의 비극을 낳았다. 그리고 그 후유증은 너무나 크고 오래 갔다. 이는 평화 통일의 중요성을 역설적으로 설명해 줄 수 있는 역사적 경험이다.

한국인의 DNA 속에 살아 있는 안정과 평화를 중시하는 정신은, 어떤 경우에도 일정한 상태를 유지하고 변화를 거부하는 정신을 말하는 것이 아니다. 내부의 변화가 필요할 때 변화하지 않으면 진정한 안정이 없고, 외세에 대한 반응이 필요할 때 반응하지 않으면 진정한 평화가 없다. 지켜야 할 전통을 지키면서 받아들여야 할 변화를 받아들일 때 내부적 안정을 찾을 수 있고, 교류와 협력을 하면서도 부당한 압력에는 적극적으로 반응할 때 외부로부터 평화를 유지할 수 있다. 현실적 상황을 무시하며 전통만 지키려 하거나, 외부의 부당한 압력에 능동적으로 반응하지 못했을 때는 어김없이 위기가 나타났다. 반면에 현실적 상황을 인정하며 변화를 꾀하고 외부의 부당한 압력에 능동적으로 반응했을 때는 기회가 나타났던 것이 역사적 사실이다. 이것이 한국사를 관통하는 안정과 평화의 의미이다. 이것이 오늘날 한국사를 되돌아보는 이유이다.

제4장

동서문명의 융합

종교의 융성과 유·불·선의 조화

■ 유·불·선의 한반도 전파

삼국시대 삼교는 유교와 불교가 거의 같은 시기인 고구려 초기에 중국에서 전래되었는데, 『삼국유사』에 고구려 28대 보장왕(寶藏王) 때의 권신(權臣) 연개소문이 왕에게 강력히 권하여 "솥에도 3개의 발이 있듯이 나라에도 3가지 종교가 있는 법이다. 보건대 이 나라에는 오직 유교와 불교만 있을 뿐 도교가 없으니 나라가 위태로울 뿐이다"라고 진언하여 왕은 즉시 당나라에 도교 전파를 요청하였고, 태종(太宗)이 곧 숙달(叔達) 등 도사 8명을 보내옴으로써 왕은 불사(佛寺)를 도관(道館)으로 삼는 등 불교를 억제하고 도교를 고양하는 억불양도책(抑佛揚道策)을 썼다. 이때 고승 보덕(普德)은 사교(邪敎)가 정도(正道)인 불교를 압도한다고 하여 나라의 위태로움을 개탄하면서 마침내 백제로 옮겨간 일이 있다. 신라시대에는 불교가 크게 성하면서 그와 함께 유교·도교도 성행하여 별다른 마찰이 없었으며, 고려시대에는 도불사상(道佛思想)이 교묘히 혼합되어 매우 밀접한 관계를 이루다가 말기에 이르러 정몽주·조준 같은 학자가 억불을 주장하였다. 조선 초기에 이르러 정도전은 『불씨잡변(佛氏雜辨)』 『심기이편(心氣理篇)』 등의 논문을 발표하여 숭유억불을 강력히 주장함으로써, 마침내 불교가 쇠퇴하고 유교 우위가 실현되었다.

도교는 도참사상과 풍수지리설 등을 배경으로 유학과 결합하여 크게 성행하였다. 도교가 중국에서 한국으로 전래된 것은 삼국시대(624, 고구려 영류왕 7년)이다. 신라와 백제에도 비슷한 시기에 전래되었으나 도교 신앙은 고려시대에서 가장 성행하였다. 그것은 천제(天祭), 무속(巫俗), 산악(山岳) 신앙 등 지리적 여건으로 종교적 의식이 강했기 때문이기도 하지만 정책적으로 국가에서 적극적인 수용을 권장한 데 그 원인이 있다고 할 수 있다. 백제와 신라에서는 종교적 신앙보다는 노자, 장자의 서적을 통한 무위자연사상을 자연스럽게 받아들여 자체 사상과 융합하면서 선도(仙道), 선풍(仙風) 의식을 심화시켜 나가는 양상을 보였다.

그러나 신라가 통일한 이후에는 당나라 유학을 하고 돌아온 사람 중에 양생(養生) 보진(葆眞)을 도모하는 사람이 있어 단학의 성격을 가지는 수련(修鍊)도교의 양상을 드러내는 현상도 없지 않았다. 도교가 가장 성행했던 시기는 고려시대라고 할 수 있다. 중세에 해당하는 고려시대는 신앙의 시대, 종교의 시대라고 할 만큼 신(神) 중심의 나라였다. 불교가 그 중심 종교이기는 했지만 귀신, 영성, 산신, 그리고 무속과 더불어 도참사상이 병존하여 모든 것이 기복종교의 현상을 띄는 것이 이 시대의 특색이라고 할 수 있다. 그러므로 도교가 중국과 같이 수련도교가 아닌 재초도교(齋醮道敎)였다. 여러 민간신앙과 복잡하게 얽히면서 불교, 도참사상과 함께하여 현세이익(現世利益)을 희구하는 양재기복(禳災祈福) 즉 신령이나 귀신에게 빌어서 재앙을 물리치고 복을 비는 기축(祈祝)행사가 성행, 그 풍습이 민간 생활에까지 뿌리를 내렸다.

국가적으로 재앙을 물리치고 복을 기원하는(禳災祈福) 일에 당사자를 대신하여 도사가 제신에게 빌어 주는 도교 의례 즉 재초(齋醮)행사가 크게 행하여졌으며, 특히 고려 예종(睿宗, 1105~1130)은 복원궁(福源宮)이라는 도관(道觀, 도교 사원)을 건립하는 등 도교를 크게 진작시켜 불교보다 더 중시하기도 하였다. 예종은 복원궁을 건립하기 이전에도 그의 즉위 2년에 연경궁(延慶宮) 후원에 있는 옥청정(玉淸亭)에 도교의 최고 신인 원시천존상(元始天尊像)을 모시고 달마다 초제(醮祭)를 지냈고 청연각(淸燕閣)에서 노자도덕경을 강론토록 하였다고도 한다. 이러한 도교의 성행은 민간에 수경신(守庚申)[6]이라는 도교습속(道敎習俗)까지 낳게 하여 그 풍습이 오늘에 이른다. 조선시대로 넘어오면서도 재초 중심의 도교는 그대로 이어졌으나 중종(中宗, 1506~1544) 때에 이르러서는 조광조(1482~1519) 등의 유학 선비들의 상소로 소격서(昭格署, 재초 등 도교 행사를 담당하던 관청)가 혁파(革罷)되는 등 점차 위축되어 갔으며, 임진왜란(1592) 이후에 초제를 행하는 의식도교의 모습은 완전히 없어졌다.

---

6) 경신일에 잠을 자지 않고 밤을 지새우는 도교적인 장생법의 하나로서, 60일에 한 번씩 돌아오는 경신일이 되면 사람 몸에 기생하던 삼시[三尸: 사람의 몸 안에 있다는 세 마리의 벌레 즉 상시(上尸)는 이름이 팽거(彭倨)로 보물을 좋아하며, 중시(中尸)는 팽질(彭質)로 오미(五味)를 좋아하고, 하시(下尸)는 팽교(彭矯)로 색(色)을 탐한다고 하며, 평시에는 비장(脾臟, 지라)에 있다고 알려졌다.] 또는 삼시충(三尸蟲)이 사람이 잠든 사이에 몸을 빠져나와서 천제(天帝)에게 지난 60일 동안의 죄과를 고해바쳐 수명을 단축시키기에 밤에 자지 않고 삼시가 상제에게 고해바치지 못하도록 하여 천수를 다하려는 신앙의 한 형태이다.

한국의 도교는 중국으로부터 전래된 이후 크게 의식도교와 수련도교의 두 맥을 이루면서 종교사상은 물론 문학·예술 등 생활 전반에 걸쳐 많은 영향을 끼치면서 오늘에 이르렀다.

■ 유교

유교는 춘추시대에 태동한 제자백가의 한 분파로서, 공자가 이전 시대의 문화와 사상을 정리한 유가(諸子百家)를 후대 공자학파의 사상가들이 계승하여 체계화한 중국사상의 한 조류이다. 최초로 중국을 '안정적으로' 지배한 한(漢)나라의 지배 이념으로 채택되어 춘추시대부터 경쟁했던 사상들을 누르고 최후의 승자로서 오늘에까지 이르고 있다.

제자백가 시대의 유가는 한나라 때부터 농가, 도가, 음양가 등 다른 여러 사상을 조금씩 흡수했고, 중세의 성리학은 불교나 도교에서 여러 형이상학적 요소를 차용했다. 이렇게 유교는 계속 보완되어 가면서 19세기까지 정치, 제도, 철학, 종교 등에 폭넓게 동아시아 세계 모든 분야의 근간으로 작용했다. 19세기 이후에는 서구문명의 진입과 자체적인 비판에 부딪히면서 국가 이념으로서의 의미는 퇴색되었지만, 현재도 사회 규범이나 문화적으로 큰 영향을 미치고 있다. 유교의 특징 또는 핵심 사상은 수기치인(修己治人)으로, 유교가 실현하고자 하는 진리 구현의 방식이 수기치인이다. 수기치인은 자기 몸과 마음을 닦은 후에 남을 다스리는 것으로써 위정자가 갖추어야 할 덕목이다. 즉, 유교는 자기 수양에 힘쓰고 천하를 이상적으로 다스리는 것을 목표로 하는 학문이며 또한 그것을 향한 실천이라고도 할 수 있다.

유교 교리의 핵심은 하늘에는 원형이정(元亨利貞)[7]의 천도(天道)가 있고, 이 천도의 명한 바에 의하여 사람에게는 인의예지의 인성이 있다는 논리에 바탕하고 있다. 인성이 유일정순(惟一精純)하여 지천명(知天命)의 경지에 이르게 되면 인성은 천도와 합일하게 되므로 인간 사물이 의도하지 않아도 자연적으로 이루어지게 된다는 것이다(무위이성, 無爲而成). 그러므로 유교에서는 인성의 개발을 가장 중시하였고, 그 방법으로는 배우는 것을 게을리하지 않고(學不倦) 극기복례(克己復禮)하는 데서 찾고자 하였다.

공자 이후로 유교는 여러 학파로 나뉘어졌지만 안자·증자·자사를 거쳐서 맹자(孟子)에게 전수된 학파를 정통학파로 삼는다. 자사는 천명설을 주창하였고, 맹자는 성선설로써 유교의 이론을 정립하였다. 그리고 다시 정자·주자에 이르러 성리학에 주력하여 인심도심(人心道心)과 사단칠정(四端七情)의 철학적 경지를 개척하였다. 우리나라의 성리학은 고려 말에 도입돼 조선 왕조 중엽에 이르러서는 퇴계 이황과 율곡 이이에 의해 주리론과 주기론으로 발전하여 조선 성리학의 토대를 닦았으며, 예송논쟁(禮訟論爭)을 거치면서 최고의 절정에 이르게 된다. 그러나 이후 유교는 시대적 가변성에 충분히 대응하지 못하면서 새로운 변혁을 시도해야 할 위기를 맞고 있다고 할 수 있다.

---

7) 원형이정은 보통 만물이 처음 생겨나서 자라고 삶을 이루고 완성되는, 사물의 근본 원리를 말한다. 여기서 원(元)은 만물이 시작되는 봄(春)에, 형(亨)은 만물이 성장하는 여름(夏)에, 이(利)는 만물이 이루어지는 가을(秋)에, 정(貞)은 만물이 완성되는 겨울(冬)에 해당한다.

■ 불교

불교는 석가모니가 불제자들에 대하여 우선 속세의 쾌락적 생활이 인생의 목적이 아니라고 경고했다. 인생은 곧 고(苦)라고 말하면서 고는 결코 감각적 심리적인 아픔이나 괴로움이 아니고 자연의 현상은 인위적이든 자연적이든 모두가 유한한 것이고 상대적이라는 불변의 사실을 깨닫지 못하고 영생에 집착하여 온갖 고통에 빠져 있다는 것이다(一切皆苦). 또한 일체의 현상은 무한한 것이 아니라 꽃은 시들고 사람은 곧 늙고 반드시 죽는다(諸行無常). 그리고 모두 원인과 조건에 의해서 이 세상에 나타나고 멸하는 인연생기(因緣生起)가 삼라만상의 성격이어서 영속해야 하는 실체성은 없기 때문이다(諸法無我). 이러한 진리를 터득하지 않고 괴로워하는 것은 아집이다. 아집을 버리면 번뇌가 사라지고, 조용한 경지가 저절로 얻어진다(涅槃寂靜). 이상의 네 가지 가르침, 즉 일체개고, 제행무상, 제법무아, 열반적정은 불교와 다른 종교의 가르침과를 구분하는 기본적인 특색으로 사법인(四法印) 즉 불교만의 독특한 가르침이라고 일컬어지며 각 종파를 초월하여 불교의 근본교의로서 존중됐다. 이 중에서 일체개고를 제외하면 3법인이 되는데 이것이 불교의 교리로서는 훨씬 자주 사용되고 있다.

그러면 깨달음에 이르기 위해서는 어떻게 하면 되는가? 석가는 사성제(四聖諦)를 설명하고 있다. 여기에서 제(諦)는 진리를 말하는 것이고 곧 네 가지 진리를 가리킨다. 그 하나는 고제(苦諦)로서 우주, 인간에는 하나도 항시적인 것이 없음에도 불구하고 항시적이고자 원하고 집착에서 오는 괴로움을 말한다. 둘째는 일체의 현상은 불변의 진리가 아니라 연기(緣起)의 법칙에 따라서 일어나는 진실, 즉 집제(集諦)이다. 셋째는 이 이치를 깨달으면 괴로움도 없어지고 조용한 기쁨과 평화가 온다는 멸제(滅諦)이다. 끝으로 괴로움을 잊게 하는 방법 즉 병을 낫게 하는 치료법이 도제(道諦)이다.

인간이 태어나면서부터 생노병사(生老病死)의 네 가지 고통(四苦) 외에도 사랑하는 사람과 이별해야 하는 고통(애별리고, 愛別離苦), 미워하는 사람과 만나야 하는 괴로움(원증회고, 怨憎會苦), 구하고자 하는 것을 구하지 못하는 괴로움(구부득고, 求不得苦), 사람의 심신을 구성하는 5요소가 성하기 때문에 일어나는 괴로움(오온성고, 五蘊盛苦)의 8가지의 괴로움으로 사람은 누구라도 피할 수 없는 기본적인 고통이다.

그러나 고통에는 원인이 있으나 깨닫지 못하고 사람들은 괴로움에 사로잡힌다. 고통의 원인은 사람의 번뇌, 곧 집착이다. 번뇌는 탐욕(貪), 노여움(瞋), 어리석음(癡)이라고 불리는 삼독(三毒)을 말한다. 사람은 이 세 가지에 사로잡혀서 진실이 보이지 않는 데 이러한 집착, 욕망을 없애는 멸(滅)에 불교의 목표인 깨달음의 경지가 있다.

이러한 번뇌를 없애기 위한 수행 방법은 올바른 견해(正見), 올바른 생각(正思), 올바른 말(正語), 올바른 행실(正業), 규칙적인 생활(正命), 올바른 정진(正精進), 올바른 마음(正念), 올바른 선정(正定) 등 팔정도(八正道)를 일컫고 있으며. 수행의 완성으로 성불(成佛)을 이룬다는 것이다.

불타의 입멸 후 100년이 지나자 불교 교단은 분열이 생기면서 자기의 해탈을 위한 작은 수레, 즉 소승불교는 동남아로 전파되었고, 다수가 타는 수레 즉 대승불교는 중국, 한국, 일본을 중심으로 나타났는데 자기 수행도 하고 자비에 의한 만인의 구제를 강조하면서 누구나 깨달음을 깨우치는 사람, 즉 보살이 될 수 있다고 한다.

■ 도교

유·불·선의 합일사상으로서의 도교는 황제(黃帝)와 노자를 교조로 삼은 중국의 토착 종교로서, 노자와 장자를 중심으로 한 도가(道家)사상과 구별된다. 도교는 후한시대에 패국의 풍읍에서 태어난 장도릉(張道陵)이 세웠다고 전하며, 지금도 타이완·홍콩 등지에서 중국인 사회의 신앙이 되어 있다. 장도릉은 초기에 오경(五經)을 공부하다가 만년에 장생도(長生道)를 배우고 금단법(金丹法)을 터득한 뒤 곡명산(鵠鳴山)에 들어가 도서(道書) 24편을 짓고 신자를 모았다. 이때 그의 문하에 들어가는 사람들이 모두 5두(斗)의 쌀을 바쳤기 때문에 오두미도(五斗米道) 또는 미적(米賊)이라고도 불렸다. 장도릉이 죽자 아들 형(衡)과 손자 노(魯)가 그의 도술을 이어 닦았다.

장도릉 등이 도교를 일으킨 초기에는 그 신도들이 대부분 어리석었던 탓으로 종교라기보다도 일종의 교비(敎匪)에 지나지 않았다. 그러나 도교가 일반 민중뿐만 아니라 상류 지식층 사이에도 널리 전파되자 체계적인 교리와 합리적인 학설·교양의 뒷받침이 필요하게 되었다.

이와 같은 필요에 따라 도교가 하나의 종교로서 이론체계를 갖추기 시작한 것은 3~4세기 무렵 단학(丹學)을 저술한 오(吳)나라 위백양(魏伯陽)과 포박자(抱朴子)를 저술한 갈홍(葛洪)이 학술적인 기초를 제공하면서부터였다. 그리고 5세기쯤 장생술(長生術)로 도교를 체계화한 북위(北魏) 사람인 구겸지(寇謙之)가 전래 종교인 불교의 자극을 받아 그 의례(儀禮)의 측면을 대폭 채택하고 도교를 천사도(天師道)로 개칭함으로써 종교적인 교리와 조직이 비로소 정비되었다. 따라서 도교는 장도령에 의해 창도되고 구겸지에 의해 유·불·선의 삼교를 종합하여 새로운 종교인 도교를 창도했다고 볼 수 있겠다. 도교를 이해하기 위해 선교를 자처하는 풍류도를 동일시하는 협의의 도교와 유·불·선교를 모두 포함하는 광의의 도교로 구분해 볼 수 있다. 그리고 도가는 노자와 장자로 대표되는 사상을 가진 학파로 도교와 구분된다. 또한 선교는 무속신앙과 노장사상 그리고 신선사상이 결합되어 하나의 가치체계를 형성했다고 볼 수 있겠다. 여기에서 신선사상은 도교가 창도되기 훨씬 이전부터 동양의 정신세계 속에 자리 잡아 왔던 중요한 사상체계였다.

도교에서 받드는 신들은 매우 잡다할 뿐 아니라 시대에 따라서 그것은 새로이 생기기도 하고 없어지기도 하였다. 그러나 일반적으로 가장 널리 제사 지내는 신에는 원시천존(元始天尊) 또는 옥황상제가 있으며, 도교의 경전을 통틀어서 도장(道藏)이라고 한다.

또한 도교에서는 장생불사를 염원하면서 이를 이룰 수 있다는 여러 가지 방법을 실천하는데, 대표적인 것으로는 음기(陰氣)를 취해서 양기(養氣)를 충만하게 하는 방중술(房中術)이다. 도교에서는 이러한 수련 결과, 상자(上者)는 허공에 올라가 우주에 소요하는 천선(天仙)이 되고, 중자(中者)는 지선(地仙)이 되며, 하자(下者)는 혼백이 육체로부터 분리되어 시선(尸仙, 人仙)이 된다고 말한다.

■ 유·불·선의 조화를 추구한 최치원

이상과 같이 유교와 불교, 그리고 도교에 대해서 간략하게 살펴보았다. 고대 동양의 종교철학은 유(儒)·불(佛)·선(仙) 3교로 압축해 볼 수 있다. 10세기쯤 중국에서는 당송, 그리고 한반도에서는 고려가 사상 간의 갈등 없이 비교적 문화적 성숙을 이루었다고 볼 수 있다. 이러한 배경에는 성인을 추구하는 유교, 깨달음을 지향하는 불교, 그리고 신선을 수양 목표로 삼는 도교, 또는 선교 등 여러 종교 간에도 그 방법론적 회통(會通)을 추구하였기 때문에 가능했다. 즉 유·불·선 3교의 회통과 같은 융합의 길을 모색할 때 정신적인 문화의 성숙을 이룰 수 있었다.

우리나라에서도 상고시대부터 자생적으로 나타난 신교(神敎) 내지는 선교신앙이 존재하고 있었는데 삼국시대 말 중국으로부터 유입된 도교와 유사한 점이 많아 자연스럽게 동질화되는 양상을 띠게 되었다.

도교의 근본 사상이 신선이 되는 것이라고 본다면 노장철학이나 무속의 수많은 사상도 도교의 중요한 부분이라고 해야 할 것이다. 또한 도교 교단이 설립할 때 세운 조직체계는 거의 불교의 조직체계를 답습했다. 석가모니불에 대응하여 원시천존을 모시는 것이 그 예일 것이다. 지금도 우리나라 불교사찰에는 칠성각, 산신각, 독성각 등의 도교적인 사상이 혼합되어 있다.

그리고 행위규범은 유교의 윤리성과 대동소이하다. 특히 칠성각에 모신 칠성신은 토착 신앙이었으나 불교에 흡수되어 변용되었고, 산신각의 산신도 토착 신앙이었으나 불교에 유입되어 불법의 수호신 역할을 하고 있다. 이처럼 유불도의 삼교는 애니미즘으로 토착 신앙에서 출발하여 외래종교인 불교와 유교 그리고 도교 속으로 융합되면서 조화를 이루고 있다고 볼 수 있겠다.

이러한 삼교의 대표적인 조화는 6세기 신라시대 승령이자 화랑의 스승인 원광법사의 세속오계와 신라 말기의 학자인 최치원(崔致遠)의 「난랑비서문(鸞郎碑序文)」에서 엿볼 수 있다. 세속오계는 신라 진평왕 때 원광법사가 화랑에게 일러준 다섯 가지 계명이다. 전통적인 사상에 유·불·선 3교를 포함하여 이를 풍류라 하고 이를 가진 사람을 화랑이라고 하였다. 전통적인 가치와 도교적 요소를 모두 포함한 당시 시대 의식을 화랑도에 그대로 융합하였다. 세속오계 각각의 특성은 국가의 지도자가 될 화랑들의 개인적인 실천윤리임과 동시에 한민족 전체가 추구하는 공동체적 윤리관을 반영하고 있다.

그리고 최치원은 당시의 사회적 현실과 자신의 정치적 이상과의 사이에서 빚어지는 심각한 갈등을 해소하기 위해 인간 본원에 바탕을 둔 사상과 진리의 보편타당성을 추구함으로써 해결책을 제시하였다. 즉 유교, 불교, 도교의 제사상을 상호 융합시켜 혼돈된 사회의 인간 제화를 위한 기능으로 삼고자 하였다.

최치원은 일찍이 당나라에 유학하여 장원 급제하기도 했다. 그곳에 있으면서 회남절도사(淮南節度使) 고변(高騈)의 종사관(從事官)으로 있었는데 당시 중국 당나라에서 농민반란인 황소난(黃巢亂)이 일어났을 때, 그는 황소에게 어리석은 짓을 하지 말라는 경고문인 「토항소격문」(討黃巢檄文)은 명문(名文)으로 인정받았을 뿐만 아니라 황소난을 진정시키는 데도 크게 기여하기도 했다. 그의 사상은 기본적으로 유학에 바탕을 두고 있으며, 그러나 불교에도 깊은 이해를 하고 있었고, 비록 왕명에 의한 것이기는 하지만 선사(禪師)들의 비문을 찬술(撰述)하기도 했다. 특히 불교의 선종뿐만 아니라 교종인 화엄종에도 깊은 관계가 있었다. 그리고 도교에도 일정한 이해를 지니고 있었는데, 김부식의 『삼국사기』 권 4의 「진흥왕조」에 실려 있는 '난랑비서문'은 난랑이란 화랑을 기리며 쓴 비문인데, 신라 화랑도를 말해 주는 귀중한 자료이며, 또한 유불선의 뿌리임을 밝히고 있다. 최치원은 중국의 유불선은 한민족의 본래 신교(神教)가 다시 역수입된 것으로 보면서 그가 쓴 「난랑비서문(鸞郞碑序文)」의 전문은 전해지지 않고 일부만이 전해지고 있는데 한민족에 면면히 내려왔던 신교의 정신을 확연히 드러내 주고 있다.

우리나라 '신교' 즉 풍류(風流)에 대해 가장 오래된 기록이 최치원의 「난랑비서문」이라고 할 수 있다. 그 내용은 다음과 같다.

國有玄妙之道하니 曰風流라.

(국유현묘지도   왈풍류)

設教之源이 備詳仙史하니 實內包含三教하야 接化群生

(설교지원   비상선사   실내포함삼교   접화군생)

且如入則孝於家하고 出則忠於國은 魯司寇之旨也오

(차여입즉효어가   출즉충어국   노사구지지야)

處無爲之事하고 行不言之教는 周柱史之宗也오

(처무위지사   행불언지교   주주사지종야)

諸惡莫作하고 諸善奉行은 竺乾太子之化也라.

(제악막작   제선봉행   축건태자지화야)

－『삼국사기』「신라본기 진흥왕조 난랑비서문」 중에－

"우리나라에 현묘한 도가 있으니 말하기를 '풍류'라 한다. 이 가르침을 세우게 된 연원은 선가사서(仙家史書)에 상세히 실려 있거니와, 근본적으로 유·불·선 3교를 이미 자체 내에 지니어 모든 생명을 가까이 하면 저절로 감화한다. 예를 들면, 집으로 들어와서는 부모에게 효도하고 밖으로 나가서는 나라에 충성하는 것은 노사구(孔子)가 가르쳤던 교지(教旨)와 같다. 매사를 시키지도 않는데도 처리하고 말없이 가르침을 실행하는 것은 주나라 주사직(도서관 직원)을 맡은 주주사(老子)의 종지(宗旨)와 같다. 모든 악한 일을 하지 않고 모든 선한 일을 받들어 실행함은 천축국 태자(釋迦)의 교화(教化)와 같다."

여기에서 풍류도가 있고 그것이 삼교를 포함하고 있다고 하였는데 이 삼교가 유·불·선 삼교를 뜻한다고 한다면 이 풍류도는 유교, 불교, 선교 위에 위치하는 것으로 이는 풍류도가 바로 도교라는 셈이다. 다시 말하면 선교(신선사상+노장사상+무속사상의 합일사상)가 도교의 전 단계(유교와 불교가 제외된 것)라고 할 수 있으므로 풍류도는 선교가 아닌 도교이다. 일반적으로 도교=선교라고 보는 어휘의 혼란 때문에 풍류도=선교라는 생각이 널리 퍼져 있는 것 또한 사실이다.

이 글에서 알 수 있듯이 한민족은 유불선이 출현하기 이전에 벌써 신교(神教)라는 고유한 신앙을 가지고 있었다는 것이다. 신교는 그 사상이 심오하고 원대하여 나중에 등장한 유불선의 기본 사상을 이미 다 포함하고 있었다는 것이다. 19세기 말에 나온 신교의 주요 내용이 실려 있는 「신교총화(神教叢話)」에서도 신교를 여러 종교의 조상이며, 모태가 되는 뿌리라고 밝히고 있다.

최치원은 비록 신라를 다시 부흥시키는 데는 실패했지만, 자신이 진정한 풍류객의 길을 걸었고, 뛰어난 필치(筆致)로 화랑의 정신을 후세에 전했다는 점에서 신라의 마지막 화랑이라 해도 무방할 것이다.

이렇게 한국사상의 특색으로 종합 지향성을 들 수 있다. 한국사는 원래 외래사상의 수용에 적극적이었음을 보여 주는 것이다. 반도 국가의 특성을 살려 대륙문화와 해양문화의 종합 가능성을 시험받고 있는 것이기도 하다. 따라서 우리나라 대부분의 사상은 하나같이 삼교 합일을 강조하고 있다. 최치원의 「난랑비서문」 역시 신교로서 유·불·선의 합일을 의미하고 있다. 유·불·선 이전의 우리 고유의 선(仙)사상 속에 삼교의 종지(宗旨)가 모두 들어 있다는 것이다. 그래서인지 우리 만족에서의 삼교는 자연스럽게 융합 일치시켜 보는 사상이 대두된다.

원효(元曉)의 화쟁사상(和諍思想)

■ 삼국통일의 사상적 토대를 마련한 원효대사

7세기 신라의 원효대사(617~686)를 모르는 사람이 없을 것이다. 원효는 한국 불교가 낳은 불멸의 성사이다. 그는 대승불교의 건설자인 인도의 나가르주나[Nagarjuna, 용수(龍樹)]나 중국불교를 새롭게 열어간 천태지자(天台智者)대사에 비견(比肩)되기도 한다. 한국 불교에서만이 아니라 세계불교사에서 원효의 위치는 그만큼 찬연하게 빛나고 있다는 의미이다.

그의 사상을 한마디로 요약하자면 화쟁사상으로서 평화요, 통일이라고 할 수 있다. 화쟁사상은 『대승기신론소·별기(大乘起信論疏·別記)』

『금강삼매경론(金剛三昧經論)』,『십문화쟁론(十門和諍論)』등에 잘 표현 되고 있다. 화쟁사상은 원효의 『십문화쟁론』에서 나온 말로 다양한 종파 의 이론적 대립을 더 높은 차원에서 통합하려는 불교사상이다. 부처님을 보는 사람의 관점에 따라 다르게 느껴지며 많은 종파가 만들어질 수 있 다. 그러나 부처님의 뜻은 자비 하나이다. 그러므로 종파는 통합되어야 한다고 주장하였다. 12세기에 들어와서 고려 숙종은 원효대사를 기려 화 쟁국사비(和諍國師碑)를 세우도록 왕명을 내렸다고 한다.

원효는 불교를 대중화시키고, 분열된 국민정신을 통합하기 위해 큰 노 력을 기울였다. 고구려, 신라, 백제에서 당대 가장 고승이었던 원효대사 가 신라에서 살았고 고구려, 백제를 멸망시키고 삼국을 통일했다. 삼국 통일에는 당나라가 큰 역할을 하였는데, 원효는 당시 많이들 읽는 모든 불경에 대해 각각 해설서를 편찬할 정도로 불교에 자유자재 했고 통달해 당시 당나라 고승들이 원효대사를 매우 존경하고 좋아했다. 당시 동북아 국가들의 왕은 최고의 고승을 국사, 왕사로 두어 각종 정책결정에 권고를 받았었다. 오늘날, 의상이 당나라로부터 수입해 한국화 한 화엄사상과 더불어 원효의 화쟁사상과 일심사상은 삼국통일의 사상적 토대를 마련 했다.

■ 화쟁사상의 내용

원효의 사상은 이미 고려시대부터 화쟁으로 대변하였음을 짐작할 수 있다. 원효의 화쟁은 불법을 설명하는 기본 사유의 방식이지만, 이 사유 가 우주의 필연적 법칙을 일깨워 주는 가르침과 다름이 아니므로, 결국 화쟁적 사유는 우주의 필연적 법칙을 말하는 방식을 뜻한다. 『금강경』(17장)에 불법이 우주의 사실적 법칙이라고 암시되어 있다. 단적으로 우주의 필연성은 공(空)과 색(色)의 두 가지 계기의 실이 서로 새끼 꼬기나 천짜기를 하고 있다는 것이다. 이것이 화쟁사상의 기본이다. 불교를 상징하는 卍(만) 자가 바로 저 새끼 꼬기나 천짜기의 법칙을 형상화한 것이다.

공(空)은 눈에 안 보이는 진여(眞如)의 진리요, 색(色)은 눈에 보이는 세속(世俗)의 진리다. 안 보이는 진리와 보이는 진리가 물론 서로 다르지만, 또한 연계되어 있다. 눈에 보이는 색의 존재는 눈에 안 보이는 허공의 바탕에 의지하여 생긴 무늬에 불과하다. 만약에 허공이라는 배경이 없고 모든 공간이 다 색의 물질들로 빈틈없이 꽉 차 있다면, 우리는 어떤 색의 물질들도 구분할 수 없을 것이다. 허공이 바탕이요, 물질은 무늬에 비유되므로 허공은 물질을 물질로 존재하게끔 해 주는 근거이고, 물질은 그 허공의 현상이라고 볼 수 있다. 이처럼 허공의 공과 물질의 색은 불일이불이(不一而不二), 즉 하나도 아니고 둘도 아님의 관계를 맺고 있는 셈이다. 그러면 허공과 같은 공을 어떻게 이해할까? 허공은 생사(生死)와 유무(有無)의 모든 변화무쌍한 순환을 다 초탈하고 있다. 무릇 생명이 있는 것은 다 죽게 되므로 오직 영원한 것은 불생불멸한 공(空)밖에 없다. 바다를 공에 비유한다면, 바다에서 일어나는 모든 파도의 부침(浮沈)은 곧 생멸(生滅)의 현상과 같다.

따라서 공(空)은 불생불멸(不生不滅)의 이중부정(二重否定)과 같다. 불생불멸은 또 비유비무(非有非無), 즉 유도 아니고 무도 아님의 이중부정과 같다고 하겠다. '금강삼매경론'에서 원효는 이 이중부정의 공 세계를 홀로 해맑은 초탈의 의미를 지닌 '독정(獨淨)'이라고 명명했다. 현상적 존재의 생멸과 유무에 전혀 흔들리지 않는 해탈의 경지를 말하는 것이다. 그래서 공은 불교에서 허무의 상징이 아니라, 고갈되지 않는 무한기(無限氣)의 상징이 된다. 공이 이중부정이라면, 색은 어떠한가? 색은 물질인데, 그 물질은 독존하지 않고 연기(緣起)의 법으로 존재한다. 연기의 법은 서로 다른 만물과 상호 얽히므로 존재한다는 것이다. 나무는 물과 햇볕과 땅과 바람과의 상호 연관성에 따라서 존재한다. 이 연관성의 관계가 다르면, 다른 나무가 생긴다. 이것을 연생(緣生)이라 부른다. 이 연생의 관계를 최소한도로 생략하면, 이중긍정(二重肯定)이 된다. 나무는 물과 햇볕, 또는 땅의 흙과 하늘의 바람과 각각 이중긍정의 존재 양식을 얽고 있는 셈이다. 그래서 나무는 자기와 관계를 맺고 있는 타자인 물과 햇볕과 흙과 바람의 흔적을 이미 함축하고 있다. 색의 물질은 고착된 하나의 독립 개체가 아니라, 여러 개의 인연으로 다양하게 얽힌 타자들과의 관련성이다. 나무는 물과 불(햇볕)과 흙과 바람이라는 차이의 상관성에 지나지 않는다. 이것이 연기법이다.

■ 화쟁사상과 현대철학의 연관성

이 연기법의 존재 방식을 현대 포스트모더니즘(postmodernism)의 철학에서 차연(差延=difference)이라 부른다. 차연은 차이(差-異)와 연기(延-期) 또는 연장(延-長)의 두 뜻을 합쳐서 줄인 말인데, 예컨대 나무는 물과 다르면서(차이) 물의 힘이 거기에 시간적으로 약간 연기되어 작용하거나 공간적으로 연장되어 그 흔적이 남아 있는 것을 상징한다. 철학적 차연과 불교적 연기는 같은 뜻이다. 연기법은 이 세상 모든 만물의 존재 방식이 서로 다양하게 차이 속에서 연계돼 있음을 가리킨다. 차이 속의 연계와 같은 존재 방식은 허공처럼, 바다처럼 넓고 깊어야 가능하다. 다양성의 문화가 연기법처럼 가능하기 위하여 마음과 문화가 깊어져야 한다. 화쟁사상도 깊어진 사유에서 가능하다.

　그의 화쟁사상은 이 우주의 법이 일원론도, 이원론도 아닌 이중성의 사실로 존재함을 인식해야 한다는 것을 말하고 있다. 이중성은 모든 사실의 근원적인 존재 방식을 말하는 것으로써, 일원적으로 합일되는 것도 아니고 이원적으로 갈라지는 것도 아닌 중도의 법으로서 불일이불이(不一而不二)고, 원효는 이를 또한 융이이불일(融二而不一), 즉 둘을 융합하되 하나로 만들지 않음이라 불렀다. 공과 색이 이미 그런 이중관계로 있음을 우리가 앞에서 설명했다. 색의 존재 방식도 역시 이중긍정의 방식인데, 그것은 나무의 경우처럼 물과 불(햇볕)이 소 닭 쳐다보듯이 외면하는 것도 아니고, 서로 변증법적 투쟁으로 하나로 합일하는 것도 아니다. 나무에서 물과 불이 차이를 유지하면서 서로 상관하고 있다. 화쟁사상은 이런 이중성의 존재 방식을 말하기에 변증법적 통일을 부정한다. 차이가 모순투쟁을 초래하지 않고, 차연과 같은 상관적 관계를 부른다. 이것이 화쟁사상이다. 이 화쟁사상은 노자의 도(道)와 유사하다. 선과 악이 다르지만 동시에 동거하고 있고, 약이 독과 다르지만 역시 동거하고 있다. 노자는 명암의 이중적 동거양식을 밝음(明)에 염하듯(襲) 옷을 입히는 뜻으로써 습명(襲明)이라 비유했다. 이런 이중성을 장자는 '보광(葆光)'이라 불렀다. 다시 말해 자기를 강요하기보다 상대를 살리는 방식으로 자신을 살리며 기의 조화를 유지하는 것이라 했다.

　이런 점에서 원효의 화쟁사상은 노장사상과 맥락을 같이 하며, 20세기 서양의 해체주의적 철학자인 독일의 하이데거(Heidegger Martin, 1889~1976)와 프랑스의 자크 데리다(Jacques Derrida, 1930~2004)의 차연적 세상 읽기와 그 궤도를 같이한다.

화쟁사상은 투쟁사상이 아니다. 화쟁의 '화(和)'자는 불교의 卍(만) 자처럼 동일성과 타자성이 서로 새끼 꼬기 하듯 만나고 갈라지기를 반복하는 그런 이치를 가리킨다. 거기에 이미 허공의 빈 곳이 사이에 끼어서 둘을 갈라놓고 또 하나로 합치게 하는 배경을 이룬다. 이것은 또 마음이 허공처럼 허심하여 소유론적 집착을 놓지 않으면, 화쟁의 사실을 결코 실천할 수 없음을 가리킨다. 마음이 이미 자기 고집에 편파적으로 집착되어 있으면, 화쟁은 말로만 하고 실제로는 투쟁의 심리로 마음이 꽉 차 있다는 것을 뜻한다.

원효의 화쟁사상을 말하는 한 구절을 '대승기신론소'에서 인용해 볼 수 있다. "동일함(一)은 동일하지 않음(非一)에 상응하므로 다름에 상관적이어서 다름과 같이 동거하며, 다름(異)은 다르지 않음(非異)에 상응하므로 동일함에 상관적이어서 동일함과 동거한다." 오른쪽은 왼쪽과 다르지만 왼쪽이 없으면 자기도 존립하지 못하고, 반대로 왼쪽도 오른쪽과 다르지만 오른쪽이 없으면 자기도 성립하지 못한다. 화쟁사상은 좋은 일이든 나쁜 일이든 홀로 생기는 법이 없기에 반드시 어떤 일의 작용과 상대방의 반작용을 동시에 고려함이다. 이것이 이중긍정의 태도다. 이것과 저것은 서로 작용과 반작용의 상관관계를 지니므로 오로지 나는 100% 정당하고, 상대방은 100% 그르다는 생각으로서는 끝없는 투쟁의 연속만이 있을 뿐이다. 이것은 노장(老莊)이 말하는 인간과 만물의 내면에는 덕성과 지혜의 빛이 있다는 습명(襲明)과 보광의 중도적 태도가 아니다. 중도(中

道)는 어중간한 기회주의적 눈치 보기나 단물만을 좇는 속물적 출세주의를 더구나 말하지 않는다. 이들은 사리사욕의 대명사다.

■ 화쟁사상의 의의

원효의 화쟁사상은 여러 종파의 모순 상쟁을 보다 높은 차원에서 융화, 통일시키려고 노력하였다. 그는 이 화쟁은 모든 인간이 평등하다는 기본적인 원칙 위에서 주장하여, 성인만이 아니라 악인도 성불(成佛)할 수 있다고 하였다. 이것은 지배자를 중심으로 한 화합사상이 아니라 민중을 중심으로 하는 화합사상이었다. 백가(百家)로 하여금 각기 그의 고집을 버리게 하고 화합귀일(和合歸一)하게 하고자 한 것이 그의 일심화쟁(一心和諍)사상이다. 그런 갈등 속에서 원효는 화합과 조화의 길을 선택하였다. 그리하여 그는 "도는 모든 존재에 미치지만 결국은 하나의 마음의 근원으로 돌아간다.", "통합해서 논하면 일관(一觀)이요, 전개해서 설하면 십문(十門)이다.", "전개해도 하나가 늘어나지 않고, 통합한다고 열이 줄어들지 않는다."라고 하면서 모든 논쟁이 하나로 통합될 수 있음을 주장하였다. 이렇게 해서 원효의 진속원융무애관(眞俗圓融無碍觀), 즉 진리나 세속이 구별 없이 널리 융통하여 하나 되어 막힘이 없어지고 모든 중생과 더불어 한마음이 되는 '귀일심원(歸一心源)'이라는 실천의 원리가 제공됨으로써 일체의 이설(異說)과 논쟁이 화쟁회통(和諍會通)할 수 있게 된 것이다. 이렇게 민족정신사에서 화합과 관용을 통해 국민 의식을 통합하여 삼국을 통합하는데 그 사상적 기초가 되었다. 이러한 원효의 사상을 오늘의 관점에서 보면 공화(共和)의 이념과 정신이라고 할 수 있으며, 이는 다양한 이질적인 요소들을 평화롭게 융화시키는 사상으로서 신라의 삼국통일 이념의 기본 토대를 이루었다.

화쟁의 가장 큰 특징은 극단에 치우쳐 집착하지 말고 다양함에 대한 이해로부터 시작된다는 점이다. 원효는 화합과 통일의 사상, 조화와 평등의 원리를 가지고 서로 다른 주장으로 갈려 있는 불교 이론을 화쟁하며 왜곡된 불교 풍토를 쟁화(諍化)하려 하였다. 이처럼 간절한 염원이 담긴 화쟁적 논리는 무엇보다도 그 자신이 처해있는 시대 상황 속에서 마치 불난 집처럼 온갖 갈등과 대립과 모순과 아집으로 가득 찬 현실사회를 구출하려는 것이었다. 그리하여 화기(和氣)를 불어넣고 조화회통(調和會通)의 대도를 열어 이 동녘 해돋이 땅에 이상사회를 건설하려는 무애한 원력을 발하였다.

사람들의 특성 가운데 하나가 집착이라 할 수 있다. 자신의 믿음에 대한 무오류성이다. 자기 자신에 사로잡혀 자신만이 옳다는 주장을 자기 확증 편향성이 강하다. 이와 같은 개인적 성향이 집단을 형성하면 자신들과 다른 견해에 대한 광기에 가까운 공격성을 보이게 된다. 원효에게 화쟁은 상반되는 두 가지를 융합하되 하나로 획일화하는 것이 아니라 다양성의 조화와 소통이다. 화쟁론에서 인간세계의 화와 쟁이라는 이면성을 인정하면서, 이 화와 쟁은 정과 반에 집착하고 타협하는 합이 아니라, 정과 반이 대립할 때 돌이켜 정과 반이 가지고 있는 근원을 꿰뚫어 보아 이 둘이 불이(不二)라는 것을 체득함으로써 쟁과 화를 동화시켜 나가는 원리를 전개시키고 있다. 따라서 변증법적 불교 논리 전개의 백미라 할 수 있다.

그러나 우리 사회는 꼭 하나를 선택해야 하는 양자택일이나 다수의 이익을 위해 소수가 희생되는 극혐주의(極嫌主義)가 화쟁이란 이름으로 자신들의 행위를 정당화하며 원효의 화쟁을 통해 또 다른 갈등을 유발하고 있다. 이런 성향은 원효가 아닌 자기가 강했기 때문이다. 원효는 이와 같은 극단적 성향을 보이는 개인과 집단에 관해 대화와 타협을 권하고 있다. 그것이 화쟁의 출발이다. 논쟁에서 논쟁으로 가는 것을 막고, 서로가 다름을 인정하는 것에서부터 시작하는 것이다.

호국불교와 팔만대장경

■ 불교의 위상 변화

기원전 6세기쯤 인도에서 성립된 불교는 중국에 전래되고 4세기쯤 후반에 우리나라 삼국시대에 전래되었다. 삼국시대에 수용된 불교는 인도불교가 중국에 들어와 중국문화와 동화된 중국불교였다. 삼국시대 불교는 서로 다른 문화차이만큼 서로 다른 양상을 보이며 이해되고 수용되었다. 삼국은 당시 고도의 사상체계를 갖추고 있던 불교에 대해 왕실을 중심으로 깊은 관심을 두고 국가 발전의 디딤돌로 삼고자 적극적으로 수용하였다.

가장 먼저 고구려에 전래되었는데 소수림왕 2년(372년)에 중국 남북조시대 북조 제국(諸國)을 평정한 전진왕(前秦王) 부견(符堅)은 사신과 함께 순도(順道)를 불상과 불경을 보내오면서 공인되었다. 이어 374년에 승려 아도(阿道)가 고구려에 들어와 최초의 사찰인 초문사(肖門寺)와 이불란사(伊弗蘭寺)를 창건하고 두 승려를 머물게 하면서 불경을 전파했다.

백제는 고구려보다 12년 뒤인 384년 침류왕(枕流王) 원년에 공인되었다. 중국 동진(東晉)에서 승려 마라난타(摩羅難陀)가 들어와 이듬해 2월 한산(漢山)에 사찰을 세워 9월에는 10여 명의 승려가 배출되었다. 마라난타는 원래 인도의 승려인데, 중국을 거쳐 백제까지 들어온 것이다. 이후 백제는 국가체제를 정비하면서 왕실을 비롯한 지배층들이 사회 통합을 위한 도구로 불교를 적극 내세웠다. 이는 고구려도 마찬가지였다. 고구려와 백제는 사람들을 하나의 사상으로 묶어 나라의 힘을 키우고자 했고, 불교 신앙은 이런 목적을 이루는 데 알맞았다.

한편 신라는 불교의 전래가 많은 수난을 겪었으나 고구려와 백제보다 늦은 법흥왕(法興王) 14년(527년) 이차돈(異次頓)의 순교로 공인되었다. 당시 신라는 왕과 토착 신앙에 기반을 둔 귀족이 치열하게 대립하고 있었다. 국가 기반이 어느 정도 정착되면서 왕은 외래 종료인 불교를 활용했고, 귀족은 왕실에 복종하는 것을 반대하면서 갈등이 야기되었다. 법흥왕은 백성을 위해 복을 닦고 죄를 없애는 사찰을 짓고 불법을 일으키자고 했다. 그리하여 527년 왕의 측근인 이차돈이 전통 신앙의 성지인 천경림에 흥륜사(興輪寺)를 짓고자 했으나 귀족들은 이차돈의 이상한 복장과 불합리한 이론과 흉년, 그리고 이웃 나라와의 전쟁을 이유로 사찰 건립을 반대했다. 이에 이차돈은 법흥왕에게 자신을 희생하겠다며 처형으로 목에 붉은 피가 아닌 흰 피가 솟아나는 기이한 일이 발생하여 더 이상 불교를 비난하지 못하고 535년에 사찰을 짓기 시작하여 진흥왕 때인 544년에 완성되었다

진흥왕은 불교 이념에 따른 청소년 수련단체인 화랑도를 창설하여 국민정신 함양에 크게 이바지하였다. 이를 바탕으로 문무왕은 당나라의 원

조로 삼국통일의 대업을 달성, 통일신라시대를 열었다. 통일신라시대는 승려들이 당나라에 가서 불교의 교학을 배워 한국 불교사상 유례없는 황금시대를 가져왔다.

이처럼 왕권의 강화를 원했던 삼국의 왕실은 모두 새로운 신앙이 필요했다. 불교에서는 현실에서 누리는 복과 괴로움이 전생에서 자신이 행한 행동의 결과라고 여겼으므로 지배층이 누리는 특권을 합리화할 수 있었다. 즉 왕족이나 귀족들은 전생에서 잘 살았기 때문이고, 가난한 백성들은 전생에 지은 죄 때문에 고통을 겪는다고 설득할 수 있었다. 이 때문에 초기에 불교를 반대하던 귀족들도 점차 불교를 받아들이게 되었다

고려 태조는 통일신라 말기에 출현한 도선(道詵)의 도참설 즉 불교의 공덕을 쌓은 만큼 덕이 온다는 선근공덕(善根功德)사상에 도교의 음양오행설과 풍수지리를 가미한 과도기적인 사상에 영향을 받았다. 태조는 스스로 불교에 귀의하여 불교 신앙에 의해 민심을 수습하고 국운의 가호를 얻으려고 노력했다. 개성에 호국도장으로 10개의 사찰을 짓고 서경에 9층 석탑을 세우며 계계승승(繼繼承承) 왕가에서 불교를 믿도록 훈요십조(訓要十條)를 만들고 팔관회와 연등회를 열도록 했다. 이렇게 불교 의식과 법회를 통해서 나라를 보호하려는 고려불교의 성격과 방향이 개국 초부터 정착되었다. 그러나 고려 중기 이후 사원의 특권적 지위와 승려의 사치 생활로 유신(儒臣)들의 배불론(排佛論)이 대두되고, 또한 수많은 외침으로 고려 멸망과 함께 불교도 쇠퇴하여 갔다.

조선시대는 초기부터 고려 후기 사원경제의 폐해 등 불교의 폐단을 없애기 위해 억불책(抑佛策)을 시행하여 불교종단이 위축되어 고려 때 시행되었던 승려에게 주던 도첩제(度牒制)를 성종 때에는 폐지해 승려가 되

는 길을 막았다. 또한 세종 때에는 7종이었던 종단을 선교와 교종으로 폐합하고 사찰도 양종 18개씩 모두 36개의 사찰만 남기고 폐지했다. 그리고 세조 때에는 호불정책을 잠시 유지하다 조선 후기 명종 때에는 승려가 도성(都城)으로 들어오는 것 자체를 금지해 그야말로 불교의 쇠퇴기였다.

■ 팔만대장경

고려는 거란과 여진의 외침을 비롯하여 40여 년간 몽골의 침입으로 전쟁을 겪어야만 했다. 특히 1231년(고종 18)의 1차 침입을 시작으로 한 몽골의 고려 침입은 1259년(고종 46) 고려와 몽골 사이에 강화가 이루어졌으나 여전히 불안한 상태에서 1270년(원종 11)에 개경(開京) 환도가 단행되고, 이에 반대하던 삼별초가 일으킨 난이 1273년(원종 14)에 진압되면서 안정을 찾게 되었다. 고려가 몽골에 대한 항쟁을 지속할 수 있었던 데에는 승려를 비롯한 고려인들의 항몽 의지와 희생이었다. 또한 1차 침입 직후 최씨 정권이 강화도로 천도를 단행한 것도 항쟁 지속의 중요한 요인 중 하나였다.

고려의 팔만대장경은 13세기 중반에 부처님의 신통력으로 몽골의 침입을 물리치기를 기원하고자 국가가 주도하여 1236년부터 1251년까지, 즉 고종 23년~38년까지 16년간에 걸쳐 조성하였다. 대장경은 큰 그릇이라는 뜻으로, 불교의 가르침을 담은 문헌들을 통칭하는 한자문화권식 표현이다. 불교가 보편적인 문화로 향유되던 중세 동아시아에서 대장경의 조성은 한 나라의 문화적 역량과 기술을 상징하였다.

특히 고려는 부처님의 힘으로 몽골족을 물리치겠다는 신앙심으로 16

년간에 걸쳐 고려대장경(팔만대장경)을 만들었다. 고려는 1011년 거란의 침입을 물리치고자 불교의 가르침을 새긴다는 원대한 서원(誓願)을 세워 1087년 초조대장경(初雕大藏經)을 만들어 팔공산 부인사(符仁寺)에 보관하여 나라를 진정시켜 보호하고 국민의 신앙이 집중되게 하였다. 그러나 고종 18년(1231년)에 몽골족이 침략하여 부인사 장경판과 황룡사 9층 탑을 불태워 버렸다. 몽골족의 침입으로 강화도로 천도한 고종은 1236년에 강화에 대장도감(大藏都監)을 설치하고 전국의 학자와 기술자를 동원하여 자료를 수집하면서 16년에 걸친 노력으로 1251년에 완성하였는데 이를 다시 새긴 대장경이란 의미로 재조대장경(再雕大藏經), 또는 고려대장경(高麗大藏經)이라 했다. 그리고 경판의 수가 총 81,258판에 달하여 팔만대장경이라고도 부르며 오늘날 해인사 장경판전에 보관되어 있다.

팔만대장경은 세계에서 대장경 가운데 가장 오래되었고 체제와 내용도 완벽하여 불교 자료로서의 가치가 높을 뿐만 아니라 고려시대 목판 인쇄술의 발달 수준을 알 수 있는 중요한 자료이다. 고려의 국력을 대내외에 과시했던 국보 제32호인 팔만대장경은 2007년 유네스코 세계기록유산으로 등재되어 있다. 그리고 경판을 보관하고 있는 해인사 장경판전(藏經板殿)은 국보 제52호로 지정되고 1995년 유네스코 세계문화유산으로 등재되어 문화적·역사적 가치를 인정받고 있다.

■ 호국불교의 전통

이상으로 불교의 한반도 전래와 발전에 대해 시대별로 요약해 보았다. 삼국시대 중국으로부터 전래된 불교는 통일신라시대와 고려시대에 전성기를 맞이하여 호국불교로서 승려의 국난 극복에 참여, 불교 의례의 국가적 성행, 호국신앙과 불교의 습합(濕合), 국난 극복을 위한 기원과 대장경 조성으로 그 역할을 다해 왔다. 조선시대는 숭유억불정책(崇儒抑佛政策)으로 불교는 위축되었으나 임진왜란 시에는 승병으로 국난 극복에 크게 이바지하였다.

호국불교란 국가와 국민의 안녕과 평화 그리고 이 땅의 모든 생명체를 보호하는 것이 곧 불교 신앙이며 불교의 정법은 지키는 것이라고 정의해 볼 수 있겠다. 호국불교는 불교가 삼국시대에 전래되고 신라시대에는 승려이며 화랑의 스승인 원광법사는 화랑도에게 세속오계의 규범을 엄격하게 지키도록 하여 신라가 삼국을 통일하는 데 크게 이바지하였다. 세속오계는 유교, 불교, 도교의 사상을 모두 아울러 우리 민족의 고유한 윤리관으로 융화된 것이다.

「훈요십조(訓要十條)」는『고려사』에 수록된 고려 태조가 후손에게 남겼다는 열 가지 가르침이다. 「훈요십조(訓要十條)」 제1조에 "고려의 대업은 반드시 부처님의 가호에 힘입은 것이므로 선(禪)·교(敎)사찰을 세우고 주지를 보내 분향 수도하게 할지어다"라는 메시지에서 고려불교가 호국불교의 이념을 국가적으로 체계화한 데서 확인할 수 있다.

승군(僧軍)은 사원에 노동력을 제공하면서 사원을 지키고 또는 군의 일부로 차출되는 부류의 승려들이다. 그들은 고려 전기 외적의 침략에 대응하기 위해 신설된 군 조직 가운데 항마군(降魔軍)이라는 이름으로 정식으로 편제된 적도 있었다. 승군에 차출되는 승려들은 승도(僧徒) 또는 수원승도(隨院僧徒)로 기록되는 일도 있는데 군사적 동원뿐만 아니라 국가 공역(工役)에 주요 노동력으로 동원되기도 하였다.

고려 현종대인 1010년 거란이 침략해 오자 지채문(智蔡文)장군과 무신(武臣) 탁사정(卓思政)이 승려 법언(法言)과 함께 군사 9,000명을 이끌고 참전하여 거란군을 물리치고 법언은 전사하여 고위 승계(僧階)에 해당되는 수좌(首座)로 추존되었다.

고려 숙종 7년(1102년)에 윤관(尹瓘)이 여진과의 전투에서 공을 세우고 2년 뒤인 1104년에 거란과의 전투에 대비하려는 목적으로 기존의 무반과는 별도로 별무반을 신설하여 그 산하에 항마군을 설치하고 승도를 편제하였다. 그 인원이 1,000여 명에 이르렀다. 고종 19년(1232)에 몽골군이 침입하자 조정은 강화도로 천도하고 몽골 장수 살례탑(撒禮塔)이 처인성을 공격하였다. 이때 처인성에 피난해 있던 승려 김윤후는 적장 살례탑을 살해하는 전과를 이루어 처인성을 지켰다.

신라시대는 법흥왕에 이은 진흥왕이 왕권 확립과 국토확장에 힘쓰면서 불교의 국가 종교화운동을 통해 민심을 수습하고 지배 질서를 확립하려는 정책적인 결단에서 나타나기 시작했다. 사회적으로 정신적인 면을 통합하여 신라가 삼국통일의 주체가 되게 하는 데 호국불교가 기여한 바가 크다고 할 것이다.

호국불교의 전통은 불교를 탄압했던 조선시대에서도 승병의 역할은 계속되었다. 임진왜란 때 가장 먼저 승병을 일으킨 승병장은 영규대사였다. 계룡산 갑사에서 서산대사 휴정과 함께 득도하였다. 왜군이 조선을 침입했다는 소식을 듣고 500여 명의 승려가 영규대사와 함께 의병장 조헌과 합세하여 청주성을 탈환하고 금산전투에서 왜군에 맞서 장렬히 전사했다.

우리나라 불교는 역사 속에 깊이 스며들어 신라시대에는 황룡사나 사천왕사, 천룡사, 오대산 등의 호국도량이 있었고, 중국이나 왜적 등의 외침을 부처님의 법으로 막고자 원을 세운 문무왕과 김유신 같은 호국이성(護國二聖)이 나타나기도 하였다. 그리고 몽골족이 쳐들어왔던 고려시대에는 부처님의 힘으로 나라를 보호하겠다는 원력으로 팔만대장경을 만들었으며, 억불숭유에 푸대접받던 조선시대에서도 사명대사나 서산대사, 영규대사 같은 분들이 나타나 호국의 일념으로 이 국토를 지켰다.

유교적 선비정신의 본질

■ 한민족의 이상적 인간상, 선비

인류사에서 민족마다 추구하는 이상적인 인간상이 있다. 영국은 '신사(紳士)', 중국은 '성인군자(聖人君子)', 일본은 '무사(武士)'가 그 예이다. 그리고 국가마다 상징되는 브랜드를 내세우는데 프랑스는 '예술의 나라', 독일은 '강인한 게르만족' 그리고 미국은 자유와 평등이 무장된 '아메리칸 드림'이 실현되는 꿈의 나라로 인식되고 있다. 그럼 우리나라는 과연 어떤 나라일까? 우리나라가 추구하는 인간상은 '선비정신'이라고 확신할 수 있을까? 현대적 의미에서는 다소 부정적인 견해도 있을 수 있으나 과거 단군 이래부터 조선 말기에 이르기까지 우리의 민족정신은 '선비가 살아 있는 동방예의지국'이라고 평가함에 주저할 필요가 없을 것으로 보인다. 우리의 민족정신은 '부드러우면서도 강인한 내유외강(內柔外剛)의 선비정신'이라고 말 수 있다.

선비란 학식과 인품을 갖춘 사람에 대한 호칭으로, 특히 유교 이념을 구현하는 인격체 또는 신분 계층을 가리키는 유교 용어로서 선비는 한자어의 사(士)의 뜻을 가지며, 어원적으로 선비는 '어질고 지식이 있는 사람'을 뜻하는 '선비'라는 말에서 유래되었다. 공자와 그의 제자들은 자신을 '사(士)'의 집단으로 인식하였다. 그들은 관직을 목적으로 추구한 것이 아니라 도(道)를 실행하기 위한 수단으로 보았기 때문에, 유교 이념을 실현하는 인격을 선비로 확립하였다. 선비는 유교 이념을 수호하는 임무를 지녔기 때문에 유교 이념 자체가 바로 선비정신의 핵심을 이룬다. 선비는 부와 귀의 세속적 가치를 따르지 않고, 인의의 유교 이념을 신봉하였다. 특히 세속적 가치를 인간의 욕망이 지향하는 이익이라 한다면 선비가 지향하는 가치는 인간의 성품에 내재된 의리라 할 수 있다. '인'이 선비의 기본 이념임이 틀림없지만 역사적으로 선비가 가장 강하게 자신의 견해를 드러내는 것은 '의'를 추구하는 의리정신으로 나타난다. 공자가 "군자는 의리에 밝고 소인은 이익에 밝다."라고 한 주장에서 의리와 이익이 대립되는 '의리지변'(義利之辨)과 군자와 소인이 대립되는 '군자소인지변'의 분별의식이 명백히 확립되었다.

선비는 주로 문사(文士)를 말하지만, 무사(武士) 또한 '사'의 조건을 갖추어야 한다. 곧 선비의 의리정신과 더불어 그 실천에서 생명조차 버릴 수 있는 신념의 용기를 요구하는 것이다. 선비들의 의리정신은 이민족의 침략을 당할 때 침략자를 불의한 집단으로 규정하여 의리에 따라 항거하려는 태도를 보인다.

임진왜란 때 선비들의 항전을 의병으로 인식하였던 것이 사실이다. 조헌(趙憲)은 임진왜란 때 700명의 선비를 모아서 의병을 일으켜 금산싸움에 임하여, "오늘은 다만 한 번의 죽음이 있을 뿐이다. 죽고 살며 나아가고 물러남을 오직 '의'자에 부끄럼이 없게 하라."고 명령하고 모두 함께 죽음을 맞아 '칠백의사총(七百義士塚)'에 묻혔다. 이들은 '의'를 따라 죽은 것이며 이 순의정신(殉義精神)은 선비정신의 발휘라 할 수 있다.

병자호란 때에도 마지막까지 화친과 항복을 거부하는 '척화론'은 선비의 의리정신을 보여 주는 것이다. 척화삼학사의 한 사람인 홍익한(洪翼漢)은 중국 심양에 끌려가서 청나라 태종의 심문을 받을 때도 "내가 지키는 것은 대의(大義)일 따름이니 성패와 존망은 논할 것이 없다"고 대답하며 굴복하지 않다가 순절하였다. 이들이 나라의 위기를 당하여 생명을 버리면서 항거하는 것은 나라를 지키는 것이 의리에 합당하다는 신념을 지녔기 때문이다.

조선시대 선비의 모범이라 할 수 있는 조광조(趙光祖)는 선비의 마음 씀을 지적하여, "무릇 자신을 돌보지 않고 오직 나라를 위하여 도모하며, 일을 당해서는 과감히 실행하고 환난을 헤아리지 않는 것이 바른 선비의 마음 씀이다"라고 하였다.

선비정신은 이기심을 넘어선 당당하고 떳떳함을 지닌다. 비굴하지 않고 꼿꼿하며 의심하지 않고 확고함을 지닌다. 이황(李滉)은 선비의 당당한 모습을 가리켜, "선비는 필부로서 천자와 벗하여도 분수에 지나침이 없고, 왕이나 공경(公卿)으로서 빈곤한 선비에게 몸을 굽히더라도 욕되지 않으니, 그것은 선비가 귀하게 여겨지고 공경 될 까닭이요, 절의(節義)의 명칭이 성립되는 까닭이다"라고 언급하였다. 선비는 절의가 있으므로 당당하여 천자와 어깨를 나란히 할 수 있음을 의미한다.

■ 선비상의 특징 1: 온고지신과 수기치인

조선 왕조가 500년 이상 지속된 주원인은 유교적 명분에 있다. 패도(覇道) 즉 힘에 의한 폭력적 지배가 아닌 왕도(王道) 즉 명분과 의리로 백성을 설득하고 포용하는 정치, 법치보다는 덕치를 우선하는 성리학적 통치철학에 바탕을 두었기 때문이다. 조선 왕조가 덕치(德治)로 백성을 포용하는 과정에서 모범적이고 이상적인 인간형은 어떤 것일까?

그것은 학문과 예술을 고루 갖춘 문(文), 사(史), 철(哲)을 체득하고 시(詩), 서(書), 화(畵)를 교양필수로 감성훈련을 체질화한 자, 즉 이성과 감성을 균형 있게 잘 조화된 인격체가 이상적인 인간형이었다. 이러한 이상적인 인간형에 임금도 예외일 수 없으며 조선 왕조의 이상적인 인간형이 바로 선비이다.

이러한 선비는 일반적으로 조선시대 유학을 갖춘 지식인으로 이해되고 있다. 지조와 강인한 기개(氣槪), 정의를 위해 죽음도 불사하는 불요불굴의 정신, 깨끗하고 정정한 마음가짐으로 특징 지워지는 선비상을 조명해 보고자 한다.

첫째, 동양의 지식인은 옛것에서 새것을 찾는 온고지신의 학문적 태도에 있다. 중국은 춘추전국시대에 형성된 제자백가사상의 논리가 보편화되었으며 특히 유가사상이 중국의 통치이념으로 확고히 자리 잡았다. 그리고 조선시대도 철학과 역사를 상호 보완하여 인간사를 파악하려는 경경위사(經經緯史), 즉 경전 공부를 중심축으로 하고 여기에 역사 공부를 얹어야 올바른 판단을 할 수 있다는 의미로 면면히 이어 온 인문정신이며 정신문화를 고양한 토대가 되었다.

18세기 박지원에 의해 제창된 법고창신(法古創新), 즉 옛것을 본받아 새로운 것을 창조한다는 논리, 19세기 초 개화파 김윤식이 주창한 전통적인 제도와 사상인 '도(道)'는 지키되 근대 서구적인 기술인 '기(器)'를 받아들이자는 동도서기론(東道西器論), 그리고 갑오경장 후 제기된 옛것을 근본으로 하여 새로운 것을 창조한다는 구본신참(舊本新參)의 논리가 모두 온고지신의 인식에 기초하고 있다. 그러나 20세기에는 서세동점으로 근대화의 거센 물결에 휩쓸려 동양 사회는 1세기 이상 서구의 이념 각축장이 되어 표류하게 되었다. 서세동점의 긴 터널을 벗어나는 현시점에서 중요한 것은 경경위사의 정신으로 성리학에 대한 성찰이 요구되고 있다.

둘째, 선비들은 성리학적 인간으로 양성된 수기치인(修己治人)의 사대부가 중심 세력으로 등장했다. 성리학을 공부한 조선시대 지식인의 대명사가 선비라는 것은 널리 알려진 사실이다. 선비란 신분적으로는 양인이고 경제적으로는 중소 지주층이다. 또한 선비들은 성리학의 이념을 실현하는 학인(學人)인 사(士)의 단계에서는 먼저 수기(修己)를 한 다음에 치인(治人)하는 대부(大夫)의 단계로 나아가고, 수기치인을 바탕으로 학자관료인 사대부가 되는 것이다. 선비의 수기 과정은 어린 시절에는 『소학』을 통하여 사람으로서 행해야 할 가장 기초적인 행위규범을 배우는 데서 시작되었다.

조선시대에 토착했던 성리학의 기본교과서인 사서삼경의 하나인 『대학』이 있다. 그 주요 강령은 '수신제가치국평천하(修身齊家治國平天下)'를 실현하기 위한 이념서로서 그 역할을 다하고 있다. 통치자는 먼저 자기 몸과 마음을 수양해야만 집안도 잘 보듬고, 나라를 잘 다스리게 되어 나아가 천하가 평화롭게 된다는 의미이다. 이것이 유교에서 강조하는 선비의 길이다. 그래서『대학(大學)』은 통치자의 필수과목으로 자리매김했다.

이러한 교육으로 이성 훈련의 극대화라고 볼 때 그 방법은 격물치지(格物致知)이다. 격물치지에서 격물은 관찰하고 실험하는 과정을 통하여 사물의 이치를 알게 되며, 그 결과로써 이르게 되는 경지가 바로 치지이다. 이러한 과정을 거칠 때 합리적인 인격체로서 완성되는 것인데 여기에 시, 서, 화를 함께 겸비할 때 비로소 조선 왕조가 추구하는 이상 인간형인 선비였다.

■ 선비상의 특징 2: 책임의식과 극기복례

셋째, 선비의 인간형은 공의(公義)를 실천하는 책임 의식이 강했다. 조선시대 선비는 과거에 급제하여 관리가 되거나, 평생 초야에서 공부에만 전념하는 경우도 있다. 관리로 등용되어 나랏일을 할 경우는 사사로운 욕망을 이겨 내고 나와 타인과 함께 공동의 선인 공적 의로움, 즉 공의를 실천하였다. 그리고 선비는 학행일치(學行一致)를 실천 덕목으로 삼고 배운 것을 행동으로 실천했다. 만약에 배운 것을 행동으로 옮기지 못하고 교묘한 말과 좋은 얼굴색으로 남을 속이고 자신을 속이는 교언영색함을 매도했던 것이 조선 선비의 사회였다.

또한 선비는 남에게는 후하고 자신에게는 엄격하게 대하는 박기후인(薄己厚人)의 정신을 체질화하여 청빈하고 검약한 생활방식을 갖추었다. 이러한 청렴정신은 청백리(淸白吏)의 바탕이 되어 조선시대에 수많은 청백리를 배출했다. 특히 세종 시대에는 황희(黃喜), 맹사성(孟思誠), 유관(柳寬) 등의 청백리를 배출하여 태평성대를 누렸다.

그리고 선비의 인간형은 공적인 일을 우선하고 사사로운 일은 뒤로하는 선공후사(先公後私)와 강한 자는 억누르고 약한 자는 부추겨 주는 억강부약(抑强扶弱)의 정신을 가졌다. 또한 외유내강(外柔內剛)의 개성은 선비 인간의 전형이다. 겉으로는 부드럽게 대해 주고 예의가 바르지만, 속으로는 강하되 위기에 처했을 때는 지조와 절개를 지켜 투철한 기개와 강인함을 갖는다.

넷째, 조선 왕조 시대 선비는 최종목표인 극기복례(克己復禮)를 달성하면 천인합일(天人合一)의 경지에 도달할 수 있다고 확신하였다. 여기에서 하늘이란 절대자를 지칭하는 것이 아니라 자연의 질서를 의미한다. 천인합일이란 사람과 자연이 하나의 질서로 조화되는 경지를 말하는데 나와 남이 조화되고 나아가 사람이 하늘과도 조화되는 단군조선의 홍익인간사상이나 대동사회와 그 맥을 같이한다고 볼 수 있다.

조선시대 선비인 사대부들은 사직할 때는 낙향하여 재충전의 기회로 삼고 수기(修己)에서부터 다시 시작했다. 때로는 사대부로 유배되었을 때는 그곳에서 글도 쓰고 제자를 양성하면서 현지의 문화적, 학문적 잠재력을 일깨워 나갔다.

다섯째, 많은 선비가 배출됨으로써 사림이나 학파가 형성되어 학문의 융성에도 기여했으나 한편으로는 갈등과 분열 그리고 사회적 혼란을 초래했다. 사림이란 훈구(勳舊)의 상대적 개념으로 성리학의 진수를 터득하여 체질화한 학자들을 일컫는 말이다.

조선 왕조 창건에 기여한 급진개혁파 정도전 계열은 성리학을 국학으로 선포하고 고려의 국교인 불교와 고려의 잔존세력을 제거함으로써 국가 기반을 확고히 했다. 그리고 세종 때에는 집현전을 설치하여 성리학

학습, 연찬하고 성리학에 바탕으로 체제를 정비하였다. 그러나 성종 시대는 지방에서 성장한 성리학자들이 중앙으로 진출함에 따라 자연 훈구 세력과 충돌하게 되어 사화로 발전되어 왕권의 추락과 분열적 사회로 전개되는 문제점을 노정시키는 계기가 되었다.

결론적으로 선비정신은 의리와 지조를 중시했고 사명감과 책임으로 대변되는 정신이다. 또한 청렴과 청빈을 우선적 가치로 삼으면서 일상생활에서 검약과 절제를 미덕으로 삼았다. 또한 상부상조와 평화공존의 성리학적 이념은 사생활이나 농촌공동체뿐만 아니라 국가 간에도 적용되어야 한다고 믿었다. 선비는 시류(時流)에 영합하는 것을 비루하게 여겼고 역사의식에서 시시비비로 대의명분을 밝혀 세우는 춘추필법(春秋筆法), 즉 공자가 『춘추』를 쓸 때 사용한 필법에서 비롯된 동양의 역사서술법으로, 엄정하고 비판적인 태도로 대의명분을 밝혀 세우는 역사서술의 논법의 사필(史筆)의 준엄한 논법을 신봉했다. 이러한 가치관은 지식인 사회에만 유효한 것이 아니라 사회 전반에 확산되어 일반 백성들 사이에서도 '염치없는 놈'이라는 말을 최악의 욕으로 인식했고 예의와 염치는 인간으로서 갖추어야 할 가장 기본 덕목으로 되었다.

21세기를 문화가 상품이 되고 돈이 되고 산업이 되는 문화의 세기라고도 볼 수 있다. 부패하고 부정한 세상에 끊임없이 도전해 온 유교적 선비정신을 주요 덕목으로 종교 이상의 엄숙한 경지로 올려 청렴, 청빈, 절제, 검약의 선비정신으로 국적이 무색해 가는 세계화 시대에 제시할 수 있는 한국적 지식인의 상으로써 충분한 상품 가치를 발휘할 수 있을 것으로 판단된다.

제IV부

새 인류문명
창조의 주역으로서의
한민족의 사명

제1장

빛은 동방에서
: 인류문명사 관점에서 본 한민족사

고요한 아침의 나라

혼히들 사람들은 한국을 고요한 아침의 나라(Morning Calm)라고 표현한다. 이러한 표현은 은자의 나라로 표현되기도 한다. 원래 이러한 표현은 19세기 말, 20세기 초 조선을 방문한 서양 사람들에게 비친 모습이다. 그 당시 조기 개항을 통해 근대문명을 받아들인 역동적인 일본의 모습과 달리 조선은 개항을 늦추고 세계와 동떨어진 나라를 이룬 모습을 보였다. 서양인들에게 이러한 조선은 진보해 가는 문명과 다르게 정체와 고립의 부정적인 모습으로 보였을 것이 분명하다.

한편 '고요한 아침의 나라'는 '조선(朝鮮)'을 한자 풀이한 것에서 유래하였다. 한자의 뜻을 풀이해 보면 조(朝)는 '아침, 조정, 왕조, 하루, 부르다, 문안하다, 뵈다, 정사를 보다, 모이다, 흘러들다 등'의 뜻이 있는 글자이다. 선(鮮)은 '곱다, 빛나다, 깨끗하다, 새롭다, 싱싱하다, 좋다, 적다 등'의 뜻이 있는 글자이다. 한자를 직접 해석하면 조선은 아침에 사람들이 모여서 새로움을 창조하는 그런 곳이라고 표현할 수 있다. 그리고 이것을 나라로 표현하면 '새로움이 넘치는 아침의 나라' 또는 '신선한 아침의 나라'로 해석해야 하는데, 이를 '고요한 아침'으로 잘못 사용하고 있다고 주장하는 사람도 있다. 그러나 이는 해석을 잘못한 것이라기보다는 외국인들이 나라 이름에 빗대어 원하는 조선의 이미지를 만들어 냈다고 보는 것이 더 적절할 듯하다. '고요한 아침'의 나라는 "정체되고 문명과 문화의 발전에서 벗어난" 이미지와 연결되며, 이러한 조선은 유럽인들에 의해 문명으로 인도되어야 하는 '신비와 은둔, 금단의 나라'였다.

 서양문명을 늦게 받아들이고 근대화를 재빨리 이룩하지 못한 조선은 결국 일본의 식민지 쟁탈전에 희생된다. 일본이 영일동맹을 맺어 서양 열강들과 연합하여 국제사회에 강자로 등장하는 동안 이웃 나라 조선은 쇄국주의로 문을 걸어 잠근 채 마냥 정체되어 있었다. 조선의 이러한 상황은 주변 강대국들에는 제국주의적 영토 쟁탈전의 먹잇감이 되는 좋은 조건이 되었다. 근대화에 성공하지 못한 나라가 세계열강들의 희생양이 된 예는 조선뿐만 아니다. 조선보다도 수십 배 큰 영토와 인구를 가진 중국 또한 이러한 희생양으로 전락했다. 한때는 전 세계 GDP의 20~30%를 차지할 정도의 초강대국이었던 중국이 근대화에 뒤처지는 바람에 제국주의 열강의 침탈을 받는 나라가 되었다는 것은 역사의 크나큰 교훈이다.

 세계 역사에서 중국이 차지한 위상은 가히 상상을 초월했다. 고대와 중세를 거치는 동안 중국은 인구수뿐만 아니라 국가 GDP에서 최고 국가였다. 문화적인 측면에서도 세계를 리드할 수준으로 발전하였다. 한때는 종이와 화약 등 문명 생활에 필수적인 것들을 발명하는 과학 기술 선진국이었다. 그러나 중국은 종합적인 차원에서 과학 기술의 진보가 늦었고, 근대화에 실패했다. 이런 과정에서 서구 열강들에 비해 군사력을 위시하여 국력이 열세하여 몰락하는 과정을 겪을 수밖에 없었다. 영국과의 아편전쟁은 그 시발이었다. 그리고 그 이후에 미국과 일본 등 열강들의 중국 본토에 대한 침탈이 시작되었으며, 중국은 이를 막을 힘이 없었다.

19세기 말 조선의 상황은 중국 청나라에 비해 더욱 좋지 않았다. 대한제국은 대륙으로는 중국과 러시아로부터 침탈 위협을 받았고 바다 쪽으로는 일본을 비롯한 서구 열강들의 침략과 간섭에서 벗어날 수 없었다. 특히 일본과 중국, 러시아는 한반도를 장악하기 위해 대한제국에 대한 내정간섭을 물론 영토와 영해에서 전쟁을 벌였다. 청일전쟁과 러일전쟁이 대표적인 사례다. 결국 일본은 두 전쟁에서 모두 승리했고 한반도의 통제권을 확보하는 데 성공했다.

1905년에 체결된 을사늑약을 통해 한반도는 실질적으로 일본의 식민지가 되었다. 대한제국의 국가 정체성은 사라졌다. 일본의 식민지가 된 대한민국은 국제사회에서 국가로 인정받지 못했다. 제국주의 열강의 냉혹한 영토 전쟁 속에서 대한제국에 대한 국제사회의 동정표는 바랄 수 없게 되었다. 힘의 논리가 지배하는 국제사회에서 약소민족의 설움을 호소하고 그 공감을 얻을 자리는 절대로 허용되지 않았다. 요즘과 같이 국제연합이 존재하는 시대라면 일본의 불법적인 대한제국 합병이 국제사회의 의제가 될 수도 있겠지만 20세기 초반의 세계는 이러한 문제가 결코 이슈가 되지 못했다.

1907년 네덜란드 헤이그에서 열린 만국회의에서 이준 열사는 1905년 일본이 대한제국의 외교권을 빼앗은 을사늑약이 일본의 강압으로 이뤄졌음을 폭로하고, 국제 여론의 힘으로 이를 파기하려 했다. 하지만 일본의 방해와 강대국들의 냉대로 회의에 참석조차 못 했고, 그해 7월 그곳에서 분사했다.

　이준 열사의 한은 식민 통치를 당한 한민족 전체의 한으로 나타났다. 식민지 백성에 대한 일본의 무단통치는 수많은 인명의 희생을 초래했다. 일제에 항거하여 일어난 비폭력 저항운동인 3.1운동에서 7천여 명의 목숨이 희생되고 수만 명이 상해를 입었다. 전국 200여 개 지역에서 만세운동이 있었고, 연인원 200여만 명이 참여했다. 비폭력 저항운동인 3.1운동의 정신은 이후에 중국의 5.4운동, 인도 간디의 비폭력 저항운동에 많은 영향을 주었다.

　3.1운동 이후에 독립운동 세력들은 상해임시정부 수립과 만주 등으로 진출하여 독립운동과 무장 투쟁을 지속했다. 그리고 이 과정에서도 수많은 인명이 희생되었다. 1945년 일본이 패망하여 해방은 이뤄졌지만, 우리 민족 자체의 힘으로 이룬 결과는 아니었다. 강력한 일본의 무단통치를 한민족 자체의 힘으로 극복하고 독립을 쟁취하기는 너무도 힘든 일이었다.

　지금도 비슷한 상황이지만 국제사회는 힘의 논리가 지배한다. 약소국은 강대국들의 침탈에 항상 노출되어 있다. 21세기를 첨단 문명사회에서도 러시아가 우크라이나를 무력으로 침략하고 수많은 인명을 살상해도 유엔이나 국제사회는 이를 저지할 장치가 마땅치 않다. 냉혹한 국제사회에서 한 나라가 생존하기 위해서는 국력을 튼튼히 하거나 강력한 우방과 동맹을 맺는 길 외는 대안이 없다.

　과거로의 시간 여행을 통해 과거를 바꿀 수 있다면 대한제국 사람들은 과연 어떤 선택을 했을까? 개항을 늦추고 근대화에 지체되어 다시 일본의 식민지가 될 것인가? 아니면 근대화를 신속히 이뤄 강대국이 되어 세계열강들과 어깨를 할 것인가?

영화나 드라마에서 종종 묘사되는 평행세계처럼 사람은 두 가지 선택을 동시에 할 수는 없으므로 일단 선택하면 한 가지 길로 나아갈 수밖에 없다. 영국의 시인 프로스트가 가지 않는 길이란 시에서 노래했듯이 인생을 한참 지낸 후에 가지 못한 길에 대한 막연한 회한은 시 속에서만 허용될 수 있는 것들이다. 결국 개인과 사회, 국가의 역사는 모든 것이 선택 때문에 결과가 달라지는 것이다. 그리고 미래를 알 수 없으므로 항상 현명한 선택을 하도록 노력해야 한다.

문명 중심의 이동과 새로운 문명의 태동

오늘날 서구문명은 도덕적 타락과 퇴폐로 그 한계에 와 있다. 전통적인 남녀 구분의 성정체성이 사라지고 가정의 해체는 급속도로 진행되고 있다. LGBTQ는 이제 진보적인 것으로 치부된다. 서구문명의 기초를 형성해 왔던 유대기독교적 가치체계가 좌파적 워크(WOKE) 이데올로기로 대체되고 있다. 이제 서구문명의 헤게모니는 영적 종교적 가치관에 기반한 문명에서 물질적 가치관에 기초한 반문화적 경향의 문명으로 완전히 넘어갔다. 고등문명으로서 서구문명은 이제 그 사명을 다하고 몰락의 길을 걷고 있다. 일찍이 슈펭글러는 서구의 몰락을 예언했는데, 그 예언이 현실화되고 있는 것이다. 그런데 이러한 비관적인 상황에서도 인류는 새로운 대안적인 문명을 찾는 여정을 멈추지 않았다. 선함과 고결함을 추구하는 인간 본성의 지향은 서구문명의 한계를 극복할 새로운 문명의 씨앗을 동양에서 찾았다.

사실 기독교와 이슬람교, 유교와 불교 등 세계 4대 종교의 발상지는 모두 동양이다. 동양은 인류의 정신적 고향이다. 기독교문명이 유럽과 아메리카 등 서반구 지역을 중심으로 발전하여 서구문명처럼 보이지만 뿌리는 동양이다. 역사 발전 과정에서 문명의 중심은 유럽을 거쳐 아메리카 대륙을 지나 이제 환태평양 지역을 지났으며, 아시아 지역으로 빠르게 이동하고 있다. 이제 모든 면에서 아시아는 세계문명의 중심지가 되고 있다.

서구문명이 한창이었을 때에도 미래를 조망했던 세계적인 석학들은 새로운 문명이 동양에서 탄생한다고 예견했다. 그런데 서양문명의 한계를 극복하고 인류에게 새로운 문명의 장을 열어 줄 동양문명은 과연 어디서 탄생하는 것일까? 세계적인 역사학자 아놀드 토인비는 "21세기는 동아시아가 세계의 중심 무대가 될 것"이라고 했다. "25시"의 작가 게오르규는 기계문명이 앞서는 서양보다 동양에서 새로운 문명의 대안을 찾았다. 그는 동양문명의 조화로운 측면을 강조하면서 동방에서의 새로운 빛을 찾았다. 특히 홍익인간정신을 주목하면서 이것은 모든 종교나 철학의 이상적인 형태로 최대한의 인간을 위한 최대한의 행복 또는 인류를 위한 행복과 평화의 정신이라고 예찬했다.

2007년 골드만삭스는 통일한국에 관한 보고서를 냈는데, 이 보고서에서 통일한국이 2050년경에 미국에 이어 세계 제2위의 부국이 될 것으로 예측했다. 『강대국의 흥망』의 저자인 폴 케네디 예일대 교수는 미래 한국이 독일과 프랑스를 뛰어넘는 강대국이 될 것으로 예측했다.

한반도의 지정학적 운명

한반도는 지정학적으로 대륙과 해양문명의 단층선인 동시에 교량 역할을 하는 곳이다. 보통 교량은 평화로운 시기에는 지역을 연결해 주는 긍정적인 역할을 한다. 그렇지만 분쟁의 시기에는 교량은 다른 지역을 점령하거나 침탈하기 위해 꼭 통과해야 할 문과 같다. 전쟁 영화에서 보통 교량을 배경으로 전투 공방을 벌이는 장면이 자주 등장하는 것도 이와 같은 이유이다.

일본이 임진왜란 때 "정명가도"를 내세워 조선의 길을 빌린다는 명분으로 조선을 침략한 것이 한 예이다. 이렇듯 한반도는 그 국력에 따라 역할이 달라졌다. 국력이 강대하여 이웃 나라에서 침략이 어려울 때는 양측의 문명을 융합하여 꽃피우는 지역이 되었지만, 국력이 약할 때는 양측으로부터 침략당하는 수모를 겪었다. 한반도는 대륙과 해양 세력이 상대 지역으로 진출하기 위한 병참기지 또는 교두보 역할을 했다. 몽골 침략시기 몽골은 일본을 정벌하기 위해 한반도를 병참기지로 활용했고, 임진왜란 당시에는 일본이 명나라를 정벌하기 위해 한반도를 교두보로 활용했다.

한반도의 지정학적 운명은 구한말에 더욱 비참한 상황으로 몰렸다. 구한말 열강이 각축하는 시기에 일본과 러시아, 그리고 청나라 등은 한반도를 수중에 넣기 위해 서로 경쟁했다. 한반도 지역에서 벌어진 청일전쟁과 러일전쟁 등 두 번의 전쟁은 이러한 각축을 나타낸 것이다.

또한 일본의 식민 통치로부터 해방된 이후에도 3.8선을 경계로 미국과 소련이 한반도를 분할 점령한 것도 같은 맥락에서 이루어졌다. 해양 세력인 미국과 대륙 세력인 소련이 다시 한반도에서 각축을 벌였으며, 그 결과 민족분단과 한국전쟁, 그리고 지금까지도 계속되는 남북 간의 대립과 분쟁으로 나타나고 있다. 이렇듯 한반도의 지정학적 운명은 지금까지 비극적인 모습으로 나타났음에도 불구하고 많은 세계적인 석학들이 한반도가 인류문명의 미래에서 중요한 지역이 될 것이라는 예측하는 것은 의미 있는 일이 아닐 수 없다.

이러한 예측들이 현실화하듯이 최근 한국의 위상이 급속히 상승하는 변화가 나타났다. 한류의 세계적인 유행, 첨단 IT 산업 주도, 세계 10대 경제 강국으로 성장 등 문화와 문명적 측면에서 세계를 리드하고, 세계인들이 동경하는 나라가 되어 가고 있다. 지리적으로는 유라시아 대륙의 끝자락에 있는 작은 나라지만 세계적 차원에서 영향력과 위상을 크게 높아졌다. 이는 20세기에 식민 지배와 분단, 전쟁을 겪은 국가로서는 문명사적 기적을 창출한 것임이 틀림없다.

앞으로 대한민국은 기적을 창출한 나라로 세계 앞에 자랑할 수 있는 국가가 된 것이다. 결국 역사의 필연은 한민족의 섭리적 사명을 소환하면서 장차 한반도가 세계문명을 융합하고 결실하는 지역이 될 것임을 보여 준다.

특별히 한류 드라마와 콘텐츠가 동서양을 막론하고 세계인의 감성에 잘 어필되는 것은 한류문화가 동서양의 문명을 융합하고 새로움을 창조하는 가운데 인류 본연의 감성과 열망에 잘 공명하기 때문이다. 한류의 전 세계적 확산은 단지 문화적 현상으로 인식하기보다는 문명사적인 측면에서 이해해야 한다. 한반도는 인류의 미래문명을 리드하고 그 향방을 결정하는 중심 지역이 될 것이기 때문에 한반도의 앞으로의 모습이 세계의 운명을 좌우할 것이다.

한국의 예언서와 도참사상

구한말 서세동점 시대에 민생이 도탄에 빠져 국가 존망의 절체절명의 시기에 조선 사람들 사이에선 정감록, 격암유록 등 조선의 미래에 대한 예언서와 도참사상이 유행했다. 기독교의 메시아와 같은 인물인 정도령과 미륵불이 조선에 강림한다거나 조선 땅이 십승지(이상향)과 같은 약속의 땅이 된다는 예언들이 등장했다. 정감록의 경우는 조선시대 민간에 널리 유포되었던 도참서인데 조선 왕조와 현실 부정적인 내용을 담고 있어 조선 사회에서는 금서로 속했다. 또 다른 예언서로 격암유록이 있는데, 이 경우는 정도령이 세상을 죽지 않는 영생의 세계로 변화시킨다는 내용의 예언이 있다. 그런데 이런 내용은 기독교적 종말론, 천년왕국사상과도 닮았다.

구한말 여러 예언 중에 '만국활계남조선(萬國活計南朝鮮)'이라는 도참 예언이 은밀히 떠돌았다고 하는데 그 의미는 '세계 모든 나라를 살릴 계책이 바로 남조선에 있다'는 뜻이다. 사실 그 당시에는 남북 분단이 되기 전이니 '남조선'이란 개념도 없던 시절에 이런 예언이 나왔다. 전해지는 말에 의하면 이와 같은 예언은 증산도 창시자인 강일순(姜一淳, 1871~1909)이 김제 금산사(金山寺)에 방문했을 때 행한 말이라고 한다.

조선 강탈을 노린 일제의 침략전쟁인 러일전쟁 무렵 망국의 처지에 놓인 조선 사람들에게 이와 같은 '만국활계남조선'은 사뭇 허황하게 들렸을 수도 있으나 다른 측면으로는 위안을 받을 수 있는 내용도 됐을 것이다.

또한 원불교를 창시한 한 사람인 소태산은 한국이 세계 지도에서 사라졌던 일제강점기에 행한 예언에서 "한국은 정신적 방면으로는 장차 세계 여러 나라 가운데 제일가는 지도국이 될 것이니, 지금 이 나라는 점진적으로 물고기가 변해 용이 되어 가고 있다."고 했다. 이러한 예언을 통해 세계열강들의 침탈을 받는 허약한 나라가 장차 세계의 중심이 될 나라가 된다니 말이다. 그 당시에는 전혀 가능성이 없는 예언이었으나 영적, 종교적 스승들은 한국이 세계의 중심이 되리라는 것을 예감한 것이 틀림없어 보인다. 하지만 1세기가 지난 지금, 그 예언은 성취된 것으로 보인다.

현재의 대한민국 위상은 어떠한가? 세계 200여 국가 가운데, 지난 세기 식민 통치와 전쟁을 경험한 나라에서 선진국으로 도약한 유일한 나라가 바로 대한민국이다. 최근 영화, 예술, 음식, 예능, 스포츠 등 다양한 문화 분야에서 세계를 리드하는 한류는 이제 인류사회의 주요한 문화현상으로 자리를 잡아 가고 있다. 동방의 작은 나라인 대한민국이 세계의 문명과 문화를 선도하고 있으니 이는 가히 기적이란 말 외에는 달리 설명할 길이 없다.

근대 민족종교의 발흥

구한말 격동의 시기를 거치면서 각종 예언서 및 도참서들이 등장한 것과 동시에 민중들의 삶 저변에는 새로운 민족종교의 부흥이 일어났다. 서세동점 위기의 시대에 서학의 도입과 전파에 대응하여 동학이 일어났고, 증산교 등 또한 새롭게 등장했다. 구한말 등장한 종교 중에 대종교는 나철을 통해 고대 역사를 거슬러 단군을 믿는 종교로서 유불선 3교가 융합되어 나타났다.

나철은 기울어지는 국권을 일으켜 세우기 위하여 오기호 등과 일본으로 건너가 "동양 평화를 위해 한·일·청 삼국은 상호 친선 동맹을 맺고 한국에 대해서는 선린의 교의로써 부조하라!"는 의견서를 일본 정계에 전달하고 일본 궁성 앞에서 사흘간 단식항쟁을 폈다. 정치적 구국운동에 좌절을 느낄 때마다 민족종교운동으로 방향이 기울게 된 나철은 마침내 1909년 1월 15일 단군을 모시고 제천의식을 거행한 뒤 단군교를 선포하였다.

교주인 도사교로 추대된 나철은 밀계와 오대종지를 발표하여 교리를 정비하고 교단 조직을 개편함으로써 교세 확장에 주력하여 1910년쯤에는 수만 명의 교인을 확보하였다. 1910년 8월 단군교라는 교명을 대종교로 바꾸었다. 대종교를 비롯한 민족종교의 교세 확장에 위협을 느낀 일제는 1915년 10월 「종교통제안」을 공포하여 탄압을 노골화하였다. 교단의 존폐위기에 봉착하게 된 나철은 1916년 8월 15일 분함을 참지 못하고 환인, 환웅, 단군의 삼신을 모신 구월산 삼성사에서 자결하였다.

나철에 이어 제2대 교주가 된 김헌은 총본사를 동 만주 화룡현으로 옮긴 뒤 제2회 교의회를 소집하여 홍범규칙을 공포하는 한편, 군관학교를 설립하여 항일 투사 양성에 힘썼다. 1919년 2월 독립운동지도자 39인이 서명한 「대한독립선언서」를 작성해 발표하였고, 비밀결사단체인 중광단을 조직하여 북로군정서로 발전시킴으로써 무장 독립운동을 적극적으로 전개했다.

동학은 최제우가 창시한 민족종교인데, 당시 유행했던 서학(천주교)에 대한 반발로 종교적인 성격보다는 보국안민 등 민중 저항운동의 성격을 강하게 가지고 있었다.

최제우는 세계의 중심이라고 여겼던 중국이 서방 제국주의 열강들에 의해 침탈당하고 있음을 알고 있었다. 구한말에는 그동안 조선 사회를 지배해 왔던 기존의 유교적 이념이 한계에 와 있음을 느끼고 새로운 사상적 준비를 해야 한다고 생각했다. 그는 유교와 불교, 그리고 서양 선교사들에게서 전래하여 제국주의의 앞잡이 역할을 하는 기독교가 아닌 한민족 고유의 신앙을 통한 정신적 결집의 필요성을 느꼈다. 이러한 필요로 인내천사상을 바탕으로 하는 사람 중심의 학문이 만들어졌는데, 이를 서학과 반대되는 학문이라 하여 동학이라고 명명했다. 동학은 후에 천도교로 개칭되었다.

대종교와 천도교는 반외세 민족주의적 성격이 강했고, 일제강점기에는 항일 독립운동에서 주요한 역할을 했다. 특히 천도교 등은 3.1운동의 핵심 세력으로 민족종교의 위상을 크게 했다.

남미와 아프리카 등에서 서양 제국주의 국가들이 가톨릭교회를 앞세워 식민국가 건설을 쉽게 한 사례를 볼 때 구한말 제국주의 열강들의 세력 쟁탈이 벌어지는 조선에서 서양의 가톨릭보다는 민족종교가 민중들에게 정서적으로 쉽게 다가갈 수 있었다.

구한말 일반 민중들에게 서학으로 대변되는 천주교의 도입이 제국주의 열강들에게 유리한 공간을 만들어 주는 것으로 보는 부정적인 시선이 팽배하였다. 이에 대안적인 정신운동으로 민족종교가 부흥되는 것은 자연스러운 현상이었다. 한민족의 토속 신앙에 토대를 둔 민족종교들은 암울한 시기에 한민족 안에서 구세 구국의 영웅인 정도령이나 미륵불 같은 존재가 나타난다고 믿었다.

구한말 민중들이 구세주와 같은 존재의 출현을 소망한 것은 질곡과 같은 상황을 타개하고 새로운 이상적인 나라에서 살고 싶은 열망을 나타낸 것이다. 허황한 논리로 혹세무민하는 것이 아니라 자신들을 해방시켜 줄 메시아와 같은 존재를 간절히 소망한 것이다. 이는 홍익인간의 이상국가 실현을 염원하는 한민족의 꿈이 현실의 어려움과 결합하여 더욱 강렬하게 표출된 것이다. 이런 맥락에서 구한말의 민족종교의 발흥은 한민족 DNA속에 내재되어 있는 이상세계에 대한 열망이 폭발적으로 나타난 것으로 이해해야 한다.

3.1운동의 세계사적 의미

3.1운동은 일제의 식민 통치에 항거하여 민족의 자주와 독립, 인류 평등과 평화를 지향하는 민족적 비폭력 저항운동이었다. 전국 200여 곳에서 200여만 명의 시민들이 참여한 만세 및 시위는 세계사에 유례가 없는 대규모 시민 저항운동이었다. 수많은 인명이 살상되고 부상을 당했지만 민족 독립에 대한 한민족의 열망은 사라지지 않았다.

3.1운동정신은 구한말 동학과 대종교 등 민족종교의 영향은 물론 기독교정신이 결합하여 강한 신념으로 출발하였다. 기독교적인 순교자정신도 한몫을 차지했다. 그런데 이러한 강한 신념과 의지에도 불구하고 3.1운동정신은 근본적으로 비폭력 평화운동정신이었다. 선언문에서 밝혔듯이 만세운동의 목표가 일제를 배격하고 서로 폭력으로 투쟁하는 것이 아닌 평화로운 인류 공동체를 형성하기 위해 조선 민족의 독립이 필요하다는 것을 강조했다. 또한 식민지 억압이 민족의 정신적 발전의 장애를 형성하기 때문에 독립은 이를 곧 한민족의 정신상의 발전을 도모하여 새로운 독창력을 통해 세계 문화에 이바지할 것임을 천명했다. 한민족이 정당한 권리를 되찾고 생존권을 확보하는 것은 인류를 위해서도 올바른 대의임을 주장했다.

이러한 독립선언서는 매우 영적이며, 종교적인 내용을 가지고 있다. 인류에 대한 보편적인 박애, 평등과 평화의 정신, 그리고 상대를 존중하고 위하는 정신, 압제의 한에 대한 용서와 해원정신 등이 모두 포함되어 있다고 볼 수 있다. 이것은 한민족의 건국정신인 홍익인간정신의 발로이자 기독교적 사랑, 천도교의 인내천사상 등이 모두 어우러진 것으로 이해된다.

독립선언서에는 평화를 사랑하는 한민족의 정체성과 DNA가 각인된 것이다. 이는 3.1운동을 주도한 민족 대표 33인이 주로 종교인 출신이라는 것에서도 알 수 있다. 기독교, 대종교, 천도교 등을 대표한 민족 대표 33인은 종교와 이념을 초월하여 대동단결하여 3.1운동을 이끌었다.

그리고 독립선언서의 숭고한 정신은 그 당시 식민지 통치하에 있는 제 민족들에게 큰 공감과 공명을 주었다. 3.1운동의 비폭력 평화정신은 이후 중국의 5.4운동과 인도 간디의 비폭력 저항운동에 영향을 주어 20세기 초반 범세계적인 시민운동의 불을 댕겼다.

인도의 시성 타고르는 3.1운동의 이러한 정신에 감동하여 한국을 소재로 두 편의 시를 남겼다. 그의 시 "동방의 등불"과 "패자의 노래"에서 한민족의 숭고한 독립정신을 찬양하고 식민 통치하에 있는 한민족을 위로했다. 그는 한민족이 언젠가는 동방의 등불과 같은 존재가 다시 될 것이며, 고난 가운데에서도 영원한 보배를 간직한 신부처럼 곧 사랑하는 임을 맞이하여 빛나게 될 것을 노래했다.

타고르의 이러한 영적인 통찰은 한민족이 세계적 고난을 대신 짊어지고 가는 존재로 이해하고 언젠가는 신의 은총을 받아 영광의 존재로 부활할 것을 예견한 것이다. 타고르는 식민지 압제의 고통과 암울한 상황 속에 있는 한민족에게서 오히려 세계의 십자가를 대신 지고 가는 사명을 담당하는 민족으로 생각한 것으로 보인다.

이를 뒷받침하기라도 하듯이 3.1운동이 일어나기 전에 한반도 이북 지역 원산과 평양 등지에서 기독교의 대부흥운동이 일어났다. 그리고 이를 통해 일제의 식민 통치를 통한 종교 탄압에도 불구하고 기독교인들의 폭발적인 증가가 이뤄졌다. 이는 마치 예수가 십자가 고난을 당하기 직전 유대인들이 예수의 산상 수훈에 구름 떼처럼 몰려든 상황과 닮았다.

기독교의 폭발적인 성장과 영적 각성을 통해 식민지 민족으로서 시민들의 자각이 더욱 성장했고, 이는 3.1운동으로 연결되었다. 결국 3.1운동에서 기독교 등 종교 지도자들이 주요한 역할을 한 것도 이러한 상황의 연장선상으로 이해해야 한다.

제2장

대한민국의 오늘이
예견하는 인류의 미래

꿈이 하나가 되지 못한 독립운동의 교훈

■ 독립운동의 분열

3.1운동이 일제의 무력 탄압으로 소기의 성과를 얻지 못하고 막을 내렸으나 일제는 독립운동 세력에 대한 무력 탄압만이 능사가 아닌 것을 깨달았다. 이에 기존의 무단통치 방식을 바꿔 보다 유연한 문화통치로 식민통치 방식을 변화시켰다. 전국적인 차원에서 만세 시위는 잦아들었지만, 3.1운동정신이 남긴 유산은 곧바로 상해임시정부 수립과 만주 지역의 독립군 활동으로 계승되었다.

3.1운동 직후 1920년 김좌진 장군이 이끄는 독립군 10월 21일부터 시작된 청산리 대첩에서 독립군은 26일 새벽까지 10여 회의 전투를 벌인 끝에 적의 연대장을 포함한 1,200여 명을 사살하였다. 청산리 대첩은 독립군이 일본군의 간도 출병 후 그들과 대결한 전투 중 가장 큰 규모였으며, 독립군이 최대의 전과를 거둔 가장 빛나는 승리였다.

1920년대 초반 독립운동에서 공산주의 세력들이 등장하기 시작했다. 1917년 볼셰비키 혁명 성공 후 소련은 주위에 세력을 규합하기 위해 약소민족 해방을 지원한다는 노선을 천명했다. 이에 반해 미국과 영국 등 서구 열강은 약소민족의 독립과 해방에 대해 별 관심을 두지 않았다. 3.1 운동 전에 미국 대통령 윌슨의 민족자결주의 노선이 천명되고, 이것이 3.1운동을 촉발하는 데 큰 영향을 주었지만, 그 이상은 없었다.

소련이 실제 공산주의 독립운동 세력에 자금을 지원하자 공산주의 계열 독립운동 세력들은 크게 고무되었다. 실제로 이들에게는 소련이 조선을 해방하는 데 큰 역할을 할 것이라 기대했고, 그 기대로 인해 세력이 확장되어 갔다. 상황이 이렇게 되자 소련과 중국에 근거지를 둔 공산주의 세력들이 생겨났다. 그 대표적인 세력이 상해파와 이르쿠츠크파가 있었다. 이들은 고려공산당이란 집단 안에 있었지만, 내부에서 헤게모니 쟁취를 위한 파벌 투쟁은 심각했다.

청산리 대첩으로 사기가 충천한 독립군에게 큰 시련도 있었다. 소위 자유시 참변이란 사건이다. 자유시 참변은 대한독립군이 소련 적군의 감언이설에 속아 자유시로 이동하였고, 적군을 도와 러시아 내전에 참전하였다. 그러나 적군은 내전에 승리한 후 독립군의 무장을 강제로 해제하려 하였고, 이에 저항하는 독립군을 공격함으로써 무수한 사상자를 내는 참변을 초래하였다.

자유시 참변은 상해와 이르쿠츠크파 공산주의 세력 간에 권력 다툼에서 대한독립군이 막대한 피해를 본 사건이었다. 이 사건으로 대한독립군단은 와해되었고, 대한독립군단을 조직했던 서일은 이 사건에 대해 책임지고 두 달 후 밀산에서 자살했다. 당시 이범석, 김홍일 등 일부 독립군은 러시아 이만으로 가지 않고 만주에 남아 있었고, 김좌진은 이만까지 갔다가 만주로 돌아왔기에 간신히 병력을 보존할 수 있었다.

■ 좌우 독립운동 세력의 단결을 위한 노력

공산주의자들의 파쟁 때문에 자유시 참변을 겪으며 무장 독립군 세력이 크게 후퇴한 가운데에도 불구하고, 국내의 독립운동지도자들은 독립을 위해 좌우의 모든 세력이 단결해야 한다는 인식에 공감했다.

비타협적 민족주의자들과 공산주의자들이 이념과 정파를 초월하여 민족 독립을 위한 통일전선을 구축하려는 노력이 진행되었다. 그 대표적인 단체로 1927년에 출범한 신간회를 들 수 있다. 신간회는 초기에는 어느 정도 대의에 부합하여 민족 통일전선을 구축하는 데 기여했다. 광주학생 독립운동, 원산노동 총파업 같은 학생과 노동운동을 지원하고 민중대회 운동, 야학운동 등을 주도하기도 하였다. 그렇지만 공산주의자들과 협동 전선을 유지하기에 어려운 문제가 또다시 반복되었다. 공산주의자들은 협동 전선을 유지하는 것보다는 코민테른의 지령을 따랐기 때문이다. 신간회 내부의 공산주의자들은 민족주의자들과 타협하거나 협동하지 말라는 코민테른의 지령을 받을 즉시 신간회 해소를 주장하기 시작했고 결국 스스로 해소의 길을 가도록 유도했다.

신간회는 일제 강점기 합법적인 독립운동 단체로서 국내에 존재하는 최대 규모의 독립운동 단체였다는 점에서 큰 의미가 있다. 그렇지만 민족주의자와 공산주의자 독립운동 지도자들 사이에 의견 충돌을 좁히기 어려웠으며, 결정적으로 공산주의자들이 민족 독립을 위한 협동 전선을 유지하는 것보다는 코민테른의 지시를 수행하는 것을 중요시했기 때문에 해소의 길로 갈 수밖에 없었다고 평가할 수 있다.

그런데 공산주의자들과 민족주의자들과 협동 노선이 붕괴한 이유는 코민테른 12월 테제에 의한 지시도 있었지만, 공산주의 혁명 이론에서 근본적으로 유래한다. 공산주의자들은 프롤레타리아 국제주의에 근거하여 계급해방의 문제와 식민지 민족이 처한 최우선 과제인 민족의 독립, 즉 민족해방 문제를 두 개의 대립하는 과제로 여겼다. 공산주의자 입장에서 두 개의 대립하는 모순을 일시적으로 봉합해서 가져갈 수는 없는 것이었다.

일제하 신간회의 유산은 해방 이후 좌우합작운동 등에도 영향을 미치기도 했지만, 근본적으로는 공산주의자들의 기만전술과 분파주의적 성향 때문에 좌우합작운동이 성공하지 못하는 한계가 다시 드러나기도 했다.

■ 민족주의 계열의 독립운동 노력

신간회의 실패 이후 독립운동은 국내보다는 국외에서 진행되었다. 1937년 8월 임시정부 주도의 한국광복운동단체 총연합회가 결성되어 민족주의 세력의 결집을 이끌었고, 11월에는 민족혁명당 등 단체가 조선민족전선연맹을 결성하였다. 조선민족전선연맹은 1938년 10월 중국 한구에서 조선의용대를 창설했으며, 뒤이어 임시정부에서도 1940년에 한국광복군을 창설하였다.

대한민국 임시정부는 한국광복군을 창설하면서 본격적인 독립전쟁을 준비하였다. 1920년대 초기 무장 투쟁 시기와 다른 보다 조직적인 체계로 광복군을 편성했다. 초대 총사령관은 지청천 장군, 참모장은 이범석 장군이었다. 1942년 한국광복군에 김원봉의 조선의용대원이 합류하면서 한국 광복군의 병력은 크게 증강되었다. 임시정부는 1941년 12월 일본에 선전 포고하고 활동을 본격화하였다. 광복군은 영국군의 요청으로 인도와 미얀마 전선에 파견되어 문서 번역, 정보수집, 포로심문 등의 임무를 수행하였다. 또한 미군의 지원으로 국내로 진공하기 위해 OSS특수 훈련받았다.

그러나 히로시마와 나가사키에 원폭이 투하되고, 일제의 무조건 항복으로 인해 국내진공작전은 무산되었다. 상해임시 정부의 김구 선생은 일본이 갑작스럽게 항복하고 국내 진공 작전이 무산된 것에 대해 탄식했다고 한다. 김구는 일본을 우리 민족 손으로 항복시키지 못한 점을 안타깝게 여기고, 다가올 일이 걱정되었다고 『백범일지』에 썼다. 이러한 우려는 곧바로 현실화됐다. 국내 진공 작전의 무산은 전후 처리 과정에서 한민족 스스로가 주도권을 잡지 못한 하나의 원인이 되기도 하였다.

중국과 만주 지역을 거점으로 하는 독립운동 외에도 미주 지역에서 독립운동도 활발히 진행되었다. 미주 지역에서는 이승만과 안창호 등이 중심이 되어 한인 교포들을 교육하고 조직하여 독립운동 자금을 마련하였다. 미주 교포들은 하와이의 사탕수수밭에서 노동하면서 번 돈으로 독립 자금을 모았고, 이렇게 모은 자금은 임시정부 활동 자금의 70% 이상을 담당할 정도로 컸다. 독립 자금을 보내는 것 외에도 미주 교포 사회는 이승만 등을 중심으로 독립운동을 위한 외교전에도 적극적이었다.

이승만은 1919년 대한민국 임시정부가 설립되자 수반에 추대되었고, 1921년 국제 연맹에 '한국의 통치권을 이양할 테니 한국을 독립시켜 달라'고 호소하지만 거부당한다. 이 일을 계기로 이승만은 1925년 탄핵당하고 그 뒤 미국에서 외교 활동을 펼쳐 나간다.

이승만은 김구로 대표되는 항일무장 투쟁 노선과 대립했으며 1932년 윤봉길의 의거가 일어나자, 이는 일본의 선전 활동만을 강화해 줄 뿐이며, 한국의 독립을 가져다주지 못할 것이라며 비판했다. 사실 윤봉길 의사의 의거에 대해 정확한 배경을 알지 못하는 서구 언론들은 윤 의사의 의거를 테러 사건으로 보도하는 경우가 많았고, 이것은 국제사회에서 일본의 입지를 강화하는 데 이용되었다.

이승만은 한국이 독립국이 되려면 국제사회의 지지를 얻어야 한다고 생각했다. 당시 일본은 국제사회에 '한국은 자립역량이 없는 미개한 국가'라고 선전했다. 한국인의 의거가 있을 때마다 미국 내 여론은 오히려 일본에 동조하는 분위기였다는 것이 이승만의 판단이었다.

이승만은 임시정부 주석에 김구가 취임하자 독자적인 노선을 걷게 된다. 그는 『일본의 침략 근성』이라는 책에서 일본 군국주의자들이 곧 전쟁을 일으킬 것으로 예측했다. 그리고 얼마 지나지 않아 일본이 진주만 기습공격을 감행하자 그의 책은 큰 주목을 받았다.

이승만은 미국 대통령 루스벨트에게 끝없이 한국의 독립 필요성을 주장했다. 이러한 끈질긴 설득에 결국 미국이 카이로 선언을 통해 한국의 독립을 보장하게 됐다고 평가하기도 한다. 특히 그는 '미국의 소리'라는 라디오 방송을 진행하면서 한국은 곧 독립한 것이고 그날을 위해 겨레의 단결을 호소해 많은 한국인에게 희망과 용기를 잃지 않게 했다.

■ 공산계열의 독립운동 노력

공산주의 계열 무장 세력들도 1930년대 소규모로 만주에서 항일 유격대를 편성하여 활동하였다. 이들은 공산당의 유격부대인 동북인민혁명군과 그 뒤를 이은 동북항일연군에 들어가 활동하였다. 동북항일연군은 1935년 제7차 코민테른에서 결정된 '반제국주의 인민통일전선'의 정신을 계승하여 만주 지역에서 설립된 항일무장운동단체로 김일성, 김책, 최용건 등 북한 정권 수립 시기의 주요 인물들이 참여하였다.

사실 동북항일연군은 중국인과 한인의 연합부대적 성격이었으며, 항일 독립운동보다는 국민당군에게 대항하는 중국 공산당 유격부대 성격이 강하였다. 동북항일연군은 해방까지 군대의 독자성을 유지하기 어려웠으며 실질적으로도 중국 측의 영향력 아래에 있었다. 그러나 해방 후 북한 정권 수립과정에 참여한 다수가 동북항일연군에서 활동했던 사람들이었기 때문에 북한과 중국의 인적 유대는 강화되었고, 또한 중국 공산당의 실질적 지원을 받을 수 있는 계기가 되었다. 김일성을 포함한 최현, 최용건, 김책 등은 동북항일연군에서 활동했던 사람들이며, 이들은 1945년 해방 후 당과 군의 요직을 차지하며 북한 정권 창출 과정에서 중요한 역할을 수행하였다.

동북항일연군의 무장 투쟁 중 혁혁한 전과를 올린 기록은 거의 나타나지 않는다. 다만 소규모 유격대 전투가 있었던 것으로 추정되고 있다. 그 중에 동북항일연군 중 한인이 중심이 된 소규모의 유격대들은 압록강이나 두만강을 넘어 국경 근처에서 일본군의 시설과 경찰, 행정관청 등을 공격한 사건이 있었다.

그 사건은 1937년 6월 동북항일연군 제2군의 한인 유격대는 압록강을 건너 함경남도 보천보를 습격하여 일제 경찰 주재소와 면사무소를 불태웠다. 이를 보천보 사건, 보천보 전투라고 부른다. 북한은 김일성이 보천보 습격 사건의 영웅이라고 주장하면서 김일성 가계의 항일 빨치산 활동을 미화하는 근거로써 사용하고 있다.

그런데 사실 보천보 전투는 일제의 소규모 지서를 공격한 것으로 큰 전과를 올릴 사건도 되지 못한다. 김좌진 장군의 청산리 전투나 홍범도 등이 이끈 봉오동 전투와 같은 대첩 수준의 전투가 아니다. 이후 공산주의 계열 무장 세력들은 일본군의 토벌 작전 등에 의해 큰 활동을 보이지 못했고, 1940년경에는 일제의 추격을 피해 소련 지역으로 도피하였고, 그곳에서 해방을 맞이하였다.

■ 단일한 한민족의 꿈과 비전의 필요성

일제하 독립운동을 역사적 사실을 토대로 평가하면 한 가지 아쉬운 사실이 발견된다. 그것은 독립운동 세력들이 하나의 비전과 가치로 통일되지 못했다는 것이다. 독립 이후에 만들어 갈 나라에 대한 비전이 통일되지 못했다. 민족주의 세력과 공산주의 세력들은 각기 다른 꿈을 꾸고 있었다. 그중 공산주의 계열 독립운동 세력은 조선의 독립을 소련의 세계 적화 전략의 일환으로 생각했다.

그리하여 한민족의 독립 염원보다는 세계공산주의운동의 좌표를 정하는 코민테른의 지령을 따르는 것에 더욱 충실했다. 독립운동에서 이해 충돌이 생기면 공산주의 세력들은 어김없이 민족의 이익보다는 코민테른의 지령에 근거하여 행동의 방향을 정했다. 공산주의 세력들은 "조선의 민족해방운동은 노동계급의 패권 하에 반제 반봉건과 동시에 민족자본가와도 투쟁하는 것"이라는 관점을 가지고 있으면서, 민족 내부에 갈등을 조장하고 민족 독립운동의 역량을 소진하는 부정적인 영향을 주었다.

독립운동 세력들은 공산주의자들의 이러한 속성을 인정하면서도 그들과의 협동 전선을 구축하는 것을 포기하지 않았다. 그러나 결국 끝에 가서는 공산주의자들의 배신과 분파주의적 한계가 드러나고, 전체 독립운동이 파국을 맞이하는 양상을 반복하기도 했다. 신간회 해체, 자유시 참변, 해방 후 좌우합작운동의 실패 등이 이를 증명해 주었다.

독립운동의 분열과 해방 이후 남북 분단 등 일련의 사태를 바라보면서 우리가 교훈을 삼아야 할 것은 우리 민족 내부 구성원들을 하나로 만들 수 있는 한민족의 꿈과 비전을 갖는 것이다. 모두의 꿈을 하나로 만들 수 있는 그런 비전이 없이 제각기 다른 꿈을 가지고 독립운동과 해방 정국을 지난 우리 민족에게 남은 건 이념 갈등과 남북 분단의 상처밖에 없다. 그리고 그 분열이 지금까지도 지속되고 있다.

이러한 모순 논쟁은 1980년대 학생운동에도 그대로 나타났다. 1980년대 초 "서울의 봄" 시기만 해도 학생운동의 지향은 민주화였다. "서울의 봄"이 좌절되고 광주민주항쟁 이후에 학생운동은 삼민투쟁위원회를 중심으로 이념적으로 급진적인 노선을 택했다. 이후 삼민투는 크게 두 그룹으로 분열되었고, 민족해방(NL)과 계급해방(PD) 논리가 첨예하게 대립했다. 민족해방 그룹은 북한의 주체사상을 중심 이념으로 삼아 주사파로 불리었고, 계급해방 그룹은 정통 마르크스 레닌주의를 변혁이론으로 삼았다. 이후 주사파 그룹은 학생운동권에서 헤게모니를 장악했고, 계급해방 그룹은 학생운동보다는 노동운동 현장으로 스며들었다.

한국인의 원형과 형성의 토대

■ 한민족을 초월한 홍익인간사상의 보편성

한국인을 형성하는 바탕은 무엇인가? 우리는 이러한 바탕을 무엇으로 불러야 할까? 민족 DNA라 할까? 민족혼이라 칭해야 하는가? 민족을 형성하는 근본적인 것은 무엇인가? 제반 요소를 고려할 때 민족 국가 형성을 위한 건국정신이 한국인의 형성 토대라고 본다. 알다시피 한민족 최초의 국가는 고조선이다. 고조선이라는 명칭은 원래는 조선이었지만 천년도 넘은 세월 후에 조선이라는 나라가 다시 등장하기 때문에 편의상 고조선이라 한다.

고조선의 건국정신은 홍익인간 정상이다. 홍익인간은 널리 인간과 세상을 이롭게 하라는 의미가 있다. 이타주의적 박애와 공동체에 대한 사랑의 정신이다. 홍익인간정신은 인류 보편적 가치를 가진 고차원적인 사상이다. 반만년 전, 문명사회가 본격적으로 시작되기 전에 이러한 고차원적인 사상이 한민족의 건국정신으로 선포된 사실은 참으로 놀라운 사실이다. 홍익인간정신은 한민족의 역사 속에 면면히 이어져 내려오면서 한민족을 특징짓는 민족혼 또는 민족적 DNA를 형성했다. 그리고 이러한 민족 DNA가 한민족 5천 년 역사를 규정했다.

흔히들 우리는 한민족을 백의민족이라 부르고 평화를 애호하는 민족으로 생각한다. 남의 나라를 절대로 침략하지 않는 나라로 자랑하곤 한다. 이에 대해서 혹자들은 한민족이 강대국이 된 적이 없었기 때문에 주변 국가를 침략하지 못한 것이라고 평가절하한다. 일면 그렇게 볼 수도 있겠지만 그것은 본질을 잘 파악하지 못한 것이다.

홍익인간정신은 역사를 통해 풍류사상과 선비정신으로 계승되었다. 그리고 선비정신은 민본주의에 입각한 이상향의 건설을 지향하고 있으며 조선 왕조의 통치 근간이 되었고, 문치주의를 숭상하는 바탕이 되었다. 선비정신에 기초한 문치주의 정신은 조선 왕조의 안정성과 지속성을 지탱해 주었던 근간이기도 했다. 한국의 문치주의의 좋은 점 중 하나는 인재 등용에 있어서 과거제도를 시행했다는 것이다. 정권 엘리트들을 선발하는 과정에서 신분 세습이나 무력적인 능력보다는 학문적인 능력을 중시한 것은 이웃의 다른 나라들과 차별성이 드러나는 부분이다.

한민족의 국가원리인 홍익인간정신은 한민족 중심의 사상이 아니다. 홍익인간에는 중심과 주변의 구별이 없다. 그저 모두가 평등한 존재로서 인간, 국가, 세계를 전제하고 있다. 여기에는 모든 존재가 지켜야 할 원리가 있다. 자기중심이 아닌 이웃과 공동체, 그리고 세계가 중심이 되는 위하는 철학 원리이다.

사랑과 박애의 방향이 자신이 아닌 타인, 그리고 인간과 세상으로 향하고 있다. 이러한 원리는 주체와 대상, 주인과 노예 등의 이분법적 구분이 없다. 그리하여 모두가 타인을 존중하고 사랑하는 이타적 삶 속에서 자연스럽게 하나가 되는 것이다. 이것은 가장 쉽게 평화와 행복에 도달할 수 있는 원리이다. 이런 원리는 또한 한민족의 내면적 신앙 속에서 경천애인과 인내천사상으로 나타났다. 하늘을 공경하고 인간을 사랑하는 사상, 사람이 곧 하늘인사상은 지극히 고차원적인 사상이다.

인류 역사에서 나타난 고등 종교의 사상도 이와 같은 맥락의 영적 원리가 포함되어 있다. 결국 인류 보편적 영적 원리가 한민족의 DNA 속에 내포되어 있어서 한민족이 자연스럽게 평화를 사랑하는 민족이 된 것이다.

■ 현재 세계를 주도하는 국가들의 한계성

일본의 경우 신분 세습 경향이 강했고 인재 등용에서도 사무라이의 무력적 능력이 중요한 척도가 된 것은 주지의 사실이다. 그리고 이러한 특성은 일본의 사무라이에 기반한 정권들의 짧은 지속성과 불안정성을 초래했다.

중국의 경우 중화민족을 지배해 온 사상은 주나라 초기 시경(詩經)의 시구에 나온 보천지하 막비왕토(普天之下 莫非王土)라는 의미의 사상인데, 이것의 의미는 모든 천하가 왕의 땅이라는 의미이다. 중화민족 중심에 모든 천하가 속방으로 존재해야 한다는 의미로 중국 민족 특유의 주변 민족에 대한 정복 야욕을 나타낸 것이라 할 수 있다.

이는 중국은 고대 시대로부터 주변 지역을 정복하여 속방으로 삼고 조공 관계를 맺어온 것으로 유명하다. 중화민족 중심주의를 바탕으로 사대와 조공 관계를 맺어 중국적 질서를 주변 지역에 강요한 제국주의의 원조라 할 수 있다. 이러한 중국의 국가원리는 최근에 와서 더욱 노골화되고 있다. 남중국해를 비롯해 여러 지역에서 주변 국가들에 대한 중국의 고압적인 태도, 무력에 의한 현상 변경 추구 등 지극히 무례한 행동들은 이러한 국가원리에 기인한 것으로 보인다.

일본의 경우는 어떤가? 일본의 국가원리는 팔굉일우(八紘一宇)의 원리인데, 이것은 동서남북 팔방 곳곳이 하나의 집이라는 의미가 있다. 그런데 그 중심은 천황이다. 즉 천황 아래 사방이 하나의 집처럼 되어야 한다는 의미이다. 이것 또한 일본 중심의 제국주의적 정신의 발로이다. 특히 이러한 팔굉일우정신은 일본 군국주의 시절 대동아공영권 슬로건으로 부활했다. 일본의 대동아공영권은 서구의 동양에 대한 침략에 대항해서 일본 중심으로 동양 여러 나라가 단결해 하나의 공영권을 형성하자는 사상으로 결국 일본 군국주의적 본성을 표현한 것에 지나지 않는다.

미국은 국가원리로 명백한 운명(Manifest destiny)이라는 정신이 있다. 이 정신은 북아메리카 대륙 전체에 영토를 확장하고 이를 응원하는 것으로 기독교적 선교정신에 기초하여 기독교적 이상을 미국과 아메리카 전역에 실현해야 한다는 의미이다. 그런데 이러한 원리는 그 당시 아메리카 원주민으로 존재한 인디언들을 무참히 학살하고 강제 개종하는 문제를 낳았다. 서부 개척 시대에 잔인한 인디언 사냥, 금 채굴을 위한 골드러시 욕망은 기독교적 자본주의 윤리가 바탕이 된 사적 이익 추구 욕구와 결합하여 비인간적인 모습을 보였다. 오늘날까지도 미국은 서부 개척 시대에 인디언 학살에 대한 비인간적 만행에 대해 원래 있는 죄의식을 가지고 있는 것은 오도된 국가원리의 당연한 결과이다.

러시아의 국가원리는 성스러운 사명(Holy Mission)이다. 러시아는 모스크바를 "제3의 로마"로 여기고 이곳을 중심하고 기독교적 사명을 완수하려 하였다. "제3의 로마"라는 명칭을 처음 쓴 것은 모스크바 대공국으로 동로마 제국 멸망 이후 당대 대공이었던 이반 3세가 동로마 제국의 마지막 황제 콘스탄티노스 11세 조카와 혼인한 명분을 앞세워 로마, 콘스탄티노폴리스에 이어 모스크바를 "제3의 로마"로 지칭한 데서 비롯되었다.

러시아는 모스크바를 "제3의 로마"로 여기면서 서방 가톨릭에 대항하여 동방 정교 중심의 러시아 사회는 자신들만의 독특한 선민의식을 바탕으로 나라를 만들어 왔다. 그렇지만 성스러운 사명이라는 국가원리는 기독교적 세계관을 바탕으로 러시아 중심의 세계를 구축하는 것으로 발전하여 자연스럽게 팽창정책으로 나아가면서 제국주의적 속성을 나타나게 된다. 결국 서구 제국주의 열강들이 기독교를 세계만방에 전파하기 위해 식민지 제국을 건설한다는 명분과 본질적으로 다르지 않았다. 유라시아주의에 기초한 대러시아주의 사상은 이러한 러시아의 국가원리의 결정판이라 볼 수 있다.

냉전 시대 소련의 세계 적화 전략, 그리고 침공이나 혁명 등으로 주변국을 공산주의 위성 국가로 만들었던 정책 등은 모두 이러한 사상의 결과물들이다. 그리고 공산주의가 붕괴한 이후 소련을 대체한 러시아가 서구 사회와 잘 조화되지 못하고 반목과 갈등을 일으키고 주변 국가인 조지아, 체첸, 우크라이나 등 침공한 것도 모두 이러한 맥락에서 이해될 수 있다.

여기서 살펴본 주요 국가들의 국가원리는 한결같이 자국 중심의 국가원리로 자국이 세계의 중심이 되어야 한다는 원리에 기초하고 있다. 본질적으로 이런 국가원리는 제국주의적 팽창을 낳게 되어 침략과 전쟁 등의 세계적인 문제를 낳게 된 것이다.

대한민국의 탄생

대한민국의 건국이념은 홍익인간 이념이다. 대한민국이란 국호의 대한은 고대 한반도 남부 일대에 존재했던 나라의 이름인 한에서 유래한다. 마한, 진한, 변한을 통칭하여 삼한이라고 불렀으며, 고구려, 백제, 신라를 합쳐 삼국 또는 삼한이라고 칭하기도 했다. 여기에 민주 공화국이란 의미의 민국을 더한 대한민국이라는 국호는 1919년 3.1운동 직후에 만든 대한민국 임시정부에서 정한 것이다. 광복 후 1948년 제헌국회에서 대한민국 국호를 계승하여 헌법에 명시하였다.

대한민국의 탄생은 참으로 기적적인 사건이다. 2차 대전을 통해 일본 제국주의가 패망하자 한민족은 광복을 맞이하였다. 그렇지만 광복을 자신의 힘으로 얻어내지 못한 한민족은 전후 처리 과정에서 미국과 소련에 의해 신탁통치를 받아야 할 운명에 놓였다. 모스크바 3상 회의 통한 미소의 신탁통치 결정에 대해 처음에는 한민족 모두가 이념과 종파를 초월해서 절대 수용 불가로 신탁통치 반대를 외쳤다. 그러나 시간이 지나면서 북한과 소련의 사주를 받은 박헌영과 조선공산당 등 좌익 세력들은 1946년 1월 2일 조선공산당 중앙위원회 명의 성명을 내고 남북한이 미소의 분할 신탁통치를 받아들여야 한다고 주장하게 된다. 결국 좌익은 신탁통치 찬성, 우익과 민족주의 세력은 신탁통치 반대로 분열되었다.

신탁통치 문제로 좌우익이 극심한 대립과 갈등 속에 휘말려 들어갔다. 결국 미국과 소련은 한민족 구성원의 열망과 다르게 남과 북의 분할통치를 시작했다. 3.8선이 그어지고 남북 주민의 통행이 통제됐다. 소련은 북한 지역에서 김일성을 내세워 공산주의 정권을 성립하기 위한 작업에 들어갔다. 그런데 미국은 남한 지역에서 치밀하고 명확한 계획을 가지고 있지 않았다. 미군정 사령관으로 온 하지 중장은 남한 지역에서 우파 민족주의 지도자들과 소통도 잘 주고받지 않았다. 이들은 애초의 남한에 자유민주주의를 신봉하는 사람들이 중심이 된 정권을 세우도록 지원할 의지가 별로 없었다. 하지 미군정청 사령관은 김구와 이승만과 대립하였으며, 정치적 갈등도 깊었다. 그는 김규식을 대통령으로 추대하려다가 실패하기도 했다. 하지 사령관은 한반도 실정과 민중들의 정서를 잘 이해하지 못했다. 그리고 한반도를 둘러싼 주변국의 정세도 잘 파악하지 못했고 일제강점기 동안 한반도의 사정도 거의 모르는 상태였다고 전해지고 있다. 하지 사령관은 단지 분할통치 기간에 남한 지역을 잘 안정시키고 문제를 발생시키지 않는 일에만 열중했다.

물론 이러한 실수는 하지 사령관의 책임만은 아니다. 미국은 유럽의 마셜플랜과 일본 재건 계획 등과 같이 미국식 자유민주주의 국가를 한반도 지역에 정착시킬 노력에 소홀했다. 이유는 알 수 없으나 그 당시 미국은 한반도를 전략적으로 크게 중요시하지 않았다. 이런 측면에서 미국 정부의 치밀한 지원이 거의 없었고 단지 군정 사령관에게 남한 지역을 관리하도록 했을 뿐이다. 이런 미국의 실수는 대한민국 정부 수립 이후에도 남한을 미국의 극동 방위선인 애치슨 라인 밖으로 놓게 하였고, 결국 북한의 오판을 불러 6.25 남침 전쟁을 일으킬 빌미를 제공했다.

이에 비해 북한 지역을 점령한 소련군 사령관 스티코프 중장은 김일성을 내세워 북한 지역에 친소 공산주의 정권을 구축하기 위한 노력을 다하고 있었다. 군대를 동원하여 지주들의 토지를 몰수하고 종교인들을 조직적으로 탄압했다. 조만식과 같은 우파 민족주의 세력들을 탄압하고 처형하면서 활동의 싹을 잘라 버렸다. 북한 지역 내에서 김일성을 위시한 공산주의 세력들이 소련을 등에 업고 활개를 칠 수 있는 공간을 마련해 주었다. 이렇듯 북한 지역에 친소 공산주의 정권을 세우려는 소련의 계획은 명확한 목표를 가지고 차근차근 진행되었다.

이렇게 되자 유엔이 비록 남북한 동시 총선거를 통해 한민족 단일 국가의 정부를 구성해야 한다고 결의한 가운데 유엔의 총선거 감시단을 한반도에 파견했지만, 소련과 북한 김일성은 유엔 감시단의 입북을 차단하였다. 소련과 북한은 남북 총선거를 통한 단일 정부 구성을 저지하고 북한 지역에서 공산주의 정권을 구축하기 위한 사전의 준비를 다 갖춰 놓았다.

그런 가운데 북한은 남한의 우파 민족주의 세력을 분열시키기 위한 공작을 진행했다. 김구와 이승만으로 대변되는 우파 민족주의 세력 속에서 남북협상을 주장하는 김구를 북한에 초대하여 남북 연석회의를 개최하였다. 그러나 이러한 남북 연석회의는 김일성 세력의 들러리가 되었고 결국 아무것도 이뤄 내지 못하고 돌아왔다.

1948년 4월에 개최된 남북 연석회의 명분은 남한만의 단독정부 수립을 반대하는 남북 정당 사회단체 대표들이 모인 협상이었으나 연석회의 참석한 남측 인사 ⅓ 정도가 남한으로 귀환하지 않고 평양에 잔류했다. 이는 남북 연석회의를 위한 남한 대표단 중에 북한의 의도에 부응하여 남북협상을 주장한 자들이 많았음을 의미한다. 결국 북한은 이러한 사건을 계기로 남한의 우익 세력을 김구와 이승만 세력으로 결정적으로 분열시키는 데 성공했다.

북한은 내부적으로는 친소 공산주의 정권 수립을 계획대로 진행하는 가운데서도 남한 사회를 분열시키기 위해 남북 합작노선을 통해 통일 정부를 구성하자고 제안한 것이다. 그런데 김구와 달리 이승만은 북한의 이러한 속내를 간파하고 남북 합작운동에 참여하지 않았다. 그 대신 유엔 감시를 통해 선거가 가능한 지역인 남한 지역에서 합법적인 정부를 수립하기 위한 노력을 진행했다. 이에 대해 북한을 위시한 공산주의 세력들은 이승만의 이와 같은 노력을 남한 단독정부 수립 음모라고 비판하고 나섰다. 사실 북한이 남북 총선거 시행을 위한 유엔 감시단 입북을 허용하지 않는 그 자체가 이미 북한 지역에서 공산주의 정권 수립의 의도를 노골화한 것인데도 말이다.

이렇듯 모순적인 논리로 가득 차 있지만 북한의 집요한 선전선동에 휘말려 남한 지역에서는 남한 단독 선거 저지를 위한 좌익공산주의 세력들이 폭동이 연이어 발생하여 사회가 극도로 혼란한 상황으로 치달았다. 한 예로 제주도 4.3사건은 5.10 총선거를 반대하기 위해 남로당과 좌익 군인들이 일으킨 무장 폭동으로 시작되었지만, 진압 과정에서 제주도의 무고한 양민들이 희생된 비극적인 사건이 되었다.

제주 4.3사건은 남로당과 인민 위원회 중심의 좌익 세력들이 제주도 인민 유격대를 조직하고, 우익 중심의 단독 선거 반대와 통일 국가 수립을 요구하는 호소문을 발표하는 데서 시작되었다. 이후 그들은 제주도 내 11개 경찰서와 우익 단체 간부 사무실을 공격하였다. 이에 대해 토벌대가 구성되었고 양 진영의 싸움은 게릴라전으로 진행되었다. 제주도가 인민 무장대와 토벌대 간의 무력 충돌로 시끄러운 가운데, 남한 전역에서 5.10 총선거가 시행되었다.

이에 대해 인민 무장대는 조직적으로 선거 방해 활동을 벌였다. 인민 무장대들은 토벌대에 밀리자 제주 주민들과 함께 산으로 도피했다. 여기서 많은 제주도민이 인민 무장대를 따라 산으로 이유는 명확하지 않다. 그렇지만 인민 무장대와 주민들이 섞여 있는 바람에 토벌 과정에서 무장대와 비전투 민간인이 잘 식별되지 않은 이유로 무고한 사람들이 다수 희생되었다. 진보적 정권하에 이뤄진 제주 4.3사건 진상 조사 보고서는 이 사건을 통해 제주도에서 1만 4천여 명이 인명이 희생되었다고 기록하고 있다.

남한 지역이 제주 4·3사건의 소용돌이 속에 있는 가운데, 정상적인 선거가 치러지기에 매우 어려운 상황이었지만 선거는 치러졌다. 이는 이승만의 지도력이 있었기 때문이다. 이승만은 공산주의자들과 협상하는 것은 의미가 없다고 판단했다. 그들의 통일전선 전술에 말려들면 한반도 전체가 공산화될 수 있음을 간파했다. 이에 이승만은 유엔 감시하에 선거가 가능한 지역에서만이라도 합법적인 정부를 구성하는 것이 올바른 길이라고 생각했다. 결국 좌익공산주의자들의 선거 방해와 테러에도 불구하고 이승만 주도로 남한만의 단독 총선거가 시행되어 대한민국 정부를 구성하게 되었다.

유엔은 총선거를 통해 출범한 대한민국 정부를 1948년 12월 제3차 유엔총회에서 한반도 지역에서 유일한 합법정부로 공인했다. 이렇게 하여 대한민국이 출범했다. 이에 반해 북한 지역 공산주의 정권은 유엔으로부터 합법적인 정부로 인정받지 못했다. 한반도 북쪽에 세워진 북한 정권은 유엔의 처지에서는 불법적이며 정통성이 없는 정권이다.

대한민국의 시련과 발전

■ 전쟁과 독재

대한민국의 수립과 발전은 험난한 과정을 거쳐 왔다. 정부 수립 이후 국가 기반을 다지는 데 있어서 일제 잔재를 올바로 청산하지 못했다. 극도의 반일주의자인 이승만이 초대 대통령이 되었지만, 친일 부역자들을 온전히 청산하지 못한 한계를 가지고 있었다. 비록 정부 수립 초기 국가 기관을 움직이고 나라를 경영하는 데 있어서 경험 있는 사람들이 필요했다고 치더라도 처음부터 잘못 시작된 일이 정당화되지는 않는다. 반민특위의 해체 등으로 친일 반민족주의자들을 제대로 청산하지 못한 것은 대한민국 탄생 과정의 흠이 아닐 수 없다.

　대한민국은 정부 수립 이후 국가 기반을 다지기도 전에 6·25전쟁에 휘말려 들어갔다. 북한 김일성이 도발한 동족상잔의 남침 전쟁으로 수백만 명의 인명이 희생되었다. 전쟁 기간은 3년이 넘게 지속됐고 국토는 폐허가 되었다. 동족상잔의 전쟁을 거치면서 이승만 정권은 다시금 이런 비극적인 전쟁이 발생하지 못하도록 미국과 동맹관계를 맺었다. 한미동맹은 지금까지 70여 년 동안 지속되면서 한반도에서 전쟁을 억제하는 데 결정적인 역할을 하고 있다. 대한민국이 전쟁 이후에 폐허를 딛고 경제 개발에 성공한 것도 한미동맹이 기여한 것이 크다. 대한민국은 경제 개발을 통해 근대화와 산업화를 성공적으로 이룬 나라가 되었지만, 그 과정에서 정치적인 격변을 여러 번 겪었다. 이승만의 장기 집권을 위한 3.15부정선거가 있었고 이에 반대하여 민주주의 수호를 위해 시민들이 궐기한 4·19혁명이 일어났다. 4·19혁명으로 이승만은 대통령직에서 하야했고, 부통령 이기붕은 자살했다. 이로써 이승만 자유당 정권은 몰락하였고, 이 혁명의 결과로 과도정부를 거쳐 6월 15일 개헌을 통해 제2 공화국이 출범하였다.

　4·19혁명은 최초의 민주주의 혁명이었지만 이후에 이러한 민주 역량을 담을 만한 민주 정권이 성립되지 못했다. 이승만 하야 이후 허정과도내각을 거쳐 장면을 수상으로 하는 제2 공화국이 수립됐다. 제2 공화국은 개헌을 통해 내각 책임제와 양원제 국회를 구성했고, 언론 자유와 진보적 인사들의 정치 활동을 허용했다. 이런 조치로 인해 각계각층의 민주화 요구가 분출되었다. 그러나 집권 여당은 이러한 요구를 효과적으로

수용하지 못했다. 이리하여 국가적 혼란은 계속됐다. 민주주의로 이행하는 과정에서 극도의 혼란 상태가 지속되자 박정희를 비롯한 군인들의 쿠데타 명분이 되었다. 박정희는 5.16 군사 쿠데타를 통해 정권을 잡았다. 대한민국은 민주주의 사회로 도약하지도 못한 채 다시금 권위주의 독재 체제로 나아갔다.

박정희 집권 시기에 대한 평가는 다양하다. 북한의 도발에 대한 국가 안보 수호와 경제 개발과 산업화 성공이란 측면에서 긍정적인 평가는 많다. 박정희는 쿠데타 성공 이후 집권하여 제3 공화국을 출범시켰다. 제3 공화국은 경공업 발전을 시작하여 경제개발계획 5개년 계획을 추진하여 고속 성장의 기틀을 마련했다. 1970년대로 들어서면서 박정희는 중화학 공업 육성에 주력했다. 이 기간에 국민 소득이 크게 증가했고 처음으로 북한 경제 규모를 추월하였다. 박정희 집권 기간 우리나라 경제는 큰 성장을 이뤄냈지만 정치 및 사회적 민주화는 진전되지 못했다.

권위주의 독재체제답게 야당과 반대 세력에 대한 불법적인 탄압이 지속됐다. 민주화를 요구하는 수많은 사람이 중앙정보부에 끌려가 고문을 당하고, 이적 행위를 했다는 죄목을 쓰고 투옥되거나 사형을 당하기도 했다. 이것은 민주주의 발전을 후퇴시킨 것은 박정희 정권의 오점이라 할 것이다. 동전의 양면처럼 박정희 정권의 공과는 분명하고 우리는 역사를 통해 그 교훈을 얻으면 되는 것이다.

■ 20세기 민주화의 모범국

박정희 정권 후반기부터 시민들의 민주주의를 향한 열망이 분출하였다. 1979년 10월 유신철폐를 요구하는 부마항쟁이 일어났고, 그 불길로 인해 전국에서 민주화운동이 들불처럼 일어났다. 이는 경제발전과 그에 따른 시민의식 성숙에 의한 자연스러운 과정이었다. 그러나 박정희 정권은 시민들의 이러한 열망을 수용하지 못했다. 기존의 권위주의적 통치 관념에 익숙한 집권 세력들이 시민들의 민주주의를 향한 열망을 억누르는 행태를 반복했다. 현명한 집권 세력이라면 시민들의 민주주의 열망을 수용하여 과감한 개혁 조처를 했을 것이다. 대통령 직선제 등 시민들이 체감할 수 있는 헌법 개정들이 이뤄졌다면 박정희 정권의 비극적인 종말은 일어나지 않았을 것이다.

민주화운동이 전국적으로 거세지자 박정희 정권 내부에서도 상황에 대처하는 방법에 대해 이견이 나타났다. 일설에 김재규 중앙정보부 부장은 민주화운동에 대한 박정희 정권의 대응 방식에 문제를 제기했다는 말이 있다. 결과적으로 박정희는 김재규 부장에 의해 암살됐고, 정권은 종말을 맞이했다.

박정희가 암살되고 최규하 국무총리가 대통령 권한대행으로 취임했다. 그러나 최규하는 대통령 암살이란 격변의 정국을 올바로 헤쳐 나가는 데 역량이 부족했다. 여야를 초월하여 거국적인 내각을 구성하여 위기를 돌파하는 지도력을 보여 주지 못했다. 결국 1980년 "서울의 봄" 등 민주화 열망이 곳곳에서 폭발한 가운데 다시금 혼란 상황이 발생했고, 이번에도 전두환을 위시한 군인들에게 헌정질서를 짓밟을 틈새를 주게 되었다.

전두환은 12.12군사 쿠데타를 일으켜 권력을 잡았다. 신군부 과도정부 수반으로 사실상 허수아비와 같은 최규하 대통령을 압박하여 계엄령을 선포하고 정승화를 계엄사령관으로 내세웠다. 계엄령을 통해 민주화

시위를 억누르고 민주인사를 탄압했다. 비록 짧은 시기였지만 민주주의에 대한 희망이 샘솟았던 서울의 봄은 이슬처럼 사라졌다. 서울의 봄과 5.18광주민주항쟁은 1980년 격변의 시기에서 시민들의 민주주의에 대한 열망이 폭발한 시기였다. 그렇지만 군부 쿠데타로 권력을 장악한 전두환 세력은 이것을 용납하지 못했다. 결국 5.18광주민주항쟁에서 수많은 인명이 희생되었다.

전두환의 5공화국 시절에 민주주의를 향한 시민들의 투쟁은 더욱 격화되었다. 학생운동 또한 전국 대학 총학생회를 중심으로 크게 확산하였다. 1980년대 초반 삼민투를 중심으로 전개된 학생운동은 1980년대 중반을 거치면서 다양한 세력으로 분화되었다. 그 세력은 마르크스주의와 주체사상에 영향을 받아 민족해방(NL)과 민중해방(PD)으로 분화되었다. 이후 1980년대 후반에는 전대협과 한총련을 중심으로 NL계 학생운동 그룹이 학생운동의 주류가 되었다.

1980년대 학생운동은 민주화운동을 선도하는 위치에 있었다. 아직 노동운동이나 민주 시민운동 역량이 부족한 상황에서 학생운동의 촉진제 역할은 컸다. 전두환 집권 말기인 1987년 6월 민주화운동이 전국적인 규모로 대폭발했다. 노태우를 통해 대통령 직선제를 포함한 6.29 선언이 나오게 한 것은 6월 민주화운동의 결과이다. 속칭 넥타이 부대라고 일컬어지는 직장인들의 민주화 시위에 대한 가담은 전두환 정권에 큰 위기감을 주었다. 결국 전두환 정권 2기를 준비한 노태우 등에게 직선제 개헌을 받아들일 수밖에 없도록 했다.

그러나 직선제 개헌을 쟁취한 민주화운동 세력은 그 열매를 따지 못했다. 민주화운동을 이끌었던 두 야당 정치 지도자인 김영삼과 김대중이 대통령 선거에서 단일화를 이루지 못하는 바람에 민주화 세력들은 과반이 훨씬 넘는 득표에도 불구하고 결국 대통령 선거에서 패배했다. 노태우는 군사 정권의 일원이었지만 직선제 선거로 당선된 대통령이었다. 노태우 정부는 5공화국과 단절하는 의미에서 6공화국을 선포하고 다양한 개혁적인 조치를 취했다. 야당 정치인에 대한 사면과 복권이 이뤄졌고, 금지 서적들에 대해 해금 조치와 더불어 북한 관련 서적들의 출판도 허가했다. 보통 사람의 시대를 연 노태우 정권의 개혁 조치는 이후 김영삼의 문민정부와 김대중 국민의 정부가 들어설 수 있는 사회적 분위기를 조성하는 데 일조했다.

■ 학생운동의 몰락과 불량국가 북한

노태우 정부의 개혁 및 해빙 조치에도 불구하고 학생운동은 잦아들지 않았다. 1980년 후반으로 갈수록 학생운동은 이념적으로 좌경화되었다. 학생운동이 최종적으로 지향하는 것은 민주화 너머에 있었다. 소위 민주화를 부르주아 민주주의 혁명으로 폄하하고 궁극적으로 사회주의 혁명을 지향하는 운동으로 나아갔다. 김영삼을 변절한 민주화 세력으로 단정하고 김대중은 비판적 지지의 인물로서만 의미를 가졌다. 민주화는 단지 사회주의로 나아가는 과정에서만 의미 있는 것으로 보았다. 학생운동이 이렇게 급진적으로 나아간 것은 그 중심 세력들이 사회변혁 이론으로 주체사상이나 마르크스주의를 수용한 것에 있다. 그리고 이것은 학생운동이 1990년대에 들어서면서 대다수 학생들에게 외면받아 몰락한 근본 원인이 되었다.

노태우 정부는 북방외교를 통해 소련과 중국 등과도 외교 관계를 맺었다. 남북기본합의서와 한반도 비핵화 공동선언 등 남북 관계 발전에도 긍정적인 역할을 했다. 이런 측면에서 노태우 정부에 대한 평가는 전두환 정권에 비해 긍정적인 측면이 많다.

1991년 유엔은 남한과 북한을 유엔 회원국으로 동시에 가입시켰다. 이로써 북한은 국가로서 인정받게 되었다. 그렇지만 이러한 사실이 북한 정권 수립이 정당한 것으로 이해되어서는 안 된다. 유엔으로서는 북한 정권 수립의 정당성은 없지만 냉전 종식과 국제적 긴장 완화 분위기, 그리고 북한 핵 개발을 방지하고 남북한 간의 평화공존을 촉진하는 의미에서 북한의 유엔 가입을 승인한 것이다.

유엔은 북한이 유엔 가입함으로써 회원국으로서 책임과 의무를 다해 줄 것을 강력히 희망하는 차원에서 이뤄졌다. 그렇지만 북한은 유엔 가입 이후에 핵 개발과 도발 등 군사적 긴장을 조성함으로써 유엔 회원국으로서 책임을 다하지 못하고 있다. 특히 핵 개발을 지속함으로써 북한은 유엔으로부터 다양한 제재를 받고 있다. 유엔으로서는 북한은 최악의 회원국이다. 최근 국제사회 일각에서는 유엔 헌장을 무시하고 제멋대로 행동하는 북한에 대해 유엔 회원국 자격을 박탈해야 한다는 목소리가 나오고 있다.

북한의 이러한 행동에 비해서 대한민국은 모범적인 유엔 회원국으로서 책임을 다하고 있다. 유엔 회원국으로서 재정적 기여도 상당하거니와 저개발국 지원을 위한 국제 개발 원조도 다양하게 진행하고 있다. 국제사회에 대한 긍정적인 기여를 통해 대한민국의 이미지 향상과 위상은 날로 커지고 있다. 휴전선을 경계로 남과 북은 모범과 불량이라는 극명하게 대비되는 나라를 만들어 왔다는 것은 한민족의 비극이자 역사의 아이러니가 아닐 수 없다.

한강의 기적-21세기 문화 강국 대한민국

한민족이 21세기 문화 강국이 된 것에 대해 여러 이론이 많다. 한국문화의 세계적인 대유행에 대해서는 분석하는 사람마다 다른 의견을 제시하는 것은 각자가 세계적 한류 현상을 보는 측면이 다르기 때문이다. 보통 해외 전문가들이 분석하는 관점이지만 한류의 유행, 특히 케이팝의 확산에 대해서 문화산업에 대한 정부의 적극적인 지원과 해당 기업의 체계적인 훈련 시스템과 아이돌 육성 프로그램 등을 예로 들어 설명하기도 한다. 그리고 이러한 정책적이고 기술적인 요인들은 한류 확산에 주요한 동력을 제공했기 때문에 해당 국가에서 그 나라의 문화를 국제적으로 확산시키기 위해서는 정부의 지원과 체계적인 연예산업이 필요하다고 주장하기도 한다. 그러나 이러한 주장은 일면 타당성이 있는 것 같지만 한류의 세계적인 유행에 대한 근본적인 요인과 동인을 바로 집었다고 할 수는 없다.

그렇다면 그 본질적인 것은 무엇일까? 그것은 세계인과 공감할 수 있는 그 무엇이 한류문화 속에 있다는 것이다. 한류문화에는 인간 본연의 감성에 다가가 감동을 주고 함께 어울리는 요소들이 한류 속에 있다. 그러한 공감은 나와 타인이 어떠한 것을 매개로 동질감을 느낄 때 이뤄지는 것이다.

방탄소년단의 세계적인 열성 팬 조직인 아미(Army)는 이러한 공감의 대표적인 사례이다. 인종과 국경, 종교와 사상을 초월하여 같은 집단으로서의 공동체적 감성을 공유하고 있다. 역사상 이렇게 특별하고 강력한 열성 팬 조직은 그 전례를 찾아보기 어렵다. 아미(Army)들이 방탄소년단을 좋아하는 이유는 아티스트로서의 기능적인 우수성 때문만이 아니다. 그보다는 방탄소년단 노래의 메시지가 주는 힘과 공감을 이루려는 노력에서 그 본질적인 원인을 찾을 수 있다. 많은 사람이 방탄소년단의 노래 메시지는 다른 노래들과 구별되는 부분이 많다고 한다. 그들의 노래는 계몽적이고 철학적 메시지를 가지고 있으면서 사람들에게 삶의 에너지를 주고 긍정적인 생각을 갖게 해 준다고 한다. 또한 인류에 대한 사랑과 지구촌 공동체에 대한 헌신의 내용도 담고 있다고 한다. 그런데 자칫 이러한 계몽적인 메시지가 가지는 고루함이 있는데, 방탄소년단은 이를 초월하여 사람들에게 쉽게 어필한다는 것이다. 메시지와 세련됨을 동시에 갖추고 그 가운데 즐거움과 동기부여 등이 자연스럽게 결합하고 있으니 사람들이 좋아하지 않을 수 없는 것이다.

그렇다면 이러한 공감의 근원에 무엇이 존재하는가? 이것은 자기를 넘는 타인과 공동체에 대한 사랑과 존중으로 나온다고 본다. 그것은 한민족 속에 있는 원형 의식 즉 민족적 DNA가 표현된 것으로 생각한다. 한민족의 원형 의식은 바로 한민족 건국정신인 홍익인간정신에 기초한다고 생각한다.

홍익인간정신은 보편적 박애와 사랑의 정신이다. 자기중심적 사랑이 아니라 타인과 공동체에 대한 사랑의 정신이다. 홍익인간정신은 평화의 정신이다. 한민족을 평화의 민족, 즉 백의민족이라고 부르는 특성을 가장 잘 표현하는 정신이다. 또한 한민족의 정서를 가장 잘 표현해 주는 아리랑의 정신, 한의 정신을 나타낸다. 어떤 사람들은 한민족의 한의 정신을 '피해자 콤플렉스'에 기인한 것이라고 주장하며, 일제가 만든 한민족에 대한 그릇된 관념이라고 주장하기도 한다. 물론 이러한 주장도 일면 타당한 측면도 없는 것은 아니다. 그렇지만 그러한 주장을 넘어 한민족의 저변에 흐르는 정서 속에서는 한의 정서를 보다 높은 차원의 정신으로 승화시키는 근본적인 바탕, 이타적 사랑의 홍익인간의 정신이 스며 있는 것을 간과해서는 안 된다.

그 대표적인 예가 2천 년대 초반 한국 드라마 중에 세계적인 인기를 구가했던 〈대장금〉 속에 나타난 정신이 바로 한의 정신이다. 부모의 원수를 사랑으로 용서하고 그 한을 해원하는 그런 정서가 한민족의 정신이다. 그리고 이 정신은 수많은 민족적 고난사 속에서도 불굴의 정신으로 살아남은 한민족의 저력을 형성하고 있다.

한민족 역사는 인류 역사의 축소판이다. 그리고 한민족 고난사는 세계와 인류의 고난의 짐을 대신 지고 가는 노정이다. 한민족의 지고 이김에 인류와 세계의 운명이 달려 있다고 함석헌 선생은 "뜻으로 본 한국 역사"에서 설파했다.

구한말 수많은 종교사상가와 도참비기들은 한민족이 세계의 중심 민족이 되고, 세계를 살리는 민족이 될 것이라 예언했다. 한민족 속에서 구세 구국의 영웅, 메시아적 존재가 나타난다고 예언한 것은 결코 우연한 일이 아니다. 종교 및 영적 지도자들이 자신들도 잘 알지 못하는 사이에 그러한 예언을 한 것은 모두 한민족이 세계의 운명을 짊어지고 나가야 할 섭리적인 사명이 있었기 때문이다. 그 사명을 담당하는 중심 민족으로서 인류와 세계에 대한 책임이 한민족에게 부여된 것이다. 그리하여 한민족의 고난 길이 세계인의 고난 길이 되는 것이다. 한민족과 세계 인류가 동질감을 느끼고 쉽게 공감할 수 있는 바탕이 여기에 있는 것이다.

결국 나와 남, 한민족과 세계인이 분리된 존재가 아닌 공동의 운명을 가진 존재로서 공감대가 형성되는 것이다. 한민족 시원의 꿈이 이제 인류 모두의 꿈으로 승화되고 있다. 한류문화의 근원이 바로 여기에 있다. 그리고 이것이 기능적으로 세련됨과 결합하여 세계인의 공감을 크게 불러일으키는 것이라 본다.

이제 한류로 대변되는 한국문화는 문화적 차원을 넘어 기술과 문명, 삶의 영역 전반에 걸쳐 다양하게 퍼져 나가고 있다. 한국 음식, 한국 의료 및 미용용품, 한국 가전제품 등 인류 생활 전반에 걸친 부분에 그 영향을 확대해 나가고 있다. 싸고 질 떨어진 중국산 상품과 같은 이미지가 아니라 품질 좋고 고급스러운 이미지로 세계인에 어필되고 있다. 문화와 기술, 삶이 적절하게 결합하여 인류의 삶에 총체적인 영향을 주는 것으로 자리를 잡아 가고 있다.

제3장

미래로 가는 여정
-한민족의 향후 인류에의 공헌 방향

한민족의 섭리적 사명

한민족 시원의 홍익인간 건국정신은 세계와 인류에 대한 민족적인 사명을 명시한 것이다. 홍익인간정신은 한민족 중심주의가 아니라 세계로 나가는 사해동포주의, 인류 한 가족주의이다. 한민족은 애초부터 이런 정신으로 살아왔다. 그리하여 다른 나라를 침략하지 않는 평화의 민족이 되었다. 그리고 그러한 정체성 형성은 선비정신에 기초하여 형성된 문치주의의 숭상과 이를 통한 국가 운영 원리의 구현이었다.

문치주의는 유교적 이상 국가론을 통해 왕도정치와 민본주의사상으로 확장되었다. 중앙 집권적 통치 시스템을 비교적 일찍 구축하여 지방 토호 세력 간의 분쟁을 방지하고 나라로서 일관성 있는 체계를 갖추었다. 이는 국가가 안정적이고 평화롭게 지속되는 데 크게 이바지하였다. 유목 민족과 다르게 농경민족 특성상 한곳에 정착하여 살면서 평화와 안정을 희구하는 경향도 한민족의 정체성을 형성하는 데 영향을 미쳤다. 자신의 안위가 크게 위협받지 않는 이상 이웃 국가를 약탈하거나 침략할 필요성을 느끼지 못할 정도로 농경민족으로서 풍요로움도 갖출 수 있었다.

더욱이 이웃 나라를 침략하거나 다른 나라와 전쟁을 수행하는 것은 백성들의 막대한 고통을 수반하는 국가적 중대사이기 때문에 문치주의와 민본주의 이상을 구현하려는 선비정신에 투철한 권력 엘리트들에게는 그리 매력적인 선택은 아니다. 이렇듯 한민족은 홍익인간의 건국정신과 문치주의적 선비정신, 농경민족으로서 평화와 안정의 희구 등 모든 요인이 결합하여 평화를 추구하는 민족이 되었다고 할 수 있다. 즉 한민족의 민족적 원형의 형성은 홍익인간에 기초한 정신적 원형뿐만 아니라 물질적, 지정학적 조건을 포함하여 형성되었으며, 이것이 다른 민족과의 차별성을 통해 독특한 내용을 갖게 되었다.

원리적인 측면에서 침략과 약탈은 야수적인 속성에 기반한 빼앗아 옴의 철학이다. 그러나 사랑과 평화는 인간 본성의 선한 측면에 기초한 줌의 철학이다. 홍익인간사상은 근본적으로 이타적인 줌의 철학이므로 반만년의 한민족 역사도 그러한 철학적 정체성에 의해 형성되었다.

홍익인간의 건국정신에 명시된 한민족의 섭리적인 사명은 과거 역사속에서는 세계사의 짐을 짊어지고 가는 속죄양 같은 사명이었다. 예수가 인류의 죄를 대속하는 속죄양으로 못 박혀 죽었던 그런 입장처럼, 한민족도 세계사의 질곡과 고통을 대신하여 십자가를 지고 골고다 언덕을 넘어가는 그런 고난의 역사를 살아왔다. 그리고 아직도 남북 분단이라는 고통의 십자가는 한민족의 어깨 위에 남아 있다. 그러나 이러한 민족사적 비극은 한반도의 통일을 통해 반드시 청산되어야 한다. 한반도 통일은 한민족에게는 민족사적 비극의 고개를 넘어 새로운 비상을 위한 출발점이다. 통일을 통해 인류문명을 선도하는 새로운 문명을 창조하고 문화의 융성을 선도하는 모범적인 국가 만드는 것이다. 이를 통해 인류문명의 새로운 지평을 열어야 한다. 대립과 갈등의 시대를 마무리하고 평화와 통일의 새로운 시대를 열어야 한다. 국경과 인종, 이념과 종교를 초월하여 인류 한 가족, 지구촌 공동체 사회를 실현하는 주도적인 역할을 담당해야 한다.

한민족의 섭리적 사명에 대해 한민족 구성원들이 자각하기 시작한 시기는 구한말이었다. 구한말 조선에 등장한 도참과 비결서들은 한민족 내부에서 세계를 구원할 정도령, 미륵불 같은 구세주가 나타날 것이라는 내용으로 충만해 있다. 일종의 종말론적 구원사상이 민중들 사이에 크게 유행했다. 구한말부터 시작된 한민족의 영적 각성은 민족종교의 발흥을 부른 것뿐만 아니라 서구 기독교사상을 수용하는 데도 열린 태도로 나타났다. 천주교의 도입과 단기간의 급속한 확산은 그 일례이다. 천주교의 급속한 확산에 놀란 조정은 천주교를 탄압하고 박해하기 시작했으며, 여러 차례의 박해를 통해 수천 명의 천주교 신자들의 목숨을 빼앗았다.

일제의 식민지 상황에서도 기독교, 특히 개신교의 전파는 가히 상상 초월의 속도로 이뤄졌다. 신사참배 거부 등의 이유로 일제가 기독교를 탄압한 가운데 개신교 신자 수는 오히려 급속도로 증가했다. 3.1운동 주도 세력 중에 기독교계가 높은 비율을 차지한 것은 기독교의 급속한 전파와 대규모 신도 수 증가와 전혀 무관하지 않다.

20세기 초 한반도는 영적 각성과 폭발적인 기독교 선교의 현장이었다. 그중에 평양 대부흥운동이 있었으며, 서양 선교사들로부터 평양을 동방의 예루살렘으로 불릴 정도로 기독교의 부흥이 강력한 도시였다.

이런 현상은 한민족 구성원들이 본연의 영적 자각을 통해 세상과 인류를 구원하는 한민족 본연의 섭리적 사명을 자각한 것으로 이해될 수 있다. 한민족의 원형 의식 속에 잠재된 사명의식이 표출되어 종교와 신앙의 부흥으로 연결된 것이다. 이는 민족 구성원 개개인의 자각이 아니라 민족의 집단적 의식과 정체성, 즉 민족 DNA가 한 시대를 통해 폭발적으로 표출된 것이라 할 수 있다.

21세기를 살아가는 한민족의 사명은 대륙문명과 해양문명의 융합을 통해 새로운 통일문명을 만들어 갈 책임이다. 문명의 단층 지역이 아닌 문명의 교차와 융합의 한반도로 지정학적 운명의 전환을 이뤄 내야 한다. 먼 옛날 해 뜨는 동방을 찾아 끊임없는 유랑에 나선 인류 조상들의 최종 종착지(터미널)로서 한반도의 지정학적 의미는 이제 다른 의미로서 재탄생될 것이다. 그것은 바로 새로운 인류문명의 시작점이다. 한반도는 과거에는 들어옴의 의미를 갖는 지역이었지만, 지금은 나감의 의미를 갖는 지역이 되는 것이다. 피동적 수용의 지역, 정적인 미동밖에 존재하지 않았던 고요한 아침의 나라, 은자의 나라가 아니라 선명한 빛이 사방으로 비추는 밝은 나라, 역동성과 새로움이 움트는 나라가 되는 것이다.

■ 코리안 드림의 이상 국가

한민족이 여전히 남북으로 분단된 상태에 있는 것은 시사하는 바가 크다. 2차 대전 후에 분단된 국가들은 모두 통일되었지만, 남북한의 통일은 아직도 요원하다. 한반도 분단은 전후처리 과정에서 미소 초강대국이 저지른 잘못이었다. 세계대전의 추축국이었던 독일의 분단처럼 일본도 추축국의 일원이었으므로 그 대가를 치르는 차원에서 분단되었어야 마땅했다.

그러나 일본이 분할통치를 받지 않고 오히려 식민 지배를 당했던 한반도가 오히려 분단되었다는 것은 한민족의 비극이자 역사의 아이러니이다.

일본이 전후 전쟁 책임으로서 국토 분단은커녕 맥아더의 일본 재건 프로젝트에 의해 곧바로 일어설 기회를 마련했다. 더욱이 한국전쟁을 기회로 미국은 일본을 한국전쟁에서 필요한 물자를 조달하는 공급원 역할을 했는데, 이것이 일본 경제 부흥에 엄청난 도움을 주었다. 당시 일본 총리 요시다 시케루는 한국전쟁은 일본에는 '신의 선물이었다'라는 말을 남기기도 했다. 결국 한국은 일본 대신 속죄양이 되어 버린 것이다.

그렇다면 왜 이렇게 이해하기 어려운 일이 발생했는가? 이것은 의외로 간단하다. 한민족이 세계와 인류의 고된 짐을 대신 지고 가야 할 섭리적 운명이 있기 때문이다. 함석헌 선생은 한반도는 인류문명의 쓰레기를 모아 버리는 해우소와 같은 장소라 했다. 그런데 이제는 그것을 넘어 새로운 문명의 싹을 틔우는 지역이 되어야 한다. 대륙과 해양문명의 교차점이자 단층 지역이듯이 새로움과 낡음이 한 지역에서 교차하는 곳이다. 죽음이 있어야 새로운 생명이 나타나듯이 역사의 아이러니는 고난 속에서 희망을 품어 그 싹을 한반도에서 틔우고 있다.

이런 이유로 한반도는 대립과 갈등으로 점철된 인류 역사 최후의 결전장이 되는 동시에 그 결전의 종언과 함께 새로운 통일문명이 시작되는 곳이 되는 것이다. 이는 한반도가 일본 대신에 분단의 아픔을 겪고 아직 분단 상태에 남아 고통받고 있는 이유이기도 하다. 그렇지만 한민족은 그 고통 속에 매몰돼서는 안 되는 민족이다. 섭리적 사명을 갖는 민족으로서 세계사의 짐을 지고 골고다 언덕을 넘어 승리해야 할 운명을 가진 민족이다.

한민족 시원의 꿈인 코리안드림은 홍익인간 건국정신에 기초하여 반만

년 전에 선포되었고, 이제 장구한 역사의 굽이를 돌아 그 비전을 실현하는 막바지 시대에 접어든 것이다. 분단된 나라의 통일은 그 비전 실현의 출발을 여는 시금석이다. 홍익인간정신에 기초한 코리안드림이 실현된 통일 한반도에 등장할 새로운 나라는 한민족 이상 국가의 전형이 될 것이다. 그리고 이 나라는 세계에 모범을 보이는 나라가 되는 것이다. 이런 이유로 한반도 통일의 비전이 코리안드림의 비전이 되어야 하는 것이다.

통일을 통해서 어떤 나라를 만들 것인지 선언하는 것이 통일운동의 시작점에서 가장 중요한 것이다. 이것은 통일을 실현하는 방법이나 절차를 다루는 것이 아니라 통일의 목적을 다루는 것이다. 근본적인 이유(Why), 즉 비전에 대한 합의가 선행되어야 하는 것이다. 목표 설정 없이 진행되는 논의는 대립과 갈등을 더욱 유발하고 시간만 낭비하게 하는 결과를 초래한다. 그리고 그러한 실패는 지금까지 남북한 정부가 범했던 잘못에 기인한다. 목적이 다른 두 나라가 대화와 협상을 통해 하나의 목적으로 수렴되어 나갈 것이라는 생각은 전혀 실현 가능성이 없는 망상에 불과하다. 이는 각기 다른 방향으로 쏜 화살이 같은 과녁에 명중될 것이라는 망상과 같은 것이다. 결코 일어날 수 없는 결과를 염두에 두지 않고 습관적으로 같은 행위를 하는 것은 바보와 같은 짓이다. 목적이 같아지려면 추구하는 비전과 가치가 같아야 한다. 통일 추진에 있어서 통일 비전의 일치가 근본적으로 선행되어야 하는 이유가 여기에 있다.

한반도 통일을 통해 이뤄지는 코리안드림의 이상 국가는 한민족의 꿈인 동시에 세계 인류 모두의 꿈으로 승화되도록 해야 한다. 한반도 통일이 단지 한반도에만 국한되는 지역적인 이벤트가 아니라 세계인이 참여하고 지지하는 이벤트가 되어야 한다. 이를 통해 한민족뿐만 아니라 세계 인류 모두에게 이바지하는 국가가 되어야 한다.

널리 세상을 이롭게 하라는 홍익인간의 이상 국가의 미래상이 통일을 통해 이루고자 목표로 선언되어야 한다. 이렇게 되면 한반도를 둘러싼 주변 국가들의 지지는 물론 세계만방의 지지를 얻을 수 있다.

21세기 세계와 인류의 미래

인류는 20세기를 통해 두 차례 세계대전을 겪었으며, 미소 냉전의 치열한 대립의 시기를 경험했다. 21세기를 맞은 인류의 소망은 평화와 번영의 세기에 살고 싶은 것이었다. 그러나 탈냉전 시대에 새롭게 등장한 전 세계적인 정체성 충돌과 갈등은 인류사회를 더욱 복잡하게 만들고 있다. 이슬람 극단주의 세력에 의한 9.11테러는 그 서막을 알렸다. 이후 비국가적 테러단체 IS의 등장은 세계시민들을 더욱 공포로 몰아넣기에 충분했다. 또한 독재 및 권위주의 국가들의 확산이 나타났고, 민주주의가 퇴행하는 모습들이 나타났다. 세계 여러 지역에서 분쟁이 지속적으로 발생하고, 우크라이나 전쟁 같은 국가 간 전면 전쟁도 발발하였다. 러시아와 우크라이나 전쟁을 계기로 서방과 과거 공산주의 블록 국가들 사이에 갈등이 증폭되고 있다. 정체성 갈등과 신냉전의 대립 등 다층적인 분쟁과 갈등이 세계 곳곳에서 발생하고 있다. 새로운 희망을 품고 출발한 21세기가 다시 20세기 재판이 될 것인가에 대한 불안이 엄습하고 있다.

그렇다면 과연 그 해결의 길은 없는 것일까? 과거의 잘못을 답습하는 우매한 인류가 아닌 더 현명하고 성숙한 인류로서 성장할 수 있는 길은 과연 무엇인가? 이를 위해서는 인류의 새로운 영적 각성이 필요하다. 인류 보편의 영적 의식을 고양하여 인류 모두가 하나의 부모로부터 기원한 형제자매라는 의식을 갖게 하는 것이 가장 중요하다. 모든 사람을 공평하게 대우하기 위해서는 사람들 모두가 천부인권을 부여받은 대체 불가능한 존재임을 인식하게 해야 한다. 이런 인식에 기초하여 타인에 대한 사랑과 존중의 의식이 자연스럽게 생겨나도록 해야 한다.

 이성의 합리성에만 매몰되지 않고 영성이 함께 조화되는 그런 모습으로 인류 모두가 성숙해 나가야 한다. 사람 사이에서 차이와 구별이란 장애를 넘어 공통성을 먼저 찾는 그런 노력이 진행되도록 해야 한다. 그리고 그것을 통해 사람들 사이에 공감을 이뤄내고 확산하는 방법을 찾아 나가야 한다. 특정한 종교와 가치의 굴레 속에서 자기만 옳다는 생각으로 배타적으로 머물지 않고 열린 마음으로 타인에게 다가서고 이해하는 자세를 가져야 한다. 이렇게 되면 대립과 갈등은 사라지고 사랑과 화해, 평화가 시작될 수 있다. 그리고 이러한 원리는 홍익인간의 민족정신 속에 있어 결코 새로운 것은 아니다. 우리가 알고 있었지만 잘 실천하지 못한 것일 뿐이다.

 우리가 역사를 배우는 것은 역사를 통해 교훈을 얻고, 현재에 반영하여 올바른 미래를 개척해 나가기 위한 것이다. 역사적 사실을 통해 옳고 그름의 판단과 이에 따른 교훈은 자명한 것들이 많다. 전쟁과 갈등, 파괴를 불러왔던 역사 속 사건은 전혀 옳지 않은 것이다. 어떤 명분으로도 합리화할 필요가 없다. 그저 그 사실 자체로서 교훈을 얻어 현재에 반영하면서 같은 종류의 사건이 발생하지 않도록 노력하면 되는 것이다. 이것은 단순하지만 현명한 길이다. 그리고 그 단순하지만 현명한 길을 실천하면 21세기 인류사회는 희망적인 사회가 될 것이고 인류문명의 장래는 더욱 밝아질 것이다.

코리안드림
한국사
한민족의 위대한 역사적 여정

ⓒ 코리안드림역사재단 창립준비위원회, 2024

초판 1쇄 발행 2024년 6월 1일

지은이	코리안드림역사재단 창립준비위원회
펴낸이	이기봉
편집	좋은땅 편집팀
펴낸곳	도서출판 좋은땅
주소	서울특별시 마포구 양화로12길 26 지월드빌딩 (서교동 395-7)
전화	02)374-8616~7
팩스	02)374-8614
이메일	gworldbook@naver.com
홈페이지	www.g-world.co.kr

ISBN 979-11-388-3130-7 (03910)